21 世纪全国高等院校市场营销类规划教材

市场营销学

主　编　高中玖　赵欣然
副主编　李逾男　曹泽洲
　　　　张燕联　杨春燕
　　　　刘　强　宋　辉
　　　　陈　琳

北京大学出版社
PEKING UNIVERSITY PRESS

内 容 简 介

为了更好地满足高职高专“教师精讲、学生多练、能力本位”的新型教学方式的需要，为了培养技能型、应用型人才，切实强化学生的综合职业能力，我们依据教育部《高职高专教育市场营销专业人才培养目标及基本规格》，借鉴近年来高职高专的教学改革经验，编写了这本《市场营销学》教材。

本书共分十章，全面介绍了市场营销的基本原理和方法，第一章主要介绍了市场营销学的基础理论及营销观念演变的历史；第二章主要介绍影响市场营销活动的宏观环境和微观因素；第三章针对消费者的购买行为进行了分析；第四章介绍企业如何进行市场细分、市场定位及目标市场选择；从第五章到第八章，分别阐述产品策略、价格策略、分销渠道策略和促销策略的运用；第九章结合市场营销理论的新发展，介绍当前市场营销模式的创新；第十章总结市场营销计划的控制与执行过程。

本书内容新颖、结构清晰、语言严谨，既可作为高等专科学校、职业技术学院和成人高校经济管理类专业学生的通用教材，也可作为市场营销工作者的业务参考书。

图书在版编目(CIP)数据

市场营销学/高中玖，赵欣然主编．—北京：北京大学出版社，2009.9

（21世纪全国高等院校市场营销类规划教材）

ISBN 978-7-301-15295-9

Ⅰ．市… Ⅱ．①高…②赵… Ⅲ．市场营销学—高等学校—教材 Ⅳ．F713.50

中国版本图书馆CIP数据核字（2009）第091373号

书　　名：市场营销学
著作责任者：高中玖　赵欣然　主编
责 任 编 辑：吴坤娟
标 准 书 号：ISBN 978-7-301-15295-9/F・2208
出 版 者：北京大学出版社
地　　址：北京市海淀区成府路205号　100871
网　　址：http://www.pup.cn
电　　话：邮购部 62752015　发行部 62750672　编辑部 62756923　出版部 62754962
电 子 信 箱：xxjs@pup.pku.edu.cn
印 刷 者：北京宏伟双华印刷有限公司
发 行 者：北京大学出版社
经 销 者：新华书店
787毫米×980毫米　16开本　21.25印张　464千字
2009年9月第1版　2016年8月第2次印刷
定　　价：34.00元

前　　言

市场营销学是一门建立在经济科学、行为科学和现代管理理论基础之上的应用科学。市场营销理论最早产生于美国，伴随着中国改革开放进程的加快和中国市场同国际市场的进一步接轨，市场营销学在中国的全面推广变得尤为迫切。学习市场营销理论、研究市场营销规律、掌握市场营销技巧已成为当代中国企业界、学术界及教育界相关人士面临的重要任务和共同职责。

本书从高职高专实用型、技能型人才的培养目标出发，以市场营销的实务程序及影响要素为线索，以市场营销活动的基本原则、方法、策略和技巧为轴心，设计了整个内容体系。通过总结多年市场营销教学的经验，结合众多营销人员的实践体会，借鉴当今最实用的营销原理并引用商战中近百个典型案例，来说明在市场经济日益发达的今天，在激烈的竞争环境之中，影响企业营销活动成败的奥秘所在。在理论内容的撰写上，坚持以"适度"、"够用"为原则，针对高职高专学生的实际，将一些晦涩难懂、实际操作意义不大的知识剔除、整理、优化；根据市场营销实践性强的学科特点，注重突出学生应用能力的培养。在每一章节前面，均设有学习目标、案例导入；每一章节后面，均设有思考与练习、实践与技能模块，既包括一些理论思考题，也包括一些案例分析题、技能训练题，力争通过教学，使学生不但掌握市场营销的基本理论，还培养并提高其分析市场、寻找市场、适应市场、开拓市场的能力。本书全面阐释了市场营销运作的基本原理和实施技巧，务实求新，结构严谨，既可作为高等专科学校、职业技术学院和成人高校经济管理类专业学生的通用教材，也可用作企业市场营销管理者培训用书或企业营销人员的业务参考书。

本书由高中玖（山东经贸职业学院）、赵欣然（黑龙江省大庆职业学院）担任主编。具体编写分工如下：第一、二、三章由高中玖、赵欣然编写；第四、五章由李逾男（山东经贸职业学院）、张燕联（辽宁经济职业技术学院）编写；第六、八章由李逾男、赵欣然、刘强（山东劳动职业技术学院）编写；第七章、第十章由曹泽洲（山东经贸职业学院）、杨春燕（黑龙江交通职业技术学院）、宋辉（山东交通职业学院）编写；第九章由高中玖、曹泽洲、陈琳（山东凯文科技职业学院）编写。

此外，在本书的编写过程中，我们参阅并引用了许多国内外专家、学者的著作与文章，在此一并致以衷心的感谢！由于编者水平所限，书中不当之处在所难免，敬请广大读者批评、指正。

作　者

2009年6月

前 言

[illegible]

2009年6月

目　　录

第一章　市场营销基础理论

学习目标

通过本章的学习，使学生掌握市场、市场营销的含义，消费者市场及其特点。熟练掌握营销观念的发展阶段和特征，了解市场营销学发展史及其在中国的传播和发展过程，具备分析辨别不同种类营销观念的能力。

案例导入

海岛卖鞋——如何认识市场

某鞋业公司两名推销员甲和乙到东南亚某海岛调研，大约过了一个星期，两人几乎同时通过越洋电话向老板汇报，但汇报的内容却大相径庭。销售人员甲汇报说：他几乎走遍了海岛，发现这里的人几乎都不穿鞋子，没有穿鞋的需求，自然也就没有市场。与甲的沮丧相反，销售人员乙十分兴奋地汇报说：他也走遍了海岛，发现这里的人几乎都没有鞋，海岛鞋业市场潜力很大，机会难得，公司应马上寄出一批鞋子让他和甲留在这里销售。

听完两位销售人员的不同汇报，老板又派他最信任的营销总监出马，并希望营销总监通过实地考察后能够拿出一个具体的决策方案。一个月后，营销总监制订了一个具体的海岛鞋业营销策划方案。方案基本认同销售人员乙的看法，认为公司在该海岛发展业务是一次难得的营销机会；不过对营销的可行性以及如何营销，认识大有不同。

方案首先调查了海岛居民不穿鞋的原因：长期以来，由于海岛自然条件较好，到处都是沙地或草地，而且一年四季都比较暖和，岛内居民就养成了打赤脚的习惯；但是通过调查发现：岛内居民由于长期赤脚，缺乏保护，大部分人都患有脚疾，穿鞋对他们有好处；也由于遗传特征和长期的生活习惯不同，海岛居民的脚部特征和内陆居民有很大不同，所以必须根据海岛人脚部特征重新设计生产适合海岛人的鞋，而不能简单地将公司已有的鞋搬过去卖。公司还应开展大量的海岛公益活动、宣传活动，以培养海岛居民的穿鞋习惯，并确立公司的鞋业领导者地位。

另外，方案还提到一个制约公司海岛鞋业营销成败的关键因素：海岛经济比较落后，当地居民都比较穷，这可能也是他们都不穿鞋的一个重要原因。不过方案接着提出了解决办法：海岛盛产一种其他地方没有的水果，预计这种水果销售前景相当好，这样可以通过公共关系手段与海岛政府协商取得该种水果的独家代理权，以补偿低价在海岛售鞋造成的损失以及组织公益活动推广穿鞋习惯的费用。

（资料来源：叶生洪. 市场营销经典案例与解读. 广州：暨南大学出版社，2006. 有改动）

案例分析：作为市场营销者，我们要从广义上来理解市场，市场的构成群体不仅来自于产品或服务的现实购买者，而且来自于潜在购买者群体，营销者应考虑市场的需求因素，针对需求来设计产品，开辟市场。在营销过程中，不要墨守成规，要富有创新思维。

第一节　市　　场

每一个企业都与市场有着千丝万缕的联系。通过市场，企业不断地进行着商品、劳务、资金、技术、信息的交换。市场不仅是企业生产经营活动的起点和终点，也是企业与外界建立协作关系、竞争关系的传导与媒介。因此，认识市场、适应市场，并在此基础上引导和驾驭市场，成为企业市场营销活动的核心和关键。

一、市场概述

市场是社会分工和商品经济发展的产物，随着社会生产力的发展，社会分工的细化，商品种类日益丰富，交换形式日益复杂，人们对市场的认识也日益深入。

（一）市场的概念

对于市场这一概念的理解，往往由于人们所处的历史时期不同，所站的角度不同而存在着很大的差异，最具代表性的有以下几种不同的表述。

1. 传统市场的概念

市场是指商品交换的地点与场所。这是对市场最古老和最直观的理解。在商品经济不发达的时期，买卖双方的一些交换活动都是在一定的地点或场所进行的。我国最早出现易货交换场所的历史可上溯到夏朝。到了商朝，一些都城和大城市陆续出现了专门经营买卖的市场，商人们为了推销自己的商品，在市场中大声叫卖招徕生意。

2. 宏观经济学角度市场的概念

市场泛指产品进行交易时的买主和卖主的集合，即商品交换关系的总和。这是从宏观经济角度研究商品总体交换时所用的概念，是对交换关系的理论抽象。在市场经济发展已具相当水平的条件下，商品交换关系不仅包含消费品的交换，而且囊括一切生产资料和生产要素的交换。因此，这一表述对企业研究微观经济活动来说显得过于宽泛和抽象。

3. 现代市场营销学中市场的概念

市场是指某种产品或服务的现实购买者与潜在购买者所组成的群体。这里所指的现实购买者是指目前正在实施购买行为的购买者；潜在购买者是指某种产品的未来购买者。以电脑产品为例，正是所有电脑产品的现实购买者和未来购买者构成电脑产品的市场。这种“市场就是消费群”的概念，是从商品生产者的角度提出来的。因此不难看出，现代市场营销学是从卖方的角度来研究买方市场的。企业只有对市场做出科学的分析，并根据消费者的需求和欲望决定自己的生产销售策略，才能使市场营销具有针对性，才能在竞争中求得生存和发展。

（二）市场的形成与发展

关于市场产生的根源，市场形成与发展的历程需要从历史的角度来加以分析。

原始社会后期出现了三次社会大分工，分别是农业与畜牧业的分离，手工业与农业、畜牧业的分离，商业与手工业、农业、畜牧业的分离。市场就是在社会分工和商品生产的基础上产生的。由于社会分工，使商品生产者必须通过与其他商品生产者进行交换，才能得到所需之物。最初的交换是零星的和小规模的，发展到一定水平后，即形成了定点的集中交易市场。尽管把市场仅看做是一个交易的场所，具有显著的局限性，但无论是物物交换，还是以货币为媒介的商品交换，集中市场具有减少交易次数、节省交易成本、丰富交易物品种类等显著的好处。

因此，我们说市场因社会分工导致需要与他人交换所需之物而产生，社会分工的细化又进一步促进了市场的发展。市场是生产力发展到一定阶段的产物，有社会分工、有商品交换才有市场的出现。市场随着商品经济的发展而不断发展。

（三）市场构成的三个主要因素

从市场营销学的角度来看待市场，市场构成有三个主要因素，分别是人口、购买力和购买欲望。因此，我们可以把市场表述为人口、购买力和购买欲望的函数，即：

市场=人口+购买力+购买欲望

人口因素是构成市场的最基本的要素，人口越多，现实的和潜在的消费需求就越大；购买力是指人们支付货币购买商品或劳务的能力，购买力水平的高低是决定市场容量大小的重要指标；购买欲望是指消费主体购买商品的动机、愿望或要求，它支配着消费者的购买行为，是购买力得以实现的必不可少的条件，也是决定市场容量的最权威的因素。

总之，对市场来说，人口、购买力和购买欲望这三个要素相互制约，缺一不可。只有将这三者结合起来才能构成现实的市场，并决定市场的规模和容量。如果一个国家或地区人口众多，但收入很低，购买能力有限，则不能构成容量很大的市场；又如购买力虽然很大，但人口很少，也不能成为很大的市场。只有人口既多，购买力又高，才能成为一个有潜力的大市场，但如果产品不适合需要，不能引起人们的购买欲望，对销售者来说，这仍然不能成为现实的市场。因此，市场是上述三个因素的统一。

（四）当代市场的发展趋势

在市场经济条件下，企业的命运取决于市场。特别是在新世纪，企业如何认识国内市场和国际市场的发展趋势，探索当代市场发展的一般规律，对于制定市场营销战略具有十分重要的作用。纵观国内市场和21世纪市场所依托的经济发展全球化、知识化的趋势，当代市场具有以下明显的特征。

（1）市场的科技化

市场的科技化，是当代世界市场发展的一个大趋势。每一次重大的科学技术革命，必将造成相应的产业革命，从而造成相应的市场革命和消费革命。在21世纪初，科学技术飞速发展，市场面貌日新月异，各种新产品、新材料、新能源、新服务、新观念、新技术、新工具、新组织等新的市场要素层出不穷，极大地改变了人们的社会生活方式、生产方式和思维方式，改变了科学技术的市场流通和市场配置，形成科技的市场化，包括科技发展目标的市场化、科技人员的市场化、科技经费投入的市场化、科技成果的市场化等。而科技的市场化，必将造成市场的科技化，包括市场主体的科技化、市场客体的科技化、市场关系的科技化等。

科技的市场化与市场的科技化，促进了科技经济发展的一体化，使科学技术成为第一生产力要素，直接表现为经济增长的活力源泉。为了适应科技市场发展的大趋势，企业必须采取相应的科技型营销战略。具体来说：企业一方面要在生产过程中引入新的科学技术成果，实现科技的市场化；另一方面要在营销过程中不断增加科技投入，采用先进的营销手段，提高营销人员素质与水平，实现市场营销过程的科技化，包括市场营销人员的科技化、市场营销工具的科技化、市场营销方式的科技化等。

（2）市场的国际化

现代科学技术的发展，有力地推动了市场的国际化进程，包括市场主体的国际化、市场客体的国际化、市场关系的国际化等。

中国自实行改革开放政策以来，在积极引进和利用外资、开放国内市场、参与国际市场竞争等方面取得了较大的进展，为实现国内市场与国际市场接轨、中国市场与世界市场一体化创造了条件，开辟了道路。为适应世界市场一体化的趋势，世界贸易组织 1995 年 1 月 1 日正式宣布成立，中国也于 2001 年 11 月 10 日正式成为该组织的一员。然而，我国的市场化程度还比较低，市场体系尚未完善，走向国际市场将面临巨大挑战。

为适应国际化发展大趋势，我国企业必须进一步优化产业结构，扩大生产规模，增强市场实力，组建一批超大型跨国公司，积极进军国际市场，推动中国市场与世界市场发展一体化进程，不断提高中国企业及其产品在国际市场上的竞争能力和水平。

（3）市场的软化

所谓市场的软化，是指市场的知识化、信息化、无形化等。市场的软化，既导致了生产的软化，也造就了营销的软化。

在现代商品价值中，商品的知识价值、美学价值、信息价值、商誉价值、形象价值、服务价值、心理功能价值等无形价值所占的比重不断提高，企业也必须采取相应的发展战略，如在手表市场中，国产手表大量积压，而一些进口手表却很走俏，说明国产手表的硬件虽属过关，软件却有一定的差距。另外，在饮品市场中，可口可乐、百事可乐、雪碧等洋饮料大举进攻中国市场，而国产饮料节节败退，其中一个重要的原因就在于国产饮品中知识含量太低。

为适应市场软化的发展趋势，企业应采取软化的市场发展战略。具体说来，就是要高度重视产品的设计、包装、商标、广告、服务、形象等一系列相关的软价值生产及其市场营销，在不断改进产品质量的基础上，实施中国名牌战略，不断提高中国产品的附加值，实现精神生产的物质化和物质生产的精神化。

（4）市场的绿化

所谓市场绿化，就是要实现商品生产及其市场营销的无污染化、无害化、清洁化等，包括清洁生产、清洁包装、清洁销售、清洁运输和清洁消费。当今世界各国政府和企业都十分重视市场绿化问题，大力开展绿化生产和绿化营销，消费者也非常重视绿色消费，从而大大地推动了市场的绿化。

为了适应市场绿化发展的大趋势，中国企业应及早行动，树立市场绿化的新概念，制定市场绿化的新战略，积极开发绿色产品，采用绿色包装，提倡绿色消费，进行绿色市场定位，树立绿色企业形象，这样就可以变被动适应为主动适应，提高企业及其产品的市场地位和市场竞争力。

（5）市场的标准化

为了维护世界市场交易活动的正常进行，必须建立起新的世界市场秩序，制定必要的市场标准，如产品的设计标准、环境保护标准、产品责任标准、安全卫生标准、税收标准、计量标准、包装标准、标识标准、产品质量标准、服务标准、合同标准、交易方式标准等。这也是当代世界市场发展的一个基本趋势之一。

要适应这种市场标准化的发展趋势，中国企业应面向世界市场，尽快与国际市场惯例、市场法规等市场标准接轨，用新的市场规范和标准来约束自己的市场行为，否则就会碰壁，无法进入国际市场。

（6）市场的差别化

市场发展的不平衡性和市场环境的复杂多变性，造成了市场需求的多样性。一方面，市场的科技化、市场的国际化、市场标准化与规范化造成市场的统一性；另一方面，市场的文化、市场的区域化、市场的个性化又造成了市场差异性。要适应多样化的市场需求，企业就必须采取相应的市场差别化战略，包括产品差别化、价格差别化、顾客差别化、服务差别化、营销差别化等。如在日本家电行业中，东芝强调产品差别化，松下则以价格差别化为主，而三洋则实行服务差别化战略。

（7）市场的替代化

任何一种产品的市场都会逐渐变得饱和与成熟，并且会逐渐衰老或死亡，而被一种新的产品及其市场所代替。传统产品的市场生命周期长，现代产品的市场生命周期短。新产品一旦上市，便迅速进入成长成熟期，然后进入市场饱和期，并逐步衰退，最后退出市场。因此，现代产品的市场生命周期日益缩短，使市场的替代化速度日益加快。例如，第二次世界大战后美国市场上用天然气和石油代替煤，国外石油代替国内石油，汽车货运代替铁路和轮船，地下输油管代替油罐和驳船运输石油产品，露天采矿代替地下采矿，连续浇铸代替不连续浇铸，焊接代替铆接等。

为了适应当代世界市场替代化速度日益加快的趋势，中国企业必须树立市场创新的观念，建立和强化市场创新的机制和职能，不断开发新产品、开辟新市场。只有这样，才能不断促进市场发展与企业发展。如果不进行市场创新，就会将企业的命运维系于某一种特定的产品市场。

（8）市场的高级化

科学技术的飞速发展，推动了产业发展和更新换代，科技革命、产业革命带动了消费革命和市场革命。生产的高级化，必将造成消费的高级化和市场的高级化。当代西方发达国家正转移其落后产业，限制低级市场发展。

为适应市场高级化的发展趋势，中国企业必须高瞻远瞩，具有远见卓识，大胆开发新的市场，推动中国市场的高级化，不断提高中国企业的市场形象和市场竞争力。

二、市场的分类

市场是企业营销活动的出发点和归宿，是企业制定营销策略的前提和基础。

根据不同的分类标志，可以将市场分为不同的类型，并根据不同类型市场消费者需求特点，制定不同的营销策略。

（一）根据市场范围划分

根据市场范围，可以把市场划分为区域市场、国内市场和国际市场。商品在地区范围内流通形成区域市场，区域市场一般是在经济区域的基础上形成的。区域市场又可分为本地市场和外地市场、城市市场和农村市场、沿海市场和内陆及民族地区市场等。国内市场则是在主权国家的范围内建立起来的，在国内市场（包括区域市场）上币制是统一的，指导商品流通的宏观调控目标及其效果也应该协调。国际市场是在国际分工的基础上形成的商品在世界范围内流通的市场，与国内区域市场不同，国际市场商品不完全是按照商品自由流通组织交换的，只有在若干个国内市场建立了自由贸易区的基础上，才能在国际市场上实行商品的自由流通。

（二）根据市场客体划分

根据市场客体，可以对市场类型进行更为复杂的分类。市场客体即进入市场流通的物质。随着商品经济的发展，按市场客体确认的市场类型是一个历史过程。在商品经济发展的初级阶段，产品的商品化使得物质产品首先进入市场，从而形成商品市场，商品市场由生产资料市场和生活资料市场构成。在商品生产发展的第二阶段，实现了要素商品化，从而形成了劳动力市场、房地产市场、金融市场、资本市场等。在商品经济发展的第三阶段，实现了财产的社会化，生产力得到了较快的发展，财产社会化大大丰富了资本市场的内容，其范围和机制都发生了显著的变化。生产力的极大发展使得技术和信息成为市场的重要内容，技术市场和信息市场也应运而生。

（三）根据市场状况划分

根据市场状况，可以把市场分为买方市场和卖方市场。市场状况是由市场供求关系决定的，在商品供不应求的条件下，卖方把持市场主动权，由此形成卖方市场；在供求大体平衡或供大于求的条件下，买方具有市场主动权，从而形成了买方市场。

（四）根据竞争程度划分

根据竞争程度，可以把市场分为完全竞争市场、完全垄断市场、寡头垄断市场和不完全垄断市场。完全竞争市场是指一个行业中有非常多的独立生产者，他们都以相同的方式向市场提供同类的、标准化的产品。这种完全竞争市场的例子并不多见，最接近的例子是粮食、棉花、西瓜、大白菜等农副产品市场。完全垄断市场是指一个行业只有一家企业，或一种产品只有一个销售者或生产者，没有或基本没有别的替代者，如电力公司、自来水公司等。寡头垄断市场是指一种产品在拥有大量消费者或用户的情况下，由少数几家大企业控制了绝大部分生产量和销售量，剩下的一小部分则由众多小企业去经营，如手表、电视机、电冰箱等。不完全垄断市场是指一个行业中有许多企业生产和销售同一种商品，每一个企业的产量或销量只占总需求量的一小部分，如食品、服装、百货、化妆品等。

（五）根据商品流通环节划分

根据商品流通环节，可以把市场分为批发市场和零售市场。批发市场是指个人或企业单位把自己的商品或替委托人把商品卖给最后消费者以外的任何购买者的交易活动。零售市场是指个人或企业单位把商品直接卖给最后消费者的交易活动。由于批发市场与零售市场在商品流通过程中处于不同的地位，履行着不同的功能，遵循着不同的运行规则，因此有着不同的营销方法。

三、消费者市场及其特点

现代市场营销研究的中心问题是顾客的需求，因此，根据顾客的性质，可将市场划分为消费者市场和组织市场。

（一）消费者市场的概念

消费者市场是指生活消费品的购买者所形成的市场。是个人或家庭为满足自身的生活消费而购买商品和服务的市场，是最终的产品市场，有时也称为消费品市场。购买的目的是为了满足生活需要，而不是为了转卖、盈利或其他目的。

需要说明的是，消费者有广义和狭义之分，狭义的消费者是指为了生活消费而购买与使用各种消费品或服务的个人和家庭。广义的消费者是指购买并使用各种产品与服务的个人与组织。此处，我们是从狭义的消费者角度来讨论市场的分类。

消费者市场是市场体系的基础，它不仅直接影响到人民群众生活需要的满足，而且制约着其他市场的发展，它是市场营销研究的重要对象。

（二）消费品及其分类

消费品是用来满足人民物质文化生活需要的那部分社会产品。由于消费品是社会的最终产品，消费者购买消费品的目的是为了满足自己的最终消费，消费品一经售出，便退出市场，成为人们生活消费的物质对象。

由于消费者成千上万，需求千差万别，市场千变万化，消费品的数量异常庞大，种类也是丰富多彩，为了明确在消费者市场上应该采取什么样的营销策略，有必要对消费品进行分类。其分类方式通常有以下三种。

1. 按消费品的用途，可分为生存消费品、发展消费品和享受消费品

（1）生存消费品，是指那些维持人们生存的生活必需品，通常指衣、食、住、行等最基本的生活资料。这部分消费品，一般是以家庭为单位购买的，因此，对它们的需求以家庭人口和收入的多少而各不相同。但是，生存消费品的需求弹性较小，尽管各家庭收入的差别很大，对基本生活的必需品的需求却不与收入多少成正比例。收入低的家庭，这部分消费在其收入中所占的比重较大；收入高的家庭，这部分消费在其收入中所占的比重较小。

（2）发展消费品。是指那些用于劳动者发展体力和智力所需要的消费品。随着人民生活水平的提高，对这部分消费品的需求不断增加，尤其用于发展劳动者智力的消费品，将随着社会的发展，在人们消费品中所占的比重增加较多。人们生活消费的质量，也不断由低档向中高档发展。

（3）享受消费品。一般是指人们用于生存、发展以外的其他消费品，如文化娱乐、旅游等产品。这类消费品的购买同人们的收入水平有密切关系。随着我国经济的发展，人民收入水平的不断提高，享受消费品的需求量将逐年增加。

生存、发展、享受消费品的区分，是一个动态的概念，不同的时期有不同的标准和内容。采用这种分类方法，能够使产品的分类同消费者的收入相联系，便于了解和掌握消费者的消费构成及其变化规律，以便确定自己的目标市场。

2. 按消费品的购买特点，可分为日用消费品、选购消费品和特殊消费品

（1）日用消费品。一般指那些日常生活必需、消费者经常购买、单价较低的商品，如食品、日用百货等。消费者对这类商品的购买特点，一是购买次数频繁，希望就近购买，以节约时间；二是消费者在购买之前已经熟悉和具备有关的知识，只要品质和价格没有太大差别，用户不想多做挑选，多属于习惯性购买，但也有些商品属于冲动性购买；三是日用消费品虽然价格低，但购买频率高，容易建立品牌偏好，而品牌信誉一旦建立，可以简化交易过程。根据上述特点，对日用品的营销应注意采用灵活的对策，广泛的销售渠道，以满足消费者的大量需求。

（2）选购消费品。是指那些价格较高，使用时间较长，消费者在购买以前经过挑选比较才购买的消费品，如服装、家具等。这类商品的购买特点是购买频率低，没有固定的消

费习惯，有的消费者喜欢样式新颖的新产品，有的消费者强调价廉物美，有的消费者则特别注重产品的商标等。消费者对这种商品除了要求内在质量外，对外观质量的要求也较高，因此，在购买时，往往要对产品进行质量、价格、花色、品种、样式的比较，经过考虑后才决定购买。经营这类商品，要注意树立企业和品牌的信誉，树立良好的市场形象。

（3）特殊消费品。主要是指那些价格高、使用时间长的高档消费品，如小汽车、住房等。这类商品由于其价格高，使用时间长，购买频率很小。因此，消费者的购买特点是愿意花很多时间，经过慎重思考才做出决定，并且比较重视商品的商标，名牌产品有着更大的吸引力。经营这类商品，要注意商品的品牌和企业的信誉，销售网点不可太多，但对网点的选址要求较高。为了使产品具有竞争力，营销企业要特别注意售后服务，向顾客传授使用和保养知识，并提供可靠保证。

采用这种分类方法，便于了解消费者的购买特点，以便有针对性地采用营销策略，扩大市场销售量。

3. 按照消费品在使用中消耗的特点，可分为易耗消费品和耐用消费品

（1）易耗消费品，是指那些在使用过程中一次性消耗完毕或在较短时间内用完的消费品，如食品、燃料、日用工业品等。由于这部分产品的使用寿命较短，因此，要求不断得到补充。经营这类商品，要做到不断增加产品供应，用满足供应来占领更大的市场。

（2）耐用消费品。耐用消费品是指那些使用寿命较长，一般可多次使用的消费品。如家具、家用电器、交通工具等。随着我国经济的发展，消费结构的变化，从某种意义上来说，我国已进入耐用消费品时代。由于耐用消费品使用寿命较长，可多次使用，使得购买次数少，而消费者的购买行为和决策较慎重，消费者的购买行为表现得较为理性。消费者购买时选择性大，购买决策相对复杂；消费者会仔细比较各种品牌的性能价格比，对产品品质、功效、售后服务质量，包括企业的商誉都有较高要求；消费者购买时并不就近购买，而是到规模较大产品较集中的商场进行购买，而且经常货比三家。

采用这种分类方法，能够使商品的生产同更新一致起来，以满足消费者的不同消费要求。

（三）消费品市场的特点

1. 广泛性

消费者人数众多，市场广阔。消费品对于消费者来说是人人皆需、户户必备，遍及城乡，涉及男女，关乎老幼，牵涉到千家万户。

2. 复杂性

消费品市场具有较强的差异性和多变性。社会消费的需要不是一种幻想和愿望，它是从具体消费者的自身条件出发，在一定的客观环境下形成的。不同的年龄、性别、民族、经济状况、文化程度、地域等条件，都会对消费者的需求产生不同的影响，从而形成消费品市场需求的多样性与多变性。

3. 重复性

消费者购买商品一般属于小批量购买，表现为购买次数多、数量少的特点。

4. 发展性

消费者对消费品的需求是随着某一消费者的自身特点和条件的变化而不断发展变化的。

5. 可诱导性

消费者购买商品大都属于非专家购买，容易受广告宣传和其他促销方式的影响。

6. 配套性和替代性

消费者需求在某些商品上具有关联性，因此，消费品市场的需求表现出较强的配套性的特点。消费者在购买了某种商品后，往往会配套购买相关的商品。同时，市场上同类、同种和同质的产品很多，不同品牌甚至不同品种之间的商品往往可以相互替代，有较强的替代性。

四、组织市场及其特点

（一）组织市场的概念

在产品和服务市场上，除了最终消费者之外，还有各种组织机构从事产品和服务的购买和消费。其中有些组织购进原材料、产成品是为了进一步销售、盈利，如企业、中间商组织等；有些组织为了自身运转购进、消费最终消费品以及原材料、机器设备，如社会团体、政府组织等。

所谓的组织市场，是指为了从事生产、销售、出租以获取利润，或为了实现特定的组织目标而购买产品或服务的组织所构成的市场。也就是以某种组织为购买和消费主体的市场。

组织市场可划分为以下四种类型。

1．生产者市场。由购买商品和服务并将它们用于生产其他商品或服务的一切销售、出租或供应给他人的组织所组成。

2．中间商市场。由以营利为目的而从生产者那里购买产品用于销售或者租赁的组织组成，包括批发商、零售商等。

3．政府市场。由为了行政管理职能的正常行使而购买或租赁产品或服务的各级政府机构组成。

4．其他非盈利组织市场。由除政府之外的其他非盈利组织组成，如学校、医院、协会、社会团体等。这些组织为了实现组织目标、维持正常的运行，也需要采购相关的产品或服务，因而也形成了一个较大的组织市场。

（二）组织购买品及其分类

组织购买是各种正规组织为了确定购买产品和劳务的需要，在可供选择的品牌与供应者之间进行识别、评价和挑选的决策过程。

组织购买品是指由工商企业、政府、机构等组织为用于生产、再销售、资本设备的维修、研究与发展及为公众提供服务等目的而购买的产品和服务。组织购买品与最终消费品主要从以下三个方面加以区别：购买对象不同；购买目的不同；组织购买品与最终消费品相比，往往还具有技术复杂、价格高昂、按用户的特殊要求进行设计制造等特点。根据组织购买品的用途，可以将组织购买品细分为六类。

1．原材料（Materials）。

根据原材料是否被加工过，又可以对原材料细分为初级原材料和二级原材料两类。

（1）初级原材料（Raw Materials），就是指未被加工过，在自然状态下而被出售的产品。比如煤炭、原油、天然气等。初级原材料的特点，一是生产通常比较集中；二是一般情况下，生产开采都由政府控制或有严格的法令法规限制；三是需求的企业大多以前向一体化发展控制初级原材料的生产或开采等。

（2）二级原材料（Processed Materials），就是指在形成最终产品前被基本加工过的产品。比如钢铁、皮革等。二级原材料的特点，一是同质性；二是品牌易失性。因此，生产企业一般采用后向一体化以生产更具歧异性的特制品等来增强竞争力。

2．辅助材料（Supplies），就是指易耗品，或用于维护、修理或生产、制作新产品过程中的辅助性产品。比如复印纸、润滑剂等是典型的辅助材料。辅助材料的特点，一是易耗性；二是成本低廉；三是采购频率通常比较高。

3．零部件（Components & Parts），就是指直接进入产品内或略作加工就进入成品的零件或部件。比如在 IT 市场上，CPU、光存储器等是典型的零部件。零部件的特点，一方面是易损耗；另一方面，有些零部件技术含量较高。

4．设备（Equipment），就是指构成生产和制造基础的长期的投资性产品，比如机床、电脑、汽车和厂房等。土地使用权也是一种特殊的设备。根据设备的大小尺寸，质量轻重等，可以将设备细分为以下两类。

（1）轻型设备，就是尺寸相对较小，质量相对较轻，成本相对较低的标准化设备。比如计算机及相关外设等就是高度标准化的轻型设备。对于这类设备，价格、运送、售后服务等是影响用户购买的主要因素。

（2）重型设备，就是尺寸较大，质量较重，成本较高的一种投资性产品。通常情况下，重型设备都需要按照用户需求单独设计或定制，比如高压锅炉、大型计算机系统等；不过也有不少标准化的重型设备，比如塔吊、大型拖车等。

1．系统（System），就是指由两个或两个以上的设备通过网络连接所构成的一种高复杂度、多功能性生产资源。比如商场的 POS 收银系统，散布于城市的通信系统等。

2．服务（Services），这里讨论的服务是一种特殊的组织购买品，一般是指智力服务。它既可以单独出售，也可以与产品捆绑出售。前者如工程咨询，后者如对电脑系统的售后维护等。

（三）组织购买品与最终消费品的关系

组织购买品与最终消费品之间既存有明显的区别，又存有不可割裂的联系。对于同一个产品，当它被组织用户购买的时候，我们称其为组织购买品；而当它被家庭或个人用户购买的时候，我们又称其为最终消费品，比如电脑、汽车等。

概括地说，组织购买品来自于最终消费品的派生需求。所谓派生需求（Dcrived Demand），就是指组织购买品的需求是由组织购买者组装、生产或制造最终消费品的需求拉动的。因此，作为组织购买品的上游供应商，不仅要关心其直接顾客的需求，同时也需要关心其最终顾客的需求。

除了联系之外，组织购买品与最终消费品之间也存在明显的区别，表现在如下四个方面。

第一，购买对象的特点不同。组织购买品的购买对象特点主要是购买者数量比较少；购买量大；供需双方关系密切；购买者在地理区域上相对集中；专业采购；集体决策；理性决策；采取直接采购、互购、租赁等。

第二，购买目的不同。组织购买品的采购过程中更加注重供应商的技术支持实力、付款条件、供货速度等方面的能力。

第三，产品开发不同。组织购买品注重关键客户的需求，而最终消费品注重对广泛用户的市场调查。

第四，价格不同。组织购买品的总需求受价格波动的影响比较小，即价格弹性较小，而最终消费品的价格弹性大且变化方式较多，变化速度迅速。

（四）组织市场的特点

1．购买者数量少，但购买量大。由于购买目的是满足组织而非个人的特定需求，组织市场的购买者数量较少，但单次购买数量较大。单次购买数量大这一特征符合采购的规模经济原理，有利于降低组织的采购成本和费用，加快产品和服务的流通。

2．购买者的地理位置相对集中。与消费者市场覆盖面大而消费者分布广泛、分散不同，组织市场的购买者的地理分布相对集中，甚至往往是集中在特定的区域。这一现象出现的原因是产业群聚效应。

3．供需双方关系密切。由于组织市场的购买者数量较少，人员推销就成为组织市场上的主要营销方式。供需双方通过推销谈判完成交易所付出的人力、财力和时间成本通常较高，使得供需双方的转换成本比较高，从而增强了双方的相互依赖性，因而组织市场的供需双方通常都建立起长期的业务关系。此外，组织市场的购买者也会出于自身的个性化需求，介入到生产者的产品设计、生产中，甚至结成更加紧密的联盟关系，共同参与对其他企业的竞争。这也使得供需双方的关系更加密切。

另外，组织市场需求具有以下特点。

1．属于行业衍生需求，受最终产品市场的影响。在组织购买中，组织对特定产品或服务的需求是由对最终消费品的需求衍生而来。

2．需求往往缺乏弹性。由于组织需求通常属于衍生需求，其对需求品的需求量由最终消费品的市场需求量决定，而对特定时期组织需求品的价格并不敏感。在多数情况下，需求品的价格波动都可以转移到最终消费品中去。因此，组织市场表现为需求缺乏弹性。

3．行业需求波动大。在短期内，与消费者市场相比较，组织市场需求的波动幅度更大。组织购买者对波动的预期，以及生产企业的投资规模呈不连续变化的特征，都是组织需求波动大的重要原因。

4．专家购买。组织市场与消费品市场不同，产品和服务的使用需要更多更复杂的技术和技能，这就要求组织购买的双方在购买谈判中从技术的角度进行沟通、达成购买协议，因此组织市场的采购都是由经过专门教育和培训、具有较强专业技术和技能的专业人员来完成的，属于专家购买。

第二节　市 场 营 销

市场营销学是以经济学、行为科学、现代管理等科学为基础，从属于管理学范畴的一门综合性应用学科，它是以市场经济作为先决条件，于20世纪初在美国发展起来的。1949

年以前，中国曾一度引进市场学。1949 年以后，由于中国实行计划经济，市场营销学的引进和研究工作整整中断了 30 年，直至 1978 年改革开放以后才重新从国外引进。

一、市场营销的概念

"市场营销"是由英文"Marketing"一词翻译而来，其在不同的场合会有不同的叫法。当指经济活动时，常称为"市场营销"、"营销活动"、"市场行销"；当指学科时，常称为"市场营销学"、"行销学"、"市场学"等。在市场营销学的发展过程中，对"市场营销"曾有过无数的定义和阐述。特别是随着社会的进步，经济的发展，技术的不断创新，使得市场营销实践和理论迅速发展并不断创新。

要给"市场营销"准确地下定义并不容易。虽然市场营销已有百余年历史，人们对市场营销研究的内容基本达成共识，但对市场营销定义的表述并不统一。目前被普遍接受的是美国著名市场营销学家菲利浦·科特勒所下的定义："市场营销是个人或群体通过创造并同他人交换产品和价值，以满足各自的需要和欲望的一种社会活动和管理过程。"

二、市场营销涉及的核心概念

正确理解市场营销的定义，是建立在与其相互关联的几个核心概念之上的。

1. 需要、欲望和需求

需要是指没有得到某些基本满足的感受状态。如饥饿时感到充饥的需要，口渴时感到解渴的需要，人身受到伤害时感到安全的需要等。人的需要多种多样，存在于人本身的生理和自身状态之中，但不能凭空创造。

欲望是指人希望得到更深层次的需要的满足，想得到能满足基本需要的具体满足物的愿望。

需求是指针对特定产品的欲望，这种欲望必须有两个条件：有支付能力且愿意购买。

需要、欲望和需求对企业市场营销活动的意义是不同的。需要是一种无明确指向的满足欲，如饥饿了想寻找"食物"，但并未指向"面包"、"米饭"；而当这一指向得到明确，如想到"面包"，则对于"面包"的需要就变成了欲望；如果有能力购买"面包"，此时"面包"这一产品就成为消费者的需求。对于企业的产品而言，有购买能力的欲望才是有意义的，才能真正构成对企业产品的需求，即需求＝欲望＋购买力。

正是由于人的需要有限，欲望无限，市场营销者要努力去影响、激发人们的欲望，并提供各种特定的产品去满足某些特定的需要，进而影响、创造新的需求。

案例1-1

一位海尔的客户突发奇想："洗衣机既然能洗衣服，为什么不能洗地瓜呢？"于是就用洗衣机洗起地瓜。没想到地瓜还真的洗干净了，但是洗衣机却不转圈了，因为洗衣机的下水道太细、泥土把下水道堵死了，海尔的一位维修人员把洗衣机修好后，回到办事处把此事当作笑话讲，办事处主任却因此受到启发："为什么不开发既能洗衣服，又能洗地瓜的洗衣机？"他把这一想法及时向总部汇报。总部经过研究，及时开发出"海尔大地瓜洗衣机"，马上形成抢购热潮，从此，"大地瓜洗衣机"的故事传开，成为"自己做个蛋糕自己吃"、"创造需求、引导消费"等理念的最好注脚。

（资料来源：知行经理人之家网）

2. 产品

人类靠产品来满足自己的各种需要和欲望。因此产品可以表述为能够用以满足人类某种需要或欲望的任何东西。人们通常用产品和服务来区分实体产品和无形产品。产品能够满足消费者的需求，首先是由其核心利益决定的，其次是由产品的外形特征决定的，最后是由产品的附加利益决定的。只重视产品核心利益而忽视产品附加利益，是对产品片面的理解。例如，人们喝可乐，除了解渴之外，最主要的是在消费一种信念、一种感觉、一种时尚等附加利益。

3. 价值、成本、质量和满意

价值是指顾客从拥有和使用某种产品中获得的利益与为了获得这些利益所付出的成本之差。但是，顾客往往不能准确、客观地判断产品的利益和成本，因此，价值的大小取决于人的主观感受，即"感知价值"，它来自人们的主观评价。

成本是指顾客在评估、获得和使用某一产品或服务时，所消耗的时间、精力、体力以及所支付的货币等。

质量是指产品或服务具有的满足顾客需要的性质和特征的总和。顾客的满意度与质量关系紧密，质量是价值和顾客满意度的基础，产品如没有质量保证就无价值而言，更谈不上满意。质量以顾客需要为起点，以顾客满意为终点，质量管理的基本宗旨就是使顾客满意。

满意是指顾客满意，它取决于顾客对产品的感知效果与顾客的期望值的比较。如果感知效果小于期望值，顾客就不满意；如相等，就满意；如果感知效果大于期望值，顾客就很满意。

4. 交换、交易、关系营销

交换是以提供某物作为回报而与他人换取所需要的产品的行为。一个人可以通过四种方式获得自己所需要的产品，即自行生产、强制取得、乞讨和交换。

交换能否产生，取决于交换的条件，就是说交换后双方比交换以前好，交换成为价值创造的过程。当人们决定以交换方式来满足需要或欲望时，就存在市场营销了。

交易是交换的基本组成单位，交易是双方之间的价值交换。

交易与转让不同，市场营销管理不仅要考察交易行为，也要研究转让行为。在转让的过程中，甲将某物给乙，甲并不接受任何实物作为回报。事实上，与交易有关的市场营销活动，即交易市场营销，只是另外一个大概念——关系市场营销的一部分。

关系营销是指明智的市场营销者会和顾客、分销商、零售商和供应商建立长期的、彼此信任的、互利的关系。关系营销可以降低交易的时间和成本。关系营销的最终结果是建立起公司的资产之一，即一个营销网络。

三、市场营销学的研究对象和特点

（一）市场营销学的研究对象

市场营销学是以消费者及需要为中心，并围绕这一中心展开的对其他各项市场活动的研究。这里指的消费者，既包括最终产品消费者（生活资料消费者），又包括中间产品消费者（生产资料消费者）。不同的消费者有不同的商品需要，这就需要研究不同消费者的特征，他们购买商品的心理动机、行为、习惯、购买方式以及潜在消费者需要等。

市场营销学以消费者为中心展开对整个市场营销活动的研究，主要包括四个方面的内容，即产品（Product）、定价（Price）、渠道（Place）、销售促进（Promotion），简称“4P”。

市场营销学就是一门研究市场营销活动及其规律性的应用学科。通俗地讲：研究如何在满足消费者利益的基础上适应和刺激消费者的需求，并有计划地组织企业的整体市场营销活动，提供满足消费者需求的商品和服务，并从中使企业获得最大限度利润的一门科学。

市场营销活动是指个人或集体通过创造并同别人交换产品和价值以获得其所需所欲之物的一种社会过程。只有把握了市场营销活动的规律，才能使我们在从事市场营销活动时不偏离方向，而且还会给我们提供一种观察市场活动的新视角。

（二）市场营销学的特点

从历史上看，市场营销学是从西方经济学中分化出来的一门独立的学科，是建立在经济科学、行为科学、现代管理理论基础上的应用科学，并且大量运用了这些学科的研究成果，然而它本身不是一门经济科学，而只是一门经济方面的应用科学。严格地讲，它应属于管理学的范畴。

市场营销学是一门交叉型、边缘性的应用学科，是多种学科的组合。菲利浦·科特勒曾形象而生动地论述了市场营销学学科交叉的综合特色："营销学的父亲是经济学，其母亲是行为科学；数学乃是营销学的祖父，哲学是营销学的祖母"。

阅读资料

经济学是一门具有 200 多年的古老学科，其核心思想基于资源的稀缺性，研究的核心是如何提高资源配置的经济效益；经济学家从消费者主权和经济效益出发研究问题，并在假设消费者与生产者都是富于理性的，并且都能够自由地从事交换活动。

市场营销学产生于20世纪初，当时只是试图了解和研究经济学家忽略或过分简化的某些问题。它致力于更详尽地研究流通机构与流通过程的运行机制并对于探索消费者及供应商行为这一课题颇感兴趣，而不像经济学家那样将一切简单地归结于效用及利润极大化。市场营销主要研究消费者行为、供应商行为与市场营销机构行为三个问题。

（三）市场营销学的主要内容

市场营销学研究市场营销活动及其规律是以产品适销对路、扩大商品销售为中心而展开的，并为此提出理论、思路和方法。它的核心思想是：企业必须面向市场、面向消费者，必须适应不断变化的环境并及时做出正确的反应；企业的存在要为消费者或用户提供令人满意的各种产品或服务，并且要用最小的费用、最快的速度将产品送达消费者或用户手中；企业应该而且只能在消费者或用户的满足中实现自己的各项目标。

依据上述基本思路，市场营销学的结构体系由 4 大块 12 个方面的内容有机组成，具体如下：

（1）营销原理：由市场分析、营销观念、市场营销系统与营销环境、消费者需要与购买行为、市场细分与目标市场选择等理论组成；

（2）营销实务：由产品策略、定价策略、分销渠道策略、促销策略、市场营销组合策略等组成；

（3）营销管理：由营销战略、计划、组织和控制等构成；

（4）特殊市场营销：由直复营销、网络营销、服务市场营销和国际市场营销组成。

总之，市场营销学的研究是以了解消费者的需求为起点，以满足消费者需求为终点，通过研究，制定出营销活动战略、策略及方法技巧，以使企业在满足消费者需求的过程中实现利润目标，在激烈竞争的市场上求得生存和发展。

四、市场营销学的产生与发展

（一）产生的历史背景

市场营销学产生于20世纪初商品经济比较发达的美国。

19世纪末20世纪初，美国开始从自由资本主义向垄断资本主义过渡，社会环境发生了深刻变化：工业生产飞速发展，专业化程度日益提高，人口增长急剧，个人收入上升，日益扩大的新市场为创新提供了良好的机会，人们对市场的态度开始发生变化。所有这些变化因素都有力地促进了市场营销思想的产生和市场营销理论的发展。

1. 市场规模迅速扩大

美国西部大开发，铁路建设迅速，钢铁业大发展，国内市场规模扩大。到20世纪初，美国国内市场扩大到了历史上前所未有的程度。大市场为规模生产带来了机会，但也引进了新的竞争因素，信息、促销变得越来越重要。

2. 工业生产急剧发展

19世纪末，科技的进步，促使美国从农业经济向工业经济转化。同时劳动生产率的提高、大规模生产带来了日益增多的商品，使市场供给超过了市场需求，卖方市场开始向买方市场转变。

3. 分销系统发生变化

手工业时期，中间商不被重视。到了20世纪初，中间商的作用和社会地位开始有所变化：不仅人数增加，并且相互之间有了分工，并出现了与一流生产企业并驾齐驱的百货商店、连锁店等。新的分销体制不仅向有关价值创造的传统理论提出了挑战，同时分销组织也需培养管理人员，但是这方面人才所需要的技术知识和理论思想在现成的理论书籍中是找不到的，它迫切需要有一种新的理论问世。

4. 传统理论面临挑战

在19世纪，企业经营的环境在很大程度上是由企业主决定的。因此，个人主义，寡头政治，政府干预极小化，强调积累与竞争。人们也普遍认为勤俭和努力工作值得赞美，贫穷来自懒惰和无能。这些观念助长了经济自由的思想，经济学家也把希望寄托在市场竞争机制上。

20世纪初，出现了一种论点：完全的自由竞争并不能使社会总体利益达到最佳水平。特别是1901年西奥多·罗斯福当选总统后要求政府控制大企业、金融和运输公司，要求企业兼并应该受到有关法律的制约。

传统的经济学家一般是从宏观的和政治的角度来考虑市场问题的。而当时的管理、经济学家主要考虑企业组织的内部问题，尤其是有关生产过程的问题。而大量有关分销和市场的新问题的出现造就了一批新的理论家，那就是市场营销学家。

市场营销思想最初的产生是自发的，是人们在解决各种市场问题的过程中逐渐形成的。直到 20 世纪 30 年代，人们才开始从科学的角度来解释这门学科。

（二）市场营销学在西方的发展

1. 萌芽阶段

19 世纪末 20 世纪初，西方的资本主义国家经历了工业革命的洗礼。特别是在美国，由于实行了科学管理，生产迅速发展，生产效率大大提高，生产能力的增长速度超过市场需求的增长速度，人们对市场的态度开始发生变化。少数有远见的企业主在经营管理上重视商品推销和刺激需求，注意研究推销术和广告术。同时，一些学者根据企业销售实践活动的需要，着手从理论上研究商品销售问题。所有这些变化都促进了市场营销思想的产生和市场营销理论的发展。

1905 年克罗伊西在美国宾夕法尼亚大学第一次讲授了名为“产品的市场营销”的课程，提出了市场营销这个词；1912 年美国哈佛大学教授赫杰特齐编写了名为《Marketing》的教科书，为世界第一本市场营销学教材，这被视为市场营销学作为一门独立学科出现的里程碑。

2. 形成与应用阶段

1929—1933 年爆发了震撼资本主义世界的经济危机，迫使资本家更注意市场，探讨的范围与深度加强，极大地促进了营销理论的研究和应用。

美国西北大学教授克拉克 1922 年出版了《市场营销学原理》，标志着市场营销学理论的形成。此后，市场营销学从大学走向社会，企业纷纷成立了专门的市场营销机构，1937 年美国市场营销协会（AMA）成立。

3. 发展变革阶段

二战结束，第三次科技浪潮使经济危机周期缩短；以美国为代表的一些发达国家将战争期间发展起来的军事工业转向民用，生产效率进一步提高。同时，随着科学技术的迅速发展，生产力水平大大提高，产品数量急剧增加，商品供过于求的矛盾严重困扰着企业。于是政府执行了高工资、高福利、高消费的政策，想以此来刺激购买力，保持供求平衡，借以缓和生产过剩的经济危机。这时企业所面对的是一个需求状况更复杂、竞争更加激烈的买方市场。建立在卖方市场基础上以研究商品推销术为主体的旧的市场营销就很难适应企业的需要。于是提出了以消费者需求为中心的新的市场理论，代替以产品为中心的旧的市场理论——市场是生产的起点，企业经营活动以市场为导向。这一观念的变革是市场学的一场革命，市场营销研究进入一个新的阶段。

1956 年温德尔·史密斯提出了"市场细分"概念；1957 年霍华德的《市场营销原理：分析和决策》一书问世；1960 年麦卡锡在《基础市场营销学》中提出 4P 组合理论；1967 年科特勒出版了《营销管理—分析、计划与控制》，使市场营销学理论逐渐完善。

4. 成熟阶段

20 世纪 80 年代以后，科技的发展、国际竞争的加剧、网络技术的广泛应用以及信息论、控制论和运筹学理论的综合运用，使市场学更系统、科学、完整。市场营销学实现了同经济学、社会学、心理学、管理学等的紧密结合，形成了一门综合性的边缘学科，形成了比较完善的体系。

（三）市场营销学在我国的发展

我国市场营销学的形成和发展，可以说与我国改革开放的起步与深化是同步的。它的形成发展经历了引进、传播、研究、形成、发展和应用等几个阶段。

1. 引进、传播阶段

市场营销学于 20 世纪 80 年代初，从南（广州）、北（大连）两路进入我国。其中，世界著名市场营销权威菲利普·科特勒的《市场营销原理》和《市场营销管理》两部著作引起了学者们的高度重视，对中国市场营销学的建立产生了重要的影响。暨南大学、中国人民大学等从 1979 年起开设市场营销课程，在以后的二三年时间里，全国约有 30 余所高、中等院校相继开设了这门课，出版的翻译、专著和编著的市场营销书籍多达上百种。但从整体上来说，在这一阶段尚未形成具有中国特色的市场营销学专著。

2. 研究、形成、发展和应用阶段

1984 年 1 月，中国综合性大学、高等财经院校市场营销研究会暨"全国市场营销研究班"在长沙结业。此后，中国人民大学相继设立了市场营销教研室和中国市场营销研究中心，全国高校、中专学校成立各级、各类市场营销学研究会十余个，举办了各级各类市场营销学研讨班、进修班、教学研究会议，特别是 1995 年 6 月 22 日至 25 日，由中国人民大学、加拿大麦吉尔大学、康克迪亚大学联合主办的"第五届市场营销与社会发展国际会议"在北京成功举行。在会议上，有 6 位中国学者荣获优秀论文奖，30 多位中国学者撰写的学术论文收入《第五届市场营销与社会发展国际会议论文集》（英文版），著名市场营销学者库纳尔·巴苏、杰克迪什.N.谢斯、罗西尔.N.贝尔克、罗杰.A.雷顿等出席会议并讲话，来自36个国家和地区的230名专家、学者就市场营销领域的重要问题进行了探讨和交流，与会学者对中国市场营销理论与实践的发展给予了高度评价。第五届市场营销与社会发展国际会议的召开，标志着中国市场营销学的成熟和发展，向国际市场营销学界展示了中国市场营销学界的水平和实力，为中国市场营销学者登上世界舞台提供了契机。

在这期间，一些综合性大学、财经类院校、中专学校不仅把市场营销学开设成为一些专业的必修或选修课程，而且还纷纷开设市场营销专业，培养本科、专科、中专等不同层次的市场营销专业人才，中国人民大学还为增设市场营销硕士做出了不懈努力；特别是市场营销学专著、教材以及其他出版物的不断问世，标志着中国营销理论的发展进入了一个新的阶段。

与此同时，社会主义市场经济建设给中国的市场营销教学、研究和应用提出了更高的要求。1996年3月，八届全国人大四次会议通过的《中华人民共和国国民经济和社会发展“九五”计划和2010年远景目标纲要》（以下简称《纲要》）就市场营销问题作了许多重要论述。《纲要》明确指出，国有企业要按照市场需求组织生产，“搞好市场营销，提高经济效益。”《纲要》还指出，要积极开展“代理制、连锁经营等新的营销方式”，“建立科研、开发、生产、营销紧密结合的机制等”。《纲要》在谈到国际市场营销问题时提出，要“积极参与和维护全球多边贸易体系，发展双边和多边贸易，互相促进，实现市场多元化。在巩固提高传统市场占有率的基础上，大力开拓市场，拓展出口渠道”。这是市场营销学引入中国以来第一次在政府文件中出现的“市场营销”字眼，再一次表明中国政府重视市场营销在社会经济发展中的重要作用。之后不久，又出台了营销师职称系列，国家经贸委也提出了《关于加强国有企业市场营销工作的意见》，并在全国范围内首选1000家企业进行工商管理知识培训，其中市场营销是一门占有十分重要地位的课程。随着中国买方市场的形成，企业在实践中认识到，市场营销对于企业在激烈竞争的市场环境中如何健康地生存和持续发展至关重要。重视市场营销，已成为成功企业的共识。所有这些都预示着：市场营销学科的春天已经来临，市场营销学发展前景广阔。

第三节　市场营销观念

伊索寓言

樵夫与金斧

有个樵夫在河边砍柴，不小心把斧子掉在河里，被河水冲走了。他坐在河岸上失声痛哭。赫尔墨斯知道了此事，很可怜他，走来问明原因后，便下到河里，捞起一把金斧子来，问是否是他的，他说不是；接着赫尔墨斯又捞起一把银斧子来问是否是他的，他仍说不是；赫尔墨斯第三次下去，捞起樵夫自己的斧子时，樵夫这才说是自己所失掉的那一把。赫尔墨斯很赞赏樵夫为人的诚实，便把金斧、银斧都作为礼物送给他。樵夫带着三把斧子回到家里，把事情经过详细地告诉给他的朋友们。其中有一个人十分眼红，决定也去碰碰运气，便跑到河边，故意把自己的斧子丢到激流中，然后坐在那儿失声痛哭起来。赫尔墨斯来到他面前，问明了他痛苦的原因，便下河捞起一把金斧子，问是不是他所丢失的。那人高兴地说："啊，正是！正是！"然而他那贪婪和不诚实的样子却遭到了赫尔墨斯的痛恨，不但没赏给他那把金斧子，就连他自己的那把斧子也没给他。

寓言分析：许多人认为欺骗、说谎话是一种有利的勾当。他们以为欺骗的手段是很值得使用的。所以许多生意好的商店，也往往要掩饰自己商品的缺点，也登载各种欺人的广告。有些人甚至以为，在生意场中，欺骗的手段与资本一样必需。但他们不明白，在他们多得到一份金钱的同时却损失了诚实的品格。他们的钱袋中固然有所增益了，但他们的人格却降低了。

翻阅商业发展的历史，可以看出，50 年以前的大商店，在今日依然存在的几乎寥若晨星。那些大商店，在当时好像雨后春笋、气象蓬勃，可谓盛极一时，但由于刊登各种欺人的广告，做各种欺人的勾当，他们的寿命不能持久，因为他们缺少诚实作为其后盾。他们终究是不可靠的，一时虽能欺骗得逞，但终究要被发现。那时他们就要受到冷落而终至失败了。

一、市场营销观念的概念

市场营销作为有意识的经营活动，是在一定的经营思想的指导下进行的。这种经营思想也可称之为"经营管理哲学（Marketing Management Philosophies）"，它是企业经营活动的一种导向，一种观念，市场营销指导思想的正确与否对企业经营成败兴衰，具有决定性的意义。

市场营销观念就是企业在开展市场营销活动的过程中，在处理企业、顾客和社会三者利益方面所持的态度、思想和观念，是企业从事市场营销活动的具体指导思想和行为准则。

二、市场营销观念的发展阶段

企业的经营思想和营销观念不是一成不变的东西，它在一定的经济基础上产生和形成，并随着社会经济的发展、科技的进步、市场环境的变化、市场竞争程度的提高而不断演变。在西方市场经济高度发达的社会里，企业经营管理的指导思想大体上经历了以下几个阶段。

（一）生产观念（Producting Concept）

生产观念（20 世纪初兴起），是一种传统的经营思想，20 世纪 20 年代以前在西方发达国家占支配地位。当时，由于生产效率不高，许多商品的供应还不能充分满足市场需要，例如，当时小轿车产量很少，价格昂贵，因此，当时的工商企业就把营销管理的重点放在抓生产、抓货源上，即以生产观念为导向。其典型口号有福特汽车公司的“不管顾客需要什么，我们生产的汽车就是黑色的 T 型车”。

生产观念的主要观点是认为消费者希望可以随处买到价廉物美的产品。因此，企业应致力于提高生产效率和分销效率，扩大生产，降低成本以扩展市场。显然，生产观念是一种重生产管理、轻市场营销的企业经营哲学。这种观念形成的原因主要有两个方面：一是产品供不应求，因而消费者更看重或最紧迫的需求是从无到有的满足；二是产品成本居高不下，要想扩大市场，提高销量，首要的工作是加强内部生产管理，提高劳动生产率，降低生产成本。

在资本主义工业化初期以及第二次世界大战末期和战后一段时间内，由于物资短缺，市场上产品供不应求，生产观念在企业经营管理中颇为流行。我国在计划经济体制之下，工商企业在经营管理中也奉行生产观念，具体表现在：生产企业集中力量发展生产，轻视市场营销，实行以产定销；商业企业集中力量抓货源，工业企业生产什么就收购什么，生产多少就收购多少，也不重视市场营销。在产品供不应求的卖方市场时代，这种大量生产、降低价格的思想尚有其生命力。而如今大多数商品已经供过于求，厂商竞争激烈，这种经营导向无疑已严重过时。

案例1-2

为了满足市场对汽车的大量需求，福特汽车在20世纪初采用了当时颇具竞争力的营销战略，只生产一种车型，即只生产T型车，且只有一种颜色可供选择，那就是黑色。这样做的好处是福特能以最低的成本生产，以最低价格向消费者提供汽车。T型车改变了日后美国人的生活方式，使美国成为汽车王国。从1908年冬天开始，美国人便能以825美元的价格买到一部轻巧、有力、两级变速、容易驾驶的T型车。这大大刺激了广大中产阶级对汽车的需求。而福特也因此成了美国最大的汽车制造商，到1914年，福特占有美国汽车一半的市场份额。然而，到1927年，福特不得不关闭了T型车生产线，因为汽车多样化时代来临了。

（二）产品观念（Product Concept）

产品观念（20 世纪 20 年代初兴起），是一种与生产观念类似的经营思想。其主要观点是以产品为中心的企业经营指导思想，即认为顾客想购买的只是优质产品，而并没有认识到顾客所购买的实际上是对某种需要的满足。所以只把眼光放在企业内部的生产领域上，在经营管理中缺乏远见，看不到市场需求的变化，迷恋于自己的产品，一味致力于提高产品的质量，久而久之，致使企业经营陷入困境。其典型口号有“酒好不怕巷子深”、“拥有高质量的产品就能拥有顾客”等。

产品观念会导致“营销近视症”，即过分重视产品质量，看不到市场需求及其变动，只知责怪顾客不识货，而不反省自己是否根据需求提供了顾客真正想要的产品。

生产观念和产品观念都属于以生产为中心的经营思想，其区别只在于前者注重以量取胜，后者注重以质取胜，二者都没有把市场需求放在首位。

这种观念在商品经济不发达的时代或许有一定的道理，但在市场经济高度发达的今天，则肯定是不适宜的：首先，现在的市场需要变化是很快的，并且是多层次的，如不适合市场需要，再好的产品也不会畅销；第二，现在市场竞争激烈，不同于小商品经济时代，再好的产品也不可能持久地占领市场。例如，当空调机普遍进入消费者家庭的时候，凉席无论多好也不会再畅销；当袖珍计算器大量上市后，再好的计算尺也会无人问津。

案例1–3

“北有王麻子，南有张小泉。”在中国刀剪行业中，王麻子剪刀厂名声远扬。历史悠久的王麻子剪刀，早在（清）顺治八年（1651年）就在京城菜市口成立，是著名的中华老字号。数百年来，王麻子剪刀产品以刃口锋利、经久耐用而享誉民间。新中国成立后，“王麻子”剪刀仍很“火”，在生意最好的20世纪80年代末，曾创下一个月卖7万把菜刀、40万把剪子的最高纪录。

但从1995年开始，“王麻子”的好日子便一去不复返，陷入连年亏损的地步，甚至落魄到借钱发工资的境地。审计资料显示，截至2002年5月31日，北京王麻子剪刀厂资产总额1 283万元，负债总额2 779万元，资产负债率高达216.6%，“积重难返”的王麻子，只有向法院申请破产。

曾经是领导品牌的“王麻子”为什么会走到破产的境地呢？作为国有企业，王麻子沿袭计划经济体制下的管理模式，缺乏市场竞争思想和创新意识，这是其破产的根本原因。长期以来，王麻子剪刀厂的主要产品一直延续传统的铁夹钢工艺，尽管它比不锈钢刀要耐磨好用，但因为工艺复杂，容易生锈且外观档次低，产品因此渐渐失去了竞争优势。而此时王麻子剪刀却没能及时引进新设备、新工艺改进生产。数十年来王麻子剪刀的外形没有任何变化。故步自封、安于现状，这些原因直接导致了王麻子剪刀最终被消费者抛弃。

（资料来源：北方网）

（三）推销观念（Selling Concept）

推销观念（20 世纪 20 年代末至 50 年代初兴起），是生产观念的发展和延伸。20 世纪 20 年代末，西方国家的市场形势发生了重大变化，特别是 1929 年开始的经济萧条，使大批产品供过于求，销售困难，竞争加剧，人们担心的已不再是生产问题而是销路问题。于是，推销技术受到企业的特别重视，推销观念成为工商企业主要的指导思想。

推销观念的主要观点是消费者通常有购买迟钝或抗拒购买的表现，仅有优质的产品和低廉的价格并不一定会自发地吸引消费者，如果顺其自然，消费者不会购买本企业太多的产品。因此，企业必须大力开展推销和促销活动，刺激消费者进行购买。其典型口号是美皮尔斯堡面粉公司的“本公司旨在推销面粉，我卖什么就设法让人们买什么”。

推销观念较生产观念不同的是：后者是以抓生产为重点，通过增加产量，降低成本来获利；前者则是以抓推销为重点，通过开拓市场，扩大销售来获利。

从以生产为导向发展为以推销为导向是经营思想的一大进步，但仍然没有脱离以生产为中心、“以产定销”的范畴。因为它只是着眼于既定产品的推销，只顾千方百计地把产品推销出去，至于销出后顾客是否满意，以及如何满足顾客需要，达到顾客完全满意，则并未给予足够的重视。因此，在科学技术进一步发展、产品更加丰富的情况下，它就无法适应客观需要了。

以上三种观念，都以生产为中心，统称为传统营销观念。

案例1-4

1990年3月，秦池从一家年产仅1万多吨、销售局限于潍坊的山东临朐县小酒厂，开始走上了它颇具传奇意味的历程。1993年，秦池酒厂开始进军东三省的大门——沈阳，在当地电视台上买断段位、密集投放广告，并对消费者实行免费品尝，还请当地技术监督部门对秦池酒进行鉴定……一系列活动使秦池迅速走红。1995年，秦池以6660万元中标央视黄金广告段，成为“标王”，由此一夜成名，其白酒也身价倍增。中标后的头两个月秦池销售收入就达2.18亿元，实现利税6800万元，相当于秦池酒厂建厂以来的总和。1996年，秦池以3.2亿元的天价再度成为“标王”。根据秦池对外通报的数据，当年企业实现销售收入9.8亿元，利税2.2亿元，增长5～6倍。

秦池惊人的发展速度令业界为之瞠目。人们开始将关注的目光投向“标王”光环的背后。1997年，“一个县级小企业怎么能生产出15亿元销售额的白酒？”、“秦池白酒是用川酒勾兑”等几篇新闻报道彻底把秦池从“标王”宝座上拉了下来。秦池在蝉联“标王”后不足两个月，北京《经济参考报》的4位记者便开始对秦池进行暗访。一个从未被公众知晓的事实终于浮出了水面：秦池的原酒生产能力只有3000吨左右，它从四川宜宾邛崃收购大量的散酒，再加上他们本厂的原酒、酒精、勾兑成低度酒，然后以“秦池古酒”、“秦池特曲”等品牌销往全国市场。1996年，秦池完成的销售额不是预期的15亿元，而是6.5亿元，次年更下滑到3亿元，到1998年，该厂已是欠税经营。秦池从此一蹶不振，最终从传媒的视野中消失。2001年7月，一家酒瓶帽的供应商指控秦池酒厂拖欠300万元货款，地区中级人民法院判决秦池败诉，并裁定拍卖“秦池”注册商标。令人啼笑皆非的是，几亿元打造的商标最终却仅以几百万元的价格抵债。

（资料来源：管理人网）

（四）市场营销观念（Marketing Concept）

市场营销观念（20 世纪 50 年代中期兴起），是一种全新的经营哲学。它是第二次世界大战后在美国新的市场形势下形成的。所谓市场营销观念，是一种以顾客需要和欲望为导向的经营哲学，它把企业的生产经营活动看作是一个不断满足顾客需要的过程，而不仅仅是制造或销售某种产品的过程。简言之，市场营销观念是“发现需要并设法满足它们”，而不是“制造产品并设法推销出去”；是“制造能够销售出去的产品”，而不是“推销已经生产出来的产品”。其典型口号是“顾客是上帝”、“爱你的顾客而非产品”、“顾客才是真正的主人”、“顾客需要什么就生产或经营什么”、“顾客永远是正确的”等。

市场营销观念的形成和在实践中的广泛运用，对西方企业改善其经营起到了重要作用，取得了巨大成就，美国的可口可乐、麦当劳和中国的海尔等公司都是运用市场营销观念并取得成功的范例。

市场营销观念的出现是市场营销学进入成熟阶段的产物与标志，是企业营销观念发展史上的一次革命。在西方有人把这一经营思想的变革同产业革命相提并论，称之为“市场营销革命”，甚至还有人说这是企业经营思想方面的“哥白尼日心说”。虽有夸大，但其重要性及影响可见一斑。

案例1-5

一般来讲，每年的6-8月是洗衣机销售的淡季。每到这段时间，很多厂家就把促销员从商场里撤回去了。张瑞敏纳闷儿：难道天气越热，出汗越多，老百姓越不洗衣裳？调查发现，不是老百姓不洗衣裳，而是夏天里洗衣量5公斤的洗衣机不实用，既浪费水又浪费电。于是，海尔的科研人员很快设计出一种洗衣量只有1.5公斤的洗衣机——小小神童。小小神童投产后先在上海试销，因为张瑞敏认为上海人消费水平高又爱挑剔。结果，上海人马上认可了这种世界上最小的洗衣机。该产品在上海热销之后，很快又风靡全国。在不到两年的时间里，海尔的小小神童在全国卖了100多万台，并出口到日本和韩国。

从此以后，张瑞敏告诫员工说："只有淡季的思想，没有淡季的市场"。

（资料来源：中国网、海尔集团网站）

（五）社会市场营销观念（Societal Marketing Concept）

20 世纪 70 年代以来，西方国家市场环境发生了许多变化，如能源短缺、通货膨胀、失业增加、消费者保护运动盛行等。在这种背景下，人们纷纷对单纯的市场营销观念产生了怀疑和指责，认为市场营销观念没有真正被付诸实施，即使某些企业真正实行了市场营销，但它们却忽视了满足消费者个人需要同社会长远利益之间的矛盾，从而造成了资源大量浪费和环境污染等社会弊端。例如，举世闻名的软饮料可口可乐和麦当劳汉堡包等畅销商品，都曾遭到美国消费者组织及环境保护组织的指责。针对这种情况，有些学者提出了一些新的观念来修正和代替单纯的市场营销观念，如"人类观念"、"理智消费观念"、"生态主宰观念"等。菲利普·科特勒则认为可代之以"社会市场营销观念"，这一提法现在已经为多数人所接受。

所谓社会市场营销观念，就是不仅仅要满足消费者的需要和欲望并由此获得企业的利润，而且要符合消费者自身和整个社会的长远利益。组织的任务是确定诸目标市场的需求、欲望和利益，并以保护或提高消费者和社会福利的方式，比竞争者更有效、更有利地向目标市场提供所期待的满足。企业营销不能唯利是图，对于有害于消费者和社会利益的需要，不仅不能满足，还应该进行抵制营销。

社会市场营销观念是营销观念的发展和延伸，是协调市场营销活动与社会可持续发展之间矛盾的产物。

案例1–6

一般来讲，塑料购物袋是日常生活中的易耗品，中国每年都要消耗大量的塑料购物袋。塑料购物袋在为消费者提供便利的同时，由于过量使用及回收处理不到位等原因，也造成了严重的能源资源浪费和环境污染。特别是超薄塑料购物袋容易破损，大多被随意丢弃，成为"白色污染"的主要来源。目前越来越多的国家和地区已经限制塑料购物袋的生产、销售和使用。

国务院办公厅向各省、自治区、直辖市人民政府，国务院各部委、各直属机构下发《关于限制生产销售使用塑料购物袋的通知》。通知指出，鉴于购物袋已成为“白色污染”的主要来源，从2008年6月1日起，在全国范围内禁止生产、销售、使用厚度小于0.025毫米的塑料购物袋（即超薄塑料购物袋），并将实行塑料购物袋有偿使用制度。自2008年6月1日起，在所有超市、商场、集贸市场等商品零售场所实行塑料购物袋有偿使用制度，一律不得免费提供塑料购物袋。

（资料来源：人民网）

（六）大市场营销观念（Magemarketing Concept）

20 世纪 80 年代以来，经济发达国家生产过剩，但是市场有限，因此市场竞争日益激烈。世界上许多国家的政府干预加强，贸易保护主义抬头，为了保护本国的工业，采取了一系列关税和非关税贸易壁垒。在这种封闭型或保护型的市场上，已经存在的参与者和批准者往往会设置种种障碍，使得那些能够提供类似产品，甚至能够提供更好的产品和服务的企业难以进入市场，无法开展经营服务。在这样的背景下，菲利普·科特勒于 1984 年提出了“大市场营销”这种新的观念或新的战略思想。

根据《哈佛商业讨论》1986 年第二期刊登的菲利浦·科特勒的《大市场营销》一文介绍，所谓大市场营销观念，就是企业为了成功地进入特定市场，并在那里从事业务经营，要在策略上协调地使用经济的、心理的、政治的和公共关系等手段，以博得外国或地方的各有关方面的合作与支持。

所谓特定市场，是指封闭型或保护型市场。在这种市场上，已经存在竞争者和批准者设置的种种障碍、层层关卡，例如，歧视性法律规定、垄断协定、社会偏见和文化偏见、不友好的分销渠道、拒绝合作的态度等，使那些能够提供类似产品，甚至能够提供更好的产品与服务的企业也难以进入市场。设置障碍的既得利益集团，往往可以得到政府立法部门、劳工组织、银行及其他组织的支持，使市场形成一个封闭系统。

企业要打入这样的市场，必须运用大市场营销策略，在交易条件上，除做出较多的让步外，还要求营销人员具有特殊的技巧，懂得如何运用整体营销策略（4P），制定出市场营销综合策略来吸引顾客，并力求降低成本，提高效益。更重要的是，要学会通过施加影响和运用权利、疏通关系等手段，打开关锁，推倒壁垒森严的高墙，使自己的产品在特定的市场上通行无阻。

所谓大市场营销观念，是指在实行贸易保护的条件下，在企业营销策略中除了 4P 之外，还必须加上 2P，即借助政治力量（Political Power）和公共关系（Public Relations）等手段，积极主动的适应外部环境，引导消费者需求或改变消费者习惯，以打开和进入目标市场。

应当看到，“大市场营销”与“市场营销观念”及传统的市场营销基本理论有所不同，这种不同主要表现在以下三个方面。

（1）企业市场营销管理与企业外部经营环境的关系有所不同。过去一直认为，企业要善于安排市场营销组合，使企业的市场营销管理决策与企业外部不可控制的环境因素相适应，这是企业能否成功、能否生存和发展的关键；“大市场营销”则认为，企业可以影响其周围的经营环境，而不是仅仅顺从它和适应它。

（2）企业的市场营销目标有所不同。在“市场营销观念”指导下，企业的市场营销目标是千方百计地发展和满足目标顾客的需要；在“大市场营销”指导下，企业的市场营销目标是为了满足目标顾客的需要，采取一切手段，打开和进入某一市场，或者改造或改变目标顾客的需要。

（3）市场营销手段有所不同。在“市场营销观念”指导下，企业集中一切资源、力量，适当安排4P，采取这些市场营销手段来满足目标顾客的需要，而在“大市场营销”指导下，企业要用6P来打开和进入某一市场，创造或改变目标顾客的需要。

（七）整合营销观念（Integreted Marketing Concept）

20世纪90年代以后，美国进入高度发达的后工业时代，制造手段高度自动化，敏捷制度、弹性生产、准时生产等新型生产方式普遍推行。信息技术的发展使得竞争者在产品、技术以及销售渠道、服务等方面同质化。也就是说，竞争者之间的筹码大同小异。那么，企业如何实现差异化？如何才能赢得更多顾客？整合营销理论对此做出了回答。

整合营销是强调顾客、注重沟通的现代营销理论。它与传统营销最大的区别在于重心的转移，从传统的消极、被动地适应消费者，转向积极、主动地与消费者沟通交流。

整合营销与传统的“4P”相对应，从全新的营销角度提出了“4C”主张，即在营销活动中，企业产品（Product）或服务策略的制定要以研究顾客的需要和欲望（Consumer's wants and needs）为中心，向顾客提供能最大限度满足其需求的产品和服务；企业产品或服务价格（Price）的制定，应以顾客为满足其需求所愿付出的成本（Cost）为中心，而非以企业生产产品或服务的成本为中心制定；企业渠道策略（Place）的制定要以最大限度向顾客提供便利（Convenience）为中心，企业首先要考虑如何让顾客比较便利地得到企业的产品或服务，以此来制定企业的渠道策略；企业促销策略（Promotion）的制定不能以企业为中心，不能以是否有利于产品的销售为中心，而应以顾客需求为中心，以与顾客能否实现充分的交流与沟通（Communication）为中心。

关于“4P”与“4C”的关系可概括为：所谓“4P”是站在企业的角度来看营销，所谓

"4C"是站在消费者的角度来看营销。只是出发点不同而已，两种思维方式都正确。在近年的市场营销理论中，很多人认为以4P组合为核心的营销理论与实务过时了，不能适应现代竞争激烈的市场，甚至想用4C来替代它。但4P理论毕竟经过实践已经在世界范围内得到了广泛的发展和认同。同时，从企业微观的角度来说，4P比4C更具有可操作性。但是技术手段的发展，对传统的市场营销也产生了深刻而巨大的冲击，这也为进行4P与4C两种组合的有机整合、兼顾企业和消费者利益、使4C融合于4P从而创建出一种全新的营销模式带来了契机。

主要概念

市场　消费者市场　组织市场　市场营销　市场营销活动　社会市场营销观念

思考与练习

1．当代市场的发展趋势如何？
2．分析组织购买品与最终消费品的异同。
3．消费者市场与组织市场的特点有哪些？
4．谈谈自己在学习本章内容前后对市场营销概念的认识和理解。
5．解释市场营销观念在各个阶段形成与发展的原因。
6．分析在我国现阶段存在的营销观念的类型及其原因。

实践与技能

1．请运用本章的有关原理对下述现象进行分析

美国×××钟表公司自1869年创立到20世纪50年代一直被认为是美国最好的钟表制造商之一，该公司在市场营销管理中强调生产优质产品，并通过著名珠宝商店、大百货公司等构成的市场营销网络分销产品，1958年之前公司销售额始终呈上升趋势，但此后市场销售额和占有率开始下降。

问题：该公司秉持什么样的营销观念，目前所出现的问题原因是什么？

2．案例分析

在我国西南地区，有一位名叫阿福的农民企业家，经过了数年的市场营销竞争的洗礼，

终于存下了数亿资金。在选择新的投资切入点时，由于他热衷于驾驶汽车及制造汽车，因此将资金全部投入到制造与销售微型小汽车的新工厂中。由于中国大多数老百姓买不起昂贵的进口豪华汽车，因此当时价廉物美的小型汽车在全国城乡汽车市场中销售形势很好，有时客户还须先交款再等待提货取车。这时，老板阿福多次向外界宣称："不管消费者喜欢做什么汽车梦，我做的小汽车永远都是最便宜的微型车，永远都是中国老百姓的最爱！"

但是，20世纪后期，我国许多大城市相继出台关于严禁微型小汽车上路的地方交通令，这令阿福和其他微型车企业的投资者一时间欲哭无泪，在亏损中苦苦挣扎。然而，阿福从去年起又开辟了市场营销的新渠道，再加上国家目前对省油环保的微型汽车大力支持，阿福也由此踏上了第二次迈向成功的旅途。

（资料来源：谢声．营销策划一本通．广州：广东经济出版社，2006.）

问题：

1. 阿福的宣言，表达了怎样的市场营销理念？

2. 几年前，全国许多大城市禁止或限制微型小汽车的行驶与销售，究竟是什么原因？这样做对销售有什么影响？

3. 目前，微型小汽车的市场营销活动重现风采，有哪些原因？

第二章　市场营销环境

学习目标

通过本章学习，要求学生掌握市场营销环境的概念，理解营销环境对企业营销活动的影响，能利用分析模型对市场机会与环境威胁作出分析，了解各种环境主体对企业营销活动的影响。

案例导入

2004年4月，国内彩电市场新一轮价格战全面打响。11日康佳高清数字电视机价格全线下调，一款43英寸数字高清背投标出6999元的“惊爆价”，降幅近30%。12日长虹随之做出强烈反应，主流高清背投彩电平均降价1000～4800元。15日TCL跟进，部分型号29英寸数字高清彩电降到3000元以下。但TCL又表示一般不会主动降价，迫不得已时，也不得不跟进。创维表示正在研究对策，表示降价幅度将是“有震撼力的”。厦华、海信也紧随其后宣布降价。面对本土彩电企业争相搅局，一些外贸品牌也忍不住跳出来“指点江山”。东芝似乎已等不及了，大声“吆喝”降价，43英寸数字背投由11600元降至9200元。索尼数字高清彩电降价幅度从600元到1000元不等，而销售人员表示“价格还可以再商量”。三洋、日立、LG等也不约而同地表示已“着手降价”。业内资深人士指出，彩电的发展轨迹是“降价→普及→提高→再降价”。“价格战”恐怕永远都不可避免，对此外资品牌想不跟进都难。

（资料来源：大河报，2004-4-19，有删节）

案例分析：显而易见，市场营销环境的变化不以营销者的意志为转移。它对企业营销活动的影响具有强烈性和不可控性。当环境发生变化时，营销者就会面临着如何应对环境变化的策略选择。

第一节　宏观市场营销环境

企业是社会的经济细胞，任何企业的营销活动都与社会的各个方面有着千丝万缕的联系，因而必然受到市场营销环境的影响。企业的市场营销活动是在一定的市场营销环境中进行的，企业一方面要适应市场营销环境，另一方面又可以通过自身的市场营销活动为企业选择和创造一个良好的市场营销环境。因此，企业开展市场营销活动时，必须密切注视营销环境的变化。

企业经营的优劣成败，在于经营管理者能否顺应不断变化的经营环境。企业经营决策和计划若能适应市场营销环境，就能保证营销活动顺利开展；反之，则会导致失败。市场营销环境是企业经营管理过程中不可控制的因素。但是，“识时务者为俊杰”，优秀的营销管理者就是要善于分析市场营销环境，捕捉市场营销机会，躲避和克服环境威胁，确保在激烈的市场竞争中立于不败之地。

一、市场营销环境的概念和特点

（一）市场营销环境的概念

环境是指某事物外界的一切事物。它总是相对于某一特定的对象而言的，不同的对象有着不同的环境。

市场营销环境是相对于企业的市场营销活动而言的。那么如何理解企业的市场营销环境呢？菲利普·科特勒指出：“企业的营销环境是由企业营销管理职能外部的因素和力量组成的，这些因素和力量影响管理者成功的保持和发展同其目标市场顾客交换的能力。”他还说：“市场营销环境就是影响公司的市场和营销活动的不可控制的参与者和影响力。”简言之，市场营销环境是指与企业市场营销有关的，影响产品的供给与需求的各种外界条件和因素的总和。

企业市场营销环境的内容广泛而复杂，不同的因素对营销活动各个方面的影响和制约也各不相同。根据各种因素对企业开展市场营销活动的作用范围和影响程度，可以把市场营销环境分为宏观营销环境和微观营销环境两大类。宏观环境是指对企业开展市场营销活动产生影响的各种社会力量，这些因素或力量可归纳为政治、法律、经济、人口、社会、文化、科技、自然等 8 大部分；微观环境是指与企业紧密相连直接影响企业营销活动的各种参与者，包括供给者、营销中介、顾客、竞争者、社会公众以及影响营销管理决策的企业内部各个部门。

微观环境是对某一个企业起影响和制约作用的环境因素，它直接影响和决定该企业的营销活动，也称直接营销环境。而宏观环境是对所有企业都产生影响和制约的环境因素，它对企业的市场营销活动产生间接影响，也称为间接营销环境，但在特定的场合下，宏观环境也可直接影响企业的营销活动。宏观环境与微观环境是市场环境系统中的不同层次，所有的微观环境因素都受宏观环境因素的制约，而微观环境因素对宏观环境也产生影响。企业的市场营销活动就是在这两种环境的相互作用中展开的。

阅读资料

对市场营销环境概念的认识是逐步完善起来的。在20世纪初，人们认为营销环境就是销售市场。到了30年代，才把政府、工会、竞争者等对企业有利害关系的因素看作为营销环境。在60年代，市场营销环境的外延进一步扩大，科学技术、自然生态、社会文化被纳入重要的环境要素。进入70年代，随着政府对经济干预力度的加强，人们开始更加重视政治、法律环境的研究。现代的市场营销环境变得更加深远、广阔和复杂，如市场的全球化、经济的一体化以及贸易壁垒等。

（二）市场营销环境的特征

1. 复杂性

环境因素涉及多方面、多层次，因素之间相互作用、相互影响、相互制约、相互依存，互为因果关系，即蕴含着机会，也潜伏着威胁。同一环境因素对不同的企业影响不同，对同一企业的不同发展阶段，其影响作用也可能不同。

2. 不确定性（多变性）

营销环境是一个动态大系统，其各种因素和力量都在不断地变化着，如政策、经济、技术、竞争等因素。环境的不确定性主要指两方面：一是由于相关性影响，一种环境因素变化会导致另一种环境因素随之变化，避免“脚痛医脚，头痛医头”；二是每一个环境内部的子因素变化也会导致环境因素的变化。因此，市场营销环境总是处于不断变化的动态过程。当然，环境中的某些因素，如人口、社会、自然因素等，在营销年度内具有相对的稳定性，对营销活动影响相对影响较小；即使某些相对变化较快的因素，在其运动周期内也保持相对的稳定。

3. 不可控性

市场营销环境作为一个复杂多变的整体，单个企业不能控制它，只能适应它；对于市场营销环境因素中的绝大多数单个因素，企业也不可能控制它，而只能在基本适应中施加一些影响。然而企业通过本身能动性的发挥，如：调整营销策略、进行科学预测和联合多个企业等，可以冲破环境的制约或改变某些环境因素，取得成功。

4. 竞争性

对企业而言，市场营销环境的复杂性、不确定性、不可控性都反映在环境中存在激烈的竞争，正是残酷激烈的竞争迫使企业不得不进行营销环境分析。

5. 各环境要素的相关性

市场营销环境本身就是一个复杂的大系统，有着复杂多样的构成要素和子系统，形成特定的结构和功能，相互之间存在着各种各样的相互联系和制约。某一个或某些环境因素的变化首先会对与其直接相关的因素或子系统产生影响，进而通过它们再对其他要素或子系统产生作用，最终形成相对稳定的新的环境状态。如 2003 年春季，“非典”呈现出一种失控的状态，中国各级政府通过强力的控制，几乎中断了地域间的人员流动。企业的经营活动受到了很大的影响，尤其是交通、餐饮、旅游、宾馆等行业遭受的损失更大。

6. 目的性

企业研究市场营销环境，其目的是为了适应不同的环境，从而求得生存与发展。由于市场营销环境不等于整个外界事物，所以，企业所要求适应的只是对企业营销活动有影响的环境因素。对这些因素，企业不但要积极主动地去适应，而且要不断创造和开拓对自己营销有利的环境。

二、宏观市场营销环境

（一）政治法律环境

政治因素主要是指国家的政体、政局、政策等方面；法律因素是指对市场营销有关的法律法规、条例、标准、惯例和法令。

为适应市场经济的发展，现代国家的政治法律环境有三种变动趋势：一是管制企业的立法增多，目的是维护企业间的公平竞争、保护消费者的利益、制止企业非法牟利、维护社会整体长远利益，防止对生态环境的破坏等；二是执法更严；三是公众利益团体的力量增强。

世界上第一个消费者协会是 1898 年在美国成立的。第二次世界大战后，消费者组织在西方各国大量涌现，1960 年在海牙会议上成立了“国际消费者组织联盟（IOCU）”。21 世纪 60 年代以来，在西方国家，消费者保护主义运动已成为一支强大的社会力量，1962 年，美国总统肯尼迪在表示支持消费者保护主义运动时提出的消费者四项基本权利：安全权、认知权、选择权和投诉权，已为国际社会所公认。

我国自 1983 年以来，也在一些城市相继成立了消费者协会，1985 年 1 月成立了“中国消费者协会”。按照章程规定，消费者应享有六项权利：了解商品和服务的权利；选择商品和服务的权利；获得商品和服务安全、卫生的权利；监督商品和服务价值、质量的权利；对商品和服务提出意见的权利；受到商品和服务损害时索取赔偿的权利。

以上既对企业构成制约和约束，同时又给企业指明了前进的方向。

（二）经济环境

经济环境是指企业开展市场营销活动所处的外部经济条件，经济环境也是内部分类最多、具体因素最多、对市场具有广泛和直接影响的环境内容。宏观经济环境包括经济体制、经济增长、经济周期与发展阶段以及经济政策体系等大的方面，也包括居民的收入水平、市场价格水平、利率、汇率、税收等经济参数与政府调节取向，更具体的经济因素有居民收入来源、可处置收入比例以及支出结构等。

1. 经济发展阶段

经济发展阶段的划分，比较流行的是美国学者罗斯顿（W.W.Rostow）的“经济成长阶段理论”，他将世界各国的经济发展归纳为五种类型：传统经济社会，经济起飞前的准备阶段，经济起飞阶段，迈向经济成熟阶段，大量消费阶段，其中最主要的是经济起飞阶段。所谓的经济起飞是指一国已克服了种种经济发展的阻碍，创造了使经济持续发展的力量，正如飞机在地面上克服了各种阻碍得以起飞一样。根据其理论，经济起飞的条件有三个：（1）投资率或资本形成率（净国民生产之中的投资百分率）应超过10%以上；（2）某些工业部门有快速的发展；（3）必须有良好的政治社会结构配合经济发展，使经济起飞顺利进行。

凡属前三个阶段的国家称为发展中国家，而处于后两个阶段的国家则称为发达国家。不同发展阶段的国家在市场营销上采取的策略也有所不同。就消费品市场而言，处于经济发展水平较高阶段的国家和地区，在市场营销方面，强调产品款式、性能及特色，侧重大量广告及促销活动，其品质竞争多于价格竞争；处于经济发展水平较低阶段的国家和地区，侧重于产品的功能和实用性，其价格因素重于产品因素。就生产资料市场而言，处于经济发展水平较高阶段的国家和地区，着重资本密集型产业的发展，重视投资大而能节省劳动力的设备，对劳动力的教育和技术水平也要求较高；处于经济发展水平较低阶段的国家和地区，生产设备偏重于多用劳动力而节省资金，以符合劳动力低廉和资金缺乏的现状。

以分销渠道为例，国外学者瓦蒂那·朱阿特奇对经济发展阶段与分销渠道之间的关系作过研究，得出以下结论：（1）经济发展阶段越高的国家，它的分销途径愈复杂且广泛；（2）进口代理商的地位随经济发展而下降；（3）制造商、批发长与零售商的职能逐渐独立，不再由某一分销路线的成员单独承担；（4）批发商的职能增加，唯财务职能下降；（5）小型商店的数目下降，商店的平均规模在增加；（6）零售商的加成上升。瓦蒂那·朱阿特奇还预言说，随着经济发展阶段的上升，分销路线的控制权逐渐由传统权势人物移至中间商，再至制造商，最后大零售商崛起，控制分销路线。

如用罗斯顿（W.W.Rostow）“经济成长阶段理论”来衡量，我国的经济还处在经济起飞前的准备阶段。

2. 经济体制

经济体制主要涉及政府管理经济的方式。我国正经历着从计划经济管理方式向市场经济管理方式的过渡时期。虽然，现在经济管理方式发生了很大的改观，但沿用老方式的情况依然不少。随着我国加入 WTO 时间的延长，这种改革进程将会加快。

3. 经济结构

经济结构涉及产业、技术、分配、消费结构、经济发展阶段等。中国经济结构的主要特点是：经济发展水平的起点低，增长速度快，因受投资拉动，经济增长呈周期性波动，地区差异显著。政府对经济的影响仍不容忽视，如宏观经济调控、金融大检查等。

4. 经济形势

经济形势，涉及经济增长率、通货膨胀率、社会购买力等。同时，国际经济形势也对我国经济产生重要影响。

5. 经济政策

如货币、利率、汇率、金融、贸易、财政、税收、储蓄及信贷、产业政策等。

6. 收入与支出状况

市场是指有需求并有支付能力的消费者群体。有消费欲望和购买力的市场才有现实意义。一个消费者需求的程度主要取决于收入的多少。收入水平及其分配不仅影响人们的购买能力，而且还影响着人们的消费模式，收入的变化不仅影响市场需求的规模，而且还影响需求的结构。

GDP、国民收入、人均国民收入等指标用来反映一个国家的经济发展水平，人均 GDP 超过 1000 美元标志着经济增长将进入一个重要阶段，消费结构向发展型、享受型升级，汽车加速进入家庭，由此推动产业结构升级。目前汽车、手机消费快速增长，机械、电子行业成为工业增长的主导力量。居民住房需求旺盛，推动了房地产业的快速发展，这都预示着将会产生更多的营销机会。

支出主要是指消费者的支出模式和消费结构，即消费者各种消费支出的比例关系。

市场需求不仅取决于人口的收入水平，还受消费者支出模式的影响。一般来说，随着家庭收入的上升，食物支出比重（恩格尔系数）下降，家庭日常费用支出基本不变，房屋、汽车、旅游娱乐支出比重增加，储蓄增加。在 1997—2002 年的 5 年间，城乡居民储蓄从 46000 亿增加到 87000 亿元，是一个很明显的提高。这说明随着收入和财富的增加城市居民的人均居住建筑面积在过去 5 年里新增近 4 平方米。到 2002 年，农村居民人均居住建筑面积达 26 平方米。

阅读资料 2

什么是恩格尔系数？

1857 年，世界著名的德国统计学家恩格尔阐明了一个定律：随着家庭和个人收入增加，收入中用于食品方面的支出比例将逐渐减小，这一定律被称为恩格尔定律，反映这一定律的系数被称为恩格尔系数。其公式表示为：

恩格尔系数（%）=食品支出总额/家庭或个人消费支出总额 × 100%

恩格尔定律主要表述的是食品支出占总消费支出的比例随收入变化而变化的一定趋势。揭示了居民收入和食品支出之间的相关关系，用食品支出占消费总支出的比例来说明经济发展、收入增加对生活消费的影响程度。众所周知，吃是人类生存的第一需要，在收入水平较低时，其在消费支出中必然占有重要地位。随着收入的增加，在食物需求基本满足的情况下，消费的重心才会开始向穿、用等其他方面转移。因此，一个国家或家庭生活越贫困，恩格尔系数就越大；反之，生活越富裕，恩格尔系数就越小。

国际上常常用恩格尔系数来衡量一个国家和地区人民生活水平的状况。根据联合国粮农组织提出的标准，恩格尔系数在 59%以上为贫困，50%～59%为温饱，40%～50%为小康，30%～40%为富裕，低于 30%为最富裕。

目前我国的消费结构正在升级，城乡居民恩格尔系数持续下降，2006 年北京城市居民人均可支配收入达 19978 元，比 2000 年增加 9628 元，“十五”期间，城市居民人均可支配收入年均增长 12.5%。2006 年北京市恩格尔系数为 30.8%，比 2005 年下降 1%，比 1978 年下降了 27.9%。这个数据与 30%的“富裕系数标准”还差 0.8%。汽车、住房、通讯等消费成为热点，建筑装潢、娱乐、旅游、教育等消费增长较快。

（资料来源：北京晚报，2006-4-11，有删节）

7. 储蓄与购买力

储蓄是指居民将可任意支配的收入的一部分存入银行待今后使用。在收入一定时，储蓄越多，近期的货币支付能力下降，显示购买力降低，但潜在购买力加大。

阅读资料 3

居民储蓄资金大举向股市分流，成为2006年金融市场中一道独特的风景。

央行发布的金融运行数据显示，2006年全年，居民户存款增加2.09万亿元，同比少增1125亿元。业内人士认为，2007年随着投资品种的丰富，居民储蓄减少的情况将得以延续。

对于储蓄少增，央行报告显示，2006年5月份以来，由于股市上涨较快、成交量较大，分流了一部分居民储蓄存款。而随着市场新股现金申购制度恢复，以及股市较快上涨，居民储蓄存款部分转移到股票市场，导致了居民储蓄存款增幅明显减缓。

中国人民大学金融研究所副所长赵锡军认为，居民储蓄存款流向资本市场是好事，这说明居民的投资方式和投资渠道的多元化程度增加了。“老百姓已经不需要把钱存在银行里了。”

值得注意的是，居民储蓄存款在2006年还表现出了存款活期化的趋势，定期存款同比少增幅度较大。其中，2006年定期储蓄存款余额为10.3万亿元，活期存款余额为5.86万亿元；与2005年相比，定期储蓄存款余额减少了3367.84亿元，而同期，活期储蓄余额增加了2417.55亿元。赵锡军认为，定期存款多是带有投资性质的，这种转变说明了百姓的投资理念已经转向投资风险、收益均衡的产品了。

（资料来源：上海证券报，2007-1-16）

（三）人口环境

人是企业营销活动的直接和最终对象。在其他条件既定或相同的情况下，人口规模决定市场容量和潜力，人口结构影响消费结构和产品构成，人口组成的家庭、家庭类型及其变化，对消费品市场有明显影响。

（四）社会文化因素

一个国家、地区或民族的传统文化以及受其影响而长期形成的消费观念、风俗习惯、伦理道德、家庭关系，以及开放和国际化带来的现代文化，构成营销活动的人文与社会环境。人文与社会环境的组成内容相当丰富，在不同国家、地区、民族之间的差别非常明显。在营销竞争手段向非价值、使用价值型转变的今天，人文与社会环境及其影响得到营销企业的普遍重视。

1. 宗教信仰

宗教信仰直接影响着人们的生活习惯、礼仪、风俗等，从而影响人们的心理、消费。宗教因素对营销活动的影响，主要表现在宗教对于人们道德和行为规范的影响，宗教的要求和禁忌对于需求和营销手段的限制，宗教组织和宗教派别的政治影响以及宗教习惯与宗教节日对需求季节波动的影响。

阅读资料 4

日本的企业家把宗教思想融入到自己的经营哲学中，“产业报国、以社会责任为己任、和睦相处，上下一致”等思想正是和神道“忠”的思想和儒教的“和”有着莫大的相似性。在大多数日本企业的经营哲学中，绝对不会将“赚取利润”这个任何企业都必须达到的目标放在首位，相反，他们更多地是强调企业的责任——强调企业对社会、国家乃至全人类所负的责任。如松下电器公司就把“产业报国”放在第一位；丰田公司社训的第一条是：“上下同心协力，以至诚从事业务的开拓，以产业的成果报效国家”；日本 TDK 公司精神：“创造：为世界文化产业作贡献。”日本企业家们在谈论企业目标、经营哲学时，与其说是产业者在发表经营心得，还不如说是一位宗教得道者在传教布道，他们的谈话充满了哲学思想，“企业生存目的，企业如何生存”这些现代管理问题经过他们的注解都提升成整个社会，整个人类的发展、生存的哲学问题。有的企业直接将宗教问题导入企业的经营哲学中，如丰田汽车公司就明确提出：“尊崇神佛，心存感激，为报恩感谢而生活”。正是这种“感激”报恩”的思想，使企业员工的奉献精神发挥得淋漓尽致，生产已不单单是满足个人物质生活的需要，更重要的是它能给员工这种精神上的满足。由于日本宗教信仰上的多元体系和兼容性，日本员工对企业这种充满宗教色彩的思想也很容易接受，反映到具体某家企业的经营哲学，则各种各样，没有统一体现，但都以儒家的“和”及神道的“忠”为基础。由于宗教的影响，导致了企业的经营哲学都以伦理思想为基础，再加上各个企业家的观点，到处开花结果，形成了仿如宗教的各种流派，而企业好像是各种宗教，不过这只是局限在各个企业内部而已，我们把它称为“企业宗教现象”。

（资料来源：全球品牌网，2005-4-15，有删节）

2. 风俗习惯

风俗习惯是人们在一定的物质生产条件下长期形成的风尚、礼节、惯例和行为规范的总和。主要体现在饮食、服饰、居住、婚丧、节庆、道德伦理、心理、行为等因素。企业在营销过程中必须尊重各国各地区人们的风俗习惯，因为不同的风俗而会有对商品不同的喜好。

3. 价值观念

价值观念是人们在社会生活中形成的对各种事物的普遍态度和看法。人们所生活的社会环境不同、所持的价值观念不同，人们的购买动机和购买行为就会有很大的差异。

（五）科技与教育水平

科学技术对经济社会发展的作用日益显著，科技的基础是教育，因此，科技与教育是宏观环境的基本组成部分。科技进步不仅改变生产力和生产方式，推动产品开发，影响生产要素的功能和利用率，同时也影响中间消费和最终消费。教育水平的高低和社会科学技术的普及状况，对消费观念、生活方式和购买选择的影响日益显著。在信息和高新技术产业，教育水平的差异是影响需求和用户规模的重要因素，已经提上企业营销分析的议事日程。

（六）自然环境

自然环境指影响企业生产和经营的物质因素，如企业生产需要的物质资料、生产过程中对自然环境的要求和影响等。自然环境涉及地理（如地理位置、地形地貌）、自然条件（如自然资源、气候条件、生态环境等）、能源供应、交通设施、交通状况、公共设施等诸多方面的因素。

1. 自然资源日趋短缺

地球上的自然资源可分为三大类：（1）“无限”的资源，用之不尽，取之不竭，如空气、阳光等；（2）有限但可以再生的资源，如森林、粮食等；（3）有限且又不能再生的资源，如石油、煤和各种矿物。

2003 年 12 月 10 日，温家宝总理在美国哈佛大学演讲时精辟地概括了中国的基本国情。他说：“人多，不发达，这是中国的两大国情。中国有 13 亿人口，不管多么小的问题，只要乘以 13 亿，那就成为很大很大的问题；不管多么可观的财力、物力，只要除以 13 亿，那就成为很低很低的人均水平。这是中国领导人任何时候都必须牢牢记住的。”土地、矿产、石油、水等，无一例外。特别是近几年，随着经济的迅猛发展，中国的原油供需缺口越来越大，并已成为世界原油进口大国之一。经济发展对进口原油的高依存度，已成为影响中国经济安全的隐患。

2. 环境污染日趋严重

3. 政府干预日趋加强

阅读资料 5

1992 年 6 月，有 100 多位国家政府首脑出席的联合国环境与发展大会在巴西里约热内卢召开。大会通过了包括《21 世纪议程》在内的一系列重要文件。《21 世纪议程》提出，下一世纪人类社会应该走可持续发展（Sustainable Development）的道路。同年 7 月，中国政府决定由国家计委和国家科委牵头制定《中国 21 世纪议程》。该文件经 1994 年 3 月 25 日国务院常务会议讨论通过，作为中国 21 世纪推行可持续发展战略的国家政策和行动方案，其核心是以经济、科技、社会、人口、环境的协调发展为目的，在保证经济高速增长的前提下，实现资源的综合和持续利用，不断改善环境质量。

可持续发展是进入 20 世纪 90 年代以来国际学术界出现的一种新理论。逐渐为世界各国所采纳，并导致了绿色产业、绿色消费、绿色市场营销的蓬勃发展。从世界范围看，环境保护意识与市场营销观念相结合所形成的绿色市场营销观念（Green Marketing Concept），已成为 21 世纪市场营销的新主流。

（资料来源：网院部落网，2006-9-18，有删节）

第二节　微观市场营销环境

微观环境（Microenvironment）是指参与和影响企业营销活动并具有不同性质的利益相关者，微观环境所涉及的主体除本企业外，还包括供应商、营销中介、竞争对手、顾客以及社会公众等角色。企业需要对这一微观营销价值链进行分析、整合及优化，以建立一个稳定、高效的资源平台。所以，微观营销环境分析，就是通过对微观环境价值链的考察，进而掌握这些复杂的网络关系，以期构建高绩效的营销网络。

一、企业内部环境分析

企业营销是一个系统的管理过程，营销职能在企业中占主导地位，发挥综合协调作用。企业营销活动由企业内部各部门分工合作、密切配合，共同承担，决不是营销管理部门的孤立行为。企业内部的环境力量包括计划、财务、采购、生产、研究和开发、营销管理部门及最高管理层，企业的营销主体依靠上述部门的支持和配合。原材料的供应保障，生产的均衡性及季节性调整，营销财务预算规模以及人事部门对营销人员、辅助人员的考核、激励机制都会影响企业营销活动的效果。

这些部门能否协调配合，将直接影响企业的营销管理决策和营销方案，当然也就直接影响营销管理部门的工作绩效。美国管理学家彼得·杜拉克说："市场营销是企业的基础，不能把它看做是单独的职能，从营销的最终成果亦即顾客的观点来看，市场营销就是整个企业。"按照市场营销的观念，企业各部门都必须通过自己的努力来满足消费者的需求。市场营销部门作为一个重要的职能部门起提供信息、营销策划、咨询服务、综合协调的作用。市场营销部门在制订营销计划和决策时，不仅要考虑到企业外部的宏观环境力量，而且要从分考虑到企业内部其他环境力量的协调。

二、供应商

所谓供应商就是指为企业及其竞争者提供所需要素、资源的有关企业、组织和个人。企业与资源的供应者的关系是复杂的，处理与供应者的关系非常重要。处理方法一般采用矩阵图进行分析，并依此作为确定不同条件下与供应商建立何种关系的依据。

三、竞争者

竞争是商品经济运动的普遍规律，现代企业都处在不同竞争环境中。只要存在商品经济，就必然存在竞争。竞争者是指与企业存在利益争夺关系的其他经济组织（如图 2.1 所示）。任何企业都不可能独占某一顾客市场，即使是垄断程度高的市场，一旦存在替代品或服务的可能，就会出现竞争对手。

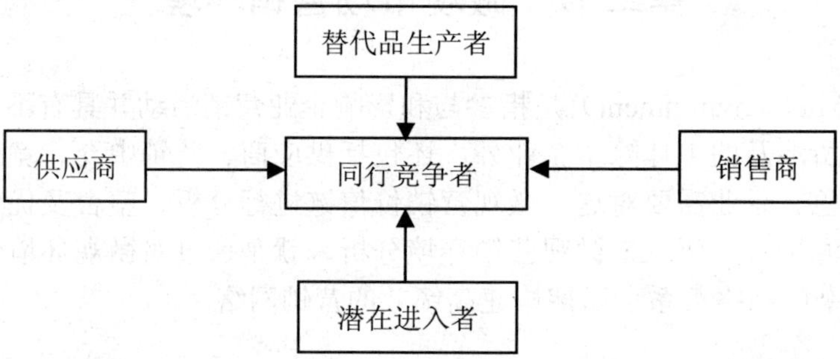

图 2.1　竞争者

研究竞争者环境需要考虑多种因素。首先要对竞争者类型做全面了解，以便了解竞争对手的总体状况。从市场营销的角度来看，企业在市场上面临着四种类型的竞争者：（1）愿望竞争者（Desired Competitors），即满足消费者目前各种不同愿望（如娱乐、购物、旅游等）的竞争者；（2）一般竞争者（Generic Competitors），即满足消费者某种愿望的不同方法的竞争者；（3）产品形式竞争者（Product Competitors），即满足消费者某种愿望的同类商品在质量、价格上的竞争者；（4）品牌竞争者（Brand Competitors），即满足消费者某种愿望的同种产品不同品牌的竞争者。

其次，要了解竞争对手的竞争力。竞争对手的竞争能力体现在三个方面：一是企业的规模和资金、技术水平（反映企业生产数量上的竞争力）；二是企业的产品情况（反映企业在质量上的竞争力）；三是企业的市场占有率（反映企业在竞争中已取得的成绩）。

再次，要了解竞争者的发展动向（技术、产品和策略发展动向）。关于对竞争对手的分析与策略我们将在第四章做重点介绍。

四、顾客

顾客是企业产品销售的市场，是企业赖以生存和发展的“衣食父母”。企业不能控制顾客与用户的购买行为，但企业通过有效的营销活动，能在顾客中产生某种印象和形象，改变其对企业及产品的态度和看法，改善与顾客和用户的关系。

西方市场营销学通常是按照顾客及其购买目的的不同来划分市场类型的。这样，便于深入研究各类市场的特点，更好地贯彻以顾客为中心的现代营销观念。顾客市场可以分为五种类型：消费者市场、生产者市场、中间商市场、政府市场和国际市场。每一顾客市场都各有其特点，企业营销人员应根据其特点确定不同的营销策略。我们有专门的一章对消费者的购买行为和购买模式进行分析。

五、社会公众

社会公众是指对企业实现其市场营销目标具有实际或潜在利害关系或影响的所有群体。社会公众可分为内部公众和外部公众。

（一）外部公众

外部公众涉及以下6类组织和个人。

1．融资公众，是指影响企业融资能力的金融机构，如银行、投资公司、证券公司、保险公司等；

2．媒介公众，是指传统大众媒体以及新兴媒介组织；

3．政府公众，是指公司在营销活动中相关的不同地域和不同层次的政府机构或部门；

4．社团公众，是指社会中存在的各种非盈利组织，如消费者协会、行业协会等；

5．社区公众，是指企业所在地区的组织和个人；

6．一般公众，是指除上述各类公众以外但关注企业的组织和个人。

（二）内部公众

内部公众，是指公司的员工，包括各层次的管理者和一般员工，企业管理层应与内部公众进行充分的互动沟通，奉行整合营销的理念，使得各职能部门协同起来。

研究社会公众环境，就是要处理好企业与社会公众的关系。因为企业的营销活动会影响到周围各种公众的利益，而公众的行为又会便利或妨碍企业实现目标。因此，企业必须采取适当措施，搞好与他们的关系，让他们去影响更多的消费者。

为了更好地处理企业与社会公众的关系，更多的影响消费者，从而起到影响消费的作用，企业应根据公众在影响消费者中的作用，从中找出“市场领袖”。所谓“市场领袖”，是指那些能直接影响消费者或者具有左右消费者的力量，或者在市场上具有社会责任的社会公众。能够成为市场领袖的社会公众，主要包括七大类：①消费者直接接触的各种专业人员（建筑师、医生、社会工作者等）；②在某个特定范围内的技术或产品的研究人员，他们了解产品如何配合使用，如何有利于节约资源和改善环境；③教育工作者；④大众传播者；⑤消费者组织；⑥政府机构；⑦社会各界的名人。

以上各因素从不同的角度，以不同的方式制约企业的营销活动，企业应通过公关活动与内部及外部公众进行有效的沟通。从我国工商企业的营销实践看，大部分企业对直接的微观环境均予以高度的重视，但对影响间接的宏观环境则重视不足。

第三节　市场营销环境分析与对策

一、分析市场营销环境的意义

分析市场营销环境的目的，就在于寻求营销机会和避免环境威胁。市场营销环境是一个不断完善和发展的概念。在 21 世纪初，工商企业仅将销售市场视作营销环境，到了 30 年代以后，又把政府、工会、竞争者等对企业有利害关系者也看作环境因素。进入 60 年代以后，进一步把自然生态、课学技术、社会文化等作为重要的环境因素。随着政府对经济干预的加强，70 年代以来，现代企业开始重视对政治、法律环境的研究。这个不断扩大的过程，国外称之为“企业的外界环境化”。可见随着商品经济的发展，发达国家的企业已越来越重视对市场营销环境的研究。他们认为：企业必须建立适当的系统，指定一些专业人员，采取适当的措施，经常监视和预测其周围的市场营销环境的发展变化，并善于分析和识别由于环境变化而造成的主要机会和威胁，及时采取适当的对策与措施，使其经营管理与其市场营销环境的发展变化相适应。

二、营销环境十大趋势

（一）个性化与流行化结合趋势

一方面，部分产品呈现个性化的发展趋势，例如时装、装饰装修；另一方面，愈来愈多的产品也显现出流行化趋势，如手表、摩托车、啤酒、小轿车、药品、影视、音乐、电子产品，甚至管理类课程等。两种变化均十分迅速，致使预测变得十分困难。

企业应对的营销战略：力求以速度取胜，以最快的速度推出新产品、新式样和新服务，例如 ATT 公司的元件供应周期从原有的 53 天降为 5 天。

企业应对的组织战略：要突破官僚层阶式的组织结构，是组织具备对环境变化的富有弹性的快速反应能力。

（二）目标市场微型化趋势

统一的、单一的需求大市场均不复存在，无差异化目标市场战略彻底失败，不同消费者期望企业为其特殊需求提供相应的产品和服务，网络技术平台使得这种要求成为可能，市场日趋微型化。

企业应对的营销战略：努力向不同消费者提供他们真正需要的产品，工业品市场应细化到单个用户，消费品市场要进一步细分化，大众媒体和统一定价的效用减少，直复营销显示出其威力。

企业应对的组织战略：组织结构扁平化，以虚拟的跨部门的经营单元来适应市场微型化趋势，细分后的市场可以缩小至一个人。

（三）信息不对称减小趋势

消费者与企业之间的信息不对称得到较大改观。他们不仅可以从多种途径获得全面的信息，还可以随意地发布对这些产品使用的意见。在激烈的市场竞争中，越来越多的企业努力提高产品质量和服务质量，因为消费者不再容忍产品质差、服务不好、发货延误等现象的存在。企业场品和服务不好，往往并非企业降低了标准，而是跟不上他人标准提高的步伐。

企业应对的营销战略：建立新的质量关。高质量不再是成功的充分条件，而仅仅是成功的一个必要基础，顾客不再停留在接受通用的产品和服务标准。

企业应对的组织战略：建立自我管理的团队，这种小团队针对某一经营目标，采用特殊动作方式，鼓励团队发挥主观能动性。

（四）技术冲击力加大趋势

快速的技术变化给不少行业带来巨大冲击，成功的企业不一定是技术先锋者，但必须是技术快速跟进者，竞争和顾客一起缩短了新技术进入市场的周期。

企业应对营销战略：以制造技术的进步和管理信息系统的发展，创造新的竞争优势，弹性生产无疑是一剂良方，他在整体成本增加不太多的情况上，能提供更多的品种，以应对技术变化带来的消费者需求的变化，虽然品种多样化提高了成本，但它却远低于因产品过时无法售出所带来的损失。

企业应对的组织战略：实施流程再造工作，进行组织重建。其目的在于使生产力与竞争力产生巨大飞跃。流程再造工作一切从方便消费者需求的满足开始，把企业的工作环节看成是一系列有机的连续过程，而不是一大群人工作孤立、零散的组合，它以可能的最佳方式重新设计企业的工作流程体系。例如，福特公司曾通过流程再造工作使一项原由 500 人参与的工作，减少到由 125 人承担，而其效率提高了 3 倍。

（五）竞争白热化趋势

竞争在愈来愈多的行业中变化得异常严酷。关税降低、运输成本减小、市场信息的实时化使市场障碍弱化。竞争的结果是利润减少，来自股东的压力增加，这迫使企业要不断提高经营水平，强化其市场竞争能力。

企业应对的营销战略：集中强化主业，20 世纪 60 年代至 70 年代的大发展，导致企业纷纷采用多角化战略，迈进其不熟悉的行业中去。但随着竞争的加剧，缺乏主业的企业就显得十分被动，竞争优势的核心是在企业主领域（市场/技术）中建立起真正的优势。

企业应对的组织战略：建立网络与联盟，为了获得实在的竞争优势，企业应集中于主业上，但这样做可能无法保证有一个动态的成长的产品结构，垂直一体化代价高昂，迈进不熟悉领域往往又难以在新领域中取得市场和技术的优势。因此创建网络，与上下游业者建立联盟，形成互惠的伙伴关系成为营销的一项基本工作。

（六）市场全球化趋势

在社会发展、技术进步的进程中，世界经济一体化的格局逐步形成，空间距离不再是难以逾越的障碍，地球村正在形成。电视、旅游中的广告信息等使世界各地的居民的期望和需求趋同化，趋同化需求创造出趋同化的供应机会，每个企业都面临全球化的市场。

企业应对的营销战略：建立全球化的思维，企业要从全球范围内分摊其开发研究费用，以多方位的市场分散风险，来与跨国公司抗衡。

企业应对的组织战略：在决策集中化、制造规模化、营销当地化的同时，全球化战略决策和当地化战术决策相协调。

（七）服务软性化趋势

消费者在产品实体外日益看重服务，因此仅凭产品来维护又难以维持，必须靠产品向服务延伸才能获得差异化趋势，服务的软性化成为竞争的新领域。

企业应对营销战略：改变产品是竞争基础的思维，从依赖产品转向创造产品，用品牌把企业、中间商及顾客连在一起。例如，GE 推出 DE 方案（Direct Connect Program），其中间商用自己的计算器与 GE 计算器系统接通，由此来查询顾客所需产品的可供情况，来决定下单订货，GE 则第二天就能按时发货。这样，一方面中间商大大减少了库存费用，并扩大了经营范围，向顾客提供更多的产品；另一方面 GE 因此能及时把握市场，及时调整生产。

企业应对的组织战略：建立学习组织，不断提高自己员工的技术和知识水平。对一个企业来说，一支不断接受最新训练的员工队伍是最重要的资产之一。

（八）商品大众化趋势

今日还是特殊产品，明天就成了大众产品；今日的特殊服务，明天就成了标准化的服务。营利性产品很快被模仿，其市场很快就被模仿品以更低价格入侵了。消费者也期望商品的大众化。

企业应对的营销战略：把与顾客建立伙伴关系置于第一优先地位，争取新顾客难而且争取到也要数年后才能获利。而感到满意的老顾客却是给企业带来丰厚利润的源泉，老顾客对新产品的兴趣，也为公司提供了新的市场机会。实施伙伴关系战略，就要理解顾客，让顾客参与新的产品和服务的开发。

企业应对的组织策略：把顾客置于组织结构的中心，现在越来越多的企业设立用户经理，负责集中企业内部的各种优势为某一特定用户或一个特定的小顾客群提供服务，提升服务价值。

（九）品牌风化趋势

可口可乐等原先大品牌的市场战胜率正在减少，造成风化的原因有，原先同一化市场的分散化、竞争的加剧、创新和更多可供选择的产品等，这一切导致了大量微品牌的出现。中间商也在侵蚀制造商的利润，它们已有能力来支撑它们自己的品牌。越来越多的制造商从由广告推广自己的品牌，改变为用价格优惠、营业推进等方式支持中间商推进中间商自己的品牌。

企业应对的营销战略：创新成为企业战略的关键。创新也常换手法，愈来愈少投巨资企求技术上的突破，而是集中于产品微小的变化和延伸，尽量使产品具有新鲜感，给予顾客价值增值，创新的思想或来自于顾客，或来自于销售经理，或来自于服务工程师，而极少是来自于实验室。

企业应对的组织战略：探险营销。新产品推出不再以减少风险为第一优先原则，而快速抢先进入市场成为最重要的。延误成本大大高于错误成本，创新企业不再追求做一次正确的事，而是推出一系列产品，从中判断出哪些是符合顾客要求的。

（十）限制多元化趋势

政府，政治，经济和社会的变化带来新的制约，既是威胁又是机会：一是环保问题；二是社会伦理标准。

企业应对的营销战略：加强关系管理。在如此复杂的环境中，企业的成功主要取决于能否满足包括股东在内的一系列相关者的需求，所有向企业提供资源，或能对企业有关联影响的人都属于企业的相关者，而且这些相关者的关系和利益常常是互相矛盾的。

企业应对的组织战略：扩大董事会的作用，董事会不仅要担任评估、监督、选用高层管理人员和选择控制企业战略方向，而且还要与所有的相关者沟通，这包括雇员、顾客、供应商、银行、政府、当地社区等，这是企业要取得长期成功的一个主要前提。

三、市场营销环境分析方法

环境变化对企业产生的影响都可以从以下两方面进行分析：一是对企业市场营销有利的因素，即它对企业市场营销来说是市场机会，给企业提供了在未来发展中获得盈利的可能性；二是对企业市场营销不利的因素，它是对企业市场营销的环境威胁，是环境中某种不利的发展趋势所形成的挑战。对机会和威胁，企业必须采取适当的对应措施，才能在环境变化中生存下来。

（一）环境矩阵分析法

1. 市场机会矩阵

市场机会矩阵（如图 2.2 所示）表示一个机会矩阵和某汽车公司所面临的若干机会分布情况。公司在每一个特定机会中的成功概率取决于它的业务实力（即独特的能力）是否与该行业成功所需要的条件相符合。经营最佳的公司将是那些在满足该行业成功条件中拥有大量竞争优势的企业，这些优势形成公司为顾客创造价值的能力。

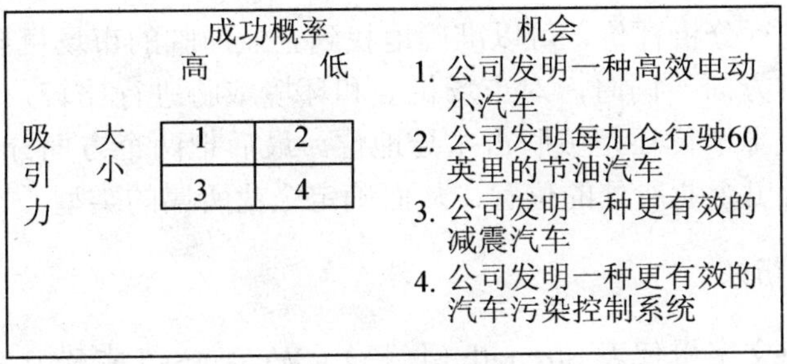

图 2.2　机会矩阵

2. 环境威胁矩阵

公司营销经理应该在其营销计划中把公司所面临的威胁识别出来，这些威胁应按其严重性和出现的可能性分类（如图 2.3 所示）。左上角的威胁是关键性的，因为它们会严重地危害公司利益，并且出现的可能性也最大。公司需要为每一个这样的威胁准备一个应变计划，这些计划将预先阐明在威胁出现之前或者当威胁出现时，公司将进行哪些改变。

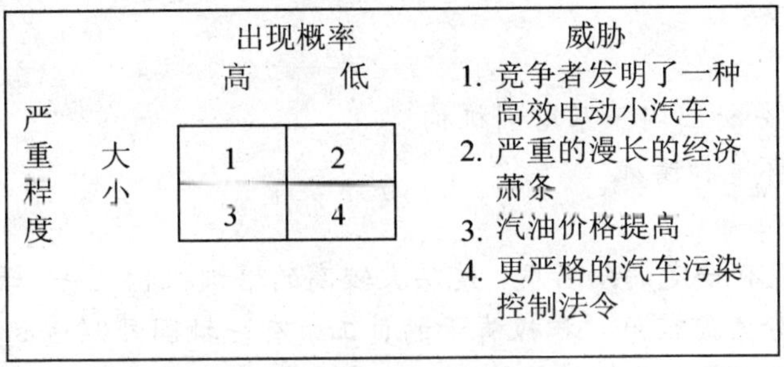

图 2.3　威胁矩阵

3. 综合矩阵

企业将某项业务所面临的机会和威胁结合在一起，可以得到综合环境矩阵图，并划分出四种业务类型（如图 2.4 所示）。

机会水平 \ 威胁水平	小	大
高	理想业务	冒险业务
低	成熟业务	困难业务

图 2.4　综合矩阵

运用上述方法进行分析评价，可以准确地找到企业面临的市场机会和环境威胁的位置，以便找出企业的主攻方向。同时，对市场机会和环境威胁进行比较，还可以明确企业的发展前景：是机会占主导地位还是威胁占主导地位。最后把两个方面分析的结果重叠，形成新的矩阵图，可以看出企业所处的位置，从而确定企业所属的类型。

（二）SWOT 分析法

SWOT 的四个英文字母代表 Strength（优势），Weakness（劣势），Opportunity（机会），Threat（威胁）。从整体上看，SWOT 可以分为两部分：第一部分为 SW，主要用来分析内部条件；第二部分为 OT，主要用来分析外部条件。

作为领导者和管理者首先要明确：我们的顾客是谁？在哪儿？产品是什么？应该提供什么服务？在管理运作中怎样应付不断出现的变化？存在哪些威胁和竞争对手？会发生什么样的竞争？怎样去改进并完善自己？只有这样，事业才能发展壮大。

案例2—1

用SWOT分析法分析国内一家培训机构。

1. 企业的内部环境和情况

S：强项，优势

（外部）在国内外有一定的知名度，是层次较高的培训机构之一，具有几项培训的资格。

（内部）有一部分素质较好、积极肯干的员工；有一批国外赠送的设备（交通工具、计算机、教学设备等），这些设备质量较好；受训人员层次较高，有政府官员，也有企业管理者。

W：弱项，劣势

（外部）顾客面较窄，仅限于政府官员和部分企业领导；在一些培训班的组织上受制约较多；没有形成自己的网络，信息反馈少；没有在外面叫得响的、具有自己特色的产品；对外宣传力度不够，对外联络不够广泛、主动。

（内部）少部分人员自身素质不高，达不到现代培训的要求，缺少自己的师资力量，没有能够承担高层次讲课的教师；单位的福利差些，人员的数量和工作所需相比多了些。另外，行政后勤人员多于培训人员，大锅饭的意识较浓，管理还不够完善。

2. 企业的外部环境和情况

O：机会，机遇

（外部）国内外有不少单位希望同该培训机构建立友好关系，进行资助并建立合作项目；

国内的高层次培训需求量大，培训市场大。有不少单位希望接受高级管理强化培训，并到国外进行实地考察、研究。

(内部)已有许多待开发的项目，包括和国外的合作项目；有能够开拓创新的人，有能力执行国内、外的项目；还可以进行多方位的开发，如出教材、拍电视片、建立联合网络；有可开发的大市场，也可以创造出较好的产品。

T: 威胁，竞争对手

(外部)国家又成立了一家类似的培训机构，并给予较大的投入，如人员、资金等；许多省、市、自治区和各部、委相继成立了自己的培训机构，在本系统内进行行业管理培训；这些机构都在扩大自己的市场，寻找自己的顾客；培训课程的内容雷同或相似。

(内部)产品单一，质量和内容有待根据发展和现时需求而提高。自满感较强，服务意识不到位；管理机制未进一步理顺，少部分人员由于福利较差而不稳定；工作量安排不合理；激励机制和奖励制度不健全。没有自己的CI(企业文化)和中期、远期目标。

3. 分析

从以上SWOT分析中可以看出，在目前的情况下，这个单位内部和外部情况从总体上来讲还是基本可以的。但是如果不抓紧对发展的研究、分析，则很快就会滑向劣势。因为它的优势是暂时的，随着市场的发展和需求的变化，如果不迅速扩大自己的市场范围，提高产品质量和服务意识，则势必会遇到强劲的挑战；如果不能适应，还会被淘汰。而制约着市场和产品的重要因素之一就是管理，这样一来就给这个单位的管理层提出了一个刻不容缓的、需认真考虑的问题：怎样针对主要问题加强管理、改变观念、适应形势、完善发展。

从内部讲，首先这个单位应充分利用自己目前的优势，如声誉好、层次高、有资格认证等。其次，它应该抓紧时间，立即策划自己的CI(企业文化)，尽快提高自身素质，改变观念，使单位和员工适应市场的变化和发展，用经济的观点和意识去考虑问题、分析问题、解决问题。同时，它应迅速建立一支高质量的师资队伍，开始研究市场需求，并能讲授市场上急需的课程。第三，加紧同外单位的联系，利用召开反馈会、研讨会或其他手段，持续、稳定地提高自己的知名度。这个单位的领导层应该通过SWOT反映出来的情况，清楚地意识到本单位在发展道路上所处的环境和可能遇到的威胁与挑战；这些竞争会威胁到单位的哪些领域，危及到自己的哪些产品、顾客和市场。同时，还要认真分析、研究单位内部的具体问题，如为什么少部分人心不稳，是单位的福利差，还是看不到单位的希望和前途，或是其他原因。人心问题非常严峻，因为它可以引发许多其他意想不到的后果。

从外部情况来看，这个单位由于自己的优势较多，所以它生存的机会、发展的机遇比较多。这些可以转化为发展的有利因素，有时也可以转化为不利因素，关键就是怎样看待、处理和把握这些优势，使它们向有利因素方面发展。绝不能躺在这些优势和以前的成绩上，不再开发新的领域，不再拓展新的市场。对其他的竞争对手，应清楚地看到他们能在这里分得多少市场份额，形成什么威胁，能给本单位留下多少比例，并制定一个整体战略决策。面对众多竞争对手是个非常棘手的问题：第一，你不能取消这些培训机构；第二，你不能干涉那些培训机构的市场；第三，你本身没有下指令性文件要求别人接受培训的权利。这样，激烈的竞争就出现了。

4. 总结

从以上的分析来看，这个单位的面前是一条布满障碍的道路。从目前来看，情况也不容乐观。如果发展得好，前景不错。但是，必须正视现实，研究内部、外部的情况，并针对目前的产品和发展力量进行深层次的研究。要从战略的高度和角度来看待整体性的开发问题，这个问题越早抓，对这个单位就越有利。应该采取以下措施来完成发展规划。

（1）设立单位的 CI（企业文化）和整体发展理念。目标如何设定，要由全体职工讨论决定，由领导牵头实施，从点滴入手，建立、发展、完善企业自身的形象。

（2）认真进行市场调查，划分好自己的市场，找准自己的顾客群，加强联系和沟通。

（3）建立一支有效的课题队伍，针对目前市场所需，设置一套好的教材和案例。

（4）建立一支高素质的教师队伍，敢于并胜任高层次的课程。

（5）利用自身的优势，迅速同国内外建立新的、有特色的合作项目。

（6）在创造社会效益的同时，注意较大幅度地提高经济效益，并将其中相当一部分作为再发展资金。

（7）建立有效的激励制度和管理发展制度。

最后一条最关键，那就是要调整机构，起用能人，并设重奖，激励员工为单位的发展作贡献。

（资料来源：点亮网，2005-10-20，有删节）

四、市场营销环境变化的对策

对企业所面临的主要威胁和机会，最高管理层应当作出什么反应或可采取何种对策？最高管理层对企业所面对的市场机会，必须慎重地评价其质量。美国著名营销学者西奥多·来维特曾警告企业家们，要小心地评价市场机会。他说：“这里可能是一种需要，但是没有市场；或者这里可能是一个市场，但是没有顾客；或者这里可能是有顾客，但目前实在不是一个市场。”

（一）协调性策略

所谓协调性策略就是企业利用自身的潜在力量化解环境变化所造成的对企业的不利影响，使企业的营销活动与宏观环境变化的步调协调一致，也叫做改变策略。采用这种策略时必须做到：（1）务必保持企业原有市场占有率没有大的降低；（2）企业从整体上看没有大的损失；（3）企业的长期发展不会因改变策略而受到大的影响。若做不到这三点，改变策略则不适用，这时应考虑采取其他策略来对付环境威胁。

（二）抵制性策略

企业力图限制或扭转那些对企业产生不利影响的环境变化，也叫做对抗策略，比如通过某种方式来阻止或促使政策立法部门通过某项法令或改变某项法律条文、制定某项策略来对已经形成的不利因素进行抵制等。应当指出：实行对抗性策略必须具有相当的实力和社会影响，一般来说，中小型企业和实力不很强的大企业不宜采取这种策略。在实施这一策略时必须注意：（1）在现行政策法规范围内进行，绝不可做出违法行为；（2）切不可使企业的对抗行为给公众留下不良印象，从而影响企业的信誉；（3）不影响企业的经济收入。如做不到上述三点，则此策略不适用，应考虑采用其他方法。

（三）多元化策略

在环境的改变对企业产生不利影响时，将受到不利影响或威胁的产品暂时或永远停产、停销或转移到其他市场，或重新考虑自己的市场定位，或将自己的资金转移到生产其他产品的行业或部门。比如某些对消费者产生不利影响的产品——烟、酒的生产和销售往往受到限制，有时国家还会发布一些法律条文来规定其生产品种和销售范围，这时就应该把企业的经营范围拓宽，生产一些连带产品或不受限制产品，或把受限产品销往那些管理较松的国家或地区。

（四）开发性策略

当顾客对企业的现有产品或服务不满意而产生更高层次需求时，企业就面临着一种微观环境的改变，即原有市场发生变化、潜在需求出现。这时如不及时抓住机会改变原有产品，有可能失去已占领的市场。因此，必须立即组织研究人员在短期内开发出能满足顾客需求的新产品。假如这种新产品开发的过程较复杂、需要投入大量人力和财力或时间需要很长时，应在产品开发的不同阶段，把开发信息传递给消费者。这样，不仅能使消费者知道自己的需求将能得到满足，还可以起到刺激需求，扩大影响和促销的多重作用。

（五）同步性策略

当企业的市场竞争者以相同质量、相同价格的产品打入市场时，本企业面对的可能是一个十分复杂和难以独家取胜的市场环境。这时，如果本企业处于领先地位，则应保持住原有的市场地位；如果处于市场竞争中的次要地位，则应与同类型企业步调一致。所谓同步性是指在资金、人力和物力一定的情况下，避免出风头，与市场上大多数同类企业站在一起，保持一致的步调，否则，将有可能伤元气或很快被挤出市场。我们都知道，在任何国家，不管它的商品经济多么发达，任何一个企业不可能完全垄断所占有的市场，总要与众多个企业共同生产或经营同类产品。那么，假如在条件不允许的情况下与领先企业竞争，可能被很快击垮；假如与大多数企业共同生存，可能会保持住企业现有阵地而生存或发展起来。

（六）扭转性策略

扭转性策略是指当微观环境中某一部分对本企业的产品或服务产生负需求或抵触性需求并且这种情况具有暂时性或可扭转性时，企业不应立即放弃在这一领域的营销活动，而应该采取相应措施改变这部分消费者的意念或需求，把负需求倾向转变为正需求。具体做法就是在这部分顾客集中的区域内，大范围、大轮回地进行促销活动，通过示范性使用、名人效应以及其他一切可行的促销方法去促使他们改变自己的行为。如果这部分顾客中多数属于理性购买者，应考虑多用实例和数据来说明其产品的效应；如果多数属于感情性或冲动购买者，则应多用刺激性事例或场面较大的能引起即时效应的方法来诱导。很多实例证明，当企业产品质量过关，并且没有处于市场生命周期末端时，一部分顾客的逆反行为是完全可以用这一策略加以改变的。

（七）适应性策略

当顾客中存在着较明显的购买力差别时，应适应这种状况，把相同产品的销售价格分别定在不同的档次上，即在不同地区、不同时间、不同的交易形式下，同一产品卖出不同的价格。这种营销方法的基础是由于购买力水平不同而产生的不同消费心理。当然，并不是所有产品在任何条件下都可以采用这一策略，比如当以较低价格购买的顾客能够很容易地以较高价格把该产品倒卖给其他顾客，或竞争者能够在本企业以高价销售产品的市场上用低价格倾销以占领市场时，这一策略便不适用。有很多企业，在实际运用这一策略时可以灵活些，比如同质量产品以不同形式出现——可以稍加改变产品的外形，也可以把产品的包装变得俏丽些，或者在高价产品上加些饰物，这样，既能保证生产时不改变工艺流程，就可生产出与原产品或低价产品“不同”的可以高价出现在市场上的产品，又能使顾客产生以高价购回的产品有别于一般产品的想法，满足消费者的求名求阔的消费心理。

（八）转移性策略

转移性策略是指当微观环境中原有顾客的消费习惯或消费行为改变时，企业的产品不被他们接受而产生市场威胁时，应把产品及时、迅速地转移到其他地区以求发展。比如在两个地区生活水平或购买力水平存在差异的情况下，当产品在购买力水平高的地区销售一段时间而被多数顾客放弃时，可转移到购买力水平低的地区继续销售，黑白电视从城市市场转移到农村市场就是一个例子。当然，采取这种策略必须考虑产品的市场生命周期和消费状况以及区域间的差别，不能一概地把此地销不出的产品移到彼地销售而不做任何市场调查和预测。在商品经济发达的情况下，各地区市场消费状况的差异性会逐渐缩小。因此，若要采用此方法进行营销，必须先进行周密的市场研究，切不可轻举妄动。

企业在市场进行营销活动就如同军队在战场上作战一样，应该充分认识自己的地位和对手的情况，即知己知彼，百战不殆，这里的“彼”不仅仅指与之竞争的某个或某些企业，而是指企业的营销环境。只有把环境因素研究深、研究透，再把自身的因素考虑进去，才能制定出切实可行的营销策略，才能在环境变化中应付自如。

主要概念

营销环境　宏观环境　微观环境　环境矩阵　SWOT 分析

思考与练习

1. 分析营销环境有何意义？如何进行分析？
2. 对于市场机会和威胁，应如何进行评估？
3. 营销环境及营销环境系统的构成如何？
4. 微观营销环境的构成因素有哪些？
5. 宏观营销环境的构成因素有哪些？

实践与技能

1. 分析企业宏观环境的内容，并调查一个企业，作出宏观环境分析。

2. 案例分析

某企业准备生产婴儿食品，得到的市场营销信息如下：

(1) 我国现阶段育龄妇女人数增加，且用母乳哺育婴儿的产妇比例有较大幅度下降；

(2) 居民家庭收入有所增加，独生子女家庭舍得在孩子身上花钱；

(3) 婴儿食品购买者偏爱进口货和名牌，国产新品在市场上很难站稳脚跟；

(4) 婴儿食品生产原料之一的蔗糖今后一段时间内行情趋紧，但价格上涨幅度不会很大，其他原材料供应不会有较大变化；

(5) 近期内对婴儿食品的营养性要求占主导地位的消费情况不会发生变化；

(6) 婴儿食品的生产技术比较简单，资金需求量不大，行业渗透障碍比较小；

(7) 中国人民银行宣布调低人民币与外币比价，政府也明确表示今后要严格控制消费品进口，这就将较大幅度提高进口婴儿食品的价格，减少市场对进口货的需求；

(8) 国家法律规定食品生产必须达到一定的卫生标准，必须在包装上注明营养成分和保持期限，过期要销毁；

(9) 一些卫生机构呼吁产妇用母乳哺育婴儿的益处；

(10) 一些企业受经济效益和人员超编的影响，要求妇女回家和多休产假。

试用环境机会矩阵图分析企业面临的环境机会与威胁，并确定企业的对策。

第三章　消费者购买行为分析

学习目标

通过本章的学习，使学生掌握顾客让渡价值理论、顾客满意度；了解消费者需要的内容、购买动机的类型、购买行为类型、消费者购买行为过程及影响购买行为的因素；具备分析辨别购买动机的能力，对消费心理及购买行为具有综合分析能力。

案例导入

解读 80 后消费

CASON 是一名广告公司的年轻设计师，刚刚买了一部蓝色的索尼爱立信的手机，可是三个月后，同事就发现 CASON 的手机变成了红色，手机音乐的铃声从《两只蝴蝶》变成了《童话》——正当大家以为 CASON 换了一部新手机时，CASON 得意洋洋地告诉大家，他只不过将手机的外壳换了，并下载了新的手机音乐、新的待机画面，而这些细节的改变，就使他有了获得一部新手机的感觉。

手机可以更换外壳、MP3 随身听可以变换背景的颜色、家具可以自由组合、相比以往，许多产品的设计变得更加灵活多变——80 后消费群对于产品新鲜感追求的倾向性比其他年代消费群更为明显，在这种心理趋势驱动下，许多产品本身的核心功能反倒成了次要因素，而一些额外的附加功能却完全可以成为他们决定购买的关键。对于他们来说，手机不再是通讯的工具，而是一种时尚的炫耀品，佩戴某款价格昂贵的手表不是为看时间，而是为了得到某个群体的认可或者获得一种时尚的标签。好好时尚，天天向上。这一生活准则不仅反映了 80 后消费群的突出心理特征，更成为许多企业制定营销策略时的关键考虑因素。

80 后消费群对于品牌、时尚的追求，对于产品品牌精神与消费感受的注重，使得许多企业必须对产品赋予新的定义——在产品功能使用的基础上，要想赢得这批年轻一代消费者的青睐，就必须为产品注入一种容易打动他们的品牌精神——比如动感地带用周杰伦的

“酷”来表现“我的地盘听我的”理念，百事可乐用 F4 等明星的“时尚”来演绎“年轻一代的选择”的品牌内涵。

（资料来源：林景新. 解读80后消费密码. 销售与管理，2006（5）：43-45）

案例分析：80年代人作为一个正在不断崛起的消费群体，他们的消费权力、消费意识、消费话语正在深刻影响着许多企业的市场策略。如何深刻地解读他们的消费心理，把握时代潮流的发展趋势，这对于任何一家企业抢占未来市场都具有非常重要的意义。

消费者购买行为分析，一般是建立在终端消费层面的研究，它涉及到顾客价值理论、需求与动机、消费者行为等理论的研究。广泛的讲它包括个人和家庭、生产者、中间商和政府采购等。在本章中，我们侧重研究终端的个人购买者的消费行为。

企业开展市场营销活动必须要研究消费者的购买行为，而研究消费者行为，必然要涉及到两个问题，即行为的指向和行为的持续问题，即营销人员要研究：①消费者为什么要选定一个特定的行为（确定购买），而不选定别的行为，这就是行为的指向问题。②他为什么能坚持不懈地完成某项活动（购物过程），这就是行为的持续问题。

这两个问题涉及到同一个研究对象，即消费者需要和消费者满意。任何一种商品要引起消费者的注意和兴趣，进而吸引他们购买，从根本意义上说，取决于两个方面：一方面是其可能获得的满足，即其所得到的效用和价值；另一方面是其在得到这一满足时的必要支出，即付出的成本。（即有什么用，花多少钱？）两者相比较，效用大于代价，顾客就会倾向于购买；否则，就会放弃购买。离开了人们的需要，一切商品就失去了它存在的意义。需要是购买过程的动因和起点。消费者正是在需要的基础上产生购买动机与购买行为。因此，有效地开展市场营销活动，必须掌握顾客价值理论，必须对消费者需要及其购买动机与购买行为进行分析。

第一节　顾客价值理论

一、顾客让渡价值理论

顾客让渡价值理论是研究构成顾客价值的基本内涵和消费者评价顾客价值的基本标准的理论。一般来说，顾客不会购买自己不需要的东西。消费者购买某一产品服务，总是要塑造出一个价值的期望值并实践它。购买者将向能提供他们认知的最高顾客让渡价值的企业购买产品。

所谓顾客让渡价值是指整体顾客价值和整体顾客成本之差额部分。整体顾客价值是指购买某产品或服务中所获得的一组利益，包括产品价值、服务价值、人员价值和形象价值；

整体顾客成本是指顾客在评估、获得和使用该产品或服务时付出的全部代价，包括货币成本、时间成本、体力成本和精力成本。

阅读资料

我们中国的领带之乡是浙江的嵊州，这一条领带如果从它的原料成本来看，也就 5 元钱。但是从嵊州加上我们国内的商标，到了杭州就得 50 元 到了北京就得 100 元，但贴国产品牌的领带最高的是 288 元，而贴国外一般品牌的每条标价 588 元、688 元，贴国外名牌品牌的，每条标价 888 元到 1288 元。难道内在质量真有这么大的差别吗？没有。品牌为它赢得了顾客的信任度，所以顾客宁愿花那么多钱去买。培养的一个品牌会带来很丰厚的价值回报，当然专利和专有技术也是这样，所以这些东西是非常重要的。有人说在知识社会里将来可能有两类国家，一类是头脑国家，产生知识输出知识，一类是躯干国家，是接受知识、应用知识的。

顾客让渡价值既可以用绝对差额，又可以用相对比例来衡量。如果整体顾客价值为 20000 元，整体顾客成本为 16000 元，则让渡价值等于 4000 元（用绝对数衡量）或 1.25（用相对数衡量）。当相对数用来比较不同的供给时，经常被称之为价值或价格比例（如图 3.1 所示）。

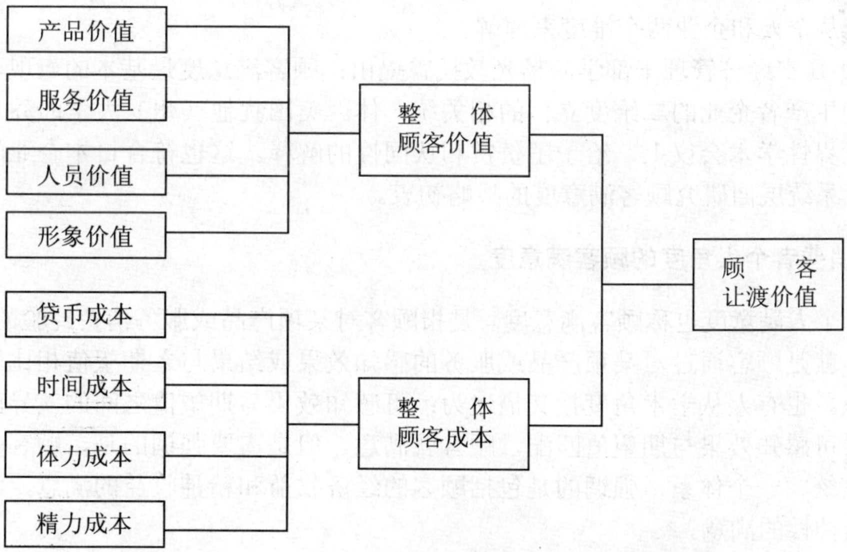

图 3.1　顾客的让渡价值

顾客在购买产品时，很自然的会将效用与成本进行比较。当效用大于成本，即顾客让渡价值为正数时，有可能进行购买决策，实现购买行为；如果成本大于效用，即顾客让渡价值为负数，则会放弃购买决策，很难发生购买行为。

了解顾客让渡价值理论，主要是要明白两点：一是顾客在信息基本透明的情况下，会以顾客让渡价值最大化作为购买决策的主要依据；二是整体顾客价值和整体顾客成本都是包含有多种因素的综合体，而不仅仅是产品效用和产品价格之间的简单比较。如果营销者通过估算认为所售产品或服务在让渡价值上缺乏优势，则应该在努力增加整体顾客价值的同时降低整体顾客成本。

二、顾客满意度（CS 理论）

美国著名的管理专家简·卡尔森提出如下格言：看一下我们的资产负债表。在资产方面，你可以看到有多少架飞机值多少亿元钱。然而，你错了；我们是在自己欺骗自己。在资产方面，我们应该添上的内容是：去年我们的班机共有多少愉悦的乘客，因为这才是我们的资产——对于我们的服务感到高兴并会再来买票的乘客。根据顾客让渡价值理论，企业营销者应着力创造顾客价值，而创造顾客价值的关键是顾客满意。

顾客满意度（Customer Satisfaction）这一在营销学中比较新的概念，于 1982 年源于日本企业的顾客满意战略。企业大力推行 CS 战略，旨在建立顾客至上的服务系统。顾客满意度一经提出，就引起了世界营销界、特别是美国营销界的普遍关注和重视。顾客满意度的基本内涵应从个人和企业两个维度来理解。

1992 年辽宁经济管理干部学院杨光教授曾提出：顾客满意度最基本的表现，是包含消费者个人和生产者企业的二维度立体的相关统一体。美国犹他（州）大学的乔丹教授在此后的许多世界性学术会议上，给予了赞赏和认同性的解释。这也符合日本企业的顾客满意战略以及从系统层面研究顾客满意度的战略初衷。

（一）消费者个人角度的顾客满意度

消费者个人满意度也称顾客满意度。是指顾客对某项产品或服务消费经验的情感体验，简单地讲，就是顾客通过对某项产品或服务的感知效果或结果与之期望值相比较后而形成的感觉状态。也有人从学术角度把其描述为：可感知效果与期望值之间的差异函数。一般来说，如果可感知效果与期望值匹配，顾客就满意。但是需要强调的是，顾客的满意度测量是一个系统、一个体系，强调的是包括顾客的经济收益和精神收益的满意，涵盖了其对社会性和精神性的满意。

由此可见，顾客的满意不仅仅体现在一件产品、一项服务、一种思想、一次机会上。

（二）企业生产者角度的顾客满意度

对于企业层面来讲，企业生产者角度的顾客满意度代表了生产企业在其所服务的市场中，所有购买者的消费经验和购买决策评价的总和，是一套用来考核企业生产者的增强企业业绩的一套指标体系。

顾客满意度是企业用以评价和增强企业业绩，以顾客为导向的一整套指标。顾客满意是企业战胜对手的最好手段，是企业取得长期成功的必要条件。顾客满意战略之所以行之有效，是因为满意的顾客往往也是忠诚的顾客，从而可以给企业带来诸多的好处。

顾客满意能使企业获得长期的盈利能力。高明的企业都在寻找通过顾客满意所造成的市场机会。例如，麦当劳推出了“CS=QSC+V”，即通过质量（Quality）、服务（Service）、清洁（Cleanliness）和价值（Value）达到顾客满意。他要求他的供应商、特许经营店业主、雇员及其他关联人员共同向顾客提供他们所期望的高价值。

顾客满意可使企业在竞争中得到更好的保护。对生产企业来说，不仅要研究其产品的消费满意度、顾客的忠诚，而且更关注于其忠诚度保持时间的长短。这样一来，相对竞争对手来说，就在市场竞争中争取了主动性。

顾客满意使企业足以应付顾客需求变化。强调顾客满意度，其实就是坚持了以顾客为中心的顾客满意至上的战略原则。正是这样的原则，要求生产企业，一要了解顾客个性化需求，及时向顾客提供优质的产品和良好的服务；二要及时向顾客提供需要的各种附加价值的最大化；三要建立企业与顾客之间双向的、畅通的、有效的信息交流通道，使产品更贴近市场。

充分发挥企业员工的作用。作为企业的员工，要从顾客的角度去考虑你所要创造的顾客满意的价值；顾客因为你的努力而感受到你们公司的价值。把充分发挥企业员工的作用上升到“企业兴我兴，企业亡我亡”的与企业共同成长的高度，把员工变成企业的主人。

第二节　需要与动机

一、需要与动机的含义

人类的一切活动，包括购买行为都是为了满足自身的某些需要。

1. 需要

需要，就是人感觉到缺少什么从而想获得它的一种心理状态。从行为科学和市场学的层面解释，某种尚未满足的需要，会使人产生内心的紧张和不安，当它达到迫切的程度时便会发展成为一种驱使人们采取行动的强烈的内在刺激（也称为驱策力），当这种驱策力被外在刺激引向一种可以减弱或消除它的刺激物时，便发展成为一种动机。

2. 动机

动机，是一种推动和维护人们为达到特定的目的而采取行动的直接原因。人的需要和动机是多种多样的，但人的需要总是反映着有机体内部环境和外部生活条件的某种要求，动机总是与需要及实现需要的行为相联系。当需要被满足时，人的紧张和不安状态就会被消除，心理也就重新恢复到平衡状态。

二、需要与动机的分类考察

目前的教材大多从需要与动机的起源性来解释其种类的划分。如果说，我们把起源和发展联系起来，用辩证唯物主义和历史唯物主义的观点来研究问题和分析问题，就会发现，需求与动机的分类无非是人的生理需求和社会需求两部分。

根据需要与动机的起源性可以将其分为两类：一类是生理性需要及其引发的动机，即直接由饥渴等生理的紧张状态引起，与保持人体的生理平衡相联系的需要与动机；另一类是心理性需要及其引发的动机，即直接由想得到他人承认、尊重等心理的紧张状态所引起，与表现人的社会性存在相联系的需要与动机。

根据需要与动机的起源性还可以将其分为两种：一种是物质性需要及其引发的动机，即与人的物质性满足相联系的需要和动机；另一种是精神性需要及其引发的动机，即与人的精神性满足相联系的需要和动机。在实际生活中，人们的物质性需要与精神性需要、物质性满足与精神性满足往往是交织在一起的，消费越是向前发展，这种现象越突出。

根据需要与动机指向的消费资料的特点和用途可以对其作如下划分：指向生存资料的可以称之为生存需要及相关的动机，指向发展资料的可以叫做发展需要及相关的动机，指向享受资料的可以说是享受需要及相关的动机。

此外，需要和动机还可以根据其重要性程度及满足的先后顺序来加以分类。

美国心理学家马斯洛的需要层次理论认为，人类的需要依重要性的不同可以划分为五个层次：第一，生理的需要，即饮食、睡眠、取暖等基本的生存需要；第二，安全的需要，即保护人身安全、财产安全及防备年老、失业等的需要；第三，社会的需要，即希望被群体接受从而有所归属和获得友谊、爱情等的需要；第四，尊重的需要，即实现自尊，赢得好评、赏识，获得承认、地位等的需要；第五，自我实现的需要，即充分发挥个人能力，实现理想抱负，取得成就等的需要。马斯洛认为，这些需要的层次越低越不可缺少，因而越重要；人们一般是按照重要性的顺序，分清轻重缓急，在低层次的需要满足后才设法去满足高一层次的需要。马斯洛的需要层次理论指出了各种需要之间关系的一种基本模式，对我们了解人的需要、动机和行为是有帮助的。

需要与动机是一个较为复杂的问题，只有对其进行多角度的细致考察和具体分析才便于企业在营销工作中加以把握。

三、消费需要、购买动机与企业营销的关系

消费需要、购买动机与企业营销的关系表现为以下几点。

第一，人们的购买动机一定是和满足一定的需要相联系的。但在一定时期内，人们的诸多需要中只有那些被明确意识，迫切地想要实现，并且达到激发和推动人们朝着一定方向行动的程度时才发展成为购买动机。需要说明一点，需要不等于动机。

购买动机的形成是一个心理过程。需要是人感觉到缺少什么从而想获得它的一种心理状态。因此，企业的市场营销人员不仅要善于了解人们的需要，而且要善于设计和运用适当的市场营销组合，刺激和促使人们认识并将某种或某些需要转变为足以引起采取购买行动的动机，以促进本企业产品的销售。

第二，在现实生活中，人们的各种需要和动机往往交织在一起，同一购买可能与多种需要和动机相联系。这里有两种基本情况需要注意：一是在各种需要和动机的强度大致相同时，这些需要和动机综合地决定着人们对某一事物的态度，企业应注意运用市场营销组合从多个角度予以满足，以赢得顾客；二是在各种需要和动机的强度有所不同时，其中的主导需要和动机决定着人们对某一事物的态度，企业要善于抓主导需要和动机开展有针对性的营销活动，以提高营销工作的效率。

第三，人的某种需要和动机往往可以通过不同的商品来满足，由于许多商品之间具有相互替代性，这必然会导致相关产品和相同产品之间的竞争，企业应对此有所注意。

第四，人的任何需要和动机都不会脱离一定的条件而产生，同时其满足与实现也不会脱离一定的条件而达到。因此，企业不仅要了解需要和动机本身，而且应对需要和动机的产生以及满足、实现的条件做出具体分析，否则也难以有效地开展自己的营销工作。

第三节　购买行为

一、消费者购买行为

市场营销学研究消费者市场的核心内容是研究消费者的购买行为。消费者购买行为是以购买动机为先导的，而购买动机是在一定的心理活动的基础上产生的。消费者心理活动主要是指消费者需求的产生与变化、购买动机的形成、购买决策的确定等一系列的思考过程。消费者的购买行为是其心理活动的外在表现，不仅受到经济因素的影响，还受到其他

多种因素的影响，从而产生很大的差异。心理学家和营销学专家为此作了认证研究，归纳出六个主要问题用来描述市场，即：

1．消费者市场由谁构成？（Who）　　　　　购买者（Occupants）
2．消费者市场购买什么？（What）　　　　　购买对象（Object）
3．消费者市场为什么购买？（Why）　　　　购买目的（Objectives）
4．消费者市场如何购买？（How）　　　　　购买方式（Operations）
5．消费者市场何时购买？（When）　　　　购买时间（Occasions）
6．消费者市场何地购买？（Where）　　　　购买地点（Outlets）

以上六个问题称为“5W”和“1H”研究内容或“6O”研究内容。

二、消费者购买行为模式

现代营销学认为，随着时间推移和人类社会的发展进步，不同的消费者购买心理、动机、目的、对象、方式、时间、地点各不相同，但其购买行为中存在着某种共性和规律，因此，建立了消费者购买行为模式，称之为刺激-反应购买模式（如图 3.2 所示）。

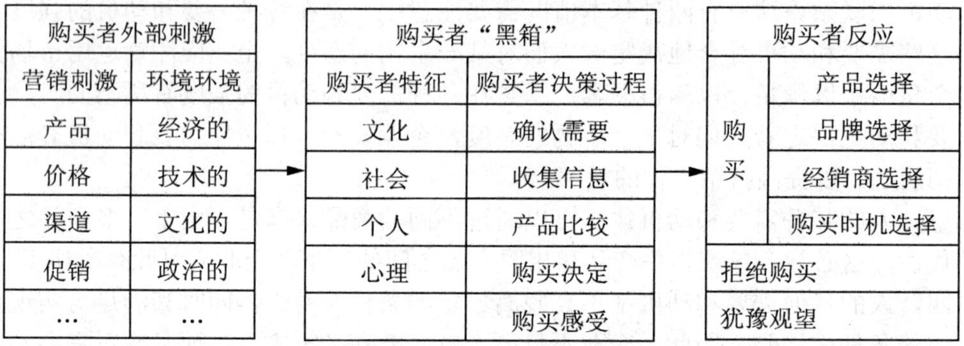

图 3.2　消费者购买行为模式

从这个模式中可以看到，影响消费者购买决策过程的外部因素有两大方面：一是企业营销组合，包括产品、价格、渠道和促销等，它们是企业的可控因素，需要企业精心策划；二是各种营销的宏观环境因素，包括经济、技术、文化、政治等，它们是企业营销的不可控因素。

所有这些刺激进入购买者的“黑箱”后，经过一系列的心理活动，形成不同的购买取向和购买反应。消费者一旦决定购买，其反应便通过其购买决策过程表现在购买选择上，如产品选择、品牌选择、经销商选择、购买时机与购买数量、地点选择等。

在这一购买行为模式中，“购买者外部刺激”和“购买者反应”即购买者最后的决策和选择是可以看得到的，但是购买者如何根据外部的刺激进行分析、判断、决策的过程却是看不见的。这就是心理学中的所谓的“黑箱”效应。营销的任务就是设法了解处于刺激和反应之间的购买者“黑箱”中所发生的内容，以便采取更合理、有效的营销刺激。

在复杂的购买行为中，对购买决策产生影响的角色有：购买倡议者、影响者、决策者、购买者、使用者。这 5 种角色有时集中于某一个消费者一身，有时分散到相关群体成员身上。一般情况下，消费者要完成某一商品购买决策的全过程要经历以下五个阶段（如图 3.3 所示）。

图 3.3　消费者购买的决策过程

1. 确认需要

消费者产生与认识需要是购买决策过程的起点。只有需要才会产生购买动机，而需要在内外部刺激的基础上产生的。内部刺激是人的本能需要，外部刺激可以激活内部需要。如一个饥饿的人看到美味的食物，饥饿感会增加，产生进食的欲望大增。企业营销要充分注意力两个方面的问题：首先，了解企业的产品与消费者需求之间的关系，越能满足消费者需要的产品，对消费者的购买驱使力愈大；其次，了解对消费者购买决策起作用的外部刺激因素及变化情况，善于安排刺激物、提示物等诱因，引发消费者对本企业产品产生强烈的需求，熟悉、喜爱本企业的产品，并采取购买行为。

2. 收集信息

消费者对自己的需要进行确认后，不会马上购买，还要收集和分析商品和服务的有关信息和资料。消费者一般会通过以下几种途径收集所需要商品的信息：

（1）个人来源，家庭、朋友、邻居、熟人等；

（2）商业来源，广告、推销员、经销商、包装、展览等；

（3）公共来源，大众传播媒体、消费者权益组织、政府部门等；

（4）经验来源，产品检查、比较、试用及实际使用等。

企业市场营销要针对消费者收集信息的途径，多形式、多渠道向消费者提供产品和服务的有关信息，使消费者熟悉并信赖本企业的产品。

3. 产品比较

消费者充分获取所需商品的信息后，会对不同品牌的商品进行分析、比较与评价，并将结果作为选择商品的依据。消费者对产品的判断大都建立在自觉和理性的基础上，其比较与评价的主要内容包括以下两点。

（1）产品属性及属性权重。产品属性是指能够满足消费者需要的特性。它是由一系列属性组成的，如服装的款式、面料、花色、档次等。但消费者不一定对所有的属性都同样关注，他会更多地关心自己特别在意的产品属性。也就是说，消费者对产品属性所赋予的权重系数不同，如某消费者对服装的权重系数是：款式40%，面料20%，花色30%，档次10%。消费者根据自己所赋予属性权重的大小进行比较，选择最满意的产品。

（2）品牌信念。品牌信念是消费者对某种品牌优劣的总体看法。消费者在评价中会对某种品牌产生偏好，但其心目中的品牌信念可能会与产品的真实品牌不一致。企业应采取各种有效策略，树立良好的产品和品牌形象，提高消费者对本企业的品牌信念。

4. 购买决定

消费者经过对产品进行全面比较、评价、选择后，会形成购买倾向。首先，消费者要克服来自外界的干扰，包括别人的态度和意外情况的影响，如亲朋的支持或反对、关于商品的最新消息、消费者的经济状况等，进一步坚定购买意向；其次，要确定具体的购买计划，包括产品的种类、属性、品牌、数量、购买时间、购买地点和购买方式等，并最终执行购买决定。企业营销中要针对消费者这一阶段的特点，使消费者坚定购买意向，做出最后的购买决定并尽快成交，但又要掌握火候，不能急于求成，以免引起消费者的戒备心理，从而放弃购买。

5. 购后感受

消费者购买产品后，会对产品进行观察、使用，产生相应的感受。根据顾客满意度理论，消费者会将满意度与对产品的期望值进行比较，若满意度小于期望值，消费者就不满意；若等于期望值，则满意；若远大于期望值，就很满意。满意度决定着消费者今后产生重复购买行为的可能，是导致顾客忠诚的根本所在。

企业应加强和保持与购买其产品的消费者的密切联系。对于满意的产品，询问产品的使用状况及消费者意见和建议，让消费者的满意度提高，同时又能得到关于产品使用的反馈信息。满意的消费者会重复购买本企业产品，并向其他人宣传产品及企业的优点。对于不满意的产品，企业要主动协助解决购买和使用中存在的问题，直至调换及退货，切忌不闻不问，拖延推诿，至使消费者的不满意扩展及传播。企业在营销中还要注意正确地介绍和宣传自己的产品，切不可大吹大擂、夸大事实，造成消费者认为其与产品宣传差距甚远，产生上当受骗的感觉。

三、影响消费者购买行为的主要因素

消费者的购买行为，是在消费者特性因素（包括心理特性、个人特性、社会文化特性因素等）的直接作用下发展的，同时也受到一系列外部环境因素，特别是企业市场营销活动的很大影响。消费者的购买行为，实际上就是这些错综复杂的内外部因素相互制约和相互作用的结果。因此，研究消费者的购买行为，就要注意了解支配和影响消费者购买行为的各种因素，并将这些因素与消费者在购买过程中的各种活动结合起来进行分析，以便弄清买什么（需求对象）、为什么买（购买目的）、谁来买（购买组织）、如何买（购买方式与购买要求）、何时买（购买时机）、何处买（购买地点）这样一些基本问题（即“五W-H”问题），这是企业有的放矢地开展营销活动，在满足市场需要的竞争中取得优势的基础。消费者购买行为是指消费者为满足自身生活消费需要，在一定购买动机的驱使和支配下，用货币购买商品或服务的实际活动。

需要指出的是，支配和影响消费者购买行为的消费者特性因素中有些是企业难以控制和施加影响的，如消费者的年龄、性别、职业、个性、经济状况、生活方式、民族等，但了解这些因素可以为企业进行市场细分、选择目标市场提供必要的线索，有助于企业采取适应性的营造措施；有些消费者特性因素是易于受到企业营销活动影响的，如消费者的购买动机、认识、学习信念等，在了解这些因素的基础上企业可以制定相应的营销对策，以便在一定程度上诱导消费者的购买行为。

（一）文化因素

（1）文化

文化是人的人格及其生态的状况反映。广义的文化是人类创造出来的所有物质和精神财富的总和。其中既包括世界观、人生观、价值观等具有意识形态性质的部分，也包括自然科学和技术、语言和文字等非意识形态的部分。文化是人类社会特有的现象。文化是由人所创造，为人所特有的。有了人类社会才有文化，文化是人们社会实践的产物。

阅读资料 2

外国人的生意经

美国商人认为，利润大的商品不是最好，顾客喜爱的商品才是最好。

英国人不说“这件商品我们店没有”，而是说“你需要的商品，我们将尽力想办法”。

法国商人卖的，即使是水果、蔬菜，也要像一幅静物写生那样艺术的排列。他们认为，商品的美感能引起顾客的购买欲。

日本人认为只要能大量销售，哪怕是极便宜的东西，也应大量生产，因为它有可观的利润。

泰国人认为必须让顾客高高兴兴来购买商品，高高兴兴地走，而且还要带更多的人来购买商品。

德国人以好的质量去争取顾客，以提高工作效率来降低成本。

（2）亚文化

所谓亚文化又称集体文化或副文化，是指与主文化相对应的那些非主流的、局部的文化现象，在主文化或综合文化的背景下，属于某一区域或某个集体所特有的观念和生活方式。一种亚文化不仅包含着与主文化相通的价值与观念，也有属于自己的独特的价值与观念。

亚文化是一个相对的概念，是总体文化的次属文化。一个文化区的文化对于全民族文化来说是亚文化，而对于文化区内的各社区和群体文化来说则是总体文化，而后者又是亚文化。

阅读资料3

语言亚文化

跨文化营销沟通的困难之一，在于沟通双方属于不同的社会文化集团，他们可以使用同一种语言媒介，但自觉或不自觉地表达了不同的含义和价值观。沟通一方传达的信息，在另一方收到后，其理解却与原意大相径庭，由此造成了市场机会损失。例如，美英两国代表就某项业务进行谈判，同一句话，“tablingaproposal”，美国代表的意见是他们“要推迟决定”，而英国代表的理解是他们“将马上采取行动”。又如，美国营销经理在谈判成功时，做了一个表示 OK 的手势，而法国南部的谈判对手确理解为“此交易微不足道”。再如，我国出口产品金鸡牌饼干和山羊牌羊毛衫，英文译名为“cock”和“goat”，而这两个英文单词还有另一个含义，就是“色鬼”。由于译名不当，使英语国家的顾客产生文化误读，望而生畏，使出口注定失败。以上例子说明一个单词、一个手势、一句话在不同的文化环境中有不同的含义。难怪美国市场营销权威 PhilipKotler 说：“对大多数企业而言，问题不是要不要沟通，而是说什么，对谁说和如何说”。

当然，如果运用好语言亚文化也可以创造市场机会，如“Goldlion”金利来领带以及美国的“可口可乐”饮料，1991 年安徽洪水时的“大救驾”糕点等。又如 1991 年陕西城固肉联厂得知广东人非常喜欢“猪连贴”，因为广东人称其为“横利”，“横发得利”是宴席上的吉祥菜，所以组织加工，身价倍增。

民族亚文化

不同民族具有不同的文化传统、信仰和风俗习惯，而导致同一商品在不同民族区域的滞销与畅销。如，猪肉类食品在回族和汉族地区的生产销售。对喜鹊图案，在爱尔兰，看到一只是倒霉的征兆，看到两只就是有喜事。在中国，则有不同的理解。

宗教亚文化

世界三大宗教对商品生产与销售的影响。如伊斯兰教的禁酒就为饮料的生产创造了条件。

(3) 社会阶层

社会阶层是指全体社会成员按照一定等级标准划分为彼此地位相互区别的社会集团。同一社会集团的成员之间态度以及行为模式和价值观等方面具有相似性，不同集团成员存在差异性。

阅读资料 4

1999 年，国家统计局中国经济景气检测中心与新生代市场检测机构共同完成了《1999年中国城市居民消费形态报告》。该报告历时半年之久，跨越北京、上海、广州、天津、深圳等 20 个城市。该报告在家庭生活模式、个人生活形态、生活观念等众多数据的背后，显示出一条全新的结论：中国经济在经过快速发展之后，终于迎来了阶层消费时代，消费者的力量越来越强。

《报告》分析显示，在现阶段的经济环境中，不同的经济能力表现在消费形态上各具差异。就收入而言，较低家庭月收入者和较高家庭月收入者在家庭数中的比重不断上升，收入差距有加大的迹象；收入的区域分化加强并进一步向特大城市和沿海集中；而高收入阶层对未来收入增长的信心则远远高于低收入阶层。同时经过 20 年的发展，我国出现、创造了消费阶层，而近些年的变迁给阶层消费带来了新特征：首先，一部分消费者仍坚守传统，以实用消费为主，讲究节约与理性，而另一部分则追求时尚与新潮，讲究精致的生活享受与品味；其次，消费品市场个性化与趋同化共存，一方面，城市消费者购买的电器、包装食品和软饮料集中在有限的几个品牌，另一方面，时装、化妆品、烟酒等产品却鲜有品牌占有全国性市场。

城市消费者被划分为八个消费群：①取向现实、爱看新闻、推崇社会经验与购物少冲动的群体；②取向前卫、收入较高、脑力劳动为主，重质量与格调追随流行的群体；③由高收入阶层组成，是追求高品质，着重凸显财富与地位的商品，家庭观念淡的群体；④由低收入阶层组成，对商品更重“量”而非“质”，是习惯保卫稳定生活的群体；⑤由知识阶层组成，是喜欢阅读、重视精神生活、休闲活动较为克制的群体；⑥由管理层、专业人员组成，是有一定社会地位及较高收入、重视金钱、乐于挑战的群体；⑦传统文化淡漠，喜休闲、乐放纵的群体；⑧由中年女性构成，是承担家务、奔波忙碌的群体。

（4）相关群体

相关群体是指能够直接或间接影响消费者购买行为的个人或集体。相关群体有以下三种形式。

一是主要团体，包括家庭成员、亲朋好友和同窗同事。主要团体对消费者的购买行为发生直接和主要的影响。

二是次要团体，即消费者所参加的工会、职业协会等社会团体和业余组织。这些团体对消费者购买行为发生间接的影响。

三是期望群体。消费者虽不属于这一群体，但这一群体成员的态度、行为对消费者有着很大影响。

相关群体对消费者购买不同商品的影响是有所区别的。一般来说，当消费者购买引人注目的产品如汽车、服装时，受相关群体的影响较大，而购买使用不太引人注意的产品如洗衣粉等则不受相关群体的影响。

相关群体对消费者行为的影响表现为：

一是示范性，即相关消费群体消费行为和生活方式为消费者提供了可供选择的模式，如从众消费、流行消费等；

二是仿效性，相关群体的消费行为引起人们仿效的欲望，影响人们对商品选择，即模仿消费，如近年流行的染发；

三是一致性，即由仿效而使消费行为趋于一致。相关群体对购买行为的影响程度视商品类型而定。

（5）家庭

随着传统的三代同堂的主干家庭向一对夫妻与子女的核心家庭的转化，核心家庭已成为我国消费者市场上非常重要的购买单位。此外，家庭是一种最重要的相关群体，它对其成员的购买行为具有强烈和持续的影响。企业要注意研究目标市场上各类家庭的特点、需求情况、家庭购买决策的类型、家庭成员在购买商品时各自所起的作用以及他们之间的相互影响等问题，从而有针对性地开展营销活动。

（6）社会角色

社会角色是指与人们的某种社会地位、身份相一致的一整套权利、义务的规范与行为模式，它是人们对具有特定身份的人的行为期望，它构成社会群体或组织的基础。

社会角色具体包括以下四个方面的含义：

（1）角色是社会地位的外在表现；

（2）角色是人们的一整套权利、义务的规范和行为模式；

（3）角色是人们对处于特定地位的人们行为的期待；

（4）角色是社会群体或社会组织的基础。

社会无形地为每一个人规定了他所扮演的角色的职责，并且用一定的社会规范为标准来衡量和评价每一个角色履行其职责的情况。

（二）个人因素

消费者的个人特性也是影响其购买行为的重要因素。个人特性，主要包括性别、年龄、家庭生命周期、教育程度、职业、经济状况、生活方式、个性和自我形象等一些方面的内容。

不同性别的消费者，因生理和心理上的差异而在消费需求方面存在着明显的不同，在接触的媒体、信息来源、购买方式等方面也存在着一定的差别。

不同年龄的消费者对商品有着不同的需要，他们消费或购买的许多商品在种类上存在着明显的区别，如儿童是儿童食品和玩具的主要消费者；青少年是文教体育用品和时装的主要消费者；中年人是家务经营用品的主要购买者和使用者；老年人则是保健品的主要购买者和消费者。不同年龄的消费者对商品的式样、风格等也有所偏好，如青少年喜欢新奇有趣，中老年注重端庄朴素。此外，不同年龄的消费者在购买方式上也各有特点，如青少年易于接受新事物，容易在各种信息的影响下凭着感觉冲动性地购买，购买行为的理性度较低；中老年人则较为保守，往往不大倚重于广告等商业性信息，主要依据习惯和经验来购买，购买行为的理性程度较高。

家庭生命周期，指的是一个人从年轻时离开父母家庭独立生活，到年老后并入其子女家庭或独居至去世为止的家庭生活全过程。

根据消费者的年龄、婚姻、子女等方面的状况，可以把家庭生命周期分为以下几个阶段，在不同的阶段上他们的消费需求和购买行为存在着一定的差别：

第一，独立生活的单身青年，穿着比较时髦，娱乐活动较多；

第二，没有孩子的年轻夫妇，对家具等耐用消费品的需求较大，对娱乐和旅游之类的活动较有兴趣；

第三，有六岁以下幼儿的年轻夫妇，家庭消费支出主要围绕着婴幼儿的哺育进行；

第四，有六岁以上儿童的年轻夫妇，消费支出主要围绕儿童的培育进行，娱乐、旅游活动的开支有所增多；

第五，有尚未独立生活子女的年纪较大的夫妇，在子女的衣着、教育等方面的支出更多，耐用消费品进入更新期；

第六，同子女分居后的年纪较大的夫妇，对非生活必需品、礼品、保健用品的支出较多，用于娱乐、旅游方面的开支也有所增加；

第七，单身老人，对特殊食品、医疗保健用品的需求与开支进一步增大。

教育程度对消费者的需求、购买行为的影响，表现在教育程度较高的消费者对书刊等文化用品的需求量较大，购买行为的理性程度较高，审美能力较强，购买决策过程较全面，更善于利用非商业性来源的信息，教育程度较低的消费者则经常表现出与此相反的一些情况。以服装为例，教育程度较高的人一般较为讲究得体、典雅；教育程度较低的人在穿着方面往往更富有流行性和时代感。职业不同的消费者，如工人、农民、军人、教师、文艺工作者等，由于生活、工作条件的不同，消费构成和购买习惯也存在着区别。

（三）经济因素

边际效用递减法则：经济学认为消费者之所以购买某一商品，是因为该商品具有满足其某种欲望的功能，他得到的越多，其欲望也就越得到满足。但随着其购买数量的不断增加，其效用总量的增加是递减的，这就是边际效用递减法则（如图 3.4 所示）。

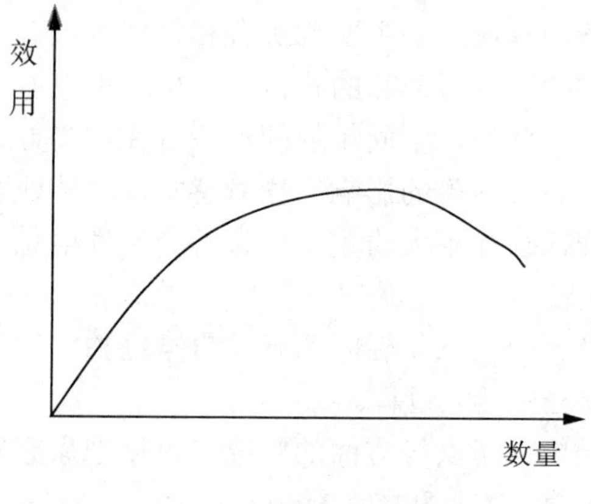

图 3.4　边际效用递减法则

消费者收入一定，但需求无限。为此他们在购买时是理智的。会合理安排购买方式和品种，以便得到自己需要的最大限度效用，即遵循“最大边际效用原则”

所谓西方经济学的“边际效用递减法则”指的是，边际效用就是在一定的时间内，最后增加一个单位的消费时所增加的效用。边际效用=效用的增加量（△U）/消费的增加量（△N）

根据这一规律，任何人不可能把钱都用在购买同一商品上，购买哪一种商品主要取决于当时哪种商品对他来说边际效用最大。

由于这一规律的作用，当某一商品降价时，一般会产生新的要求；同时，产品改进也会刺激新的要求，这就是“物美价廉”的依据。

同时企业可通过调查消费者购买某一商品的频率来预测其市场需求量。还可采取降低成本，提高质量，增加功能，改进外观与装潢、延长寿命，增加服务内容等措施，使消费者购买其产品的每一元钱都能得到最大效用，促使更多的人购买其产品，创造市场机会。

（四）心理因素

（1）需求与动机

消费者的购买动机和其他动机一样，都产生于某种尚未得到满足的需要。物质需求满足后就会追求精神上（心理）的需求，而心理需求又具有社会倾向性。常见的几种社会心理倾向有：求新心理、求名心理、求美心理、习惯心理、好奇心理、逆反心理、同步心理、优越心理等。

（2）感受

由于消费者对商品或服务的感觉不一样，就会产生不同的购买行为，为此企业应尽可能运用可信度高的广告宣传影响消费者的感觉；并运用各种促销手段（如陈列、表演等），使产品的颜色、外形、声音、气味等特征对消费者的感官产生刺激作用，以促使其采取购买行为。如方便面的包装、售货员的微笑服务、产品橱窗展示等。

阅读资料 5

心理学研究表明，在人所接受的全部信息当中，有 83%源于视觉，11%来自听觉，其他 6%分别来自嗅觉、触觉和味觉。这反映了人在感觉方面的生理特点，即长期的生产劳动和社会实践，充分提高了人的视觉感受力。

现代商业已经发展到很高的水准，无论是商品的品种、数量，还是宣传、促销手段，都达到了极为丰富的程度。顾客在购物的同时，已经把欣赏琳琅满目的商品作为一种额外的享受，无疑，这种体验会大大激发顾客光顾商场的兴趣，同时，商店也会因此增加销售利润。

视觉营销（VMD，即 Visual Merchandise Display 的缩写）就是运用这个原理，借助无声的语言实现与顾客的沟通，以此向顾客传达产品信息、服务理念和品牌文化，达到促进商品销售、树立品牌形象的目的。

在颜色方面：由于文化体系的不同，在以汉语为母语和以英语为母语的国家，人们在交往时，往往会对不同色彩产生联想；

气味影响行为：人体会散发出某些化学物质。如人出汗时会发出一种复杂的气味，称雄酯酮，能闻到这种气味的男人还不到一半，而年轻的女人几乎全都能觉察这种气味，并且大多数觉得它好闻，很像麝香的气味。在西方，这种气味，在政治集会中作为喷雾剂使用。在竞选传单的油墨里加点香味，也会使候选人更受欢迎。

芝加哥的嗅觉及味觉治疗研究协会的负责人夏殊经研究认为："香味可使人感到愉悦、神爽，并且比光线与音乐的刺激更大。并且女性喜花香，男性则偏爱复合香味，且女性比男性对香味更敏感，还可使营业员心情愉快，态度热情，高效。"

在听觉方面：为增加顾客的滞留时间，放松心情，在商场可播放一些轻缓、抒情的背景音乐。

（3）学习

消费者购买行为的产生有些是本能的，但大多数是通过不断学习，从"后天经验"中得来的。

心理学家为我们研究人的学习提供了基本模式，即反应模式。在研究消费者购买行为的理论时，人们认为消费者的购买动机不是天生的，而是由后天的经验形成的。在后天经验理论中，应用比较普遍的是"刺激-反应"模式，简称"S-R"模式。

这种理论认为，消费者购买动机是下列五种因素相互作用的结果：驱使力、刺激物、提示物、反应和强化。用模式表达如图 3.5 所示。

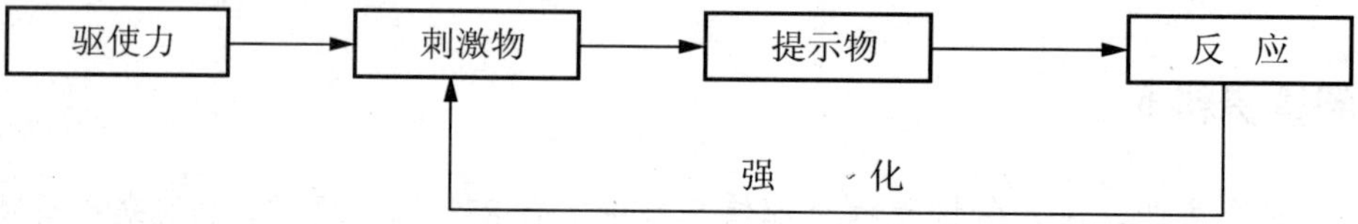

图 3.5 "刺激-反应"模式

（4）信念和态度

信念和态度，作为个性心理倾向对人的行为具有很大的影响。

信念是人们确信的对某种事物的看法和评价，它对人们的行为具有总体导向及很强的驱动与支持作用。人们的信念是多方面的，同时从多个侧面直接或间接地影响着人们的购买行为。例如，某些人以俭朴为信念，这就不能不影响到他们的需要、动机及有关的购买行为；再如，某些人在购买和使用商品的实践活动中，通过认识与学习，对某个品牌的产品形成了良好的信念，这就会使他们成为这一品牌产品的坚定购买者。仅从后一种情况看，由于信念关系着企业及其产品的社会形象，影响着消费者的购买选择，所以企业的营销部门必须注意对这方面情况的了解，并通过有效的营销措施帮助人们确立起对本企业及产品的良好信念。

（5）态度

态度指的是个体对某一事物所持有的评价和行为倾向，是认知、情感和意向的统一体。认知是人们对事物带有评价意义的认识，是态度的基础。情感是人们对事物持有的感情，如好与恶、肯定与否定等，它是伴随着认识过程而产生的，具有性质和程度的区别，是态度的核心。意向是人们对事物的行为倾向，是态度的外观。一般地说，在对一事物态度上的三种基本因素是一致的。态度具有稳定性，一旦形成往往很难改变；态度对人的行为有重要影响，会使人的行为呈现出一定的规律性。消费者对某一品牌产品的态度一经形成，以后就倾向于根据态度做出相同的购买决策，不愿再费心去比较、分析、判断。因此，对某种商品的肯定态度可以使它长期畅销，而否定态度则可以使它一蹶不振。从产品方面来看，企业通常是通过改进产品及有关的市场营销组合因素去迎合人们现存的态度；从企业形象方面看，企业一般要通过有关的营销措施来改变人们对企业不利的态度。

四、消费者购买行为的基本类型

消费者各种各样的需要产生了千姿百态的购买动机，从而引发了千差万别的购买行为。而且，对于不同类型的商品，消费者的购买行为为也有很大差别。如购买一支牙膏和购买一辆汽车，购买行为就有很大不同，其差异主要体现在购买决策上。前者可能不假思索，立即购买；后者则要广泛收集信息，反复权衡、评价、比较。根据消费者购买中的介入程度和品牌之间的差异程度，可将消费者购买行为分为 4 种类型（如表 3-1 所示）。

表 3-1　消费者购买行为分类

介入程度 品牌差异	介入程度低	介入程度高
品牌差异小	习惯性购买行为	寻求平衡的购买行为
品牌差异大	寻求变化的购买行为	复杂性购买行为

（一）惯性购买行为

对于价格低廉、经常购买、品牌差异小的商品，消费者不会花很大精力去收集信息、评价产品、做出决策，购买行为简单。企业对这类产品的营销，可以采取价格优惠、广告宣传、独特包装、有奖销售等方式鼓励消费者试用、熟悉产品，多买和重复购买，努力培养忠诚顾客。

（二）寻求变化的购买行为

有些产品品牌差异明显，但消费者并不愿花更多精力去评价、选择产品，而且不断变换所购产品的品牌，寻求购买的多样性，一是求新求异的心理，二是寻找最适合自己消费特点的产品。针对这种购买行为，企业应增加花色品牌，更新包装及性能，为消费者提供更多的选择范围，改进促销方式，增加消费者对本企业产品的熟悉程度，鼓励消费者形成习惯性购买行为。

（三）寻求平衡的购买行为

有些产品品牌差异不大，但价格高，消费者不经常购买，购买时有一定的风险，此时，消费者会持谨慎的态度，购买介入程度高，花较多精力收集信息，货比三家，在品牌差异不大的产品中权衡，比较后，做出自己认为最合适的决策，求得心理平衡和最大满意度。针对这种行为，企业应运用价格策略及营销人员的推销策略，选择最佳时机和地点，及时向消费者提供商品信息和有关商品的评价，促使消费者做出购买决策，并使其相信自己购买决策的正确性，消除消费者的疑虑，提高消费者的满意度。

（四）复杂型购买行为

当消费者购买一件贵重、不常买、品牌差异大、有风险的产品时，其购买决策最为复杂。由于产品品牌差异大，产品对消费者意义大，消费者购买时会高度介入。首先收集信息，了解产品，评价比较，然后才做出购买决策。针对这种复杂的购买行为，企业营销应采取积极主动的态度，提供专业化的服务，帮助消费者最大限度地了解产品的属性及相关知识，减少消费者在购买决策中的盲目性、被动性，加大售后服务力度，使企业品牌明显区别于竞争者的品牌。

阅读资料 6

红罐王老吉品牌定位战略

品 牌 释 名

凉茶是广东、广西地区的一种由中草药熬制，具有清热去湿等功效的“药茶”。在众多老字号凉茶中，又以王老吉最为著名。王老吉凉茶发明于清道光年间，至今已有175年，被公认为凉茶始祖，有“药茶王”之称。到了近代，王老吉凉茶更随着华人的足迹遍及世界各地。

20 世纪 50 年代初由于政治原因，王老吉凉茶铺分成两支：一支完成公有化改造，发展为今天的王老吉药业股份有限公司，生产王老吉凉茶颗粒（国药准字）；另一支由王氏家族的后人带到香港。在中国内地，王老吉的品牌归王老吉药业股份有限公司所有；在中国内地以外的国家和地区，王老吉品牌为王氏后人所注册。加多宝是位于东莞的一家港资公司，经王老吉药业特许，由香港王氏后人提供配方，该公司在中国内地独家生产、经营王老吉牌罐装凉茶（食字号）。

背　　景

2002 年以前，从表面看，红色罐装王老吉（以下简称“红罐王老吉”）是一个销得很不错的品牌，在广东、浙南地区销量稳定，盈利状况良好，有比较固定的消费群，红罐王老吉饮料的销售业绩连续几年维持在 1 亿多元。发展到这个规模后，加多宝的管理层发现，要把企业做大，要走向全国，就必须克服一连串的问题，甚至原本的一些优势也成为困扰企业继续成长的障碍。

而所有困扰中，最核心的问题是企业不得不面临一个现实难题——红罐王老吉当“凉茶”卖，还是当“饮料”卖？

现实难题表现一：广东、浙南消费者对红罐王老吉认知混乱

在广东，传统凉茶（如颗粒冲剂、自家煲制、凉茶铺煲制等）因下火功效显著，消费者普遍当成“药”服用，无需也不能经常饮用。而“王老吉”这个具有上百年历史的品牌就是凉茶的代称，可谓说起凉茶想到王老吉，说起王老吉就想到凉茶。因此，红罐王老吉受品牌名所累，并不能很顺利地让广东人接受它作为一种可以经常饮用的饮料，销量大大受限。

另一个方面，加多宝生产的红罐王老吉配方源自香港王氏后人，是经国家审核批准的食字号产品，其气味、颜色、包装都与广东消费者观念中的传统凉茶有很大区别，而且口感偏甜，按中国“良药苦口”的传统观念，消费者自然感觉其“降火”药力不足，当产生“下火”需求时，不如到凉茶铺购买，或自家煎煮。所以对消费者来说，在最讲究“功效”的凉茶中，它也不是一个好的选择。

在广东区域，红罐王老吉拥有凉茶始祖王老吉的品牌，却长着一副饮料化的面孔，让消费者觉得“它好像是凉茶，又好像是饮料”，陷入认知混乱之中。

而在加多宝的另一个主要销售区域浙南，主要是温州、台州、丽水三地，消费者将“红罐王老吉”与康师傅茶、旺仔牛奶等饮料相提并论，没有不适合长期饮用的禁忌。加之当地在外籍华人众多，经他们的引导带动，红罐王老吉很快成为当地最畅销的产品。企业担心，红罐王老吉可能会成为来去匆匆的时尚，如同当年在浙南红极一时的椰树椰汁，很快

又被新的时髦产品替代，一夜之间在大街小巷上消失得干干净净。

面对消费者这些混乱的认知，企业急需通过广告提供一个强势的引导，明确红罐王老吉的核心价值，并与竞争对手区别开来。

现实难题表现二：红罐王老吉无法走出广东、浙南

在两广以外，人们并没有凉茶的概念，甚至在调查中频频出现“凉茶就是凉白开”、“我们不喝凉的茶水，泡热茶”这些看法。教育凉茶概念显然费用惊人。而且，内地的消费者“降火”的需求已经被填补，他们大多是通过服用牛黄解毒片之类的药物来解决。

做凉茶困难重重，做饮料同样危机四伏。如果放眼整个饮料行业，以可口可乐、百事可乐为代表的碳酸饮料，以康师傅、统一为代表的茶饮料、果汁饮料更是处在难以撼动的市场领先地位。而且，红罐王老吉以“金银花、甘草、菊花”等草本植物熬制，有淡淡的中药味，对口味至上的饮料而言，的确存在不小的障碍，加之红罐王老吉 3.5 元的零售价，如果加多宝不能使红罐王老吉和竞争对手区分开来，它就永远走不出饮料行业“列强”的阴影。这就使红罐王老吉面临一个极为尴尬的境地：既不能固守两地，也无法在全国范围推广。

现实难题表现三：推广概念模糊

如果用“凉茶”概念来推广，加多宝公司担心其销量将受到限制，但作为“饮料”推广又没有找到合适的区隔，因此，在广告宣传上不得不模棱两可。很多人都见过这样一条广告：一个非常可爱的小男孩为了打开冰箱拿一罐王老吉，用屁股不断蹭冰箱门。广告语是“健康家庭，永远相伴”。显然这个广告并不能够体现红罐王老吉的独特价值。

在红罐王老吉前几年的推广中，消费者不知道为什么要买它，企业也不知道怎么去卖它。在这样的状态下红罐王老吉居然还平平安安地度过了好几年。出现这种现象，外在的原因是中国市场还不成熟，存在着许多市场空白；内在的原因是这个产品本身具有一种不可替代性，刚好能够填补这个位置。在中国，容许这样一批中小企业糊里糊涂地赚得盆满钵满。但在发展到一定规模之后，企业要想做大，就必须搞清楚一个问题：消费者为什么买我的产品？

重新定位

2002 年年底，加多宝找到成美营销顾问公司，初衷是想为红罐王老吉拍一条以赞助奥运会为主题的广告片，要以“体育、健康”的口号来进行宣传，以期推动销售。成美公司经初步研究后发现，红罐王老吉的销售问题不是通过简单的拍广告可以解决的——这种问题目前在中国企业中特别典型：一遇到销量受阻，最常采取的措施就是对广告片动手术，要么改得面目全非，要么赶快搞出一条“大创意”的新广告——红罐王老吉销售问题首先要解决的问题是品牌定位。

红罐王老吉虽然销售了 7 年，其品牌却从未经过系统、严谨的定位，企业都无法回答红罐王老吉究竟是什么，消费者就更不用说了，完全不清楚为什么要买它——这是红罐王老吉缺乏品牌定位所致。这个根本问题不解决，拍什么样“有创意”的广告片都无济于事。正如广告大师大卫·奥格威所说：一个广告活动的效果更多的是取决于你产品的定位，而不是你怎样写广告（创意）。经过一轮深入沟通后，加多宝公司最后接受了建议，决定暂停拍广告片，委托成美公司先对红罐王老吉进行品牌定位。

按常规做法，品牌的建立都是以消费者需求为基础展开，因而大家的结论与做法亦大同小异，所以仅仅符合消费者的需求并不能让红罐王老吉与其他同类产品形成差异。而品牌定位的确立，是在满足消费者需求的基础上，通过了解消费者认知，提出与竞争者不同的主张。

又因为消费者的认知几乎不可改变，所以品牌定位只能顺应消费者的认知而不能与之冲突。如果人们心目中对红罐王老吉有了明确的看法，最好不要去尝试冒犯或挑战。就像消费者认为茅台不可能是一个好的“啤酒”一样。所以，红罐王老吉的品牌定位不能与广东、浙南消费者的现有认知发生冲突，才可能稳定现有销量，为企业创造生存以及扩张的机会。

为了了解消费者的认知，一方面研究红罐王老吉、竞争者传播的信息，另一方面，与加多宝内部、经销商、零售商进行大量访谈，完成上述工作后，聘请市场调查公司对王老吉现有用户进行调查。以此为基础进行综合分析，找准红罐王老吉在消费者心目中的位置——即在哪个细分市场中参与竞争。

在研究中发现，广东的消费者饮用红罐王老吉主要在烧烤、登山等场合。其原因不外乎“吃烧烤容易上火，喝一罐先预防一下”、“可能会上火，但这时候没有必要吃牛黄解毒片”。

而在浙南，饮用场合主要集中在“外出就餐、聚会、家庭”。在对当地饮食文化的了解过程中，研究人员发现：该地区消费者对于“上火”的担忧比广东有过之而无不及，如消费者座谈会桌上的话梅蜜饯、可口可乐都被说成了“会上火”的危险品而无人问津。（后面的跟进研究也证实了这一点，发现可乐在温州等地销售始终低落，最后两种可乐几乎都放弃了该市场，一般都不进行广告投放。）而他们对红罐王老吉的评价是“不会上火”，“健康，小孩老人都能喝，不会引起上火”。这些观念可能并没有科学依据，但这就是浙南消费者头脑中的观念，这是研究需要关注的“唯一的事实”。

消费者的这些认知和购买消费行为均表明，消费者对红罐王老吉并无“治疗”要求，而是作为一个功能饮料购买，购买红罐王老吉的真实动机是用于“预防上火”，如希望在品尝烧烤时减少上火情况发生等，真正上火以后可能会采用药物，如牛黄解毒片治疗。

再进一步研究消费者对竞争对手的看法，则发现红罐王老吉的直接竞争对手，如菊花茶、清凉茶等由于缺乏品牌推广，仅仅是低价渗透市场，并未占据“预防上火的饮料”的定位。而可乐、茶饮料、果汁饮料、水等明显不具备“预防上火”的功能，仅仅是间接的竞争。

同时，任何一个品牌定位的成立，都必须是该品牌最有能力占据的，即有据可依。如可口可乐说“正宗的可乐”，是因为它就是可乐的发明者，研究人员对于企业、产品自身在消费者心目中的认知进行了研究，结果表明，红罐王老吉的“凉茶始祖”身份、神秘中草药配方、175年的历史等，显然是有能力占据“预防上火的饮料”这一定位。

由于“预防上火”是消费者购买红罐王老吉的真实动机，自然有利于巩固加强原有市场。而能否满足企业对于新定位“进军全国市场”的期望，则成为研究的下一步工作。通过二手资料、专家访谈等研究表明，中国几千年的中医概念“清热祛火”在全国广为普及，“上火”的概念也在各地深入人心，这就使红罐王老吉突破了凉茶概念的地域局限。研究人员认为：“做好了这个宣传概念的转移，只要有中国人的地方，红罐王老吉就能活下去。”

至此，品牌定位的研究基本完成。在研究一个多月后，成美向加多宝提交了品牌定位研究报告，首先明确红罐王老吉是在“饮料”行业中竞争，竞争对手应是其他饮料；其品牌定位——“预防上火的饮料”，独特的价值在于——喝红罐王老吉能预防上火，让消费者无忧地尽情享受生活：吃煎炸、香辣美食，烧烤，通宵达旦看足球……

这样定位红罐王老吉，是从现实格局通盘考虑，主要益处有四个方面。

其一，利于红罐王老吉走出广东、浙南。

由于“上火”是一个全国普遍性的中医概念，而不再像“凉茶”那样局限于两广地区，这就为红罐王老吉走向全国彻底扫除了障碍。

其二，避免红罐王老吉与国内外饮料巨头直接竞争，形成独特区隔。

其三，成功地将红罐王老吉产品的劣势转化为优势。

- 淡淡的中药味，成功转变为“预防上火”的有力支撑；
- 3.5元的零售价格，因为“预防上火”的功能，不再“高不可攀”；
- “王老吉”的品牌名、悠久的历史，成为预防上火“正宗”的有力的支撑。

其四，有利于加多宝企业与国内王老吉药业合作。

正由于加多宝的红罐王老吉定位在功能饮料，区别于王老吉药业的“药品”，因此能更好促成两家合作共建“王老吉”品牌。两家企业共同出资拍摄一部讲述王老吉凉茶创始人行医的电视连续剧《岭南药侠》。

成美在提交的报告中还提出，由于在消费者的认知中，饮食是上火的一个重要原因，特别是“辛辣”、“煎炸”饮食，因此建议在维护原有的销售渠道的基础上，加大力度开拓餐饮渠道，在一批酒楼打造旗舰店的形象。重点选择在湘菜馆、川菜馆、火锅店、烧烤场等。

凭借在饮料市场丰富经验和敏锐的市场直觉，加多宝董事长陈鸿道当场拍板，全部接受该报告的建议，决定立即根据品牌定位对红罐王老吉展开全面推广。

“开创新品类”永远是品牌定位的首选。一个品牌如若能够将自己定位为与强势对手所不同的选择，其广告只要传达出新品类信息就行了，而效果往往是惊人的。红罐王老吉作为第一个预防上火的饮料推向市场，使人们通过它知道和接受了这种新饮料，最终红罐王老吉就会成为预防上火的饮料的代表，随着品类的成长，自然拥有最大的收益。

确立了红罐王老吉的品牌定位，就明确了营销推广的方向，也确立了广告的标准，所有的传播活动就都有了评估的标准，所有的营销努力都将遵循这一标准，从而确保每一次的推广，在促进销售的同时，都对品牌价值（定位）进行积累。

这时候才可以开始广告创意，拍广告片。

品牌定位的推广

明确了品牌要在消费者心目中占据什么定位，接下来的重要工作，就是要推广品牌，让它真正地进入人心，让大家都知道品牌的定位，从而持久、有力地影响消费者的购买决策。

紧接着，成美公司为红罐王老吉制定了推广主题“怕上火，喝王老吉”，在传播上尽量凸现红罐王老吉作为饮料的性质。在第一阶段的广告宣传中，红罐王老吉都以轻松、欢快、健康的形象出现，避免出现对症下药式的负面诉求，从而把红罐王老吉和“传统凉茶”区分开来。

为更好地唤起消费者的需求，电视广告选用了消费者认为日常生活中最易上火的五个场景：吃火锅、通宵看球、吃油炸食品薯条、烧烤和夏日阳光浴，画面中人们在开心享受上述活动的同时，纷纷畅饮红罐王老吉。结合时尚、动感十足的广告歌反复吟唱“不用害怕什么，尽情享受生活，怕上火，喝王老吉”，促使消费者在吃火锅、烧烤时，自然联想到红罐王老吉，从而促成购买。

（资料来源：《哈佛商业评论》中文版，2004.11.）

主要概念

顾客满意度　顾客让渡价值　需要与动机　惯性购买

思考与练习

1．影响顾客满意度的因素有哪些？
2．消费需要、购买动机与企业营销的关系有哪些因素？
3．简述影响消费者购买行为的主要因素有哪些？
4．简述消费者购买行为的基本类型。

实践与技能

根据本章的阅读资料内容，结合王老吉在 2008 年 5 月 12 日，四川汶川大地震时所做的捐款善举，谈谈这些举措对后来的消费者购买行为有什么影响？影响消费者购买的因素和 CS 的关系有什么样的变化？

第四章　市场细分与目标市场选择

学习目标

通过本章的学习，使学生掌握 STP 战略，掌握分析竞争者的步骤和各种竞争性策略；了解企业的竞争性战略定位；具有分析竞争者的竞争步骤、竞争策略，进行基本的竞争策划的能力。

案例导入

奇瑞 QQ——“年轻人的第一辆车”

“奇瑞 QQ 卖疯了！”在北京亚运村汽车交易市场 2003 年 9 月 8 日至 14 日的单一品牌每周销售量排行榜上，奇瑞 QQ 以 227 辆的绝对优势荣登榜首！奇瑞 QQ 能在这么短的时间内拔得头筹，归结为一句话：这车太酷了，讨人喜欢。

在北京街头已经能时不时遭遇“奇瑞 QQ”的靓丽身影了，虽然只是 5 万元的小车，但是“奇瑞 QQ”那艳丽的颜色、玲珑的身段、俏皮的大眼睛、邻家小女儿般可人的笑脸，在滚滚车流中是那么显眼，仿佛街道就是她一个人表演的 T 形台！

公 司 背 景

奇瑞汽车公司成立于 1997 年，全称是上汽集团奇瑞汽车有限公司。公司拥有整车外形等十多项专利技术，先后推出了 SQR 系列发动机和“奇瑞 · 风云”系列轿车，2003 年 4 月推出“奇瑞 · QQ”系列和“奇瑞 · 东方之子”系列轿车。

奇瑞公司成立以来，成功跻身国内轿车行业“八强”之列，成为行业内公认的车坛“黑马”。与此同时，奇瑞轿车还连创五个国内第一，六次走出国门，以自己的不懈努力创造了中国汽车史上的奇迹。

微型车行业概述

微型客车曾在20世纪90年代初持续高速增长，但是自90年代中期以来，各大城市纷纷取消“面的”，限制微客，微型客车至今仍然被大城市列在“另册”，受到歧视。同时，由于各大城市在安全环保方面的要求不断提高，成本的抬升使微型车的价格优势越来越小，因此主要微客厂家已经把主要精力转向轿车生产，微客产量的增幅迅速下降。

在这种情况下，奇瑞汽车公司经过认真的市场调查，精心选择微型轿车打入市场；它的新产品不同于一般的微型客车，是微型客车的尺寸，轿车的配置。QQ微型轿车在2003年5月推出，6月就获得良好的市场反应，到2003年12月，已经售出28,000多辆，同时获得多个奖项。

QQ上市之路

2003年4月初，奇瑞公司开始对QQ的上市做预热。在这个阶段，通过软性宣传，传播奇瑞公司的新产品信息，引发媒体对QQ的关注。由于这款车的强烈个性特征和最优的性价比，媒体自发掀起第一轮的炒作，吸引了消费者的广泛关注。

2003年4月中下旬，蜚声海内外的上海国际车展开幕，也是通过媒体，告知奇瑞QQ将亮相于上海国际车展，与消费者见面，引起消费者更进一步的关注。就在消费者争相去上海车展关注奇瑞QQ的时候，奇瑞QQ以未作好生产准备为由没有在车展上亮相，只是以宣传资料的形式与媒体和消费者见面，极大地激发了媒体与公众的好奇心，引发媒体第二轮颇有想象力的炒作。在这个阶段，厂家提供大量精美的图片资料给媒体供炒作，引导消费者对奇瑞QQ的关注度走向高潮：2003年5月，上市预热阶段，就在消费者和媒体对奇瑞QQ充满了好奇时，公司适时推出奇瑞QQ的网络价格竞猜，在更进一步引发消费者对产品关注的同时，让消费者给出自己心目中理想的奇瑞QQ的价格预期。网上的竞猜活动，有20多万人参与。当时普遍认为QQ的价格应该在6～9万元之间。

2003年5月底，上市预热阶段结束，奇瑞QQ的价格揭晓了——4.98万元，比消费者期望的价格更吸引人。这个价格与同等规格的微型客车差不多，但是从外观到内饰都是与国际同步的轿车配置。此时媒体和消费者沸腾了，媒体开始了第三轮自发的奇瑞QQ现象讨论，消费者中也产生了奇瑞QQ热，此时人们的心情就是尽快购买。

这时奇瑞公司宣布：QQ是该公司独立开发的一款微型轿车，因此，消费者在购车时不必多支付技术转让费用。这为QQ树立了很好的技术形象，给消费者吃了一颗定心丸。

2003年6月初，上市阶段，消费者对奇瑞QQ的购买欲望已经具备，媒体对奇瑞QQ的关注已经形成，奇瑞QQ自身的产能也已具备，开始在全国同时供货，消费者势如潮涌。此阶段，一边是大批量供货，一边是借助平面媒体，大面积刊出定位诉求广告，将奇瑞QQ

年轻时尚的产品诉求植根于消费者的脑海。除了平面广告，同时邀请了专业的汽车杂志进行实车试驾，对奇瑞 QQ 的品质进行更深入的真实报道，在具备了强知名度后进一步加深消费者的认知度，促进消费者理性购买。

2003 年 6 月中下旬，上市阶段，奇瑞 QQ 在全国近 20 个城市同时开展上市期的宣传活动，邀请各地媒体，对奇瑞 QQ 进行全面深入的报道，保持对奇瑞 QQ 现象持续不断的传播。

2003 年 7、8、9 月，奇瑞 QQ 开始了热卖阶段，这阶段的重点是持续不断刊登全方位的产品诉求广告，同时针对奇瑞 QQ 的目标用户年轻时尚的个性特点，结合互联网的特性，联合新浪网，推出“奇瑞 QQ”网络 flash 设计大赛，吸引目标消费者参与。

2003 年 10 月，这时奇瑞 QQ 已经热卖了 3 个多月，在全国各地都有相对的市场保有量，这时，厂家针对已经购车的消费者开展了“奇瑞 QQ 冬季暖心服务大行动”，为已经购车的用户提供全方位服务，以不断提高消费者对奇瑞 QQ 产品的认知度及对奇瑞品牌的忠诚度。

2003 年 11 月下旬，厂家更进一步针对奇瑞 QQ 消费者时尚个性的心理特征，组织开展了“QQ 秀个性装饰大赛”。由于“奇瑞 QQ”始终倡导“具有亲和力的个性”的生活理念，因此在当今社会的年轻一代中深获共鸣。从这次个性装饰大赛中不难看出，“奇瑞 QQ”已逐渐成为年轻一代时尚生活理念新的代言者。

令人惊喜的外观、内饰、配置和价格是奇瑞公司占领微型轿车这个细分市场成功的关键。

（资料来源：1. 《成功营销》，2004（2）；
2. QQ 营销：以文化的名义，新浪汽车，2004-03-03;
3. 沉小雨，定位鲜明，奇瑞 QQ 诠释“年轻人的第一辆车”）

案例分析

市 场 细 分

奇瑞 QQ 的目标客户是收入并不高但有知识有品位的年轻人，同时也兼顾有一定事业基础，心态年轻、追求时尚的中年人。一般大学毕业两三年的白领都是奇瑞 QQ 潜在的客户。人均月收入 2，000 元即可轻松拥有这款轿车。

许多时尚男女都因为 QQ 的靓丽、高配置和优良的性价比就把这个可爱的小精灵领回家了，从此与 QQ 成了快乐的伙伴。

奇瑞公司有关负责人介绍说，为了吸引年轻人，奇瑞 QQ 除了轿车应有的配置以外，还装载了独有的“I-say”数码听系统，成为了“会说话的 QQ”，堪称目前小型车时尚配置之最。据介绍，“I-say”数码听是奇瑞公司为用户专门开发的一款车载数码装备，集文本朗读、MP3 播放、U 盘存储多种时尚数码功能于一身，让 QQ 与电脑和互联网紧密相连，完全迎合了离开网络就像鱼儿离开水的年轻一代的需求。

品牌策略

QQ 的目标客户群体对新生事物感兴趣，富于想象力，崇尚个性，思维活跃，追求时尚。虽然由于资金的原因他们崇尚实际，对品牌的忠诚度较低，但是对汽车的性价比、外观和配置十分关注，是容易互相影响的消费群体；从整体的需求来看，他们对微型轿车的使用范围要求较多。奇瑞把 QQ 定位于“年轻人的第一辆车”，从使用性能和价格比上满足他们通过驾驶 QQ 所实现的工作、娱乐、休闲、社交的需求。

奇瑞公司根据对 QQ 的营销理念推出符合目标消费群体特征的品牌策略：

在产品名称方面：QQ 在网络语言中有“我找到你”之意，QQ 突破了传统品牌名称非洋即古的窠臼，充满时代感的张力与亲和力，同时简洁明快，朗朗上口，富有冲击力；

在品牌个性方面：QQ 被赋予了“时尚、价值、自我”的品牌个性，将消费群体的心理情感注入品牌内涵；

引人注目的品牌语言：富有判断性的广告标语“年轻人的第一辆车”，及“秀我本色”等流行时尚语言配合创意的广告形象，将追求自我、张扬个性的目标消费群体的心理感受描绘得淋漓尽致，与目标消费群体产生情感共鸣。

整合营销传播

QQ 作为一个崭新的品牌，在进行完市场细分与品牌定位后，投入了立体化的整合传播，以大型互动活动为主线，具体的活动包括 QQ 价格网络竞猜，QQ 秀个性装饰大赛，QQ 网络 FIASH 大赛等，为 QQ2003 年的营销传播大造声势。

相关信息的立体传播：通过目标群体关注的报刊、电视、网络、户外、活动等媒介，将 QQ 的品牌形象、品牌诉求等信息迅速传达给目标消费群体和广大受众。

各种活动“点”、“面”结合：从新闻发布会和传媒的评选活动，形成全国市场的互动，并为市场形成了良好的营销氛围。在所有的营销传播活动中，特别是网络大赛、动画和个性装饰大赛，都让目标消费群体参与进来，在体验之中将品牌潜移默化地融入消费群体的内心，与消费者产生情感共鸣，起到了良好的营销效果。

QQ 作为奇瑞诸多品牌战略中的一环，抓住了微型轿车这个细分市场的目标用户。但关键在于要用更好的产品质量去支撑品牌，在营销推广中注意客户的真实反应，及时反馈并主动解决会更加突出品牌的公信力。

据奇瑞汽车销售有限公司总经理金弋波介绍说：“因为广大用户的厚爱，QQ 现在供不应求。作为独立自主的企业，奇瑞公司什么时候推出什么样的产品完全取决于市场需求。对于一个受到市场热烈欢迎的产品，奇瑞公司的使命就是多生产出质量过硬的产品，让广大用户能早一天开上自己中意的时尚个性小车 QQ。”

第一节　市 场 细 分

市场细分是 20 世纪 50 年代中期美国市场营销学家温德尔·史密斯（Wendell R.Smith）在总结企业市场营销的实践经验基础上首次提出的。因此，它的产生与发展，从一开始就具有很强的实践性，并非纯粹的理论概念。

市场细分理论的产生，使传统营销观念发生了根本变革，在理论和实践中都产生了极大的影响，以至于被西方理论家称之为“市场营销革命”。

一、市场细分的含义

在具体的实践中，人们把市场细分理解为营销者通过市场调研，根据市场需求的多样性和购买者行为的差异性，把整体市场即全部顾客和潜在顾客，划分为若干具有某种相似特征的顾客群的过程。每一个消费者群就是一个细分市场，每一个细分市场都是具有类似需求倾向的消费者构成的群体。

传统理论对市场细分的定义：营销者通过市场调研，根据消费者对商品的不同欲望与需求，不同的购买行为与购买习惯，把消费者市场分为具有类似性的若干不同的购买群体，使企业可以从中认定其消费目标市场的过程和策略。

所谓市场细分，是以消费者需求为出发点，根据消费者购买行为的差异性，把消费者总体划分为类似性购买群体的过程。简单来说就是将一个大市场分割为若干个小市场，而每一个小市场的客户都有类似的消费需求、购买心态、消费模式和购买方式。这样企业就能有针对性地去选择目标客户群，能够明确谁是竞争对手，它有哪些优势和劣势；同样，也能明确谁是自己的盟友，它的哪些资源与自己优势互补。通过了解自己的竞争对手和盟友，就能为企业制定相应的市场营销的战略和战术，以达到企业的经营目标。必须注意的是，市场细分化与一般的市场分类有质的区别，市场的一般分类往往只从商品的供应方来划分，而并非从消费者的需求和购买行为差异来细分。

1. 市场细分的程序

（1）调查阶段。市场调查是企业制定营销计划的基础，在进行调查时，首先要明确市场调查的目标，调查市场需求状况、市场竞争状况、消费者购买行为和营销要素情况；其次，设计调查方案与内容。

企业开展市场调查可以采用两种方式，一是委托专业市场调查公司来做，二是企业自己来做，企业可以设立市场研究部门，负责此项工作。

（2）分析阶段。实地调查结束后，即进入调查资料的整理和分析阶段，收集好已填写的调查表后，由调查人员对调查表进行逐份检查，剔除不合格的调查表，然后将合格调查表统一编号，以便于调查数据的统计。调查数据的统计可利用 Excel 电子表格软件完成；将调查数据输入计算机后，经 Excel 软件运行后，即可获得已列成表格的大量的统计数据，利用上述统计结果，就可以按照调查目的的要求，针对调查内容进行全面的分析工作。

（3）细分阶段。细分阶段是指在调查分析的基础上，对调查样本的抽取。调查样本要在调查对象中抽取，由于调查对象分布范围较广，应制订一个抽样方案，以保证抽取的样本能反映总体情况。样本的抽取数量可根据市场调查的准确程度的要求确定，市场调查结果准确度要求愈高，抽取样本数量应愈多，但调查费用也愈高，一般可根据市场调查结果的用途情况确定适宜的样本数量。实际市场调查中，在一个中等以上规模城市进行市场调查的样本数量，按调查项目的要求不同，可选择 200～1000 个样本，样本的抽取可采用统计学中的抽样方法。具体抽样时，要注意对抽取样本的人口特征因素的控制，以保证抽取样本的人口特征分布与调查对象总体的人口特征分布相一致。

2. 市场细分策略思想形成和发展的三个阶段

市场细分化理论产生之后经过了一个不断完善的过程。最初，人们认为把市场划分得愈细愈能适应顾客需求，从而取得更大收益。但是，20 世纪 70 年代以来，由于能源危机和整个资本主义市场不景气，营销管理者深感过分的细分市场必然导致企业总经营成本上升，因而导致总收益下降。因此，西方企业界又出现了一种“市场同合化”的理论。这一理论不是对市场细分化理论的简单否定，而是从成本和收益的比较出发，主张适度细分，是对过度细分的反思和矫正。而这一理论在 90 年代全球营销环境下，又有了新的内涵，适应了全球化营销趋势的发展。

总之，这些变化都反映了市场细分化理论的演变，是该理论趋于成熟完善的表现。

（1）大量营销。企业面向整个市场大量生产销售同一品种规格的产品，试图满足所有顾客对同类产品的需求。其优点是可节省产品的生产和营销成本，取得规模经济效益；缺点是产品形式单一，不能满足市场多样化的需求，缺乏竞争力。

（2）产品多样化营销。企业生产经营多种不同规格、质量、特色和风格的同类产品，以适应各类顾客的不同需要，为顾客提供较大的选择范围。但是，这种多样化营销并不是建立在市场细分基础上的，不是从目标市场的需要出发来组织生产经营的。

（3）目标市场营销。企业通过市场细分选择一个或几个细分部分（子市场）作为自己的目标市场，专门研究其需求特点，并针对其特点设计适当产品，确定适当价格，选择适当的分销渠道和促销手段，开展市场营销活动。

二、市场细分的基本原理与依据

1．市场是商品交换关系的总和，本身可以细分。随着市场细分化理论在企业营销中的普遍应用，对市场细分标准的研究也愈来愈为人们所重视。归纳起来，主要有以下几方面：地理环境因素、人口因素、消费心理和消费行为因素。这些因素有些是相对稳定的，多数则处于动态变化中。

2．消费者异质需求的存在。同质市场是指消费者对商品的需求大致相同的市场。异质市场是指市场群之间的差异大，但各市场群内部的差异趋小的市场。消费者的个性、价值观念等心理因素对异质需求有一定的影响。企业可以把具有类似个性、爱好、兴趣和价值取向的消费者集合成群，并结合他们的行为方式有针对性地制定营销策略。比如，在上述心理因素的作用下，人们的生活方式可以分“传统型”、“新潮型”、“奢靡型”、“活泼型”、“社交型”等群体。显然这种细分方法可以显示出不同的消费群体对产品的心理需求特征。

3．企业在不同方面具备自身优势。从企业市场营销的角度看，在细分市场时，必须认真分析、测定是否具备从事有效经营的条件，即企业所选择的目标市场是否易于进入；所选择的细分市场是否有足够的需求量且有一定的发展潜力，以使企业赢得长期稳定的利润；与竞争对手的分析比较，以此达到充分发挥企业的核心竞争力和企业自身竞争优势的目的。

三、市场细分的作用

在一般情况下，一个企业不可能满足所有消费者的需求，尤其在激烈的市场竞争中，企业更应集中力量，有效地选择市场，取得竞争优势。市场细分化对于企业来讲，有以下作用。

1．有助于企业深刻地认识市场和寻找市场机会

如何认识市场?如果不对市场进行细分化研究，市场始终是一个“混沌的总体”，因为任何消费者都是集多种特征于一身的，而整个市场是所有消费者的总和，呈现高度复杂性。市场细分可以把市场丰富的内部结构一层层地抽象出来，发现其中的规律，使企业可以深入、全面地把握各类市场需求的特征。

另外，市场需求是已经出现在市场但尚未得到满足的购买力，在这些需求中有相当一部分是潜在需求，一般不易发现。企业运用市场细分的手段往往可以了解消费者存在的需求和满足程度，从而寻找、发现市场机会。同时，企业通过分析和比较不同细分市场中竞

争者的营销策略，选择那些需求尚未满足或满足程度不够，而竞争对手无力占领或不屑占领的细分市场作为自己的目标市场，结合自身条件制定出最佳的市场营销策略。

2. 有利于企业确定经营方向，有针对性地开展营销活动

市场营销策略组合是由产品策略、价格策略、促销策略、分销策略、权力营销策略、公共关系策略所组成的。企业通过市场细分确定自己所要满足的目标市场，找到自己资源条件和客观需求的最佳结合点，这有利于企业集中人力、物力、财力，有针对性地采取不同的营销策略，取得投入少、产出多的良好经济效益。

3. 有利于研究潜在需要，开发新产品

一旦确定了自己的细分市场后，企业能很好地把握目标市场需求，开发新产品及开拓新市场。

案例4-1

小故事：老太太买水果

有一天，一位老太太离开家门，拎着篮子去楼下的菜市场买水果。她来到第一个小贩的水果摊前问道："这李子怎么样？"

"我的李子又大又甜，特别好吃。"小贩回答。

老太太摇了摇头没有买。他向另外一个小贩走过去问道："你的李子好吃吗？"

"我这里是李子专卖，各种各样的李子都有。你要什么样的李子？"

"我要买酸一点的。"

"我这篮子李子酸得咬一口就流口水，您要多少？"

"来一斤吧。"老太太买完李子继续在市场中逛。又看到一个小贩的摊上也有李子，又大又圆很抢眼，便问水果摊后的小贩："你的李子多少钱一斤？"

"您好，您问那种李子？"

"我要酸一点的"

"别人买李子都要又大又甜的，您为什么要酸的李子呢？"

"我儿媳妇要生孩子啦，想吃酸的。"

"老太太，您对儿媳妇真体贴，她想吃酸的，说明她一定可以给您生个大胖孙子。您要多少?"

"我再来一斤吧，"老太太被小贩说的很高兴，便又买了一斤。

小贩一边称李子一边继续问：“您知道孕妇最需要什么营养吗?”

“不知道。”

“孕妇特别需要补充维生素。您知道哪种水果含维生素最多吗？”

“不知道。”

“猕猴桃含有多种维生素，特别适合孕妇。您要给您的儿媳妇天天吃猕猴桃，她一高兴，说不定能一下给您生个双胞胎。”

“是吗？好呀。那我就再来一斤猕猴桃。”

“您人真好，谁摊您这样的婆婆，一定有福气。”小贩开始给老太太称猕猴桃，嘴里也不闲着：“我每天都在这里摆摊，水果都是当天从批发市场找新鲜的批发来的，您媳妇要是吃好啦，您再来。”

“行”，老太太被小贩说得高兴，提了水果边付账边应承着。

案例分析：

三个小贩对着同样一个老太太，为什么销售的结果完全不一样呢？

第一个小贩没有真正掌握客户的需求，第三个小贩善于提问。所以三个小贩了解客户的需求是不一样的，第一个小贩只掌握了表面的需求，没有了解深层次的需求。第三个小贩通过提问了解到客户深层次的需求，最后把猕猴桃也推销出去了。所以客户深层次的需求是我们签单最有利的工具.

那这个老太太最深层次的需求是什么呢?

是给儿媳妇吃？不是，这个只是很表层的需求。

老太太买李子一方面是为了给儿媳妇吃，但最最重要的一点是她想要抱孙子。这个就是老太太的深层次需求，她发现了一个严重的问题：儿媳妇营养不良。当客户有了目标和愿望的时候，就会发现达到目标所存在的问题和障碍。

有了问题怎么办呢？当然是补充营养了。这是解决方案。怎么补充营养呢?

那就要买李子或者买猕猴桃，这就是采购的产品。

李子要酸的，这是采购的标准。

后来第三个小贩又帮助老太太加了一个采购标准。就是含维生素要高。

客户要买的产品和采购的标准是表面需求，客户遇到的问题才是深层次的需求。如果问题不严重或者不急迫，客户是不会花钱的，因此潜在需求就是客户的燃眉之急，任何采购背后都有客户的燃眉之急。这是销售的核心的出发点。

潜在需求产生并且决定表面需求。只要我们知道了客户的深层需求，就能够引导客户的采购指标并说服客户采购。

4. 社会效益好

市场细分不仅给企业带来良好的经济效益，而且也创造了良好的社会效益。因为，一方面细分化可以使不同消费者的不同需求得到满足，提高了生活水平，另一方面有利于同类企业合理化分工，在行业内形成较为合理的专业化分工体系，使各类企业各得其所、各显其长。

阅读资料 4-1

松下洗衣机：潜在需求挖出消费者，三种独特方案解决三大洗衣难题

金九银十，正是各洗衣机品牌推陈出新迎接销售旺季的时节，近来日见活跃的洋品牌纷纷大张旗鼓以新品轰击市场。

继东芝、日立亮出年度新品后，一直是洋品牌在中国市场销售龙头老大的松下洗衣机更是大打新牌，从9月25日起，强力推出造型、标识、色彩都很新颖的系列产品，在整个家电市场中出足了风头；而其针对洗衣难题而研发推出的结构、功能独特的产品则使每个选购者眼前一亮。

据杭州松下家用电器有限公司副总经理柳建国介绍，松下洗衣机“全球化 + 本土化”设计理念，围绕着三个方面展开——从市场营销角度进行的整体设计，从消费者角度的生活形态设计，从制造商角度的平台设计。

基于长期对消费者细致的需求调查和信息搜集，松下的国际性设计团队以满足顾客需求为洗衣机产品开发的总目标，以更贴近竞争市场的产品设计，来迎合中国消费者使用洗衣机的特性要求，以现代的设计理念来诠释松下洗衣机产品。

松下独创的“生活研究室”在调查中发现，尽管洗衣机日渐普及，洗涤技术全面深入，但随着消费者对洗衣质量需求的提升，洗衣机行业面临着一些亟需解决的难题和课题：一是洗衣桶存在污垢和霉菌是个普遍现象；二是衣物易缠绕、洁净率不高；三是衣物中的皮脂油渍不易去除。

在充分把握行业问题后，松下切切实实将消费者的潜在需求挖掘出来，当作现实研发的课题。针对洗衣技术现存的三个难题，松下2004年度提出了三种独具特色的解决方案，以创新设计的功能来服务消费者。

譬如，松下创新设计了桶干燥功能键，只要轻轻一按此键，内桶高速旋转。风干内桶，就可实现内桶干燥保洁，防止霉菌产生。松下专门开发出的立体搓洗衣机，通过“三重波

轮＋四重喷瀑”，在机内形成立体搓水流，进行上冲下洗，左搓右揉，使衣物全面舒展，污渍轻松去除。

针对衣物中的皮脂油渍不易去除的问题，松下设计出泡沫净洗衣机，它的原理来源于含有较多泡沫的洗脸或洗澡的产品更易去除皮脂油渍，移植到洗衣机中后的工作原理是“泡沫发生器＋离心力洗”。泡沫净洗衣机通过脱水桶旋转溶解洗衣粉，在离心力的作用下，通过泡沫发生器产生更多的泡沫，使12倍浓度的泡沫浸透、包裹污渍，然后浮出衣物，最终让污渍不残留，衣物更洁净。

业内人士指出，在目前家电市场，真正成为购买热点的是那些时尚、现代、技术含量高、人性化的产品。进入快鱼吃慢鱼的后家电时代后，实用性强的洗衣机升级换代的频率已然加快，洗衣技术的较量已成为夺取市场份额的一个利器。

四、市场细分的条件

阅读资料 4-2

市场细分保证有效，必须具备下列四个条件：

第一，可衡量性（measurability）——指细分市场的规模及其购买力的可衡量程度；

第二，可接近性（accessibility）——指能有效接触和服务细分市场的程度；

第三，足量性（substantiality）——指细分市场的容量够大或其获利性够高，达到值得公司去开发的程度；

第四，可行动性（actionability）——指要以拟订有效营销方案来吸引和服务于细分市场。

资料来源：《营销学原理》菲利普·科特勒

1．可衡量性。它是指用以细分市场的变数是可以衡量的，或者说为了将购买者分门别类，划分成不同的群体，公司必须能对购买者的特点和需求予以衡量。

2．足量性。它是指细分市场的大小和利润值得单独营销的程度，即划分出来的细分市场必须是值得采取单独营销方案的最小单位。

3．可接近性。它是指企业对细分出来的市场能进行有效促销和分销的程度，或获得该细分市场有关资料的难易程度。

4．独特性。它是指细分出来的市场必须对市场营销计划有独特的反应，即用某种特定方法细分出来的各个细分市场，其成员对市场营销计划的反应必须是不同的。

五、市场细分的标准

消费品市场的细分标准，因企业不同而各具特色，但是有一些标准是共同的，即地理环境、人口状态、消费心理及行为因素等四个方面，各个方面又包括一系列的细分因素。

1. 地理环境

以地理环境为标准细分市场就是按消费者所在的不同地理位置将市场加以划分，是大多数企业采取的主要标准之一，这是因为这一因素相对其他因素表现得较为稳定，也较容易分析。地理环境主要包括区域、地形、气候、城镇大小、交通条件等。由于不同地理环境、气候条件、社会风俗等因素影响，同一地区内的消费者需求具有一定的相似性，不同地区的消费者需求则具有明显的差异性。

按照国家、地区、南方北方、城市农村、沿海内地、热带寒带等标准来细分市场是必需的，但是，地理环境是一种静态因素，处在同一地理位置的消费者仍然会存在很大的差异。因此，企业还必须采用其他因素进一步细分市场。

2. 人口状态

这是市场细分惯用的和最主要的标准，它与消费需求以及许多产品的销售有着密切联系，而且这些因素又往往容易被辨认和衡量。人口状态包括的内容如表 4-1 所示。

表 4-1　按人口状态标准细分市场

	主要变量	营销要点
性别	男女构成	了解男女构成及消费需求特点
年龄	婴儿、儿童、少年、青年、成年、老年	掌握年龄结构、比重及各档次年龄的消费特征
收入	白领和蓝领；高收入、中高收入和低收入者	掌握不同收入层次的消费特征和购买行为
家庭生命周期	单身阶段、备婚阶段、新婚阶段、育儿阶段、空巢阶段、鳏寡阶段	研究各家庭处在哪一阶段、不同阶段消费需求的数量和结构
职业	工人、农民、军人、学生、干部、教育工作者、文艺工作者	了解不同职业的消费差异
文化程度	文盲、小学、中学、大学等	了解不同文化层次人群购买种类、行为、习惯及结构
民族	汉族、满族、回族、蒙古族等	了解不同民族的文化、宗教、风俗及不同的消费习惯

3. 消费心理

在地理环境和人口状态相同的条件下，消费者之间存在着截然不同的消费习惯和特点，这往往是消费者的不同消费心理差异所导致的。尤其是在比较富裕的社会中，顾客购物已不限于满足基本生活需要，因而消费心理对市场需求的影响更大。所以，消费心理也就成为市场细分的又一重要标准。

（1）生活方式。生活方式是人们对消费、工作和娱乐的特定习惯。

由于人们生活方式不同，消费倾向及需求的商品也不一样。如美国一服装公司把妇女分为“朴素型”（喜欢大方、清淡、素雅的服装）；“时髦型”（追求时尚、新潮、前卫）；“有男子气质型”三种类型，分别为她们设计制造出不同式样和颜色的服装。

（2）性格。不同性格购买者在消费需求上有不同特点，如表 4-2 所示。

表 4-2　不同性格消费者类型

性格	消费需求特点
习惯型	偏爱、信任某些熟悉的品牌，购买时注意力集中，定向性强，反复购买
理智型	不易受广告等外来因素影响，购物时头脑冷静，注重对商品的了解和比较
冲动型	容易受商品外形、包装或促销的刺激而购买，对商品评价以直观为主，购买前并没有明确目标
想象型	感情丰富，善于联想，重视商品造型、包装及命名，以自己的丰富想象去联想产品的意义
时髦型	易受相关群体、流行时尚的影响，以标新立异、赶时髦为荣，购物注重引人注意，或显示身份和个性
节俭型	对商品价格敏感，力求以较少的钱买较多的商品，购物时精打细算、讨价还价

不少企业常常使用性格变量来细分市场，他们给自己的产品赋予品牌个性，以适应相应消费者的个性。

（3）品牌忠诚程度。消费者对企业和产品品牌的忠诚程度，也可以作为细分市场的依据，企业借这一细分可采取不同的营销对策，如表 4-3 所示。

表 4-3　顾客忠诚程度细分

忠诚程度类型	购买特征	销售对策
专一品牌忠诚者	始终购买同一品牌	用俱乐部制等办法保持老顾客
几种品牌忠诚者	同时喜欢几种品牌，交替购买	分析竞争者的分布，竞争者的营销策略
转移忠诚者	不固定忠于某一品牌，一段时间忠于 A，一段时间忠于 B	了解营销工作的弱点
犹豫不定者	从来不忠于任何品牌	使用有力的促销手段吸引他们

4. 行为因素

行为因素是细分市场的重要标准，特别是在商品经济发达阶段和广大消费者的收入水平提高的条件下，这一细分标准越来越显示其重要地位。不过，这一标准比其他标准要复杂得多，而且也难掌握。

（1）购买习惯。即使在地理环境、人口状态等条件相同的情况下，由于购买习惯不同，仍可以细分出不同的消费群体。如购买时间习惯标准，就是根据消费者产生需要购买或使用产品的时间来细分市场的。新学期开学前学习用品热销，春节前副食品销售达到高峰，重阳节前各类保健食品吃紧。又如购买地点习惯，一般日用品人们愿意去超市、便利店购买，高档商品则去大店名店挑选，这就为各类零售企业市场定位提供了依据。

（2）寻找利益。消费者购买商品所要寻找的利益往往是各有侧重的，据此可以对同一市场进行细分。一般地说，运用利益细分法，首先必须了解消费者购买某种产品所寻找的主要利益是什么；其次要了解寻求某种利益的消费者是哪些人；再者要调查市场上的竞争品牌各适合哪些利益，以及哪些利益还没有得到满足。通过上述分析，企业能更明确市场竞争格局，挖掘新的市场机会。

六、市场细分的步骤方法与技术

企业在进行市场细分时，可按如下步骤进行。

1. 依据需求选定产品市场范围

每一个企业都将自己的任务和追求的目标作为制定发展战略的依据。它一旦决定进入哪一个行业，接着便要考虑选定可能的产品市场范围。产品市场范围应以市场的需求而不是产品特性来定。

阅读资料 4-3

比如一家住宅出租公司，打算建造一幢简朴的小公寓。从产品特性如房间大小、简朴程度等等出发，它可能认为这幢小公寓是以低收入家庭为对象的，但从市场需求的角度来分析，便可看到许多并非低收入的家庭，也是潜在顾客。举例来说，有的人收入并不低，市区已有宽敞舒适的居所，但又希望在宁静的乡间再有一套房间，作为周末生活的去处，所以，公司要把这幢普通的小公寓，看作整个住宅出租业的一部分，而不应孤立看成只是提供低收入家庭居住的房子。

2. 列举潜在顾客的基本需求

选定产品市场范围以后，可以通过“头脑风暴法”，从地理变数、行为变数和心理变数等方面，大致估算一下潜在的顾客有哪些需求，这一步能掌握的情况有可能不那么全面，但却为以后的深入分析提供了基本资料。比如，这家住宅出租公司可能会发现，人们希望小公寓住房满足的基本需求，包括遮蔽风雨，停放车辆，安全，经济，设计良好，方便工作、学习与生活，不受外来干扰，足够的起居空间，满意的内部装修、公寓管理和维护等。

3. 分析潜在顾客的不同需求

依据人口变数做抽样调查，向不同的潜在顾客了解，上述需求哪些对他们更为重要？比如，在校外租房住宿的大学生，可能认为最重要的需求是遮风挡雨、停放车辆、经济、方便上课和学习等；新婚夫妇的希望是遮蔽风雨、停放车辆、不受外来干扰、满意的公寓管理等；较大的家庭则要求遮蔽风雨、停放车辆、经济、足够的儿童活动空间等。这一步至少应进行到有三个细分市场出现。

4. 移去潜在顾客的共同需求

现在公司需要移去各分市场或各顾客群的共同需求。这些共同需求固然很重要，但只能作为设计市场营销组合的参考，不能作为市场细分的基础。比如说，遮蔽风雨、停放车辆和安全等项，几乎是每一个潜在顾客都希望的。公司可以把它用作产品决策的重要依据，但在细分市场时则要移去。

5. 为细分市场暂时取名

公司对各个细分市场剩下的需求，要做进一步分析，并结合各细分市场的顾客特点，暂时安排一个名称。

6. 进一步认识各细分市场的特点

公司还要对每一个细分市场的顾客需求及其行为，做更深入的考察。看看各细分市场的特点掌握了哪些，还要了解哪些，以便进一步明确，各细分市场有没有必要再作细分，或重新合并。比如，经过这一步骤，可以看出，新婚者与老成者的需求差异很大，应当作为两个分市场。同样的公寓设计，也许能同时迎合这两类顾客，但对他们的广告宣传和人员销售的方式都可能不同。企业要善于发现这些差异。要是他们原来被归属于同一个细分市场，现在就要把他们区分开来。

7. 测量各细分市场的大小

以上步骤基本决定了各细分市场的类型。公司紧接着应把每个细分市场同人口变数结合起来分析，以测量各细分市场潜在顾客的数量。因为企业进行市场细分，是为了寻找获利的机会，这又取决于各细分市场的销售潜力。不引入人口变数是危险的，有的细分市场或许根本就不存在顾客。

在对市场进行细分的时候，一般采用的计算分析技术有：单一标准法、主导因素排列法、综合标准法和系列因素法。

第二节 目 标 市 场

市场细分的最终目的是为了选择和确定目标市场。目标市场选择是企业制定营销战略的第二个步骤。企业的一切市场营销活动都是围绕目标市场进行的，确定目标市场、实施目标市场策略是目标市场选择的重要内容。

一、目标市场选择的概念

目标市场是指企业在市场细分的基础上，根据市场潜量、竞争对手状况、企业自身特点所选定和进入的市场。

思考：有关目标市场的典型问题：

你的细分市场是什么？为什么这样细分市场？

你的目标顾客群是什么？

什么样的人将成为你的一般顾客？

你的粗略的五年生产量计划、收入和利润都为多少？

每一个细分市场的现时生产量如何？增长率如何？你由此期望的潜力有多大？

你拥有多大的市场份额？你的目标市场份额为多大？

你对每个细分市场的现在和将来的赢利估计为多少？潜力有多大？利润增长图将会是什么样？

每一个顾客群现在和将来的销售潜力如何？现在是多少或将来为多少？

你都有些什么样的假定？你的计划是在什么样的假定情况下制订的？

你拥有能给你的产品提供很好参考意见的顾客吗？

你将怎样赢得那样的顾客？

谁是对顾客负责的人？

让顾客购买你的产品（服务）的关键性因素是什么？

服务、维护、咨询、零售有多重要？

你在多大程度上依赖集团购买？

二、目标市场选择的条件

1．有足够的市场需求；

2．市场上有一定的购买力；

3．企业必须有能力满足目标市场的需求；

4．在被选择的目标市场上，本企业具有竞争优势。

三、选择目标市场的依据

确定目标市场，就是对企业有吸引力的、有可能成为企业目标市场的细分市场进行分析和评估，然后根据企业的市场营销战略目标和资源条件，选择企业最佳的细分市场。

确定目标市场，应从下列四个方面分析和评估细分市场。

1．细分市场的规模及成长潜力

企业必须考虑的第一个问题是潜在的细分市场是否具有适度规模和成长潜力。“适度规模”是个相对的概念，大企业往往重视销售量大的细分市场，而小企业往往也避免进入大的细分市场，转而重视销售量小的细分市场。

细分市场的规模衡量指标是细分市场上某一时期内现实消费者购买某种产品的数量总额。细分市场成长潜力的衡量指标是细分市场上在某一时期内，全部潜在消费者对某种产品的需求总量。这就要求企业首先要调查细分市场的现实消费者数量及购买力水平，其次要调查细分市场潜在消费者数量及购买力水平。

2．细分市场的吸引力

细分市场可能具有适度规模和成长潜力，然而从长期赢利的观点来看，细分市场未必具有长期吸引力。细分市场吸引力的衡量指标是成本和利润。

美国市场营销学专家迈克尔·波特认为，有五种群体力量影响整个市场或其中任何细分市场。企业应对这五种群体力量对长期赢利能力的影响做出评价。这五种群体力量是：同行业竞争者、潜在的新参加的竞争者、替代产品、购买者和供应商议价能力。细分市场内激烈竞争，潜在的新参加的竞争者的加入、替代产品的出现，购买者议价能力的提高、供应商议价能力的加强都有可能对细分市场造成威胁，失去吸引力（如图 4.1 所示）。我国胶卷市场，柯达、富士两大国际品牌虎视眈眈，实力雄厚，占据市场的绝大多数利润，小企业要进入这样一个市场，成功的可能性很小。

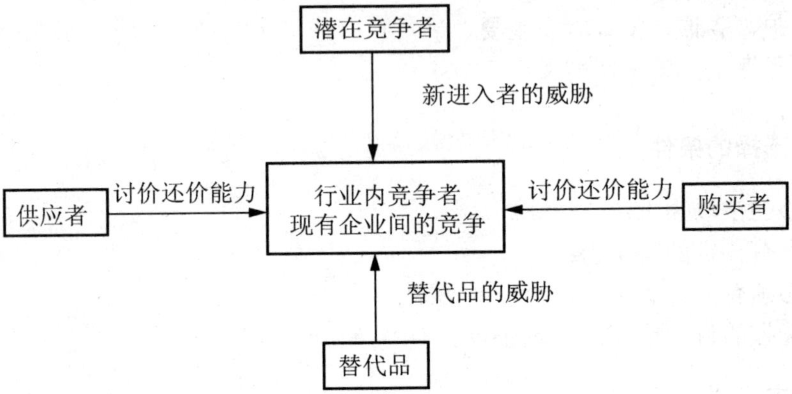

图 4.1　行业中的竞争力量

3. 企业的战略目标

细分市场可能具有适度规模和成长潜力，而且细分市场也具有长期的吸引力，然而，企业必须结合其市场营销战略目标和资源来综合评估。某些细分市场虽然有较大的吸引力，但不符合企业长远的市场营销战略目标，不能推动企业实现市场营销战略目标，甚至会分散企业的精力，阻止企业实现市场营销战略目标，因此，企业不得不放弃。细分市场可能也符合企业长远的市场营销战略目标，企业也必须对企业资源条件进行评估，必须考虑企业是否具备在细分市场所必需的资源条件。如果企业在细分市场缺乏必要的资源，并且无获得必要资源的能力，企业就要放弃这个细分市场。如果企业确实能在该细分市场取得成功，它也需要发挥其经营优势，以压倒竞争者。如果企业无法在细分市场创造某种优势地位，它就不应贸然进入。

四、目标市场选择策略

根据各个细分市场的独特性和公司自身的目标，共有三种目标市场策略可供选择。

1. 无差异性策略

无差异营销策略是指企业将产品的整个市场视为一个目标市场，用单一的营销策略开拓市场，即用一种产品和一套营销方案吸引尽可能多的购买者。无差异营销策略只考虑消费者或用户在需求上的共同点，而不关心他们在需求上的差异性。可口可乐公司在 20 世纪 60 年代以前曾以单一口味的品种、统一的价格和瓶装、同一广告主题将产品面向所有顾客，就是采取的这种策略。

无差异营销的理论基础是成本的经济性。生产单一产品，可以减少生产与储运成本；无差异的广告宣传和其他促销活动可以节省促销费用；不搞市场细分，可以减少企业在市场调研、产品开发、制订各种营销组合方案等方面的营销投入。这种策略对于需求广泛、市场同质性高且能大量生产、大量销售的产品比较合适。

对于大多数产品，无差异市场营销策略并不一定合适。首先，消费者需求客观上千差万别并不断变化，一种产品长期为所有消费者和用户所接受非常罕见。其次，当众多企业如法炮制，都采用这一策略时，会造成市场竞争异常激烈，同时在一些小的细分市场上消费者需求得不到满足，这对企业和消费者都是不利的。再次，易于受到竞争企业的攻击。当其他企业针对不同细分市场提供更有特色的产品和服务时，采用无差异策略的企业可能会发现自己的市场正在遭到蚕食但又无法有效地予以反击。正由于这些原因，世界上一些曾经长期实行无差异营销策略的大企业最后也被迫改弦更张，转而实行差异性营销策略。被视为实行无差异营销典范的可口可乐公司，面对百事可乐、七喜等企业的强劲攻势，也不得不改变原来策略，一方面向非可乐饮料市场进军，另一方面针对顾客的不同需要推出多种类型的新可乐。

采取无差异营销策略的企业面对整个市场时，只提供一种产品，采用一套市场营销方案吸引所有的顾客。它只注意需求的共性。优点是生产经营品种少、批量大，节省成本的费用，提高利润率。缺点是忽视了需求的差异性，较小市场部分需求得不到满足。

早期的可口可乐，因拥有世界性专利，只生产一种瓶装的可口可乐，甚至连广告词都是统一的“请饮可口可乐”，赚得了巨额利润。但后来由于饮料市场竞争激烈，特别是“百事可乐”异军突起，打破了其独霸市场的局面，可口可乐被迫放弃无差异性营销。早期的手机、汽车、电视甚至电影院市场也采取无差异营销策略。

2. 差异性策略

差异性市场营销策略是将整体市场划分为若干细分市场，针对每一细分市场制订一套独立的营销方案。比如，服装生产企业针对不同性别、不同收入水平的消费者推出不同品牌、不同价格的产品，并采用不同的广告主题来宣传这些产品，就是采用的差异性营销策略。

差异性营销策略的优点是：小批量、多品种，生产机动灵活、针对性强，使消费者需求更好地得到满足，由此促进产品销售。另外，由于企业是在多个细分市场上经营，一定程度上可以减少经营风险；一旦企业在几个细分市场上获得成功，有助于提高企业的形象及提高市场占有率。

差异性营销策略的不足之处主要体现在两个方面：一是增加营销成本。由于产品品种多，管理和存货成本将增加；由于公司必须针对不同的细分市场发展独立的营销计划，会增加企业在市场调研、促销和渠道管理等方面的营销成本。二是可能使企业的资源配置不能有效集中，顾此失彼，甚至在企业内部出现彼此争夺资源的现象，使拳头产品难以形成优势。

差异性营销策略使企业针对每个细分市场的需求特点，分别为之设计不同的产品，采取不同的市场营销方案，满足各个细分市场上不同的需要。优点是适应了各种不同的需求，能扩大销售，提高市场占有率。缺点是因差异性营销而增加了设计、制造、管理、仓储和促销等方面的成本，会造成市场营销成本的上升。

阅读资料 4-4

20 世纪 60 年代起，美国咖啡销量一直下降，大家认为咖啡较难以恢复它作为美国人通用饮料的地位。在此情况下，处于市场领先地位的通用食品公司在市场细分的基础上，推出了多个不同品牌的咖啡，无论消费者喜欢哪种风味、哪种方法调制、何时何地饮用，都能满足其需要，因而取得了成功。

海尔生产冰箱、空调、洗衣机、热水器等，仅冰箱一条生产线就包括小王子，小小王子，大王子，画王子，双王子，帅王子等产品项目。

北京三露日用化工厂的“大宝系列化妆品”针对各种不同性质的皮肤和各种不同层次的需求。

上海胶鞋厂为适应工矿生产需要而生产“工矿鞋”；农业—“农田鞋”、“插秧鞋”；青年妇女—“彩色雨鞋”、印花脚面雨鞋；老年小脚妇女—“尖足雨鞋”；旅游者—“旅游鞋”，为西藏地区设计—“西藏鞋”等。

雀巢公司为适应不同口味，研制了四种咖啡品种针对四种消费市场：1）专为特殊口味人士制作的金牌咖啡；2）为嗜爱厚重口味而制作的特浓咖啡；3）不含咖啡因，但保留咖啡真味的特制咖啡，以满足爱喝咖啡，却嫌弃咖啡因的消费者的需求；4）用玉米糖浆、植物油、乳脂等制成咖啡伴侣，冲在咖啡中，让人感到甜滑适口，适用于那些喝不惯咖啡饮料的苦涩味的人。

3. 集中性市场营销策略

实行差异性营销策略和无差异营销策略，企业均是以整体市场作为营销目标，试图满足所有消费者在某一方面的需要。集中性营销策略则是集中力量进入一个或少数几个细分市场，实行专业化生产和销售。实行这一策略，企业不是追求在一个大市场角逐，而是力求在一个或几个子市场占有较大份额。例如，生产空调器的企业不是生产各种型号和款式、面向不同顾客和用户的空调机，而专门生产安装在汽车内的空调机，又如汽车轮胎制造企业只生产用于换胎业务的轮胎，都是采用此种策略。

集中性营销策略的指导思想是：与其四处出击收效甚微，不如突破一点取得成功。这一策略特别适合于资源力量有限的中小企业。中小企业由于受财力、技术等方面因素制约，在整体市场可能无力与大企业抗衡，但如果集中资源优势在大企业尚未顾及或尚未建立绝对优势的领域，则成功的概率将会大大增加。

采取集中性营销策略的企业往往选择一个或少数几个子市场作为目标市场，制订一套营销方案，集中力量为之服务，争取在这些目标市场上占有大量份额。优点是由于目标集中能更深入地了解市场需要，使产品更加适销对路，有利于树立和强化企业形象及产品形象，在目标市场上建立巩固的地位；同时由于实行专业化经营，可节省生产成本和营销费用，增加盈利。缺点是目标过于集中，把企业的命运押在一个小范围的市场上，经营风险较大。

五、选择目标市场应考虑的因素

三种目标市场策略各有优缺点，企业在确定了目标市场后，究竟采取哪种策略，取决于下列影响目标市场策略选择的各种因素。

1. 企业资源

如果企业实力较强，可根据产品的不同特性选择采用差异市场营销策略或无差异市场营销策略；如果企业实力较弱，无力顾及整体市场或多个细分市场，则可选择采用集中市场营销策略。

2. 产品性质

这里的产品性质是指产品是否同质，即产品在性能、特点等方面差异性的大小。如果企业生产同质产品，可选择采用无差异市场营销策略；如果企业生产异质产品，则可选择采用差异市场营销策略或集中市场营销策略。

3. 市场性质

这里的市场性质是指市场是否同质，即市场上消费者需求差异性的大小。如果市场是同质的，即消费者需求差异性不大，消费者购买行为基本相同，企业则可选择采用无差异市场营销策略；反之，企业则可选择采用差异市场营销策略或集中市场营销策略。

4. 产品市场生命周期

处在介绍期和成长期初期的新产品，由于竞争者少，品种比较单一，市场营销的重点主要是探求市场需求和潜在消费者，企业可选择采用无差异市场营销策略；当产品进入成长期后期和成熟期时，由于市场竞争激烈，消费者需求差异性日益增大，为了开拓新的市场，扩大销售，企业可选择采用差异市场营销策略或集中性市场营销策略或保持原有市场，延长产品市场生命周期。

5. 竞争者状况

企业的目标市场策略应当与竞争对手的目标市场策略不同。如果竞争对手强大并采取无差异市场营销策略，企业则应选择采用差异市场营销策略或集中市场营销策略，以提高产品的市场竞争能力；如果竞争对手与自身实力相当或面对实力较弱的竞争对手，企业则可选择采用与之相同的目标市场策略；如果竞争对手都采用差异市场营销策略，企业则应进一步细分市场，实行更有效、更深入的差异市场营销策略或集中市场营销策略。

企业选择目标市场营销策略时，应综合考虑以上影响目标市场策略选择的因素，权衡利弊，综合决策。目标市场策略应保持相对稳定，但当市场营销环境发生重大改变时，企业应当及时改变目标市场策略。竞争对手之间没有完全相同的目标市场策略，企业也没有一成不变的目标市场策略。五种目标市场覆盖模式如图 4.2 所示。

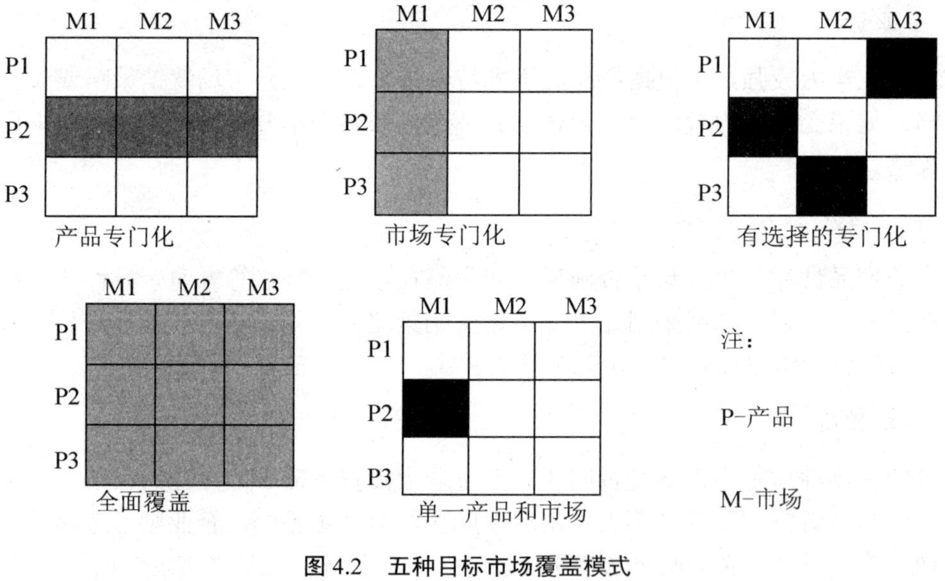

图 4.2　五种目标市场覆盖模式

第三节　市 场 定 位

一、目标市场定位的概念

市场定位是指企业根据所选定目标市场的竞争状况和自身条件，确定企业和产品在目标市场上特色、形象和位置的过程。也就是勾画企业产品在目标市场即目标顾客心目中的形象，使企业所提供的产品具有一定特色，适应一定顾客的需要和偏好，并与竞争者的产品有所区别。

市场定位是根据所选定目标市场上的竞争者产品所处的位置和企业自身条件，从各方面为企业和产品创造一定的特色，塑造并树立一定的市场形象，以求在目标顾客心目中形成一种特殊的偏爱。这种特色和形象可以通过产品实体方面体现出来，如形状、构造、成分等；也可以从消费者心理上反映出来，如舒服、典雅、豪华、朴素、时髦等，或者由两个方面共同作用而表现出来，如价廉、优质、服务周到、技术先进等。

市场定位实际上是在已有市场细分和目标市场选择的基础上进行深一层次的细分和选择，即从产品特征出发对目标市场进行进一步细分，进而在按消费者需求确定的目标市场内再选择企业的目标市场。

对定位的正确理解是做好定位工作的前提，以下几点说明可以帮助我们正确认识定位：

1．定位不限于产品，有着广泛的适用范围；

2．定位不是对产品本身做本质的改变，而是适应顾客的某种心理追求，把产品的形象与顾客心理需求相贴近。如：万宝路（男子汉形象）、七喜汽水（不含咖啡因）。

二、企业进行市场定位的步骤

企业的市场定位工作一般应包括以下三个步骤。

第一步：调查研究影响定位的因素

这主要包括：

（1）竞争者的定位状况。要了解竞争者正在提供何种产品，在顾客心目中的形象如何，并估测其产品成本和经营情况。

（2）目标顾客对产品的评价标准。即要了解购买者对其所要购买产品的最大偏好和愿望以及他们对产品优劣的评价标准是什么，以作为定位决策的依据。

（3）目标市场潜在的竞争优势。企业要确认目标市场的潜在竞争优势是什么，然后才能准确地选择竞争优势。

第二步：选择竞争优势和定位战略

企业通过与竞争者在产品、促销、成本、服务等方面的对比分析，了解自己的长处和短处，从而认定自己的竞争优势，进行恰当的市场定位。

第三步：准确地传播企业的定位观念

企业在做出市场定位决策后，还必须大力开展广告宣传，把企业的定位观念准确地传播给潜在购买者。

三、市场定位的战略

1．针锋相对式定位，又称迎头定位。把产品定在与竞争者相似的位置上，同竞争者争夺同一细分市场，是一种“对着干”的定位方式。

实行针锋相对式定位（迎头定位）的条件：

第一，能比竞争者生产出更好的产品；

第二，该市场容量足够吸纳这两个竞争者的产品；

第三，比竞争者有更多的资源和实力。

如：精工表与西铁成；卡西欧、飞佳、阿尔马的定位，以及可口可乐与百事可乐，麦当劳与肯德基的竞争等。

2．另辟蹊径式，又称避强定位，即避开强有力的竞争对象，根据自己条件取得相对的优势，即宣传自己与众不同的特色，在某些有价值的产品属性上取得领先地位。

当企业意识到自己无力与同行业强大的竞争者相抗衡从而获得绝对优势地位时，可根据自己的条件取得相对优势，即突出宣传自己与众不同的特色，在某些有价值的产品属性上取得领先地位。

如：“七喜”汽水宣传自己不含咖啡因的特点，取得非可乐型饮料的领先地位；“娃哈哈”宣传产品不含激素等。伊利公司面对强有力的竞争对手和路雪、雀巢、新大陆等，以优质低价取胜等。

3．填空补缺式定位，寻找新的尚未被占领，但为许多消费者所重视的位置，填补市场上的空位。

这种定位战略有两种情况：一是这部分潜在市场即营销机会没有被发现，在这种情况下，企业容易取得成功；二是许多企业发现了这部分潜在市场，但无力去占领，这就需要有足够的实力才能取得成功。如金利来进入内陆，填补了男士高档衣物的空位。

4．重新定位。

企业产品在市场上的定位即使很恰当，但在出现下列情况时也需考虑重新定位：一是竞争者推出的市场定位位于本企业产品的附近，侵占了本企业品牌的部分市场，使市场占有率下降；二是消费者偏好发生变化，从喜爱本企业某品牌转移到喜爱竞争对手的某品牌。

（1）因产品变化而重新定位

这是因产品进行了改良或产品发现了新用途，为改变顾客心目中原有的产品形象而采取的再次定位。

因产品变化而重新定位。有的产品因市场竞争等原因，不断地否定自己，又不断地对产品进行改良。当改良产品出现后，其形象、特色等定位也随之改变。

因产品发现新功能而重新定位。许多产品在投入使用过程中会超出发明者当初的设想而发现一些新用途，为了完善产品的形象，扩大市场，产品需要重新定位。

阅读资料 4-5

剃须安全刀片由美国吉列公司发明，近 50 年来一直是刀片市场的王牌。20 世纪 60 年代初，吉列刀片受到 BIC 公司的不锈钢刀片的打击，一些顾客纷纷放弃吉列，转而使用 BIC 公司的产品。为扭转不利局面，吉列推出世界上第一把双片剃须刀片，其定位改为“剃须更彻底”。6 年后，吉列公司又推出便携式剃须刀，其定位又改变为“安全便利”。

（2）因市场需求变化而重新定位

由于时代及社会条件的变化以及顾客需求的变化，产品定位也需要重新考虑。如人们生活富裕了，要养生，要保健减肥，因而希望食品中糖分尽量少些。

如某一品牌奶粉在 20 世纪 50—60 年代针对消费者喜爱强调产品含糖分，进入 80 年代则强调产品不含糖分，正好迎合人们“只要健康不要胖”的心理。

（3）因扩展市场而重新定位

市场定位常由于竞争双方状态变化、市场扩展等原因发生变化。

阅读资料 4-6

美国约翰逊公司生产的一种洗发剂，由于不含碱性，不会刺激皮肤和眼睛，市场定位于“婴幼儿的洗发剂”。后来，随着美国人口出生率的降低，婴幼儿市场日趋缩小，该公司改变定位，强调这种洗发剂能使头发柔软，富有色泽，没有刺激性。

万宝路香烟最早是一种女性香烟，其包装采用细腻的图案和柔和的字体，广告中出现的则是女性形象。后来该公司为了扩展市场，将其定位改变为男性香烟，将包装改为红白两色对比鲜明、字体刚劲有力的男性化设计，广告片则聘用外表刚毅的男性明星，其画面大多为荒野、骏马如西部牛仔，并大力赞助赛车、足球等激烈的体育比赛，从此使该产品成为男性喜爱的名牌香烟，销量也随之剧增。

重新定位是重要的，但是变中要求稳，否则频繁改变定位会造成人们对品牌形象认知的混乱，也会加大成本开支。如：古井贡酒的例子。

企业在重新定位前，尚需考虑两个主要因素：一是企业将品牌转移时的全部费用；二是定位在新位置上的收入，而收入又取决于该子市场上的购买者和竞争者情况，取决于在该子市场上销售价格能定多高等因素。

5. 差异性定位策略

企业一旦选定了目标市场，就要在目标市场上为其产品确定一个适当的市场位置和特殊印象。但在营销实际中，我们经常会发现这样一种情况，即在同一市场上出现许多相同的产品，这些产品往往很难给顾客留下深刻的印象。因此，企业要使产品获得稳定的销路，就应该使其与众不同、创出特色，从而获得一种竞争优势。差异性有以下几个方面的内容。

（1）产品实体差异化，如表 4-4 所示。

表 4-4　产品实体差异化

	内容	举例
产品特色	产品功能、技术含量、包装、服务	牙膏的防蛀、增白 IBM 就是服务
产品质量	使用效果、耐用性能、可靠程度	A 牌汽车更平稳、操作更容易、速度更快 永不磨损的 XX 手表
产品式样	产品特有的样式、风格、对产品的展示方法	多面剃须刀、平面电视、超平电视

（2）服务差异化

当实体产品不易与竞争产品相区别时，竞争制胜的关键往往取决于服务。

服务差异化包括送货、安装、用户培训、咨询、维修等方面。送货必须准时、安全，这似乎已成为一个常识，但在实际活动中真正坚持做到这一点的企业并不多，而购买者往往选择那些能准时送货的供应商，设备买主常常希望获得良好的安装服务。随着产品本身在技术方面越来越复杂，其销售也越来越依赖于质量和附带的服务，正是出于这样的考虑，许多公司对服务的重视程度并不亚于对产品的重视。

不同行业的服务有不同的内容，也有不同的重点。因而企业应首先对服务事项进行排列，进而确定选择重点。以零售业为例，典型零售服务事项有以下内容（如表 4-5 所示）。

表 4-5 典型零售服务事项

售前服务	售后服务	附加服务
承接电话订货	送货	支票付款
接受邮购订单	常规包装	一般性解答
广告	礼品包装	免费停车
橱窗展览	调试	餐厅
内部展览	退货	修理
试衣间	换货	内部装潢
营业时间	整修	赊购
时装展览	安装	休息室
折价以旧换新	货到付款	代客照顾小孩

在确定了服务事项后，根据顾客的需求、企业自身特点以及竞争对手策略，来确定服务差异性定位。

（3）形象差异化

即使产品实体和服务都与竞争企业十分相似，顾客依然可能接受一种企业产品形象的差异化。如大多数香烟味道差不多，万宝路烟借助其“西部牛仔”形象夺得一定的市场份额。

在实施差异性定位过程中，应掌握如下要点。

第一，从顾客价值提升角度来定位。产品差异化的基础是消费需求的差异化，顾客也因此为各种产品或服务所吸引。消费需求是产品差异化的前提，没有前者也就没有后者，企业不能为了差异化而差异化，每一个差异化定位首先要考虑消费者是否认可，是否使用本企业产品所获得的价值高于其他产品。

第二，从同类企业特点的差异性来定位。同行企业中每个企业都有它的特殊性，当一个企业的特点是其他企业所不具备的，这一差异性即可成为定位的依据，如我们轿车很多，但为什么市场占有率有这样大的反差?上汽为什么能独占鳌头?关键是上汽有一个全国性的销售网络和服务网络。因而，“便利”就成为上汽公司产品定位的要点之一。

第三，差异化应该是可以沟通的，是顾客能够感受到的，是有能力购买的。否则，任何差异性都是没有意义的。

第四，差异性不能太多，当某一产品强调特色过多，反而失去特色，也不易引起顾客认同。

四、市场定位的运作

定位工作的第一步是选择最佳定位。在定位时要考虑竞争者，探求出一个与竞争者相区别的独特形象。在这里其实提出了三个问题：目标顾客；竞争者；产品的差异点。对这三个问题的回答将给出产品定位的答案。

第二步是赢得该位置，需要营销人员策划一系列的营销活动。

第三步是坚持该定位。定位工作不是一时之功，而是一场持久战，是一种对顾客印象与认识的长期积累，一旦有了明确的形象，就要坚持其形象，除非有特殊情况需要改变才能变化。

第四节　竞 争 策 略

一 、市场竞争概述

1. 什么是竞争者

（1）广义地讲：所有与自己争夺同一顾客购买力的企业。

（2）狭义地讲：竞争者指那些生产经营与本企业提供的产品相似的或可以互相替代的产品，以同一类顾客为目标市场的其他企业。

（3）行业竞争观念

行业是提供同一类产品或服务的企业，或者提供可相互替代的产品的企业。

（4）市场竞争观念

力求满足相同顾客需要、或服务于同一顾客群的企业。

2. 市场竞争的主要形式

（1）价格竞争

（2）非价格竞争

二、竞争者分析

1. 竞争者的优势和劣势

竞争者的优势和劣势主要从产品、销售渠道、市场营销、生产与经营、研究与开发能力、资金实力、组织、管理能力等方面来分析。

2. 竞争者的市场反应行为

竞争者的市场反应行为主要分为迟钝型竞争者、选择型竞争者、强烈反应型竞争者和不规则型竞争者。

3. 竞争对策

竞争对策的选择从以下几个方面来分析：
（1）进攻目标的价值——强竞争者还是弱竞争者？
（2）进攻目标与本企业的相似性——近竞争者还是远竞争者？
（3）竞争者的存在对企业的必要性与利益——“良性”竞争者还是“恶性”竞争者？
分析之后，根据波特的竞争模型，来选择相应的竞争策略。

三、市场竞争的基本策略

（一）市场领导者策略

多数行业都有一家公司作为公认的市场领导者。这一公司在相关的产品市场上占有最大的市场份额，并在价格变动、新产品开发、分销覆盖和促销力度等方面均领导其他公司。参考数值是占全部同类产品市场份额的40%。比如：可口可乐、麦当劳、微软公司、柯达、通用汽车等。

1. 开发整个市场

（1）寻找新的使用者
每一种产品都有吸引顾客的潜力，顾客不想购买它是因为有些人或者不知道这种产品，或因价格不当或因产品缺乏某些特点所致。比如：微软的视窗产品。
（2）新用途
可以通过发现并推广产品的新用途来扩大市场。比如：杜邦公司的尼龙。尼龙最早是作为降落伞的合成纤维，然后是用做女袜的纤维，后来又成为汽车轮胎、沙发椅套和地毯的原料。
（3）扩大使用量
这种策略是说服人们在每次使用产品时增加使用量。比如：宝洁公司劝告消费者在使用海飞丝洗发水洗发时，每次使用量增加一倍效果更佳。

2. 保有市场份额

居于领导地位的公司在扩大整个市场规模时，必须继续保护自己现有的业务，以防受到竞争对手的攻击。例如，麦当劳公司要小心汉堡王；柯达要小心富士；可口可乐要小心百事可乐。

3. 扩大市场份额

通过扩大市场份额，市场领导者能够使利润更上一层楼。在美国，咖啡市场上每一个百分点的份额就值 4800 万美元，在软饮料市场，一个百分点价值 1.2 亿美元。

（二）市场挑战者策略

市场挑战者，通常理解为在所在行业中位居第二、第三或更靠后的公司，可称为追赶公司。参考数值是占全部同类产品市场份额的 30%。

这些公司有两种策略可供选择，要么向市场领导者和其他竞争对手发起猛攻，以夺取更大的市场份额；要么小心谨慎，维持原状，以免自身难保。

1. 价格折扣策略

以较低的价格向顾客提供与市场领导者相似的产品。比如富士公司曾用这一策略向在照相纸行业的领导者柯达公司发起挑战，富士胶卷在质量方面与柯达产品不相上下，价格低 10%。

价格策略要想奏效，必须做到三条：

第一，挑战者必须使顾客信服自己的产品和服务水平与领导者不分上下；

第二，顾客必须被这种价格差异所触动；

第三，市场领导者必须能不理会竞争者的进攻，拒绝实行降价报复。

2. 廉价产品策略

用很低的价格向顾客提供质量普通或质量不高的产品或服务。这种策略只有在某细分市场内对价格关注的消费者占有相当的数量时才会有效。但要防止产品更便宜的公司的攻击。

3. 声望策略

市场挑战者可以开发出比市场领导者品质更优的产品，并且标定更高的价格。比如：在美国市场上出售的奔驰汽车要比美国产的汽车质量更好，价格也更高，超过了凯迪拉克。

4. 产品繁衍策略

可以通过推出大量不同式样的产品，向顾客提供更多的选择。

5. 产品革新策略

可以对产品进行革新，来攻击领导者的地位。

6. 改进服务策略

可以通过多种方式向顾客提供新的或更好的服务。比如：IBM 公司，从原来的硬件提供者到增加软件、技术服务。

7. 分销革新策略

可以去发现或发掘新的分销渠道。比如：雅芳公司曾通过挨家挨户推销的战术从而迅速发展成为一家大型的化妆品公司。

8. 降低生产成本策略

可以通过提高采购效率、降低劳动成本、运用更先进的生产设备等手段，使自己的生产成本比竞争者更低。

9. 密集的广告促销

通过实施大量的广告和促销来对市场领导者发起进攻。

（三）市场追随者策略

市场追随者，即在行业中甘愿居于领导者之下的公司。参考数值是占全部同类产品市场份额的 20%。市场追随者必须知道怎样维持现有的顾客，以及怎样去争取一定数量的新顾客。每个追随者都在力图给目标市场带来某些新的利益。市场追随者必须保持低廉的制造成本和优良的产品与服务质量。

1. 寄生者

努力在各个细分市场和营销组合方面模仿领导者。它们并不进行任何创新，有时成为“伪造者”，甚至模仿领导者生产出“赝品”。

2. 有限模仿者

从领导者那里借鉴了一些东西，但仍然在包装、广告、定价等方面与之保持一定距离。

3. 改进者

改进者对领导者的产品进行学习和改进，甚至使它们有所提高。

（四）市场补缺者

1. 市场补缺者

在整个市场上占有较低份额的公司可以通过灵活巧妙地拾遗补缺、见缝插针，从而实现高额利润。如：A.T.克劳士的优质金笔。市场补缺型的公司应充分了解目标顾客群，能够比其他公司更好、更完善地满足消费者的需求。

2. 理想的补缺市场的特征

（1）该市场具有足够的规模和购买力，能够盈利。
（2）该市场具备发展的潜力。
（3）强大的竞争者对该市场不屑一顾。
（4）公司具备所必需的能力和资源能对这个市场提供优质的服务。
（5）公司已在顾客中建立了良好的声誉，能够以此抵挡强大竞争者的入侵。

3. 市场补缺者的专业化选择

（1）最终用户专业化
为某一类型的最终用户提供服务。如法律事务所，专门为机场建设提供法律服务。
（2）垂直专业化
为处于生产、分销过程中的某些纵向相关层次提供服务。如铜制品公司可以专门生产铜、铜部件或铜制品。
（3）顾客专业化
公司可以专门向一个或几个大客户销售产品。
（4）地理市场专业化
只在全球某一地点、地区或范围内经营业务。
（5）产品专业化
只经营某一种产品。比如在实验设备行业中，公司只生产显微镜或显微镜镜头。
（6）加工专业化
只为订购客户生产特制产品。
（7）服务专业化
向大众提供一种或数种其他公司所没有的服务。比如招商银行的一网通。
（8）销售渠道专业化
只为一类销售渠道提供服务。比如饮料公司只为加油站提供一种大容器包装的软饮料。

4. 市场补缺者的任务

市场补缺者要完成三个任务：创造补缺市场、扩大补缺市场、保护补缺市场。

企业应该意识到补缺市场也不是一劳永逸的市场，企业必须不断地进行拾遗补缺，开辟“多头补缺市场”要比局限于“单一补缺市场”好得多。

补缺基点的特征：

（1）有足够的市场潜量和购买力；

（2）利润有增长的潜力；

（3）对主要竞争者不具有吸引力；

（4）企业具有占据该补缺基点所必需的资源和能力；

（5）企业已有的信誉足以对抗竞争者。

案例4—2

乳业已进入了战国时代?

从大量中小资本的蜂拥而至到国内大小企业的强势整合，人们依稀看到了乳业遍地纷燃的战火，“战国时代”便因此坊间频传。然而，业内有“乳业大哥”之称的伊利却看法迥异：战国时代是群雄并起，争抢地盘，但中国乳业市场却是你中有我，我中有你，与抢地盘相去甚远，其结果是通过竞争，使市场越变越大，越是大家争抢积极，市场就越是变得更加宽广。事实正是如此，中国乳业市场现今仍处在需求驱动阶段，国内竞争者业务量的增长在很大程度上并不是源于竞争，而是得益于这个高速成长市场的既有市场份额的同步扩大。在这个正在建构的分散型行业里，竞争通常被局限在一个狭小的范围内，它需要用一种完全区别于成熟市场竞争策略的态度来诠释。

1. 市场基本面分析

1.1 乳品特性：简单的从形态上划分，乳品有液态奶和固态奶之别。固态奶以奶粉为主，液态奶根据生产工艺的不同，也有巴氏杀菌奶、超高温灭菌保鲜奶和酸奶之分。据中国食品行业协会估计，在全国乳制品产量中，奶粉类产品有 70%，在奶粉类产量中，全脂奶粉约占 19.8%，全脂加糖奶粉约占 38%，脱脂奶粉约占 2.6%，婴儿配方奶粉约占 18.1%，其他奶粉约占 21.5%。在全国液态奶产量中，巴氏杀菌奶约占 53.1%，超高温灭菌保鲜奶约占 29.9%，酸奶约占 17.0%。从趋势上看，液态奶产量有看涨之势，近两年增势迅猛。

仅以液态奶为例。根据包装的不同，液态奶有利乐包/枕、屋顶盒、PET 瓶、玻璃瓶等四种，根据顾客的口味及营养偏好，又有加钙、香浓、特浓、脱脂、低脂之分，另外，就产品分布层次来看，60%以上集聚低端，40%主攻高端，由此综合分析，在乳业市场产品属性的挖掘上，市场尚存大量尚未开发的盲点，乳业市场的竞争当是百花齐放，争奇斗艳，然而事实并非如此，由于现实乳业需求和行业技术易扩散的原因，国内各大厂商产品间的差异性很小，相互之间极易复制，比如奶的浓度、口感、味道以及添加物可以比较容易地调整，厂家在产品上极难构筑持续强势的差异化。

1.2 需求特性：如今乳品的消费已不再属于专供老年人、婴幼儿、病人和少数高消费者的奢侈品，它已渐趋成为了一种大众化的生活必需品。以液态奶消费为例，据北京等地的调查，如今婴幼儿对液态奶的消费占整个消费群的19%，60岁以上的老人占28%，其他年龄的人占 53%，消费者的职业结构遍及各类人群。另据权威机构调查显示，消费者对乳品不同属性的关注是有鲜明层次性的，其中“新鲜”占到60.5%，“营养丰富”占到50.3%，“来自无污染的草原牧场”51.5%，“纯天然”28.1%，“口感细腻柔滑”27.9%，“口味纯正”19.8%，“奶源优质”18.6%，“牛奶颜色为白色”10%，“采用最先进的加工工艺”8.3%，“采用先进的保险包装”7.9%，“闻起来很香”5.7%。

由以上调查结合各地域的消费偏好分析，乳业需求差异性非常显著，厂家存在着构筑差异化优势的空间，但现实的情况是，由于中国奶业消费有其独特的文化结构，中国人的消费以植物型消费为主，是典型的亚洲型消费，与欧洲型的动物食品消费相比，亚洲型在奶制品消费的潜在数量上要远远小于欧洲，再加上现行市场竞争者对潜在市场消费的引导、培育不够，细分市场的有效需求并不可观，这客观上也给厂家的差异化竞争制造了一定的障碍。

1.3 行业竞争激烈程度分析

目前我国年人均奶类消费仅为7.2千克，不到全球年人均奶类消费量100千克的8%。业内一致认为，中国乳品市场在未来10年中将是世界上潜力最大的牛奶消费市场，其依据是：中国年人均乳品占有量，仅为乳制品市场尚处发育期的亚洲年人均乳品占有量的1/6，不到世界年人均乳品占有量的1/12。假如中国年人均消费20公斤的话，那么需年产乳品2600万吨，总值近1360亿元，市场潜量非常可观。

据中国奶业协会统计，自1999年起，中国奶业持续5年以高达45%的速度增长，其中北京、上海、广州、重庆等城市消费尤其旺盛。在这一块高速成长的热土上，云集着大小乳制品企业1500多家，其中年销售额500万以上的395家，上亿元的仅有12家，而像伊利、光明、蒙牛这样年产值20～30亿的产业集团更是少之又少。从数据显示的整体竞争格局来看，2002年全国乳业10强的产值占行业总产值的52%，利税额占行业60%，由此分析，乳业品牌集中趋势明显，但现实的集中度并不高。

据奶协的另一份资料显示，目前，全国现有存栏奶牛约 600 万头，根据奶牛增长客观规律，中国奶牛头数的年增长幅度是 10%，相比乳业平均高达 30%的年增速，可以肯定的是，奶源的稀缺将成为制约行业发展的一大瓶颈，这样，现行乳业市场的竞争，有很大一部分便转移到了上游供应链资源的争夺上来。由于奶源的制约，绝大多数厂家存在着产品线开工不足，生产开工率长期在 60%～70%间徘徊，再加上乳品易腐、难储存等特点，乳业中并不存在着过剩生产能力，行业库存的积压也不甚明显，乳业竞争者从整体上尚处在一个相当宽松的气氛中角逐，市场竞争程度并不激烈。

1.4 行业投资风险评估

从现行乳品的消费结构来看，乳品的竞争很大程度上集结在无差异的液态奶产品上，由于液态奶特别是巴氏杀菌奶和超高温灭菌保鲜奶承载着乳品市场的主体消费群，这一部分产品规模效应显著。有数据显示，大规模乳品企业的成本收益率平均在 48.98%左右，而小规模企业只有 7.97%，前者是后者的 6.15 倍，因而乳品企业构筑规模化是存在着潜在优势的，不过其仅仅局限于大众消费乳品上，由于市场容量的有限性，尚不具备规模化的条件。

近两年伴随着法国达能、意大利帕马拉特等外资品牌的陆续淡出，乳业关键资源奶源基地占有的权重开始日益突显。目前中国的奶源基地业已瓜分殆尽，除伊利、蒙牛、光明等企业在全国瓜分奶源基地外，地方品牌手中也掌握着大量资源，洋品牌黯然退居幕后的一个很大原因即在于此。当然，这也为其他潜在竞争者构筑了一定的进入壁垒，不过，对新希望、维维这样的资本巨头而言，借力资本运作的大规模的并购已足以将之轻松跨越，并且在获取奶源的同时，他们还可将乳业千金难求的分销网络兼收并蓄，根据自己的战略资源需要整合成一张全新的强势网络。

但乳业现行行业竞争的不规范和诸如“鲜奶”等行业标准确立的迟滞，以及乳业固有的资金占有多，周期长，新增资本有着明显的延后效应等特点，还是给潜在竞争者的进入带来了一定的风险。如果潜在竞争者力争大众消费群体，投注规模化的产能集聚，意欲与业内伊利、光明等乳业巨头兵行全国一争高下，其所面临的将是一个进入壁垒低而退出壁垒高的不利境遇，这样的局面非新希望这样的资本巨擘是难以支撑的；如果潜在竞争者择取的是一个小众化的细分市场，其竞争压力则相对小得多，市场可预测的潜在收益较少却相对稳定，对一些想在乳业分一杯羹而又本钱不济的小资本，这未必不是一个上好的选择。

2. 竞争策略分析

2.1“无差异市场”竞争

乳业无差异市场的竞争主要集结在一些产品属性几近同质化的市场上，其中尤以液态奶为甚。无差异市场的常规策略是诉诸于品牌竞争，但在乳业现行的分散型行业格局下，品牌忠诚度并不高，也就是说品牌对消费者购买决策的影响实在有限，在如此情况之下，乳业共性的传统竞争要素便开始突显，并逐步升华成了乳业现行无差异市场的主流竞争模式。共集中表现在三个方面。

2.1.1“概念”之争

乳业概念之争有高低端之分，低端概念上的较量表现在业内一些产品概念的噱头上，如“还原奶”、“纯鲜奶”、“特浓奶”、“加钙奶”等，高端概念上的争端则更多的体现在产品定位诉求点的提炼上，如“天然牧场”以前一直是各大品牌争抢的彩头，以奶源来反衬品质，而伊利反其道而行，百尺竿头更进一步，大胆提出“天然牛奶，均衡营养”，倡导“营养均衡”才是上好品质，一举突破了原有品牌概念上的桎梏。

2.1.2“人才”之争

目前不少快速发展的乳品企业，一个客观存在的现实是，大批20岁出头，只有一两年工作经验的青年人就做了企业的重要主管，这种不拘一格的用人机制当然值得提倡，但从一个侧面折射出了乳品行业人才匮乏的尴尬。就目前业内来看，优势人才资源已成为了一个企业综合竞争力的重要变量，蒙牛即是这方面的典范，蒙牛仅有 3 年多的历史，但公司高层大多有乳业从业10年以上的经历，这是一种用资本都难以置换的竞争财富。

2.1.3“价格”竞争

价格是各行业常见的一种竞争手段，乳业也不例外。现今伊利、光明等之所以在无差异液态奶产品上疯狂构筑产能优势，就是寄希望于规模效应所争取的让利空间，能在与竞争对手的价格拼争中博取优势。如在广东市场的争夺上，伊利蒙牛不约而同地压低超高温灭菌奶价格，光明又以低价抢夺鲜奶市场，两相夹击，广东乳企正在市场尴尬的夹缝中挣扎。

2.2“供应链”竞争

正如前所述，奶源是乳业的一项关键性的竞争资源，从全国牛奶市场整体的供求格局来看，牛奶市场的供不应求，理应让上游供应链在与下游生产厂家的议价关系上处于优势，但事实并不如此。实际上，牛奶易腐、保质期短、储存运输复杂的快速消费品的特性在很大程度上让奶农和牧场主等上游供应链成员的议价优势大打折扣。这种实际上的议价弱势大大削弱了下游厂家获取上游供应链资源的成本，因而在乳业突显“奶源”之争后，仅仅在两三年的时间内，国内的几大奶源基地和重要的区域集散地便已被业内大小资本瓜分殆尽。

就供应链与厂家关系结合的紧密程度来看，目前业内的供应链竞争模式主要有两种。一类是“公司+农户”的传统模式，一类是“公司+规模牧场”的探索模式，前者多见于一些中小乳企，后者则以新秀长富乳业的崛起为代表，不过，一些颇见实力的一线品牌大有将两种模式融合之势，如伊利、光明等，因为“公司+规模牧场”模式虽然能够从严格意义上实现对奶源的全程监控，确保牛奶完美品质，但由于目前规模牧场数量的局限，其还难以承载大规模企业巨量的奶源供给，况且其一次性投入较大，投资周期又长，因而这种模式还难经受现行市场的考验。这样，伊利等企业便将奶源决胜的希望寄托在了两相融合的过渡模式上，以传统供给方式来弥补奶源不足，同时积极构建和发展新奶源，以免在未来规模牧场的竞争中遭到淘汰出局。

2.3 “顾客源”竞争

在乳企厂家与其下端顾客源的竞争中，厂家是占据着议价优势的。因为牛奶作为一种普及性快速消费品，其购买支出在顾客总收入比重中是微乎其微，消费者对其价格表现的并不敏感，在与“一杯牛奶强壮一个民族”的“健康”价值的平衡上，他们更看重的是其营养品质所赋予的“健康”理念。但另一方面，随着伊利等乳企的全国扩张以及市场二三线品牌市场争夺的风起云涌，处于议价弱势而形成的优质顾客资源成为了大小资本竞逐的焦点，为了吸引顾客目光，切取一块蛋糕，他们施以各种手法加以争夺。

2.3.1 产品差异化

根据前述的分析，尽管产品差异化优势难于持久，但其作为一种暂时的竞争策略，有利于企业快速地切入一个新兴市场并获取领先优势。如三元携手交大昂立开发功能型乳品进入上海，显然是想以其暂时领先的新品直击区域巨头光明产品开发的软肋。在大势进军上海之前先由先遣部队构筑桥头堡，以助后续攻势。

2.3.2 渠道拓展

渠道拓展具体表现在三个方面，一是渠道主体的拓展，传统的渠道有大卖场、商超、便利店、个体奶摊、单位食堂等，但现在一些专业乳品有向餐馆、酒楼发展的趋势；二是渠道运营方式的拓展，如在传统的批发、零售基础上，一种新型送奶到户的直销模式应运而生，在面对这种散户的征订上，除传统的设点入区征订外，由用户上网预订的方式也渐成潮流；三是渠道的纵深拓展。长期以来，乳业市场的消费和供应一直集中在城市，农村市场是一个被忽视的群体，其潜在消费量是毋庸置疑的。但在农村市场的开拓上，切需注意产品形态的选择，如选择大袋装、价格相对低廉或保质期稍长的乳品，以形成一种优质低价的产品形象，另外，在网络筹建上，尽可能采取一些特殊的本土化销售通路，形成一个能覆盖区域消费主体的网络。

2.3.3 促销支持

乳业促销常见诸于一些无差异的大众消费乳品，其多应用于对竞争对手的强势狙击和对外埠市场的硬行开拓上，如 2003 年 5 月，伊利风行全国的“红配黄”促销活动，就使伊利产品销量在非典期间不降反升，逆势而上。

竞争策略的肢解是为了更清楚地认识一个行业竞争的细节。

根据行业既有竞争者竞争战略选择的不同，择取的竞争策略的组合也会有所不同，就倾向于规模竞争的无差异市场而言，品牌、价格、人才、概念等的策略竞争是主，渠道和终端之争为辅；就热衷于小众市场的差异化竞争策略而言，产品差异化、渠道构建和开拓上的差异化是重点，而前述的“价格”和“概念”之争则相对次要。但不管企业选择何种竞争战略，就乳业而言，奶源的竞争都是一个恒定的因素，这是乳业竞争的焦点。

主要概念

市场细分　目标市场　市场定位　竞争性定位

思考与练习

1. 简述市场细分的意义有哪些？
2. 简述市场挑战者策略。
3. 简述集中性市场战略。

实践与技能

1. 案例分析：市场细分，目标市场选择及切入，市场定位的综合分析。
2. 给出材料，进行相应的市场细分，选择并切入目标市场，市场定位的实训。
3. 由学生列举现实生活中市场上的各种竞争现象，并对其进行分析。
4. 对某一企业的竞争策略进行分析。

第五章　产 品 策 略

学习目标

通过本章学习，使学生能够了解产品整体的概念，建立和管理产品组合，掌握产品寿命周期理论，制定品牌决策，初步学会应用产品包装策略。

案例导入

自9·11以来，美国航空业亏损严重、惨不忍睹，国内排行第二和第六的联合航空公司和美国航空公司相继宣布申请破产保护。老大美洲航空公司几度谈判、几度历险才暂时避免了破产。与此同时，美国西南航空公司却保持连续31年赢利的业界奇迹，成为美国国内唯一一家保持盈利的航空公司。

西南航空公司取得如此惊人的成功有两个因素：卓越的营销战略和非凡的营销沟通。营销战略非常简单——西南航空公司知道自己的位置并且努力保持这一位置。它把自己牢牢定位成短距离、不花哨、低价位的航空公司。它的平均飞行时间是一小时，平均单程票价仅为58美元。事实上，其价格如此之低，以至于当它进入新市场时，会吸引那些本来可能会驾车或坐公共汽车旅行的人，从而实际上增加了总的空运量。除了这些实际利益，西南航空公司另有一个关键定位成分——其乐无穷。西南航空公司可以轻松地和消费者以一种难忘的方式进行交流。航空公司实行的是充分协调、源源不绝的营销宣传——从媒体广告、特别活动和公共关系到直销和人员销售。

西南航空公司的员工经常别出心裁地取悦顾客，给他们意外的惊喜或者设法逗乘客开心。西南航空公司能取得如此成功，主要在于他能为顾客提供可靠实在而且最低价位的服务。但是成功还得依靠它巧于将所有的促销方式综合成一个传达公司形象的整体计划。

（资料来源：http://manage.yangtzeu.edu.cn/jpkc/marketingID=1140，2009-3-31，有删节）

案例分析：西南航空公司的成功在于它能够深入挖掘航空运输这一产品（服务）的核心价值，持续为顾客带来满意的消费体验。

第一节　产品概念与产品组合

一、产品整体概念

（一）产品

1. 产品的概念

产品就是为了给顾客提供某种预期效益而设计的物质属性、服务和标记的组合。

消费者和生产者往往各自从自己的角度出发来看待产品，他们都把产品视作一种媒介。消费者希望通过这种媒介满足自己的某种需求，生产者则通过它来获取利润。此外，销售者也从自己特有的需要出发，对产品寄予不同的期望。

2. 产品的特点

该定义具有以下两个特点。（1）广泛性。定义中的“预期效益”既可指消费者的需求、欲望，也可指再加工、转手贸易者所期望获取的利益。这使得该定义既能适用于消费品，也能适用于工业品，不仅适用于零售市场，同时也适用于批发市场。（2）完整性。“物质属性、服务和标记的组合”指出了一个完整的产品是有形物体与无形部分——服务、包装甚至是某种理念、价值的组合。

通过上述对产品的定义，我们能够发现，产品实际上是一种载体，通过它消费者得到了使用价值，企业得到了价值的增值。所有能给双方带来价值的东西都是产品。为了更好地把握产品整体概念，我们有必要进一步了解有关产品层次的思想。

（二）产品整体概念

现代市场营销之父菲利浦·科特勒认为，产品整体概念包含核心产品、形式产品和延伸产品三个层次（如图 5.1 所示）。

1. 核心产品

核心产品是指消费者购买某种产品时所追求的利益，是顾客真正要买的东西，因而在产品整体概念中也是最基本、最主要的部分。消费者购买某种产品，并不是为了占有或获得产品本身，而是为了获得能满足某种需要的效用或利益。

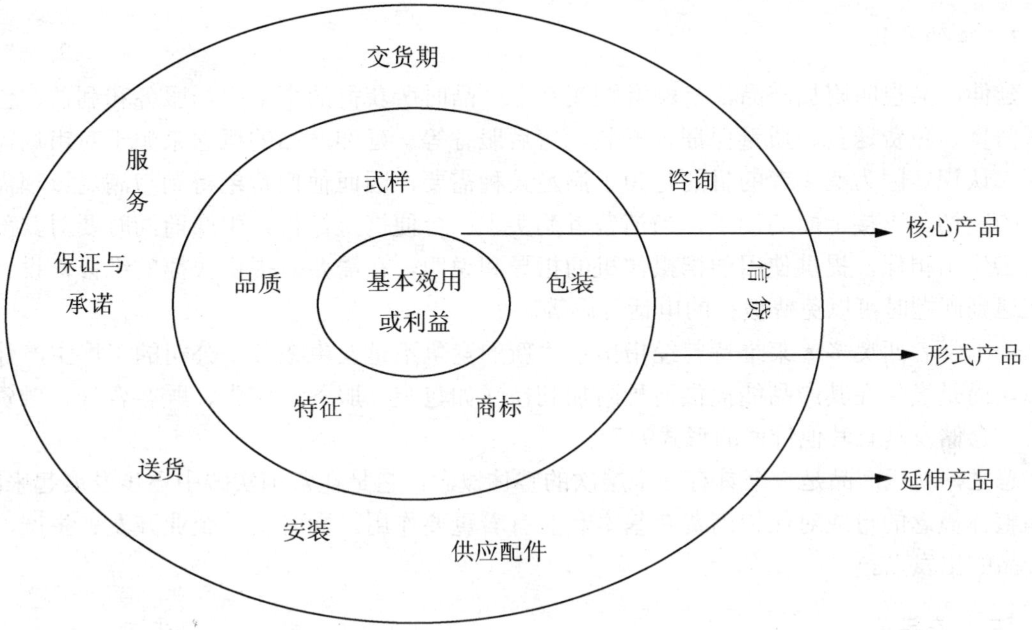

图 5.1 整体产品概念的三个层次

譬如，人们购买电冰箱不是为了获取装有各种电器零部件的物体，而是为了满足家庭冷藏、冷冻食品的需要。一个购买唇膏的女士所购买的，也不仅是唇膏的色彩。一位生产唇膏的公司总裁这样说："在工厂，我们制造化妆品；在商店，我们出售希望。"同理，顾客对所有产品的购买都是如此。核心产品体现了产品实质，企业营销要想取得成功，必须使产品具有反映消费者核心需求的基本效用或利益。然而，核心产品是一个抽象的概念，须通过产品的具体形式才能让消费者接受。

2. *形式产品*

形式产品是核心产品借以实现的形式，即向市场提供的实体和服务的形象。形式产品由五个特征构成，即品质、式样、特征、商标及包装。产品的基本效用必须通过某些具体的形式才得以成为一个实体产品，通过它的名称、部件、风格、特色、包装和其他属性都精心地组合在一起来得以实现。市场营销者应首先着眼于顾客购买产品时所追求的利益，以求更完美地满足顾客需求，从这一点出发再去寻求利益得以实现的形式，进行产品设计。比如同样是满足人们留住生活记忆的需求，产品形式却可以是书画、照片、摄像机等多种产品形式。

3. 延伸产品

延伸产品也叫附加产品，是顾客购买有形产品时所获得的全部附加服务和利益，包括提供信贷、免费送货、质量保证、安装、售后服务等。延伸产品的概念来源于对市场需要的深入认识。因为购买者的目的是为了满足某种需要，因而他们希望得到与满足该项需要有关的一切。承接上面的例子，当消费者购买了一台便携摄像机，生产商同时要对其部件和做工作出担保，提供使用便携摄像机的指导和说明，在需要时提供快捷的维修，设置顾客在遇到问题时可以免费拨打的电话号码等。

美国学者西奥多·莱维特曾经指出："新的竞争不是发生在各个公司的工厂生产什么产品，而是发生在其产品能提供何种附加利益（如包装、服务、广告、顾客咨询、融资、送货、仓储及具有其他价值的形式）"。

总之，现代产品是一个具有三个层次的整体概念，它是在营销实践中逐步发展起来的。产品整体概念的形成对保护消费者基本利益有着重要作用。同时也是企业开发、生产、销售产品的出发点。

（三）产品分类

根据消费者的购物习惯分类，产品可分为便利品、选购品、特殊品和非渴求品四类。

1. 便利品

便利品是指价格低廉，消费者要经常购买的产品。消费者在购买此类产品时的购买特征是：花费的时间越少越好，消费者对这些产品几乎不作任何比较，希望就近、即刻买到。比如一个人在买火柴时，绝不会愿意花费大笔的时间去选择到底购买"长城牌"还是"吉祥牌"。

2. 选购品

选购品是指消费者愿意花费比较多的时间去购买的商品。在购买之前，消费者要进行反复比较，注重产品的品牌与产品的特色。

3. 特殊品

特殊品是指那些具有独特的品质特色或拥有著名商标的产品。消费者对这类产品往往注重它的商标与信誉，而不注重它的价格，在购买时，愿意努力去搜寻。人们对于名牌化妆品的追求就是典型的对于特殊品的追求。

4. 非渴求品

非渴求品是指顾客不知道的物品，或者虽然知道却没有兴趣购买的物品。对于非渴求品，营销者往往运用大量的推销术进行推销，以唤起消费者的购买欲望。

二、产品组合

现代企业为了满足目标市场的需求，扩大销售，分散风险，往往生产或经营多种产品。那么，究竟生产经营多少种产品才算合理，这些产品应当如何搭配，才能做到既满足不同消费者的需求，又使企业获得稳定的经济效益？企业营销需要对产品结构进行研究和选择，根据企业自身能力条件，确定最佳的产品组合。

（一）产品组合有关概念

产品组合是指某个企业生产或销售的全部产品的组成方式，它包括所有的产品线和产品项目。

产品线指的是互相关联或相似的一组产品，即我们通常所说的产品大类。产品项目是产品线中一个明确的产品单位。例如，某企业生产电视机、电冰箱、空调器和洗衣机 4 个产品系列，即有 4 条产品线。其中，电视机系列中的 29 英寸彩色电视机就是一个产品项目。

对于企业产品组合的衡量一般可从四个方面予以反映，即产品组合的宽度、长度、深度和关联性。

1. 产品组合的宽度

产品组合的宽度也称产品组合的广度，是指一个企业有多少产品线。产品组合的宽度表明了一个企业经营的产品种类的多少及经营范围的大小。

2. 产品组合的长度

产品组合的长度是指一个企业的产品组合中所包含的产品项目的总数。一般情况下，产品组合的长度越长，说明企业的产品品种、规格越多。

3. 产品组合的深度

产品组合的深度是指企业产品线中每一产品项目有多少花色、规格等形式。产品项目多，则产品组合深度长，少则短。产品组合的深度往往反映了一个企业产品开发能力的强弱。

4. 产品组合的关联性

产品组合的关联性是指各个产品线在最终用途、生产技术、销售方式以及其他方面的相互关联程度。例如，一个企业生产牙膏、肥皂、洗衣粉、空气清新剂，则产品组合的关联性较大；若这个企业同时又生产食品和服装，那么，这种产品组合的关联性就很小。

（二）产品组合决策

1. 研究产品组合策略的意义

分析产品组合的广度、长度、深度和关联性，有助于企业更好地制订产品组合策略。在一般情况下，扩大产品组合的广度，有利于扩展企业的经营领域，实行多角化经营，可以更好地发挥企业潜在的技术、资源优势，提高经济效益，并可以分散企业的投资风险；增加产品线的长度，使产品线丰满充裕；加强产品组合的深度，可以占领同类产品的更多细分市场，满足更广泛的市场需求；加强产品组合的相关性，则可以使企业在某一特定的市场领域内加强竞争和赢得良好的声誉。

2. 产品组合策略的选择

企业在制定产品组合策略时，应根据市场需求、企业资源、技术条件、竞争状况等因素，经过科学分析和综合权衡，确定合理的产品结构。同时，随着市场因素的变化，适时地调整产品组合，尽可能使其达到最佳化，为企业带来更多的利润。可供选择的产品组合策略一般有以下几种。

（1）扩大产品组合策略

扩大产品组合策略由扩大产品组合宽度、延长长度和拓展深度共同组成。

扩大宽度是要加大经营范围，在原产品组合中增加产品线。它属于战略性决策，企业一定要高瞻远瞩。当企业预测现有产品线的销售额和利润率在未来一二年内可能下降时，就应考虑在现有产品组合中增加新的产品线，或加强其中有发展潜力的产品线，弥补原有产品线的不足。扩大产品组合的宽度，有利于扩展企业的经营范围，实行多角化经营，可以更好地发挥企业潜在的技术和资源优势，提高经济效益，并可以分散企业的投资风险。在实施扩大产品组合宽度策略时，要注重产品组合关联度研究，尽量选择关联度强的产品组合，这样可以增强企业在某一特定的市场领域内的竞争力和知名度。

延长长度是要增加产品项目，拓展深度则是要使产品的花色品种更丰富。这属于一种战术性决策。延长长度和拓展深度，可以占领同类产品更多的细分市场，满足更广泛的市场需求，可以增强产品的竞争力。根据消费需求的变化，企业应该及时发展新的产品项目，增加产品项目可以通过发掘尚未被满足的那部分需求来确定。

（2）缩减产品组合策略

由于原料和能源供应紧张，企业为了使有限的资源带来最大的效益，必须采取缩减产品组合策略。首先要对现有产品组合进行筛选；其次要砍掉亏损或微利甚至没有发展前途的产品线和项目；最后要对留下的生产线和项目进行改造，降低产品成本，使营销组合配置更加合理。

2002 年宝洁在中国市场推出的润妍洗发水打了败仗，短期内就黯然退市。但正是宝洁公司当机立断，及时撤出该领域，才没有使危害继续扩大。可以看出企业一定要学会舍弃，唯有会“舍”才能有“得”。

3. 产品线延伸策略

（1）向下延伸策略

向下延伸策略是把企业原来定位于高档市场的产品线向下延伸，在高档产品线中加入中低档产品。

采取此策略可给企业带来三点好处。①企业可以获得更大的市场占有率。因为，在企业的产品品牌形象和企业声誉在消费者中已经站稳脚跟之后，进入中低档市场比较容易。②企业从高档产品市场进入中低档产品市场的成本较低。因为，在产品设计、生产工艺、促销宣传、分销渠道等方面，企业可充分利用现有的条件。③可在短时期内获得较明显的经济效益。

这种策略通常适用于下列几种情况：①利用高档名牌产品的声誉，吸引购买力水平较低的顾客慕名购买这种产品线中的低档廉价产品；②高档产品的销售增长速度下降，市场范围有限，且企业的资源设备利用不足；③企业最初进入高档产品市场的目的是建立品牌信誉，树立企业形象，然后再进入中、低档产品市场，以扩大销售增长率和市场占有率；④补充企业产品线上的空白，以填补市场空缺或防止新的竞争者进入。实行这种策略也会给企业带来一定的风险，如果处理不慎，很可能影响企业原有产品的市场形象及名牌产品的声誉。

（2）向上延伸策略

它是指原先定位于低档产品市场的企业，在产品线内增加高档项目，使企业进入高档产品市场。

运用这一策略的条件是高档产品的市场销售形势很好而竞争力度不强。但是，此策略也会给企业带来风险。因为，顾客对其产品已有固定的看法，要想把产品的品牌形象提高到高档水平非常困难，弄不好不仅不能在高档市场上占据一席之地，甚至连原有的低档市场也丧失了。

这种策略通常适用于下列几种情况：①高档产品市场具有较高的销售增长率和毛利率；②企业的技术设备和营销能力已具备进入高档市场的条件；③为了追求高、中、低档完备的产品线；④以较先进的产品项目来提高原有产品线的地位。采用这种策略的企业也要承担一定的风险，因为要改变产品在消费者心目中的地位是相当困难的，如果决策不当，不仅难以收回开发新产品项目的成本，还会影响老产品的市场声誉。

（3）双向延伸策略

经营中档产品的企业在取得竞争优势后，在原有的产品线中，同时增加高档和低档产品项目。这种策略在一定条件下有助于加强企业的市场地位，特别适合新兴行业中的企业采用。但双向延伸策略在具体的实施过程中有相当的难度，需要企业具有足够的实力。

4. 产品线现代化决策

消费者的需求随时代进步而改变，因此企业的产品也要注意时代感。企业的现代化可采用逐步修正法或立即全面修正法。逐步修正法较为保险稳妥，风险低速度慢。全面修正法速度快但风险高，一旦失败，不易更改。

5. 产品线特色决策

现有企业在众多的产品线中，常利用某一产品线作号召性的产品去吸引消费者。在美国许多超市中，每周都有某些产品或产品线降价促销，以吸引消费者光顾，顺便购买其他产品。

第二节　产品生命周期

企业产品在市场上的销售情况及获利能力是随着时间的推移而发生变化的。这种变化的规律就像人和其他生物的生命一样，产品在市场上也经历了从诞生、成长到成熟，最终走向衰亡的过程。在产品市场生命的每一个阶段，它有不同的特点。因此，企业要根据产品生命的不同阶段制定相应的营销策略。

一、产品生命周期

1. 产品生命周期概念

产品生命周期是指从产品试制成功投入市场开始到被市场淘汰为止所经历的全部时间过程。产品生命周期包括引入期、成长期、成熟期、衰退期。

这里所说的产品生命周期是指产品的市场生命周期，它不同于产品的自然生命周期。产品的自然生命即产品的使用寿命，是一种产品从开始使用到其使用价值完全丧失的过程。产品自然生命的长短，取决于消费过程的方式（如使用频率、使用强度、维修保养状况等）和时间以及自然力的作用等因素。产品的市场生命是指产品在市场上的延续时间。产品市场生命的长短，取决于产品的性质和用途、消费习惯和民族特点、科技进步速度、市场竞争情况、国民收入水平等。产品的市场生命与自然生命之间没有必然的、直接的联系。有的产品自然生命很短，但市场生命却很长；有的产品自然生命很长，但市场生命却很短。由于产品的具体情况不同，其生命周期的长短也不一致，有的长达跨越世纪，有的短如昙花一现。从总的趋势看，随着科学技术的加快发展，产品生命周期日益缩短。

2. 产品生命周期的意义

由产品生命周期概念可得出这样的认识：

（1）持续地开发新产品是企业长期生存的必要条件；

（2）企业必须一方面从产品完整的生命周期出发考虑产品的贡献，另一方面从产品所处的不同阶段出发制定不同的营销策略。

3. 企业在规划产品组合时必须考虑产品生命周期这一重要因素

二、产品生命周期各阶段的特点及策略

产品市场生命周期具有多种多样的形态，人们在长期的实践中总结了各种不同产品在市场上的活动规律后，根据产品在市场中的变化趋势，以时间为横坐标，以销售为纵坐标，把产品生命周期的变化过程绘制成一条曲线，并将其划分为引入期、成长期、成熟期、衰退期四个阶段（如图 5.2 所示）。

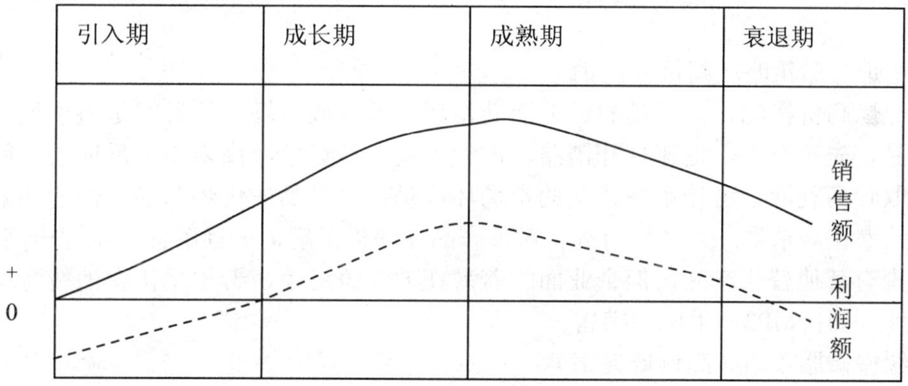

图 5.2　产品生命周期图

（一）引入期营销策略（介绍期）

1. 引入期特点

这一阶段的主要特征是：（1）只有少数企业生产，市场上竞争者较少；（2）消费者对新产品尚未接受，销售量增长缓慢；（3）需做大量广告宣传，推销费用大；（4）企业

生产批量小，试制费用大，产品成本高；（5）产品获利较少或无利可图，甚至亏损。

企业要扩大销路必须进行相当规模的促销活动，改善设备、工艺、工人的操作技术，扩大生产等都需追加投资。据统计，新产品的失败率高达 70%，在这一阶段，企业面临两难困境。扩大市场影响和改进生产需要追加投资，效果如何又不知道。所以在该阶段，企业决策也带有“赌”的成分。

2. 引入期对策

根据上述特征，企业营销策略的重点，主要突出一个“快”字，应使产品尽快地为消费者所接受，缩短产品的市场投放时间，扩大产品销售，迅速占领市场，促使其向成长期过渡。

企业营销的主要手段是广告和促销。（1）千方百计使人们熟悉了解新产品，扩大对产品的宣传，建立产品信誉。这一阶段企业要承担较重的广告费用。（2）运用现有产品辅助发展方法，用名牌产品提携新产品。如荣事达公司利用荣事达洗衣机已形成的品牌效应推出荣事达冰箱。（3）采取试用的方法，如试用、试听、试穿、试尝，这些方法在国外比较普遍。最近，在我国生产资料市场上开始采用这种方法，有些设备可先试用，再结算，不满意可以退货。不少企业由此而取得营销的成功。（4）刺激中间商积极推销新产品，给经营产品的批发商、零售商加大折扣。企业营销在具体运用广告和促销手段中可以考虑以下营销策略。

（1）快速撇脂策略（高价高促销）

即企业以高价格配合大规模的促销活动将新产品投放市场。其目的是为了使消费者尽快了解产品，先声夺人，迅速打开销路，占领市场，在竞争者尚未作出反应前，就收回投资，并获取较高利润。这种策略适用的市场环境是：产品品质优势明显，性能功效特殊，具有较大的潜在需求量；大多数消费者对该产品还缺乏了解，一旦了解后愿意出高价购买；市场上很少有其他替代产品，但企业面临着潜在的竞争对手，希望尽快在消费者中提高产品的知名度。如：MP3、手机的销售。

（2）缓慢撇脂策略（高价低促销）

即企业为早日收回投资，仍以高价格推出新产品，但是为了降低销售成本，只进行适度的促销活动。目的是以较少的支出，获取较多的利润。这种策略适用的市场环境是：产品的销售面较窄，市场容量有限；大多数消费者已对该产品有所了解，对价格的反应不太敏感；产品工艺和技术复杂，潜在竞争对手较少。如：三星电视。

（3）快速渗透策略（低价高促销）

即企业以低价格推出新产品，使尽可能多的消费者认可和接受，同时，通过大规模的促销活动，刺激更多人的购买欲望。目的是为了获得最高的市场份额。这是新产品进入市场最快、效果最好的一种策略。适用的市场环境是：市场容量大，企业有望通过大批量生产和销售，实现规模经济，降低成本，提高效益；消费者对该产品不甚了解，对价格反应比较敏感；潜在竞争对手多且竞争激烈。

（4）缓慢渗透策略（低价低促销）

即企业以低价格和有限的促销活动方式推出新产品。低价是为了促使消费者迅速地接受该产品，低促销则可以节省费用，降低成本，弥补低价格造成的低利润或亏损。这种策略适用的市场环境是：产品销售面广，市场容量大；消费者对该产品易于了解或已经了解，并且对其价格十分敏感；存在着相当多的潜在竞争者。

（二）成长期营销策略

1. 成长期特点

成长期是指产品经过试销取得成功后，转入批量生产和扩大销售的阶段。这一阶段的特征是：（1）消费者对产品已经熟悉并接受，销售量迅速上升，一般来说，销售增长率超过10%；（2）产品已基本定型，生产规模扩大，产品成本下降，企业利润不断增加；（3）同行业竞争者纷纷介入，竞争趋向激烈。

2. 成长期营销策略

产品进入成长期后，企业营销策略的重点，主要突出一个“好”字，强化产品的市场地位，尽可能提高销售增长率和扩大市场占有率。具体可采取以下几种营销策略。

（1）提高产品质量，加强市场细分。

在产品成长期，企业应把保持和提高产品质量放在首要位置，因为这是影响产品生命周期长短的关键所在。有些企业的产品刚上市时质量不错，一旦大批量销售后质量明显下降。这种自断产品前程的做法，已被无数实践证明，遭受损害的最终是企业自身的利益。随着产品销售量的上升，企业还应及时提供各种有效的服务，尽可能全面地满足消费者的要求，以巩固和扩大市场。

企业还应增加花色品种，扩充目标市场。要研究市场，进行市场细分，推出多种包装、不同性能和款式的产品适应目标市场的需求，增强市场吸引力。

（2）适当降价，阻止同业者的加入。

在批量生产、成本下降的基础上，根据市场竞争情况，选择适当时机降低产品价格，既能吸引更多顾客购买，又可防止大批竞争者介入。该策略具有战略性，很多企业在产品热销中会提价，实际上过高的价格背后是丰厚的利润，利益驱动必然带来更多的竞争对手；当最先的企业掌握了某种生产工艺后，在生产成本控制方面往往拥有优势，适当的降价可以阻止一部分竞争者的加入。否则，市场一定会快速饱和，先开发产品的企业处于不利的地位。

（3）加强分销渠道建设。

加强与中间商的合作，巩固原有的分销渠道。根据市场扩展需要，增加新的分销渠道，进入有利的新市场，扩大产品销售网络，做到保证供应，方便购买。

（4）提高产品知名度和美誉度。

广告宣传的重点应从产品的知晓度转入产品知名度、美誉度的宣传。重点介绍产品的独特性能和相对优点，树立企业和产品的良好形象，争取创立名牌，培养消费者对产品的信任感和偏爱性。

（5）适当地冒险经营。

成长期的竞争属于非零和竞争。非零和竞争状态，由于产品的销售处于高速增长，进入市场的企业都能找到发展空间，这时企业的竞争是缓和的，共存的。这时可采用冒险经营（借贷经营），为产品进入成熟期打基础。

（三）成熟期营销策略

1. 成熟期特点

成熟期是指产品经过成长期，销售量增长速度明显减缓，到达峰点后转入缓慢下降的阶段。

这一阶段的主要特征是：（1）产品的工艺、性能较为完善，质量相对稳定，产品被大多数消费者所接受；（2）市场需求趋于饱和，市场净扩大率几乎为零，一般来说，销售增长率在 1%～10%之间；（3）企业利润达到最高点，随着销售量的下降，利润也开始逐渐减少；（4）企业进入零和竞争阶段。

2. 成熟期营销策略

成熟期产品开始出现过剩，企业想继续扩大市场份额难度很大，精力不宜分散。所以，营销策略的基本原则是“防守”为主，“攻取”为辅，即防守已有的市场占有率，稳住现有的市场地位，同时尽力寻求有利的增长点，设法将成熟期延长。因此，企业营销策略的重点，主要突出一个“改”字，即对产品和市场以及营销组合策略进行卓有成效的改进。具体可采取以下营销策略。

（1）产品渐进性改进策略。

①改进产品品质。这主要是改进产品的质量性能或结构。②优化形式产品的设计。企业应针对不同目标市场的需求特点和心理设计不同的形式产品，满足不同市场和不同消费

者的多层次的需要和偏好。③继续完善全方位的服务体系。企业越能降低用户的购买风险，提高购物保障程度，也就越能对其产生购买吸引力。

（2）营销组合协调性改进策略。

①广告策略。在广告设计原理上宜采用诉求认知原理与联想相结合，突出宣传产品的优越性和市场特殊地位，巩固习惯性购买。②利用营业推广更多地惠顾消费者。鼓励现有使用者大量重复购买，刺激潜在购买者成为现实购买者。③提高公关实效。一要争取新闻报道，取得良好的社会舆论；二要资助公益活动；三要听取并及时处理公众意见；四要通过内部公关制度，增强企业的凝集力和向心力。

（3）市场拓展性改进策略。

①按用途不同，开发系列新产品。当产品进入成熟期时，企业可捷足先登，利用材料的其他特性突破原有的使用范畴，向新的消费领域扩展。②利用需求被满足的时空差异开辟新市场。若成熟期产品在原来的细分市场上遇到了强有力的竞争对手，或者由于市场上出现了更新的产品，消费者对原来的产品失去兴趣而使产品销量减少时，可试着转移阵地，重新为产品销售寻求新的增长与活力。有两种策略可采用：第一，销售区域转移策略，即到新的地区去占领市场，如某些产品在城市已不时髦，在农村可能正风行；在本省已饱和，在外省或许紧俏；第二，重新选择购买群体策略，它可在原有的销售区域内进行，也可在新发展的销售区域里使用。企业在不涉及产品创新的前提下，主要采取以下思路：①转化从未使用过的潜在顾客，促使他们接受该产品；②由直接面对顾客，转向中间顾客；或由中间顾客转向最终顾客；③争取被竞争者所忽视或放弃的潜在顾客；④进入新的细分市场，吸引那些正使用替代品的顾客。

（四）衰退期营销策略

1. 衰退期特点

衰退期是指产品经过成熟期，逐渐被同类新产品所替代，销售量出现急剧下降趋势的阶段。这一阶段的主要特征是：（1）产品销售量由缓慢下降变为迅速下降，销售增长率出现了负增长；（2）消费者对该产品的兴趣已完全转移到新产品上；（3）产品价格已降到最低点，多数企业无利可图，竞争者纷纷退出市场。

2. 衰退期营销策略

产品一旦进入衰退期，从战略上看已经没有留恋的余地。营销策略的重点，主要突出一个“转”字，应积极开发新产品取代老产品。同时，还要根据市场的需求情况，保持适当的生产量以维持一部分市场占有率，并作好撤退的准备。应当注意的是，不同的产品退出市场的速率不同，甚至会发生产品重新发展的情况。企业应从自身情况、产品特点出发，选择适当的营销策略。具体可采取以下策略。

（1）维持策略。

即继续沿用过去的营销策略，仍保持原有的细分市场，使用相同的分销渠道、定价及促销方式，将销售量维持在一定水平上，待到时机合适，再退出市场。这种策略适用于市场上对此产品还有一定需求量，生产成本较低和竞争力较强的企业。

（2）集中策略。

即大幅度缩减促销费用，精选受市场欢迎的产品继续生产，删减不受欢迎的产品，把人力、物力、财力用到最需要的地方。

（3）放弃策略。

对于大多数企业来说，当产品进入衰退期已无利可图时，应当果断地停止生产，致力于新产品的开发。但企业在淘汰疲软产品时，到底采取立即放弃、完全放弃还是转让放弃，应慎重抉择，妥善处理，力争将企业损失减小到最低限度。

第三节　新产品开发

随着科学技术和社会经济的迅速发展，产品更新换代越来越快，产品生命周期越来越短，市场竞争也越来越激烈。这种现实迫使企业不断开发新产品，以创新求发展。从短期看，新产品的开发和研制是一项耗资可观且风险极大的活动。

但从长远看，新产品的推出能使企业开拓新的市场、扩大产品销量、带来丰厚利润和增强市场竞争力。因此，有远见的企业经营者把新产品开发看作企业营销的一项具有战略性的重要策略。

一、新产品的概念及种类

（一）新产品的概念

新产品是指在功能或形态上得到改进，与原有产品产生了差异，并为顾客带来新的利益的产品。

（二）新产品种类

美国学者菲利普·凯特奥拉根据新产品与消费者固有消费模式的差异程度，将新产品分成四类。

1. 相合性新产品

该产品与某社会群固有的消费模式基本一致，消费者对其不存在陌生感，与原有产品相比较，只是在式样、质量、功能等方面略有变化。

2. 连续性新产品

该产品与固有的消费模式差异程度不大，是对现有产品进行改进的结果，这种产品能更好地满足消费者的需求。不同市场上的连续性产品与消费模式的差异程度可以不同。某些地区、国家的市场，产品变化比较迅速，消费者接受新产品的速度也较快。例如，不断翻新的家具式样、录音机等。

3. 动态连续性新产品

该产品与固有的消费模式的差异程度较大，但还没有要求建立新的消费模式。人们的生活环境总是处于不断变化之中，这种变化累积到一定程度就会要求人们改变固有的消费习惯。由于不同的消费者对这种变化的敏感性有较大差异，决定了消费者对这种新产品不同的态度。例如，电动剃须刀、冷冻食品等

4. 非连续性新产品

该产品提供了一种新的消费方式，它的诞生往往是由于科学技术的突破而使得人类的某一种千百年来可望而不可及的需求最终得以实现。例如，飞机、收音机、电视机等的问世，都属此类产品。

在上述四类新产品中，相合性新产品在竞争激烈的市场中频繁出现，消费者对之熟视无睹，甚至已不将此类归于新产品之列。非连续性新产品不常出现，一旦发生，就意味着在一定的地域，乃至整个世界都会发生产业结构的大规模调整，能够率先把握住这一时机的国家必将获取丰厚的经济果实。在现实经济生活中起重要作用的是连续性新产品、动态连续性新产品，因为这两类新产品开发的难度远比非连续性产品低，其经济利益却远比相合性新产品高。

二、新产品开发

（一）新产品开发程序

新产品开发的方式一般有程序式开发与非程序式开发。

程序式开发较适宜于相合性新产品、连续性新产品；动态连续性新产品和非连续性新产品更需要采用非程序式开发。

1. 程序式开发

一般将开发过程分成几个步骤，其基本办法如下。

（1）新产品构思

新产品构思来源于多方面：消费者、经销人员、新产品开发程序式开发机构、竞争企业产品、科学家、高层管理者等。

从市场营销的观念出发，消费者需求是新产品构思的起点，企业应当有计划、有目的地通过对消费者的调查分析来了解消费者的基本要求。通过向消费者询问现行产品的缺陷是产生新产品构思的有效方法。

经销人员因经常接触消费者，比较了解消费者的需求状况和消费者对产品的不满程度。有时，他们还能提出一些有价值的建议。

对竞争企业的密切注意，有利于新产品构思、对有关销售渠道人员的调查、了解掌握竞争企业产品的优缺点。对竞争企业产品的详细分析，也能帮助企业改进自己的产品。

企业新产品开发机构的工作人员是产生新产品构思的中坚力量，上述各种人员的新构思，只有被这些工作人员所接受、理解，才能成为有效的新产品构思。这些人员一般都经过专业训练，具有相当的经验，在新产品构思方面具有一定的敏感性。但是，我们前面已经提出过，正是由于这种情况的存在，专业工作人员往往会产生“盲点”现象，固执地排斥任何与他们的设想不合的新构思，导致许多有价值的构思夭折。如何通过一些有效的方法使专业人员摆脱盲点，是企业新产品开发机构的一项基本工作。专业工作人员也应当不断地通过自我反省，并借助于一些方法、手段消除盲点，不断地提高自身的业务能力。

（2）构思筛选

大量的新产品构思，是成功地开发新产品的基础。而面对众多的构思，受资源、精力等限制，我们只能对数量有限的一部分详加考虑。为此，就要对新产品的构思进行筛选。在筛选阶段，应当注意避免两类错误：删减了有价值的新产品构思，保留了过多的无价值构思。要完全避免这两类错误是不可能的，只能依靠一定的措施、方法、并凭借工作人员的判断力尽量减少这两类错误的发生。应当了解，筛选的目的是尽可能早地发现没有价值的构思，以减少新产品开发成本，缩短开发周期。

（3）新产品概念的形成

产品构思是企业对新产品的设想，它是新产品开发机构等人员通过对消费者需求的调查、整理获得的。它可能是正确而集中地反映了消费者的普遍需求，也可能是错误地理解了消费者的需要。为了保证企业开发的新产品确实能满足消费者的需求，将产品构思发展成新产品概念是必不可少的重要一步。新产品概念是消费者对产品的期望。从逻辑学角度来看，产品构思与新产品概念的关系还是一个种概念与属概念的关系。产品构思的抽象程度较高，从产品构思向新产品概念的转化是抽象概念向具体概念的转化过程。一个产品构思可以转化成几个新产品概念。新产品开发人员需要逐一研究这些新产品概念，进行选择、改良。

（4）商业分析

商业分析实际上在新产品开发过程中要多次进行。当新产品概念已经形成，产品定位工作也已完成，新产品开发部门所掌握的材料进一步具体、完善，在此基础上，新产品开发部门应对新产品的销货量进行测算。此外，还需估算成本值，确定预期的损益平衡点、投资报酬以及未来的营销成本等。商业分析实质上是确认新产品的商业价值。

（5）新产品设计

在商业分析以后，新产品概念要转化成实体产品，在这一阶段，往往需要大量的投资，消耗大量的人力和时间。实体样品的生产必须经过设计、试验、再设计、再试验的反复过程，定型的产品样品还将经过功能测试和消费者测试，了解新产品的性能、消费者的接受程度等。最后，决定新产品的品牌、包装装潢、营销方案。

（6）试销

试销是将产品投放到具有代表性的市场进行销售，以了解消费者对新产品的反应态度，并进一步估计市场。通过试销企业可获取大量的信息，如新产品的目标市场情况、营销方案的合理性、产品设计、包装方面的缺陷、新产品销售趋势等。利用这些信息，企业可进一步完善产品，选择更好的营销方案，保证大规模销售的成功。也有相当多的产品是在试销过程中才发现其具有严重缺陷而中止开发。在这种情况下，试销可使企业避免遭受更大的损失。

（7）商业化

通过试销，最高管理层已掌握了足够的信息，产品也已进一步完善。企业最后决定产品的商业化问题，即确定产品的生产规模，决定产品的投放时间、投放区域、投放的目标市场、投放的方式（营销组合方案）。这是新产品开发的最后一个阶段，如在这一阶段，新产品遭到失败，不仅前 6 个阶段的努力付诸东流，且会使企业蒙受重大损失。新产品投放市场的时刻，常常也就是企业在市场上进行殊死决战的关键时刻。按照上述程序，主动开发全新产品的做法对我国许多企业来说还相当陌生。现代产品，尤其是高技术产品，其构造严密，机理复杂，只有按照一定的工作程序和组织系统，才能成功地开发。因此，尽快普及、推广新产品开发程序知识是极其必要的。

2. 非程序式开发

非程序式开发没有一定的框式可寻，大企业若想成功地运用非程序式开发新产品，需要有几个基本条件。

（1）企业的领导人必须有坚强的意志与勇气。

（2）领导人的意愿与产品的发展要求相一致。

（3）对科研开发队伍进行恰当的管理。

创新能力主要来自探索和实验，而不是闭门思过，最具有创新意义的构思往往是来自于非正式创新小组的攻关活动。创新的秘诀是了解消费者。

总之，非程序式开发与程序式开发是新产品开发的两种基本方法，这两种方法各有短长。中国的企业既需要引入程序式的开发体制和方法，又需借鉴非程序式的开发方法。相比而言，如何恰当地使用非程序式开发方式是一个更为困难、更为重要的课题。所谓困难，是因为人们对“规范化”、对完全有序的东西有一种偏好，对于无序中的有序则兴趣不大；所谓重要，是因为它恰恰与重大突破、重大改进联系在一起。用非程序式开发新产品，是我国企业加入 WTO 以后应加强和重视的领域 。

（二）新产品开发战略

新产品开发战略的类型是根据新产品战略的维度组合而成，产品的竞争领域、新产品开发的目标及实现目标的措施三维构成了新产品战略。对各维度及维度的诸要素组合便形成各种新产品开发战略。几种典型的新产品开发战略如下。

1. 冒险或创业战略

冒险战略是具有高风险性的新产品战略，通常是在企业面临巨大的市场压力时为之，企业常常会孤注一掷地调动其所有资源投入新产品开发，期望风险越大，回报越大。该战略的产品竞争领域是产品最终用途和技术的结合，企业希望在技术上有较大的发展甚至是一种技术突破；新产品开发的目标是迅速提高市场占有率，成为该新产品市场的领先者；创新度希望是首创，甚至是首创中的艺术性突破；以率先进入市场为投放契机；创新的技术来源采用自主开发、联合开发或技术引进的方式。实施该新产品战略的企业须具备领先的技术、巨大的资金实力、强有力的营销运作能力。中小企业显然不适合运用此新产品开发战略。

2. 进取战略

进取新产品战略是由以下要素组合而成：竞争领域在于产品的最终用途和技术方面，新产品开发的目标是通过新产品市场占有率的提高使企业获得较快的发展；创新程度较高，频率较快；大多数新产品选择率先进入市场；开发方式通常是自主开发；以一定的企业资源进行新产品开发，不会因此而影响企业现有的生产状况。新产品创意可来源于对现有产品用途、功能、工艺、营销策略等的改进，改进型新产品、降低成本型新产品、形成系列型新产品、重新定位型新产品都可成为其选择，也不排除具有较大技术创新的新产品开发。该新产品战略的风险相对要小。

3. 紧跟战略

紧跟战略是指企业紧跟本行业实力强大的竞争者，迅速仿制竞争者已成功上市的新产品，来维持企业的生存和发展。许多中小企业在发展之初常采用该新产品开发战略。该战略的特点是：产品的战略竞争领域是由竞争对手所选定的产品或产品的最终用途决定，本企业无法也无须选定；企业新产品开发的目标是维持或提高市场占有率；仿制新产品的创新程度不高；产品进入市场的时机选择具有灵活性；开发方式多为自主开发或委托开发；紧跟战略的研究开发费用小，但市场营销风险相对要大。实施该新产品战略的关键是紧跟，要及时、全面、快速和准确地获得竞争者有关新产品开发的信息是仿制新产品开发战略成功的前提；其次，对竞争者的新产品进行模仿式改进会使其新产品更具竞争力；强有力的市场营销运作是该战略的保障。

4. 保持地位或防御战略

保持或维持企业现有的市场地位，有这种战略目标的企业会选择新产品开发的防御战略。该战略的产品竞争领域是市场上的新产品；新产品开发的目标是维持或适当扩大市场占有率，以维持企业的生存；多采用模仿型新产品开发模式；以自主开发为主，也可采用技术引进方式；产品进入市场的时机通常要滞后；新产品开发的频率不高；成熟产业或夕阳产业中的中小企业常采用此战略。

第四节 品 牌 策 略

麦当劳的一名董事会成员（他曾经在可口可乐工作过）曾经说过：“如果我们拥有的每一项资产都在一次自然灾害中被摧毁，由于我们还有品牌，就可以再借钱使一切都重新恢复。”从这段话中，我们可以看出，品牌对于一个企业极其重要。

一、品牌与商标

（一）品牌

1. 品牌的概念

品牌是一个名称、术语、标记、符号、图案，或者是这些因素的组合，被用来识别卖者的产品，以便与竞争者的产品相区别。包括品牌名称、品牌标志、商标等概念。

（1）品牌名称：指品牌中可以用语言称呼的部分。例如“新飞”、“康佳”、“春都”等。

（2）品牌标志：指品牌中可以识别，但难以用语言称呼的部分。如一种特殊的符号、设计、颜色或印字。

（3）商标：品牌（包括品牌名称和品牌标志）经向政府有关部门注册登记后，获得专用权，受到法律保护，就称为商标。

2. 品牌的作用

（1）产品或企业核心价值的体现

企业不仅要将商品销售给目标消费者或用户，而且要使消费者或用户通过使用对商品产生好感，不断宣传，形成品牌忠诚，使消费者或用户重复购买。消费者或用户通过品牌，通过对品牌产品的使用，围绕品牌形成消费经验，存储在记忆中，为将来的消费决策提供依据。一些企业为自己的品牌树立了良好的形象，赋予其美好的情感，或使其代表一定的文化，使品牌及品牌产品在消费者或用户心目中形成了美好的记忆，比如“麦当劳”，人们由这个品牌能体会到一种美国文化、快餐文化，并联想到质量、标准和卫生，也能由“麦当劳”品牌激起儿童在麦当劳餐厅里尽情欢乐的回忆。

（2）识别商品的分辨器

品牌的建立是由于竞争的需要，是用来识别某个销售者的产品或服务的。品牌设计应具有独特性，要有鲜明的个性特征。品牌的图案、文字等要有别于竞争对手，突出本企业的特点。同时，互不相同的品牌各自代表着不同的形式，不同的质量，不同的服务，可为消费者或用户购买、使用提供借鉴。通过品牌人们可以认知产品，并依据品牌选择购买。例如人们购买汽车时有这样几种品牌：奔驰、沃尔沃、桑塔纳、英格尔。每种品牌的汽车代表了不同的产品特性、不同的文化背景、不同的设计理念、不同的心理目标，消费者和用户便可根据自身的需要，依据产品特性进行选择。

（3）质量和信誉的保证

企业设计品牌，创立品牌，培养品牌的目的是希望此品牌能变为名牌，于是在产品质量上下工夫，在售后服务上做努力。同时品牌代表企业形象，企业从长远发展的角度必须从产品质量上下工夫，特别是知名品牌代表了一类产品的质量档次，代表了企业的信誉。比如“海尔”，人们提到“海尔”，就会联想到海尔家电的高质量，海尔的优质售后服务及海尔人为消费者和用户着想的动人画面。再如“耐克”，作为运动鞋的世界知名品牌，其人性化的设计、高科技的原料、高质量的产品，为人们所知。“耐克”，代表的是企业的信誉、产品的质量，品牌是企业竞争的武器。

树品牌、创名牌是企业在市场竞争的条件下逐渐形成的共识，人们希望通过品牌对产品、企业加以区别，通过品牌形成品牌追随，通过品牌扩展市场。品牌的创立、名牌的形成正好能帮助企业实现上述目的，使品牌成为企业有力的竞争武器。品牌，特别是名牌的出现，使用户形成了一定程度的忠诚度、信任度、追随度，由此使企业在与对手的竞争中拥有了后盾基础。品牌还可以利用其市场扩展的能力，带动企业进入新市场；带动新产品打入市场；品牌可以利用品牌资本运营的能力，通过一定的形式如特许经营、合同管理等形式进行企业的扩张。总之，品牌作为市场竞争的武器常常带来意想不到的效果。

（4）企业利润来源

品牌以质量取胜，品牌常附有文化和情感内涵，所以品牌给产品增加了附加值。同时，品牌有一定的信任度、追随度，企业可以为品牌制定相对较高的价格，获得较高的利润。品牌中的知名品牌在这一方面表现最为突出，如海尔家电，其价格一般比同等产品高；耐克运动鞋比同等的李宁运动鞋高出几百元。而在这一方面我们还可以再看一看著名饮料企业可口可乐的例子：可口可乐公司 1999 年的销售总额为 90 亿美元，其利润为 30%，利润额为 27 亿美元，除去 5%由资产投资带来的利润，其余 2205 亿美元均为品牌为企业带来的高额利润。由此可见，品牌特别是名牌能给企业带来的较大的收益，而品牌作为无形资产，已为人们所认可。

（二）商标

1. 商标的概念

商标是法律术语，品牌在政府有关部门依法注册并取得专用权后成为商标。

2. 商标策略

所谓商标策略，是指商品生产者或服务的提供者为了实现其商标战略目标，根据市场营销形势的需要和自身的实际情况，在商标权的取得、商标权的运用以及商标权的保护等方面，所制定和采用的一系列有效、实用的商标计谋。例如：总商标与产品商标策略、等级商标策略、联合商标策略、防御商标策略、强化商标功能策略等。

（1）总商标与产品商标策略。

为了树立企业的形象，扩大名牌商标的声誉，并利用这种声誉为企业的市场营销和开发新产品服务，同时避免消费者对新产品和新商标的不信任感，企业在自己生产的所有商品上都使用同一个名牌商标，而同时又在开发的每一种新产品上使用一个新商标的做法，称为使用总商标与产品商标策略。在这里，前一个商标叫做 “总商标”，后一类商标则称为“产品商标”，或称为“分商标”、“产品群商标”、“产品别商标”、“系列产品商标”等。

例如，日本丰田自动车株式会社的总商标为“TOYOTA”，根据产品不同的质量、特点，还使用了凌志、王冠、霸王、佳美、陆地巡洋舰、海狮、柯斯特等产品商标；美国宝洁公司的总商标为P&G，而产品商标则有：飘柔、海飞丝、潘婷、沙宣等。

（2）等级商标策略

即在自己生产的同一品种、不同质量的产品上，分别使用不同的商标的策略。一般来说，任何一个企业，在任何时候，均会遇到因原材料不一、工人技术发挥程度不一、机器设备完好率、能源等一系列不可抗力因素的干扰，而出现产品的质量、规格、花色等达不到预定标准的可能，因此，如果企业为了眼前利益，在这些产品上使用同一个商标，那么，这些不同质量的商品进入市场后，就会收到事与愿违的效果。所以，即使是名牌，最终也必将倒牌。实行等级商标策略，即一种质量的产品，使用一个商标，确定一种价格，使消费者一见到某种牌子的商品，就知晓该商品的质量和档次。

（3）联合商标策略

为了防止他人对自己的高信誉商标的影射、“搭便车”，同一个商标注册人在相同或类似的商品上注册若干个与自己的主商标相近似的或容易引起混淆的商标做法，称为注册联合商标策略。如娃哈哈集团注册的“娃娃哈”、“哈娃娃”、“娃哈娃”、“娃娃乐”等十数件联合商标，有效地保护了主商标“娃哈哈”的专用权。

（4）防御商标策略

非驰名商标所有人可将自己的商标在各种不同类别的商品（主要是非类似商品）上分别予以注册，这一做法即称为防御商标策略。防御商标的目的也不是为了使用，而是为了防止他人在非类似商品上使用自己的注册商标，从而损害该商标的信誉，冲淡该商标的显著性。例如，日本索尼公司的驰名商标“SONY”在世界上170多个国家进行了注册，不局限于电子产品。有位投机商人使用“SONY”商标经销巧克力，在消费者中造成了混淆。索尼公司认为损害了其声誉，对该商人提出控告，最终以投机商停止侵权并作出赔偿告终。这是采用防御商标策略保护驰名商标的典型案例。

（5）强化商标功能策略

为了提高企业商标的知名度，强化消费者对本企业商标的印象，便于消费者认“牌”购货，增强商标在市场销售过程中的作用，商标所有人充分利用商标标识突出宣传自己商标的做法，称为强化商标功能策略。在可能的情况下，可将商标的图形和商标名称作为整个商标标识的主体来使用，以期在视觉上形成强烈的冲击力。“郎”酒、“雪碧”饮料的商标使用方式即为范例。

二、品牌策略

（一）品牌化战略

1. 品牌化战略

企业为其产品规定品牌名称、品牌标志，并向政府有关主管部门注册登记的一切业务活动，叫做品牌化战略。

（1）规定品牌名称可以使卖主易于管理订货。

（2）注册商标可使企业的产品特色得到法律保护，防止别人模仿、抄袭。

（3）品牌化使卖主有可能吸引更多的品牌忠诚者。

（4）品牌化有助于企业细分市场。

（5）良好的品牌有助于树立良好的企业形象。

2. 品牌化可使购买者得到一些利益

（1）购买者通过品牌可以了解各种产品的质量好坏。

（2）品牌化有助于购买者提高购物效率。

（二）品牌归属战略

制造商决定给其产品规定品牌之后，下一步要决定品牌的归属。

1．制造商品牌。即制造商决定使用自己的品牌。

2．中间商品牌，又叫私人品牌。即制造商决定将其产品卖给中间商，中间商再用自己的品牌将货物卖出去。

3．企业还可以决定有些产品用自己的品牌，有些产品用中间商品牌。

（三）品牌名称（家族品牌）战略

该战略有以下四种。

1．个别品牌名称：即企业决定其各种不同的产品分别使用不同的品牌名称。

2．统一品牌名称：即企业决定其所有的产品都统一使用一个品牌名称。

3．各大类产品单独使用不同的品牌名称：产品分别使用不同的品牌名称。

4．企业名称与个别品牌名称并用：即企业决定其各种不同的产品分别使用不同的品牌名称，而且各种产品的品牌名称前面还冠以企业名称。

（四）品牌扩展战略

它是指企业利用其成功品牌名称的声誉来推出改良产品或新产品，包括推出新的包装规格、香味和式样等。还有一种品牌扩展，即企业在其耐用品类的低档产品中增加一种式样过于简单的产品，以宣传其品牌中各种产品的基价很低。

（五）多品牌战略

它是指企业决定同时经营两种或两种以上互相竞争的品牌。

企业采取多品牌决策的主要原因是：

1．多种不同的品牌只要被零售商店接受，就可占用更大的货架面积，而竞争者所占用的货架面积当然会相应减小；

2．多种不同的品牌可吸引更多顾客，提高市场占有率；

3．发展多种不同的品牌有助于在企业内部各个产品部门、产品经理之间开展竞争，提高效率；

4．发展多种不同的品牌可使企业深入到各个不同的市场部分，占领更大的市场。

（六）品牌重新定位战略

不论一个品牌在市场上的最初定位如何适宜，在一个动态的环境中，随着时间的推移，品牌往往需要重新定位。品牌重新定位主要是因为以下原因：

1．竞争者推出一个竞争性的品牌，并削减本企业品牌的市场份额；

2．顾客的偏好发生转移，使本企业品牌的需求减少。

阅读资料

好的品牌与商标的设计原则。

1．国际通行

由于世界各国的历史文化传统、语言文字、风俗习惯、价值观念和审美情趣的不同，对于一个品牌的认可也就有很大差异。因此，企业或产品要想打入国际市场，在创立品牌时，就要遵循国际通行原则。

国际通行原则，即是指在给企业或产品取名时，综合考虑各国不同的法律法规、风俗习惯、语言语音差异等因素，取出一个能在各国不同的环境下通行的名字。

要使企业或产品的名字符合国际通行的要求，应具体做到以下几个方面。

第一，符合各国法律法规。

企业或产品品牌的设计要符合产品行销国的法律，各国的商标法对什么样的商标能够注册，都有明确的规定。如果所选的品牌名称只顾考虑市场含义，但有法律缺陷或者与有关国家的法律相抵触，那么，可能就要花不少诉讼费以解决品牌的合法性问题了。

第二，符合各国风俗习惯。

在不同的地理区域，人们的忌讳和喜好都是有差别的。如熊猫作为珍贵动物为全世界许多人所钟爱，国内很多商品均以熊猫为商标，但是在伊斯兰国家却禁止熊猫牌商品进口，因为熊猫的外形像猪。

类似这样的忌讳很多，如英国人认为孔雀是祸鸟，孔雀开屏是一种自我炫耀的不良习惯；东南亚国家崇尚黄色，黄色代表高贵，但在伊斯兰国家，黄色代表死亡，十分忌讳；日本人认为荷花不吉祥，代表着祭奠等。

对于各个国家的明显忌讳，企业或产品的名字如有所冲突或冒犯，那么，该企业或产品想成功登陆该国或地区便有着不可逾越的障碍。

第三，符合各国语言、译音差异。

在本国的语言环境里，绝大多数企业或产品名字的字音和字义，往往都是比较成功的，可由于各国语言文字的差异，这些企业或产品在国外的品牌形象就大打折扣了。

香港曾爆发过一场“白兰地”酒和“威士忌”酒的销售大战，结果“白兰地”售出四百余万瓶，“威士忌”却只售出十万瓶，只相当于“白兰地”的一个零头。

以质量和知名度而论，“威士忌”都不比“白兰地”差，那为何“威士忌”一败涂地呢？经调查分析，问题出在“威士忌”这个中文译名上。威士忌，连威士都忌怕，谁还愿买？而白兰地，则是一个充满诗情画意，令人喜爱的名字。

又如“芳芳”牌唇膏，在中国比较受女士们欢迎，可在美国根本无人问津，原因是汉语拼音的“Fang”在英语中是狗牙、毒牙的意思。谁能指望美国的女士们会把“狗牙”或者“毒牙”之类抹在嘴上呢？

其实，这些因语言文字差异而造成的负面影响是可以避免的，只要用些心思，就可以充分利用这些差异，取一个符合当地语言习惯的好名字。

美国名表“TIMEX”在香港市场销售时中文译名为“大力”，厂家在进入台湾市场前，请太洋广告公司代理广告策划。太洋广告公司先做了一次消费者调查，结果表明“大力”这一译名字义充满“粗”的感觉，会误导消费者将精品看成粗品，这是销售上的大忌，于是不断征求 TIMEX 的新的译名，最后选定“天美时”作为中文译名。

又如美国可口可乐公司的产品，在中国销售时，选择了一个中文商标“雪碧”，给人未尝先凉的效果，深受人们喜爱；德国的 Benz 轿车也取了一个中文“奔驰”商标名，也深受中国消费者的青睐。

畅销世界的名牌，基本上都没有地理文化方面的障碍，一般说来，这些企业或产品的名字都有两个明显的特点。

第一，读音简洁而有韵律，符合各个国家不同的发音习惯。如 KODAK、CANON、XEROX、FUJI 等就是典型的例子。

第二，不注重名字的确切含义，这些易被消费者记住的名字，在世界上大部分国家词典字典中都难以查出。这类国际品牌有 Cocacola、娃哈哈、乐百氏等。

企业或产品的取名坚持国际通行原则，是企业或产品成功登陆国外市场的首要环节，在给企业或产品取名时，一定要给予充分的重视。

2. 避免同名

我国《企业名称登记管理规定》中规定，当企业名称中地域、字号、行业、组织形式四项完全相同时才构成侵权，其中一项不同即为合法登记，因此，在企业或产品的取名中，名字雷同的情况十分普遍。

例如，北京市就有 107 家企业叫“四通”，其中包括加油站、服装厂、修车摊、酱菜园之类，而这些“四通”大多与四通集团并没关系。

还有一种现象，就是企业或产品的名字直接与一些名人的名字相雷同，以一些歌星的名字为商名，类似的现象还有用名人或明星名字的谐音，来做为企业或产品的名字。

其实，在为企业或产品取名时，不但应该拒绝刻意模仿，还应该主动避免雷同，努力去取有特色的好名字。

以儿童营养食品为例，“健儿宝”、“保儿康”、“小星星”、“贝贝血宝”等产品差别不大，名称也是一个模式，其中的某一具体产品，就很难给人留下独特的印象。在这种情况下，突破常规取名模式，就显得很重要了。

杭州娃哈哈儿童营养液就做得非常成功，他们突破了该行业取名的一般习惯，以新疆儿歌中的“哇哈哈”稍加改动作为商标名称，不仅非常新奇，又使孩子乐于接受，与产品的功能十分贴切，当然，它也成功地打入了儿童营养食品市场。

又如北京东城区小巷中有一餐馆，名曰“居无竹”。苏东坡诗云“宁可食无肉，不可居无竹”，有道是“无肉令人瘦，无竹令人俗”。可这位老板偏和苏大诗人作对，他明言“居无竹”，暗扣“食有肉”，说白了就是这里环境虽不高雅，可饭菜却是极有油水的。这样的名字倒也是挺有特色的。

从例子中可以看出，取一个避免同名且有自己特色的名字并不是很难，只要取名者的着眼点不拘一格，突破同类商号或产品取名的一般格局，避开目前商号、商标使用的常规用字，就能为企业或产品取一个富有个性的好名字。

3. 形象一致

形象一致原则，也可说是名副其实原则。它是指企业或产品的名字要与其形象相符合。商名好比一面旗子，代表着企业或产品在大众心中的形象，是公司发展壮大的重要条件。

例如，同仁堂是享有盛誉的老字号中药店，它创建于1669年，迄今已有331年的历史。清朝雍正年间，同仁堂成为供奉清宫御药房的专用药店，1861年，同仁堂奉命直接为皇宫制药，成为清宫的御药房。

在300多年的探索和研究中，同仁堂积累了众多的古方、民间验方、宫廷秘方，集多年制药经验，形成了配方独特、工艺精湛、成药种类众多、疗效显著的品牌特色。

几百年的历史，使同仁堂这个品牌蜚声海内外，成为中国中药行业的佼佼者。如今，同仁堂已不只是商名，还是质量的标志、中华中药的代表。

类似同仁堂这种企业或产品与名字形象一致的例子很多，如“康师傅”方便面，暗示这是有益健康的卫生食品，一下就抓住顾客的心。

企业的形象与商名一致，的确能有效地推动和促进企业的发展，如商名与企业的形象不相符合，那么，它对企业或产品的负面影响也是显而易见的。

台湾发明家王兴钦，他发明了一个两用刷：一面是刷子，一面是肥皂，还可接在水龙头上，使用很方便，他煞费苦心地给它取了个名字叫“鸳鸯刷”，非常浪漫，经豪华包装后推向市场，可销路甚差。后来发现，人们误将此刷当作刷背的刷子，说到“鸳鸯刷”，人们联想到的大多是“鸳鸯戏水”，而用它来刷背实在太硬，自然销路不好。

又如，有一种汽车发动机的润滑调隙活塞环，取名叫“鑫福环”，一般说来，单通过这个名字，是很难联想到它和汽车的关系。

在这种情况下，即使企业再优秀，产品质量再好，用这种名实不符的商名，企业很难在同行中鹤立鸡群，产品也很难在市场中一炮打响。

所以说，企业或产品取名，坚持与形象一致的原则是很重要的，商名只有既反映出经营者的经营特色，又反映产品的优良品质，这样的商名才是成功的。

4. 意韵雅致

当今社会，人们在消费时，看重的已不仅仅是物质上的满足，更多的是想获得精神、心理的满足，希望自己购买的产品有品味。所以，意韵雅致的企业或产品名字，往往能吸引更多的顾客，更有利于企业的发展。

意韵雅致取名主要有两个特点。

第一，字面意韵雅致。这类企业或产品的名字，一看就给人一种与众不同的感觉，它最鲜明的特点就是言简意赅，清新而不落俗套。

以生产衬衫而蜚声中外的江苏红豆集团，正是因为有了一个意韵雅致的品牌，才促进其迅速发展的。其品牌“红豆”是受唐代诗人王维的“红豆生南国，春来发几枝？愿君多采撷，此物最相思”一诗的启发而取出来的，有着深厚的文化意蕴。

伴随着王维这首千古绝句，红豆在人们心目中逐渐成了纯洁美好情感的象征之物。而且，在现代英文中，红豆译作 The Seed of Love，即“爱的种子”。于是，集爱与美于一身的红豆形象就更趋完美了。

红豆品牌正是把千百年来中国文化的内涵，以及各种爱慕之情、思念之意汇于一身，因而深受人们欢迎。

红豆这个词语意韵雅致，才使红豆这个品牌获得了极大的成功。像红豆这样意韵雅致的成功品牌还有很多，如同仁堂、鸿宾楼、六必居等老字号，叫了百数十年，四海闻名。

第二，字义意韵雅致。这类企业或产品的名字比较注意内蕴，有一定的含义和讲究，其意韵雅致的特点表面上不容易看出来。

TCL 是中国电视机行业新崛起的一颗明星，它以超大屏幕“王牌”彩电在电视机市场上一炮打响。TCL 作为一个现代商标，不仅拼写简洁明快，读音琅琅上口，易于辨识，而且意蕴深刻。

TCL 原来的意思其实很简单，就是电话通讯有限公司的英文 Telephone Communication Ltd 的缩写。由于这个商标比较符合国际规范，不受中国汉字文化的限制，因而在现代市场经济中比较行得通。

如今，这三个英文字母又重新演化为 Today China Lion，即“今日中国雄狮”的全新含义，给人以东方睡狮如今猛醒，怒吼震天，威猛凛凛的形象意蕴。

又如青岛双星集团的双星品牌，由两颗星组成。起初打算设计成一颗星，含义是市场一颗星。后来，随着市场经济的发展，市场竞争越来越倚重科技和管理，遂设计为双星，含义是科技一颗星，管理一颗星。

由于双星的知名度越来越高，产品销路很好，市场不断从国内扩大到海外，在欧美也有很好的声誉。于是，双星有了新的解释：双星的含义是东半球一颗星，西半球一颗星。

在运用上面两种方法为企业或产品取名时，应注意名字的意义和谐音，否则，这样的名字会产生截然相反的效果。

金利来领带根据 Goldlion 英文本意而直译为“金狮”，在广东、香港等地初次投入市场时，因“金狮”与“净输”谐音而遭到消费者的普遍拒绝。后来，他们把 Goldlion（金狮）改为意译和音译相结合的吉祥名字“金利来”，即 Gold 意译为“金”，Lion 音读“利来”。这个名字很快就被大家所接受。

一个成功的企业，要创出自己的名牌，首先必须打出自己响亮的名称，取一个能在众多企业和产品中鹤立鸡群的名字，这就要求经营者要努力为其企业或产品取一个意韵雅致、超凡脱俗而又易识易记的名字。

5. 顺耳响亮

读音是名字的物质外壳，名字发音的好坏，不仅关系到名字的听觉形象，而且也关系到它能否让人读来上口。企业和产品的取名也应该遵循顺耳响亮的原则。

一些企业取出了顺耳响亮的名字，这些名字看起来醒目清爽，说起来琅琅上口、铿锵有力，听起来干脆利落、易懂易记，对企业的发展起到了很大的促进作用。许多世界品牌企业或产品的取名就是很好的例证。

如，可口可乐品牌位居世界十大驰名商标之首，这个已有百年以上历史的世界名牌，之所以能够历久弥新，在全世界妇孺皆知，除了可口的美味、稳定的质量和高强度的广告宣传外，它的品牌设计也不容忽视。

CocaCola 的品牌设计看起来简洁、醒目，读起来琅琅上口，它并没有固定的字面意义，只是一种简化的字母组合，简单易记。在我国，CocaCola 又被进一步创造性地翻译成“可口可乐”，有既可口，又可乐之意，易读易懂，故而特别容易被人接受。

要使品牌的名字顺耳响亮，一般要做到以下两点。

第一，合乎语音学规则。

企业或产品的名字要做到顺耳响亮，首先就要求名字音律优美，抑扬顿挫。如果构成的名字全属平声字，则读起来平板，听起来也无节奏感；如果全属去声字，念起来又颇费气力，听起来也单调。因此名字由平仄二声构成，则产生有节奏而又和谐的优美音律效果，悦耳动听。

如“京客隆”，名字的读音由平仄平三声构成，而且尾字字音上扬，颇为响亮。这个名字无论字义还是字音，都是相当成功的。

第二，力求“少、短、响”。

在相同的信息传递过程中，为便于书写和记忆，产品名称越短越好，越短越有优势，所以这就要求取出的名字要字数少、笔画少、字形结构合乎美学原则。海尔品牌的设计就是这方面的典型例子。

海尔品牌在诞生的时候，其实并不是像今天这样简洁醒目，琅琅上口。起初，它叫“琴岛——利勃海尔”。后来觉得“琴岛——利勃海尔”这个名字太长，读起来不上口，也不便于记忆，便将它逐步简化，先由“琴岛——利勃海尔”变为“利勃海尔”，再由“利勃海尔”变为“海尔”，让消费者在不知不觉中接受了“海尔”这一品牌。

“海尔（Haier）”品牌本身并没有什么特殊的含义，它不是汉语中一个现成的词，更没有什么固定的含义，但这些并不是主要的，重要的是它简洁易记，顺耳响亮。这也足以使它成为一个成功的商品名字。

“少、短、响”是确定企业或产品名字成功的条件之一，诸如日本的三洋、日立、东芝、索尼、德国的奔驰（Benz）都是短名响亮的典范。在高科技领域闻名遐迩的方正、联想等企业，其名称也属于此类。

以上这些企业取得的成功说明，在商企取名中，注意在“响亮”方面多花些工夫，是非常值得的。

但在为企业和产品取名时，只是刻意追求顺耳响亮、琅琅上口的商名，最终却可能适得其反。如上海某企业为其新生产的名牌冷饮产品取名为“美国导弹”，可该产品一推到市场，就遭到了商店和顾客的“白眼”，出现了“一炮打不响”的惨状。

“美国导弹”饮品的失败再次证明，在为企业或产品取名时不可走极端，一味求大、求响亮，而应将顺耳响亮与经营者的经营实际结合起来，避免名实不符。

6. 切实可行

写文章需要选个好题目，有了好的题目，文章就成功了一半，企业及产品的取名也是如此。一家企业、一种商品出现在消费者面前，要更易于让消费者接受，就应有让人津津乐道的名字，那么，什么样的名字才称得上津津乐道的商名呢？

好的商名一般都具有以下三个特点。

第一，具有识别作用。

企业或产品的名字要易于识别，这是企业或产品命名的基本原则。名字就像公司或产品的脸，不但要容易辨识，而且要富有个性，具备鲜明、突出的特征。

如“五粮液”酒厂，人们一听到这个名字就很容易记住，它较别的酒厂名更鲜明，更突出，很有个性。而那些以“东风”、“向阳”、“红星”取名的企业，则给人一种模模糊糊的感觉，不易识别和记忆。

因此，要想取一个成功的企业名或产品名，就应该使名字易读、易念和易听、易记。只有充分发挥企业或产品名字的识别作用，才便于消费者在众多的企业或产品中将其分辨出来。

第二，具备广告作用。

好的企业或产品名都具有很强的吸引力，这样的名字不但读起来琅琅上口，而且立意新颖，容易引发联想，使人在茶余饭后或街谈巷议中乐意提及。

如“光大银行”、“联想集团”等名字，就是典型的好名。还有一些食品类的名字如“一品鲜”、“大三元”、“狗不理”等，也能引起消费者的兴趣和好奇心，从而激发他们的消费欲望。

可见，对于企业和产品来说，这样的名字本身就是一种广告。

在力求取好名的同时，也要善于利用这些好名的广告价值。如果店名的寓意很好，设计也富有艺术性，那么，带有这种店名标志的物品就会被人们作为装饰物，或贴于厅堂之中，或挂在较为显眼的地方。如印有“娃哈哈集团”、“乐百氏集团”这些名称的书包、文具就深受很多少年儿童的喜爱。

资料来源：浙江博客网 2007-10-24 有删节

第五节 包 装 策 略

一、包装的概述

（一）包装

1. 包装的含义

营销学中的包装是其静态的概念，通常指产品的包装物或容器及其设计装潢。包装可以包括多达三个层次的材料。第一层次的包装是指最接近产品的容器。例如，装着“高露洁”牙膏的塑料软管是最接近产品的包装。第二层次的包装是指保护第一层次包装的材料，当产品使用时，它即被丢弃。装着“高露洁”牙膏软管的纸盒就属于第二层次的包装，它为产品提供了进一步的保护和促销机会。第三层次的包装是运输包装，是指产品储存、辨认和运输时所必需的包装。如装有六打“高露洁”牙膏的波纹盒就是运输包装。此外，标签化亦是包装化的一个组成部分，它是由表明该产品的印制好的信息所构成，出现在包装物上面或和包装物合为一体。

2. 包装的分类

包装可从各个角度来分类，现分述如下。

（1）按功能分类

包装可按其功能分为单体包装、内包装与外包装三种。

（2）按运输方法和消费对象分类

可分为工业包装和商业包装两大类，也称之为运输包装和销售包装。

（3）按包装容器的形态分类

以形态为重点的分类方法可分为箱、袋、包、木桶、罐、瓶、成型容器和软膏筒等。箱和木桶常用于外包装；袋、包、罐、瓶、软膏筒和成型容器等常用于单体包装；袋和盒多用于内包装。由于塑料的发展，袋、包、软膏筒、成型容器的使用更加普遍。

（4）按包装作业顺序分类

按照包装操作的作业顺序，可以把包装分为第一次包装、第二次包装、第三次包装等。例如：鱼肉香肠的包装，使用聚偏二氯乙烯管状薄膜包装是第一次包装；外围再用聚丙烯、防潮玻璃纸或敷膜玻璃红裹包就属于第二次包装；把10条香肠装进小纸盒的包装是第三次包装；把6～8个小纸盒放入一个瓦楞纸箱中，则是第四次包装。以上是一种根据作业顺序进行包装分类的方法。

（5）按包装容器的性状分类

美国商业部是按刚性容器和软包装对包装容器进行分类的。例如，目前食品软包装已成为简捷包装的主流，而刚性容器则用于高档食品的包装；介于上述二者之间，还有一种半刚性包装容器，由塑性或厚铝箔模压成型的容器就属于这一类，造型美观、使用方便，其需求量正日益增长。

（6）按内装物分类

根据内装物的种类进行分类，则有食品包装、医药包装、电器包装等。

（7）按包装目的分类

防水包装、防潮包装、耐油包装、隔气包装、防尘包装以及特殊包装等，都是按包装目的进行分类的。

（二）包装的作用

1. 保护产品

包装主要用以防止在产品的储存和流通过程中发生渗漏、损耗、散落、收缩、变质和偷盗等。近年来，各种创新包装，主要是用于食品保鲜的包装大量出现，使消费者利益继续得到增进。创新的企业也因此获得了相当可观的利润。

2. 提供方便

包装为储存、运输过程中的搬运工作提供了方便。有些产品包装还须考虑到消费者携带的方便性。

3. 提高产品效用

包装已成为产品有形实体的一个组成部分。装潢美观、造型别致的包装给人以款式新颖、质量上乘、高档产品的印象。

4. 作为有效的营销手段

提示产品效用的包装能起到广告牌的作用，包装又成了企业推广产品、显示产品知名度的竞争手段。

阅读资料1

在现代激烈的市场竞争环境下，包装的作用已经不仅仅体现在有效地保护商品的层面上了，它是卖方影响买方的最后一个机会。同时，好的包装也能为企业销售量带来帮助。

某牙膏企业在牙膏销售不景气的情况下，为了增加销售量而将牙膏盒口的直径加大，在一般人习惯挤出同等长度牙膏的情况下，增加了用量，大大增加了企业牙膏的销售额。同样是味精厂，采用扩大味精瓶小孔直径的办法，来增加销售额的事例。

（三）包装设计

企业在设计包装时，应考虑以下几点要求。

（1）包装应与商品的价值或质量相适应。好的包装能够衬托出产品应有的价值，并以此促进产品的销售。在商务礼仪中，一般来说，作为馈赠礼物的外包装在价值上大约为礼物本身价值的三分之一是比较得体的。

阅读资料2

香水瓶成为艺术品

1921年5月，当香水创作师恩尼斯·鲍将他发明的多款香水呈现在香奈尔夫人面前让她选择时，香奈尔夫人毫不犹豫地选出了第五款，即现在誉满全球的香奈尔5号香水。然而，除了那独特的香味以外，真正让香奈尔5号香水成为“香水贵族中的贵族”却是那个看起来不像香水瓶，反而像药瓶的创意包装。

服装设计师出身的香奈尔夫人，在设计香奈尔5号香水瓶型上别出心裁。“我的美学观点跟别人不同：别人唯恐不足地往上加，而我一项项地减除。”这一设计理念，让香奈尔5号香水瓶简单的包装设计在众多繁复华美的香水瓶中脱颖而出，成为最怪异、最另类，也是最为成功的一款造型。香奈尔5号以其宝石切割般形态的瓶盖、透明水晶的方形瓶身造型、简单明了的线条，成为一股新的美学观念，并迅速俘获了消费者。从此，香奈尔5号香水在全世界畅销80多年，至今仍然长盛不衰。

1959年，香奈尔5号香水瓶以其所表现出来的独有的现代美荣获“当代杰出艺术品”称号，跻身于纽约现代艺术博物馆的展品行列。香奈尔5号香水瓶成为名副其实的艺术品。对此，中国工业设计协会副秘书长宋慰祖表示，香水作为一种奢侈品，最能体现其价值和品位的就是包装。"香水的包装本身不但是艺术品，也是其最大的价值所在。包装的成本甚至可以占到整件商品价值的 80%。香奈尔 5 号的成功，依靠的就是它独特的、颠覆性的创意包装。"

资料来源：北京商报　2007-09-03　有删节

（2）包装应能显示商品的特点或独特风格。

阅读资料 3

创意包装改变品牌形象

作为一家有着 50 多年历史的酿酒企业，北京红星股份有限公司（以下简称"红星公司"）生产的红星二锅头历来是北京市民的餐桌酒，一直受到老百姓的喜爱。然而，由于在产品包装上一直是一副"老面孔"，使得红星二锅头始终走在白酒低端市场，无法获取更高的经济效益。

随着红星青花瓷珍品二锅头的推出，红星二锅头第一次走进了中国的高端白酒市场。红星青花瓷珍品二锅头在产品包装上融入中国古代文化的精华元素。酒瓶采用仿清乾隆青花瓷官窑贡品瓶型，酒盒图案以中华龙为主体，配以紫红木托，整体颜色构成以红、白、蓝为主，具有典型中华文化特色。该包装在中国第二届外观设计专利大赛颁奖典礼上荣获银奖。国家知识产权局副局长邢胜才在看了此款包装以后表示，"这款产品很有创意，将中国的传统文化与白酒文化结合在一起，很成功"。

对此，红星公司市场部有关负责人告诉记者，红星青花瓷珍品二锅头酒是红星公司 50 多年发展史上具有里程碑意义的一款重要产品。"它的推出，使得红星二锅头单一的低端形象得到了彻底的颠覆。不但创造了优异的经济效益，还提高了公司形象、产品形象和品牌形象。"记者了解到，红星青花瓷珍品二锅头在市场上的销售价格高达 200 多元，而普通的红星二锅头酒仅为五六元。

据该负责人介绍，除了红星青花瓷珍品二锅头以外，红星公司还推出了红星金樽、金牌红星、百年红星等多款带有中国传统文化元素包装的高档白酒。

资料来源：北京商报　2007-09-03　有删节

（3）包装应方便消费者购买、携带和使用。

（4）包装上的文字说明应实事求是。

（5）包装装潢应给人以美感。

阅读资料 4

一个价值600万美元的玻璃瓶

说起可口可乐的玻璃瓶包装，至今仍为人们所称道。1898 年鲁特玻璃公司一位年轻的工人亚历山大·山姆森在同女友约会中，发现女友穿着一套筒型连衣裙，显得臀部突出，腰部和腿部纤细，非常好看。约会结束后，他突发灵感，根据女友穿着这套裙子的形象设计出一个玻璃瓶。

经过反复的修改，亚历山大·山姆森不仅将瓶子设计得非常美观，很像一位亭亭玉立的少女，他还把瓶子的容量设计成刚好一杯水大小。瓶子试制出来之后，获得大众交口称赞。有经营意识的亚历山大·山姆森立即到专利局申请专利。

当时，可口可乐的决策者坎德勒在市场上看到了亚历山大·山姆森设计的玻璃瓶后，认为非常适合作为可口可乐的包装。于是他主动向亚历山大·山姆森提出购买这个瓶子的专利。经过一番讨价还价，最后可口可乐公司以 600 万美元的天价买下此专利。要知道在 100 多年前，600 万美元可是一项巨大的投资。然而实践证明可口可乐公司这一决策是非常成功的。

亚历山大·山姆森设计的瓶子不仅美观，而且使用非常安全，易握不易滑落。更令人叫绝的是，其瓶型的中下部是扭纹型的，如同少女所穿的条纹裙子；而瓶子的中段则圆满丰硕，如同少女的臀部。此外，由于瓶子的结构是中大下小，当它盛装可口可乐时，给人的感觉是分量很多的。采用亚历山大·山姆森设计的玻璃瓶作为可口可乐的包装以后，可口可乐的销量飞速增长，在两年的时间内，销量翻了一倍。从此，采用山姆森玻璃瓶作为包装的可口可乐开始畅销美国，并迅速风靡世界。600 万美元的投入，为可口可乐公司带来了数以亿计的回报。

（资料来源：北京商报，2007-09-03，有删节）

（6）包装装潢上的文字、图案、色彩等不能和目标市场的风俗习惯、宗教信仰发生抵触。

二、包装的基本策略

常见的产品包装策略，大致有如下几种。

1. 类似包装策略

类似包装策略是指企业将其所生产的各种不同产品，在包装外形上采用相同的图案、近似的色彩及其他共存的特征，使消费者或用户极易联想到这是同一家企业生产的产品。

类似包装策略的优点是：

（1）可以壮大企业声势，扩大企业影响，特别是新产品初次上市时，可以用企业的信誉消除用户对新产品的不信任感，使产品尽快打开销路；

（2）可以节省包装设计费用；

（3）有利于介绍新产品。

但是，类似包装策略只适用于同一质量水平的产品。如果质量相差过于悬殊，再使用这一包装策略就会增加低档产品的包装费用，或使优质产品蒙受不利的影响，故要区别对待。

2. 等级包装策略

等级包装策略是指企业将产品分成若干等级，对高档优质产品采用优质包装，一般产品则采用普通包装，使包装产品的价值和质量相称，表里一致，等级分明，以方便购买力不同的消费者或用户选购。

3. 双重用途包装策略

双重用途包装策略是指企业在进行产品包装时，要注意即使原包装的产品用完后，空的包装容器还可以作其他用途。例如，果酱、酱菜采用杯形包装，空的包装瓶可以作旅行杯；糖果包装盒还可以用作文具盒，等等。这种包装策略一方面可以引起用户的购买兴趣，另一方面还能使刻有商标的容器发挥广告宣传作用，吸引用户重复购买。但是，这类包装成本一般较高，实际上包装已成为一种产品。

4. 配套包装策略

配套包装策略是指使用时将有关联的多种产品纳入一个包装容器内，同时出售。这种包装策略的好处是：便于用户购买，也有利于新产品推销，如将新产品与其他旧产品放在一起出售，可以使用户在不知不觉中接受新观念、新设计，从而习惯于新产品的使用。如：化妆品盒内同时装入几种化妆品。

5. 附赠品包装策略

这是目前国外市场上比较流行的包装策略。如儿童市场上玩具、糖果等商品附赠连环画、认字图；化妆品包装中附有赠券，积累到一定数量，可以得到不同的赠品。

6. 方便包装策略

企业在设计、购置产品包装时，要处处考虑给消费者带来购买、携带、使用、保管等方面的方便。如为方便消费者购买，企业将不同样式、用途、口味的产品，组成多种包装或组合包装。

7. 廉价包装策略

这种包装策略，就是企业使用成本低廉、构造简单的包装，通常用于大量使用的日常用品。如一般的服装、鞋袜、食用的盐、味精、熬服的中药、袋装鲜奶等。当然，企业采用这种包装策略，不能因为消费者要求低而随意购置，而应考虑其适用、经济实惠的特点。

8. 系列包装策略

这种包装与系列包装的不同之处是：系列包装为同类商品，成套包装为不同商品。如旅行用品盒、化妆盒、传统的文房四宝——笔、墨、纸，砚等，就属成套包装。

9. 改变包装策略

商品包装上的改变，正如产品本身的改进一样，对于扩展销路同样具有重要的意义。当企业的某种产品在同类产品中质量相近而销路不畅时，就应注意改进这种包装设计。如果一种产品的包装已采用较长时间，也应考虑推陈出新，变换花样。当然，这种通过改变包装办法来达到扩大销路目的的策略是有条件的，即产品的内在质量必须达到使用要求。如果不具备这个条件，产品的内在质量不好，那么，即使在包装上作了显著的改进也无助于销售的增加。

10. 创新包装策略

企业产品的包装，尽量不搞仿制，不与别的包装雷同，而采用新材料、新工艺、新图案、新形状，给消费者一种新感觉。如利用可再生及可降解材料制成的包装就比较受欢迎，这一方面方便了消费者，同时也符合环保潮流，为企业树立良好形象。

主要概念

产品　产品组合　产品生命周期　新产品　品牌　商标　包装

思考与练习

1. 简述产品的整体概念的三个层次，例举身边的3种商品，分别说出它们从不同层次为顾客提供的利益是什么？

2. 简述产品组合概念及衡量产品组合的四个指标。

3. 简述产品生命周期各阶段的特点及策略。

4．简述新产品开发程序。

5．什么是品牌？产品的品牌策略有哪些？

6．包装的基本策略有哪些？

实践与技能

1．假设你在你就读的学校内部要开办一个为学生服务的超市，请为该超市设计一个合适的品牌。要求：图文并茂、通俗易懂、便于传播、琅琅上口。

2．准备一枚鸡蛋，综合运用产品开发、品牌、包装等各种策略，将这枚鸡蛋改造、制作完成后，在本班学生中间进行调查，检测该“商品”是否增值。

第六章　定 价 策 略

学习目标

通过本章学习，使学生理解影响产品定价的内部因素和外部因素，了解需求、成本和竞争对企业定价的影响，明确成本导向、需求导向和竞争导向等几种主要的定价方法，学习应用不同的定价策略。

案例导入

周大福“一口价”策略

珠宝饰品价格是消费者与商家能否达成交易的关键所在，针对这一敏感的问题，在价格策略上，周大福创出了一套有别于其他同行的新路子。周大福创新性地推出了“珠宝首饰一口价”的销售政策，并郑重声明：产品成本加上合理的利润就是产品的售价，通过“薄利多销”的经营模式，节省了消费者讨价还价的时间，让顾客真正体验货真价实的感受。为了降低经营成本，从而更好地参与市场竞争，周大福还自己创立了首饰加工厂，生产自己所售卖的各类首饰，减少中间环节，使生产成本降至最低，并获得了全球最大钻石生产商——国际珠宝商贸公司 DTC 配发钻石原石坯加工琢磨和钻石坯配售权，保证了它最低的原料成本和较强的竞争实力。

（资料来源：中国珍珠网，http: //www.chinapearls.cn）

案例分析：产品的定价决策是每个企业都十分关注的问题，好的定价决策既能增加企业的单品利润，更能全面提高企业的竞争实力。本案中，周大福的成功就是一个典型的案例，它既让消费者感到“货真价实”，又“保证了它最低的原料成本和较强的竞争实力”。

本章将系统地阐述商品定价的相关策略。

第一节　影响定价的因素

任何企业都面临着价格的决策，企业定价不仅直接影响消费者的购买行为，也直接影响企业的销售和利润。因此，价格决策和产品决策一样，是构成营销组合策略的重要内容，是企业营销管理的一项重要工作。

影响定价的因素主要包括内部因素和外部因素。

一、内部因素

（一）企业的营销目标

如果企业已经审慎地选择好目标市场和市场定位，那么确定营销组合战略，包括价格，便是一件相当容易的事了。例如，如果通用汽车公司决定生产一种新跑车，以便和欧洲跑车在高收入细分市场中竞争，这就意味着通用汽车公司应该制定一个较高的价格。因此，定价战略在很大程度上取决于市场定位决策。同时，企业也可以寻找附加目标。企业对它的目标越清楚，就越容易制定价格。企业的目标主要有以下几种。

1. 维持生存

如果市场对企业的能力要求很高，竞争很激烈，消费者的欲望又不断地变化，此时企业往往把生存作为自己的主要目标。为了使工厂运转，企业可以制定较低的价格，以便增加需求。在这种情况下，生存比利润更重要。只要价格能够补偿可变成本和一般固定成本，企业就能继续留在行业中。但是，生存只是一个短期目标。就长期来说，企业必须学会怎样增加价值或者怎样面对倒闭。

2. 现期利润最大化

许多企业把现期利润最大化作为它们的定价目标。它们估计不同价格所对应的需求和成本，然后选择能够产生最大现期利润、现金流动和投资回报的价格。总之，企业要的是现期财务成果，而不是长期的业绩。

3. 市场份额领导

它们相信拥有最大市场份额的企业会享有最低的成本和最高的长期利润。为了成为市场份额的领导者，这些企业把价格尽可能地定低。

4. 产品质量领导

企业或许会决定取得产品质量领导地位。这一般要求制定较高的价格来补偿较高的性能质量以及市场调研和开发成本。例如，惠普公司集中开发高质量、高价格的便携式计算器这一高端的市场。此外，企业还可以用价格来实现其他许多具体目标。它可以定低价格以防止竞争对手进入市场，或者定价与竞争对手保持一致以稳定市场。定价可以保持转售商的忠诚和支持，或者防止政府干预。价格还可以临时调低，来刺激对商品的需求或吸引更多的顾客走进零售商店。一种产品的定价可能有助于企业产品系列中其他产品的销售，因此，在帮助企业实现各级目标的过程中，定价会发挥十分重要的作用。

（二）企业的营销组合策略

价格只是企业用来实现营销目标的营销组合工具中的一种。价格决策必须和产品设计、销售和促销决策相配合，才能形成一个连续有效的营销方案。对其他营销组合变量所做的决策会影响定价决策。例如，靠许多转售商来支持促销产品的生产者，将不得不在价格中设定较大的转售商利润差额。

企业经常先制定定价策略，然后再依据制定的价格来决策其他营销组合。在这里，价格是一个相当重要的产品定位因素，可以用来定义产品的市场、竞争以及设计。许多企业采用一种叫做目标成本设定的有效战略武器来支持这一价格定位战略。通常的价格制定程序是，先设计一种新产品，然后决定它的成本，最后问："我们能够卖多少钱？"目标成本设定则完全反过来做：先设定目标成本，然后再往回走。

一些企业则没有着重强调价格，而是采用其他营销工具进行非价格定位。经常的情况是，最好的战略并不是制定最低的价格，而是使市场营销提供差异化，从而能够设定更高的价格。

因此，营销人员在定价时必须考虑到整个营销组合。如果产品是根据非价格图表来定位的，那么有关质量、促销和销售的决策就会极大地影响价格。如果价格是一个重要的定位因素，那么价格就会极大地影响其他营销组合因素的决策。但是，即使产品以价格为特色，营销人员也需要牢记，顾客很少只依据价格就做出购买行为。相反，顾客寻找能够带给他们最大价值的产品，这些价值的表现形式就是支付价格之后所能得到的利益。

（三）产品成本

成本是企业能够为其产品设定的底价。企业想设定一种价格，既能够补偿所有生产、分销和直销产品的成本，又能够带来可观的努力和风险收益率。许多企业努力奋斗，为的是成为本行业中的低成本生产商。低成本的企业能设定较低的价格，从而取得较高的销售量和利润额。

1. 固定成本

固定成本指那些不随生产或销售水平变化的成本。例如，企业必须支付每月的租金、暖气费、利息、管理人员的薪金以及其他开支。

2. 可变成本

可变成本是指直接随生产水平发生变化的成本。每台康柏个人电脑都包括电脑芯片、电线、塑料、包装及其他投入成本。每台电脑上，这些成本都趋向于一致。它们被叫做可变成本，是因为其总量会随着生产的电脑数而变化。

3. 总成本

总成本是指在任何生产水平下固定成本和可变成本之和。

管理部门希望制定的价格至少能够补偿在既定生产水平下的生产总成本。企业必须审慎地监督好成本。如果企业生产和销售产品的成本大于竞争对手，那么企业将不得不设定较高的价格或减少利润，导致自己处于竞争劣势。

二、外部因素

（一）市场因素

在不同市场类型中的定价，销售者定价的自由程度随不同的市场类型发生变化，每一种类型都提出了一种不同的定价挑战。

1. 完全竞争

市场由众多进行均质商品交易（如小麦、铜、金融证券等）的购买者和销售者组成。没有哪个购买者或销售者有能力来影响现行市场价格。销售者无法将价格定得高于现行价格，因为购买者能以现行价格买到产品，而且要多少有多少。销售者的定价也不能低于市场价格，否则销售者将一无所获。在完全竞争的市场中，市场营销调研、产品开发、定价、广告及促销活动几乎没有什么作用或者根本不发挥作用。因此，在这些市场中的销售者没有必要在营销战略上花许多时间。

2. 垄断竞争

市场由众多按照系列价格而不是单一市场价格进行交易的购买者和销售者组成。系列价格产生的原因是购买者看到销售者产品之间的差异，并且愿意为这些差异支付不同的价格。销售者努力地开发不同的市场供应，以便适合不同顾客细分市场的需要。除了价格之外，销售者还广泛地采用品牌、广告和直销来使他们的市场供应相互区分开来。由于存在众多的竞争对手，因此和少数几个制造商控制的市场相比，在垄断竞争市场中，企业较少受到竞争对手营销战略的影响。

3. 寡头竞争

市场由几个对彼此的定价和营销战略高度敏感的销售者组成。产品可能均质（如钢、铝）或非均质（如汽车、电脑）。市场中销售者很少，因为新的销售者很难进入。每个销售者对竞争对手的战略和行动都很警觉。如果一家钢铁公司将价格砍掉 10%，购买者很快便会转向这位供应商，其他钢铁生产者必须以降低价格或增加服务来做出反应。寡头垄断者从来也不能确定通过减价能得到哪些永久性的东西。相反，当一个寡头垄断者抬高价格时它的竞争对手或许并不会跟着抬高价格。该寡头垄断者于是不得不取消涨价，否则便会面临把顾客丢给竞争对手的风险。

4. 完全垄断

市场只存在一个销售者。销售者可以是政府垄断者（如美国邮政管理局），或私人受控垄断者（如能源公司），或私人非控垄断者（如在开发尼龙时期的杜邦公司），这三种情况下的定价各不相同。政府垄断者可以有各种定价目标，它可以设定低于成本的价格，因为该产品对于无力支付整个成本的购买者很重要；或者设定的价格只用来抵补成本，或者用来创造良好的收益；甚至还可以抬高价格来减少消费。对于受控的垄断者，政府允许企业设定“公平收益率”，并允许企业维持或在必要时候扩展经营。非控垄断者可以自由设定价格，只要市场承受得住即可。但是它们并不总是设定最高限度的价格，这有许多原因，如不想引来竞争，想凭借低价更快地进入市场，或者害怕政府管制等。

（二）消费者心理因素

企业对价格和价值的看法是最终由消费者决定产品的定价是否正确。定价决策和其他营销组合决策一样，必须是购买者导向型的。当消费者购买产品时，他们用某些有价值的东西（价格）来交换另一些有价值的东西（拥有或使用该产品的利益）。有效的购买者导向型定价包括了解消费者为他们从产品中得到的利益支付多少价值，以及设定与这个价值相适应的价格。

企业经常发现很难衡量顾客对它的产品设定的价值。例如，在一个高级饭店里计算一餐饭中配料的成本，相对来说还是比较容易的。但是，对其他因素，如口味、环境、娱乐、谈话和地位的满意程度却是很难进行价值评估的。因为这些因素的价值会随着不同的消费者发生变化。但是，消费者还是用这些价值来评价产品的价格。如果顾客认为价格高于产品价值，他们就不会买该产品。如果顾客认为价格低于产品价值，他们就会买该产品，但是销售者也就失去了赚取利润的机会。

（三）需求因素

1. 价格与需求量的关系

价格与需求量的关系主要表现于需求的价格弹性这一指标，需求的价格弹性是指需求量对价格反应的灵敏程度。

（1）充分弹性

需求量对价格反应灵敏。对此类产品要增加总收入可实施降价，能薄利多销的就是有充分弹性的商品。

（2）缺乏弹性

需求量对价格反应不灵敏。对此类产品要增加总收入可实施涨价，例如稀缺药品、不可替代的产品、生活必需品等。

（3）单一弹性

需求量与价格同比例变化。

2. 确定需求

影响价格敏感度的因素有以下9个。

（1）独特价值效应：产品越是独特，顾客对价格越不敏感。

（2）替代品知名效应：顾客对替代品知之越少，他们对价格的敏感性越低。

（3）难以比较效应：顾客越难以对替代品的质量进行比较，他们对价格就越不敏感。

（4）总开支效应：开支在顾客收入中所占比重越小，他们对价格的敏感性越低。

（5）最终利益效应：开支在最终产品的全部成本费用中所占比例越低，顾客的价格敏感性越低。

（6）分摊成本效应：如果一部分成本由另一方分摊，顾客的价格敏感性就会越低。

（7）积累投资效应：如果产品与以前购买的资产合在一起使用，顾客对价格不敏感。

（8）价格质量效应：假设顾客认为某种产品质量更优、声望更高或是更高档，顾客对价格的敏感性就越低。

（9）存货效应：顾客如无法储存商品，他们对价格的敏感性就越低。

（四）竞争者因素

竞争对手的成本、价格和供应影响企业定价决策。

企业要估计竞争对手的成本、价格以及竞争对手对该企业定价可能会做出的反应。此外，企业的定价战略会影响企业所面对的竞争的性质。

例如，如果佳能采取高价格、高利润的战略，它就会引来竞争。而低价格、低利润的战略可以阻止竞争对手进入市场或者把他们赶出市场。就佳能而言，需要针对竞争对手的成本设定自己的成本基准点，以便了解它的经营成本处于优势还是处于劣势。一旦佳能掌握了竞争对手的价格和市场供应，便可以利用它们作为自己定价的起点。

如果佳能的照相机类似于尼康照相机，那么佳能将不得不把价格定得接近于尼康，否则就会销售不出去。如果佳能相机不如尼康的好，公司就不能把价格定得一样高。如果佳能的产品比尼康的要好，它就可以定得高些。一般来讲，佳能应参照竞争对手对其产品进行价格定位。

（五）国家有关政策法规因素

企业对产品定价不仅要考虑到国家有关政策及法律法规，一旦违反政策法规，一切的定价策略都将受到限制甚至惩罚。

在我国“非典”期间，曾经有不法商贩蓄意抬高板蓝根、口罩等医疗产品的价格，从中牟利，最终执法机关依法对其予以严惩，还给了消费者一个公平、健康的消费环境。

第二节 定价目标

企业定价目标是指企业通过制定产品价格要求达到的目的。它是企业选择定价方法和制定价格的依据，企业定价目标不是单一的，而是一个多元的结合体。

公司的定价目标提出了对价格下限的要求。同时，企业的定价目标还应当与公司的总体目标和营销目标保持一致。一个公司可以同时追求不止一个定价目标，但应分清主次。公司也可以设置不同的短期目标和长期目标。采用定量化的定价目标有利于精确计量，也便于评估最终的经营绩效。定价目标有多种类型，为便于阐述，在此将其分为三类：利润导向目标、销售导向目标和竞争导向目标。

一、利润导向目标

利润是企业从事经营活动的主要目标，也是企业生存和发展的源泉。基于利润的目标包括投资收益目标、利润最大化目标和满意利润目标。

（一）投资收益目标

企业投资开发某种产品或服务是期望在一定时期内收回投资并获取一定的利润。常用的衡量指标是投资收益率（Return On Investment，ROI），用来对使用资产创造利润的总体管理有效性进行衡量。ROI 越高，企业的盈利性就越强。许多大公司采用投资收益率作为主要定价目标。其计算如下：

投资收益率=税后净利润÷总投资（或总资产）×100%

假设：某企业的总资产为 1000 万元，设定的 ROI 目标为 10%，若当年实现净利润为 110 万元，则该企业达到了该目标收益率的要求。但还要将它与行业的平均水平相比较，如果行业的平均收益率为 20%，那么该企业的赢利能力并不强。

（二）利润最大化目标

即企业追求在计划内获取尽可能多的利润。而实现利润最大化的目标有多种可行的方式。在某市场上，相对的低价通过扩大市场占有率和规模经济，能够带来更高的收入和更多的利润。如沃尔玛的“天天平价”策略，以相对的低价和低利润扩大销售额，同时尽可能的压低成本，包括要求供应商提供更低的价格，由此来实现利润最大化目标。在需求价格弹性较小的市场上，相对高的价格虽然会导致销售量的少量下降，但却能够获取更厚的利润，从而使总利润最大化。例如，名牌时装就采取相对高价和高单位利润的策略，以抵消相对低的销售量和存货周转率的影响。总之，在特定的时期内，无论是高价策略还是低价策略都可能带来最大的利润。所以，利润最大化并不意味着制定不合理的高价或很高的单位产品利润率。以利润最大化作为定价目标，需要许多有关成本和需求的信息。但是，在企业中很难提供这方面的财务数据。事实上，当（国外企业的）CEO 在接受有关企业的定价行为的询问调查时，很少提到这一目标。必须指出确定利润最大化目标后具体采取何种定价策略，取决于市场需求、价格弹性和竞争的性质。

（三）满意利润目标

很多企业并不追求利润最大化，而是追求股东和管理层满意的利润。换句话说，它是企业所在行业的风险水平相对应的利润水平。高风险的满意利润可能是 35%，低风险的满意利润率可能是 6%。满意利润目标是补偿正常情况下的社会平均成本的基础上，加上合理利润来制定产品或服务的价格。这一价格水平适中，消费者愿意接受，也有利于市场价格的稳定，还可避免不必要的价格竞争，又能获取长期利润。

二、销售导向的定价目标

销售导向的定价目标主要分为以销售量（额）和市场份额为基础的目标。

（一）以销售量为基础的目标

常见的目标有销售额增长率、保持销售稳定。据此确定的价格策略是为了增加需求和销量。例如，在新产品导入期，迫切需求增加销售量，此时可实行渗透定价，以吸引消费者购买。有的企业在产品库存过大、面临资金短缺或不确定的市场前景时，或有的企业在推出新产品之前，为清理老产品的存货，均会采用销售最大化的目标。此时，它们更关注销售量的增长而非利润。有的企业则以保持销售稳定为目标，因为它们清楚销售量的增加并不一定能保证利润的增加，或者它们缺乏能够实现销售量增长的资源。

（二）以市场份额为基础的目标

许多企业采用保持市场份额或增加市场份额的定价目标，因为它们相信市场份额能够衡量营销战略和营销战略的有效性，能够维持或提升企业的市场地位，能够比竞争对手获取更高的规模经济效益。美国的一项研究表明，市场占有率是与投资收益率有关的最重要的变量之一，市场占有率越高，投资收益率也越大。市场占有率高于 40%的企业其平均投资收益率相当于市场占有率低于 10%者的 3 倍。这为大企业采用市场份额作为定价目标提供理论依据。当总体市场迅速成长时，如我国的液态奶市场每年以超过 30%的速度增长。

（三）保持与分销渠道良好关系目标

良好的渠道关系能保持分销渠道畅通、高效，是企业营销成功与否的重要条件。渠道中的每一个成员都追求自身利益的最大化，这就要求企业必须充分研究价格对渠道成员的影响。

三、竞争导向型目标

（一）避免和应付竞争目标

这种定价目标是在激烈竞争的市场上，企业为了适应竞争的需要而制定的。

（二）保持和稳定价格目标

为了达到保持和稳定价格目标，市场中各企业之间有时候形成一种默契，由行业中的一家企业决定产品的价格，其他企业则相应跟着定价，这种价格形成方式被称为“价格领袖模式”。

企业的定价行为必须要服从于企业的定价目标。而企业定价目标的确定必须根据企业的经营目标和企业所处的具体内外部环境条件。因此，在不同的时期，不同的条件下，企业可能会有不同的定价目标。

企业的各种定价目标实际上可以分成两类不同的定价目标：一类是属于战略性的定价目标，这类定价目标的定价行为追求的是企业长远的战略性利益，如追求最大的市场占有率的定价目标、产品线促销的定价目标、维持生存的定价目标等；另一类是属于策略性的定价目标，这类定价目标是企业基于对市场的竞争与需求的分析，为了刺激需求，或者为了打击竞争对手而采取的一些策略性的定价行为，如追求短期利润最大化目标、打击竞争对手的定价目标等。

企业追求的定价目标不同，企业具体的定价行为就会不一样。如追求短期利润最大化的定价目标采取的是高价行为；打击竞争对手的定价目标采取的是倾销价行为；追求最大市场占有率定价目标采取的是低价行为。

第三节　定 价 方 法

所谓定价方法，是指企业在特定的定价目标指导下，依据对影响价格形成各因素的具体研究，运用价格决策理论，对产品价格进行测算的具体方法。

制定价格应综合考虑成本、供求和竞争三个基本因素。在实际定价时，企业根据自身的具体情况往往又有所侧重，于是便形成了成本导向定价法、需求导向定价法和竞争导向定价法三种类型的基本定价方法。

一、成本导向定价法

成本是定价决策需要考虑的最基本因素。成本导向定价法以生产和销售产品的成本作为定价的基础。具体的方法包括：总成本加成法、变动成本加成法、保本定价法、边际成本定价法和目标收益定价法。

（一）成本加成定价法

1. 总成本加成定价法

总成本加成定价法首先要测算出生产和销售产品的全部成本，再加上一定比例的加成作为利润。加价或加成的幅度通常用百分比来衡量，而不用绝对数值。加成率（R）可以按收售价（P）或平均总成本（AC）的百分比计算。

如果是按成本计算总成本加成价格，则有下式：

$$P_1=AC（1+R）$$ 式（1）

如果是按售价计算总成本加成价格，则有下式：

$$P_2=AC/（1-R）$$ 式（2）

例如，某歌星发行新专辑 CD 唱片，在生产销售 20 万张的平均成本 AC 为 5.40 元/张。如果音像公司考虑的加成率为 20%，按式（1）和式（2）计算出的售价如下：

$$P_1=AC（1+R）=5.4*（1+0.2）=6.48（元）$$

$$P_2=AC/（1-R）=5.4/（1-0.2）=6.75（元）$$

导致两者差异的原因在于，P_1 是以平均成本 AC 作为基数来加成的（AC*R），P_2 是以单位售价作为基数来加成的（P2*R）。由于加价技术的选择不同，单位售价也就不一样了。

对于经营成千上万种商品的零售商或者大型批发商来说，要以每一种产品确定一个适当的加成率十分繁琐。所以，他们倾向使用一个统一的加成率——标准加成率，用以制定所有产品的单位售价；或按产品线确定其标准加成率，如饮料的标准加成率为 10%，服装为 30%，高级化妆品为 80%。通常，季节性强的产品加成率往往较高（以弥补无法售罄的风险）；特殊品，周转慢、贮存和搬运成本高的产品，需求价格弹性低的产品加成率往往也较高。

显然，采用标准加成率能够大大简化定价管理工作。事实上，在同一个行业中，不同公司通常倾向于采用相同的加成率。这是因为同一行业的经营费用大致相近，只要加价足以摊销公司的经营费用以及获取一个合理利润，人们就乐意采用它。

成本加成定价法因其简单、灵活、可控而成为最普遍使用的定价方法。因为，卖方测定成本比估计需求更容易；只要行业中的所有企业都采用这种定价法，则在成本和加成相近的情况下价格也会大致接近，因而价格竞争就会减弱至最低；成本加成定价法的普遍采用能使买卖双方感觉都比较公平。其缺陷在于：将一个固定的、管理化的加成加在成本上，这样的价格在市场上能否行得通？因为，任何忽视差异产品的价格弹性、当前的市场需求、顾客的认知价值和竞争态势的定价方法，都不大可能制定出一个最适宜的价格。

2. 变动成本加成定价法

变动成本加成定价法的基本思想是，在某一个特定的时期，只考虑变动成本，而并不考虑固定成本或总成本来制定价格策略。从另一个角度来说，平均变动成本代表了产品销售的最低价格，任何高于这一成本的价格都会对固定成本和利润有所贡献。

据报道，2005 年春运前热点航线的票价比火车票还便宜，其中北京至上海普通的单程机票最低价格为 260 元，北京至广州最低 430 元。而北京至上海 T103 次的硬卧下铺价格为 327 元，北京至广州的 T29 次硬卧下铺价格为 458 元。航空公司为什么要制定如此低的价格？我们可以从变动成本加成定价来考虑。如果不考虑每一航班飞行的固定成本（如燃油、机组人员工资、机场服务费等），只要考虑其变动成本，它只包括为每位乘客提供服务的直接成本，实际上它不会超过50元。显然，只要机票价格高于这一变动成本，超出部分就能够对航班飞行的高昂固定成本作出贡献，而如此定价皆因服务的不可储存性所决定的。

3. 目标收益定价法

目标收益定价法是企业试图确定这样一个价格，它能带来企业所追求的投资收益率。投资收益率（ROI）=利润（即销售总收入－总成本）÷投资额（I）。设P为产品价格，QE为产品预期销量，AC为平均成本，则目标投资收益价格为：

$$P = AC + (ROI \times I) / QE$$

通用汽车公司最先采用这一定价法。大企业和公用事业部门也多采用这种方法。如果成本测算得准确，预期销量又能够达到，该公司就能够实现预期投资收益率。若销售量Q达不到预期销量QE，则目标收益将无法实现。

成本导向定价法的优点在于很好地考虑了成本，它也是基于普遍接受的商业惯例。具体缺陷也非常明显，即没考虑需求也没考虑竞争，而两者确是成功定价的重要因素。从本质上它反映了以厂商为中心的营销哲学。现在，越来越多的营销者意识到了它的局限性，并试图加以改进，即综合考虑影响价格的因素，而不仅仅是成本。

（二）目标定价法

所谓目标定价法，就是针对不同的顾客、品种、产品有效期等设立不同的目标群，并相应采取不同定价的一种定价方法。

针对不同顾客采取不同的定价策略。顾客中有些人只是偶尔购买一些他们想要的产品，有些人则是经常地、大量地购买这些产品，如果能牢牢地抓住后者，则可以创造更多的销量。为此，从价格上来说，我们可以采取一些措施让这部分人得到更多的实惠，从而留住他们。比如规定在一定的时间段内，购买金额达到一定数量后就能得到一张优惠卡，凭该卡消费可以享受一定的折扣；或者当一次性（或累计）消费金额达到一个整数时，就可以得到一张代金券等。

针对不同品种采取不同的定价策略。在经营的品种中，有些是其他公司也有的，有些则是没有的，可以将别人有的品种价格定得低一点以吸引更多的顾客，而将其他公司没有的品种价格定得高一点作为“利润仓”。例如某公司有汇仁肾宝和樟树肾宝两个相近的品种，其中汇仁肾宝厂家做了大量的广告，进价较高且各个药店都有货，而樟树肾宝的知名度较低，很少有人经销，此时我们就可以将汇仁肾宝的价格定得比别人略低一点，而将樟树肾宝的价格定得高一点。

在执行这种定价策略时，定价的高低不是相对于其他品种的实际价格，而是相对于进价或其他经销商的定价而言。比如上面所说的汇仁肾宝和樟树肾宝，汇仁的价格还是应该比樟树的要高一点才行，只是相对进价或其他经销商来说，樟树的加价可以多一点而已。

针对有效期的不同采取不同的定价策略。有时候，公司进的部分品种销售得不怎么好，就成为了近效期品种，如不采取措施就可能成为过期产品，从而造成更大的损失。此时就可以采取降价的策略促进销售。当然，对于这种降价品种，一定要清楚地告诉消费者降价的原因，让他们买回去后好尽快使用。同时，要随时清理存货，绝不能将过期的产品卖给消费者。

二、需求导向定价法

这种定价方法，又称“顾客导向定价法”、“市场导向定价法”，是以顾客对产品的需求和可能支付的价格水平为依据来制定产品价格的定价方法。需求导向定价主要包括认知价值定价法、零售价格定价法和差别定价法。

（一）认知价值定价法

认知价值定价法，也称“感受价值定价法”、“理解价值定价法”。这种定价方法认为，某一产品的性能、质量、服务、品牌、包装和价格等，在消费者心目中都有一定的认识和评价。消费者往往根据他们对产品的认识、感受或理解的价值水平，综合购物经验、对市场行情和同类产品的了解而对价格作出评判。当商品价格水平与消费者对商品价值的理解水平大体一致时，消费者就会接受这种价格，反之，消费者就不会接受这个价格，商品就卖不出去。

（二）零售价格定价法

这种定价方法又称“可销价格定价法”、“倒算价格定价法”、“反向定价法”等。企业根据消费者的购买能力，确定市场零售价格，以此为基础，推定销售成本和生产成本，决定出厂价格。这种定价方法不是主要考虑成本，而重点考虑需求状况。其中，批零差率是批零差价与批发价格的百分比；进销差率是进销差价与出厂价的比率。

其计算公式为：

出厂价格＝市场可销零售价格×（1－批零差价率）×（1－销进差率）

（三）差别定价法

差别定价法就是指同一产品对不同的细分市场采取不同的价格，是差异化营销策略在价格制定中的体现，是一种较为灵活的定价方法。实行差异定价法必须具备以下三个条件：

（1）企业对价格有一定的控制能力；（2）产品有两个或两个以上被分割的市场；（3）不同市场的价格弹性不同。

三、竞争导向定价法

竞争导向定价法就是以市场上主要竞争对手的同类产品的价格为定价依据，并根据竞争态势的变化来调整价格的定价方法。常见的竞争导向定价法主要有随行就市定价法、限制进入定价法和投标竞争定价法三种。

（一）随行就市定价法

这种定价方法又称"流行价格定价法"，是指在一个竞争比较激烈的行业或部门中，某个企业根据市场竞争格局，跟随行业或部门中主要竞争者的价格，或各企业的平均价格，或市场上一般采用的价格，来确定自己的产品价格的定价方法。消费者会用竞争对手类似产品的价格作为判断某产品价值的依据。以竞争为基础定价法的一种形式是现行费率定价法，即企业大多以竞争对手的价格作为定价基础，而很少注意自己的成本或需求。企业的定价可能与主要竞争对手的价格相同，也可能高一些或低一些。在销售钢铁、纸张或者化肥等商品的寡头垄断行业中，各企业的定价一般相同。较小的企业会追随领导企业，如果市场领导者的价格变动了，他们也随之变动价格，而不是根据自己的需求变化或成本变化来变动企业的售价。

现行费率定价法使用得相当普遍。当需求弹性很难衡量时，企业就会觉得现行价格反映了本产业的集体智慧，能够产生合理的报酬。采用现行价格可以防止有害的价格战。

（二）限制进入定价法

限制进入定价法是指企业的定价低于利润最大化的价格，以达到限制其他企业进入的目的，是垄断和寡头垄断企业经常采用的一种定价方法。

（三）投标竞争定价法

投标竞争定价法是指由投标竞争的方式确定商品价格的方法。一般由招标方（买主）公开招标，投标方（卖主）竞争投标，密封递价，买方择优选定价格。以竞争为基础的定价还被用于企业投标过程，其定价是以对竞争者定价的预测为基础，而不是根据企业自己的成本或者需求来定价的。企业的目的是为了中标，这就要求其定价低于其他企业。

投标价格的高低与企业的期望利润相关。

第四节 定价策略

定价策略，是指企业在特定的情况下，依据确定的定价目标，所采取的定价方针和价格对策。它是指导企业正确定价的一个行动准则，也是直接为实现定价目标服务的。由于企业生产经营的产品和销售渠道以及所处的市场状况等条件各不相同，所以，应采取不同的定价策略。

一、新产品的定价策略

新产品投放之前，要确定市场价格（包括零售价、批发价、折扣等）。投放之后，要根据其销售情况调整价格。由于新产品的“新”这一不好比较的因素，使得它的定价与成熟产品的定价大不相同。这里，我们简略地讲述新产品定价的一些特点。

（一）考虑因素

考虑的主要因素包括以下几项。

1．成本。成本包括产品研制、生产成本和分销、促销成本，是定价的基础。

2．消费者需求。具体反映为市场销售量的预测值，这决定了生产规模的大小，从而决定了单位成本的高低。

3．消费者心理。针对不同的产品，消费者会产生“优质优价”、“数量折扣价格保险”等不同看法。

4．企业目标。企业希望排除竞争，尽快占领市场时，用低价策略好；企业希望获得质量上乘的印象时，用高价策略好。

5．政府影响。如政府制定的反托拉斯法、公正贸易法和一些直接干预价格的措施。

（二）定价方法

新产品定价常用以下三种方法。

1．撇脂价格

这是一种高于类似产品价格的定价。对于很难判断产品质量的新产品，或者没有竞争对手的新产品，消费者无从比较，就往往按价论质，认为“价高必然质优”，愿意为新产品支付高价钱。当需要扩大市场占有率，打击进入市场的竞争产品时，再逐渐降低价格。这种价格的优点是能在投放初期带来高额利润，给消费者以良好的质量印象，而且容易通过降价扩大销售额，因为“降价容易涨价难”。缺点是价格过高则风险大，不宜长期高价，容易引来竞争对手。

阅读资料1

索尼公司经常使用撇脂定价这一策略。1990 年索尼在日本市场上推出第一台高清电视时，这种高技术含量的产品定价为 43000 美元，只有那些能够为新技术支付高额价格的顾客才能买得起。索尼接下来的几年内迅速地降低价格来吸引新的购买者，到 1993 年一台 28 英寸的高清电视日本消费者只需要花 6000 美元就能买得到，2001 年，日本消费者可以用 2000 美元买到 40 英寸的高清电视，这个价格很多人都能支付得起。现在美国一台基本水平的高清电视的售价低于 1000 美元，而且价格还在继续下降。通过这种方法，索尼公司从细分市场上获得了最大的利润。

（资料来源：《市场营销原理（第 11 版）》菲利普 · 科特勒等著
清华大学出版社　有删节）

2. 渗透价格

这是一种低于同类产品的定价。采用这种价格，新产品可以较快地渗透进市场，很快取得市场领先地位。从 20 世纪 70 年代起，越来越多的公司更愿意采用这一定价策略，因为它可以排除竞争，迅速扩大生产规模。大量生产带来低成本，低成本带来高利润。当企业把竞争对手排挤出了市场后，企业就可提高价格。所以，从长远看，这种低价渗透策略也能带来高的利润额。

阅读资料2

戴尔公司使用市场渗透定价法进入个人电脑市场，通过低成本的直销渠道销售高质量的电脑。由于当时 IBM、苹果和其他竞争者通过零售商店销售计算机，无法达到较低的价格，因此它的销售量飞速上升。

（资料来源：《市场营销原理（第 11 版）》菲利普 · 科特勒等著
清华大学出版社　有删节）

3. 中间价格

中间价格即同类产品的平均价格，或同行业产品的平均价格。如果新产品特征优势不强，又不可能大量投资于大生产能力，就可采取这一中间水平的价格。对技术、资金不足的小企业，可以考虑这种定价策略。

（三）价格制定程序

1. 确认产品地位

找出与竞争产品的差别和差别程度的大小；明确该新产品在企业产品中的地位（例如企业为了改变消费者认为企业总是出售低价产品的印象而特意开发一种高质量的产品，以促进其他产品的销售）；了解竞争产品的价格。

2. 估计单位产品的全部成本

通过销售预测值估计生产成本，再加上市场营销的估计费用。采用盈亏分析可以得到价格下限的估计值。

3. 估计价格与销售量的数量关系

利用价格测算模型对试销所得到的价格/需求量数据进行处理，求出预期销售量的基础价格。

4. 了解市场营销努力程度

努力程度越高（如广告宣传的刺激强烈，交货及时，服务周到），则可加价；反之，则要降价。

5. 按照企业目标最终定价

考虑企业目标（如占领市场，或获取高额利润，或建立良好声誉）和市场状况，修正基础价格，最终定价。

程序中的一个问题是：当在试销中寻找价格/需求量关系时（有时不一定进行这一步），或在估计销售潜力时，需要事先给定价格；而需求量或销售潜力又引起价格的变化。所以，如果可能的话，在应用数学模型估计价格时，要采用迭代方法，求出不同的需求量对应的最佳价格。

必须指出，价格是一个主动的、活跃的市场营销工具，而不是一个被动的管理策略。也就是说，它是一个可控变量，可以用来影响消费者的态度，改变竞争状况，为企业获取利润。但它也可能引起新产品的失败，给企业带来不利影响。

二、产品组合定价策略

（一）产品线定价

根据产品线内不同规格、型号、质量、顾客的不同需求和竞争者产品的情况，确定不同的价格。当企业生产的系列产品存在需求和成本的内在关联性时，为了充分发挥这种内在关联性的积极效应，可采用产品线定价策略。在定价时，首先确定某种产品的最低价格，它在产品线中充当领袖价格，吸引消费者购买产品线中的其他产品；其次，确定产品线中某种商品的最高价格，它在产品线中充当品牌质量和收回投资的角色；再者，产品线中的其他产品也分别依据其在产品线中的角色不同而制定不同的价格。

阅读资料 3

企业对所经营的 18 英寸、21 英寸、25 英寸、29 英寸和 34 英寸等不同屏幕的彩电分别定价 1 000 元、1 500 元、2 200 元、3 500 元和 5 800 元，由于大屏幕彩电需求量较大，所以定价高、获利多；而小屏幕彩电已不受欢迎，所以定价低，甚至低于它的成本，但从总体上看，企业仍然有较大的收益。又如，男西装分别定价 1 200 元、650 元、380 元三个水平，顾客自然会把这三种价格的西装分为高、中、低三个档次进行选购。这种情况下，销售商要做的是建立可感知的质量差别以支持价格差异。

（资料来源：《市场营销原理（第 11 版）》菲利普·科特勒等著
清华大学出版社　有删节）

（二）非必需附带产品的定价

非必需附带产品定价，也叫备选产品定价，是指许多公司在销售主体产品同时，还提供某些与主要产品有关联的选择品。如：一位汽车购买者可能会选购电动窗和带 CD 的音响等，电冰箱则配有制冰机。

为这些备选产品定价是很棘手的，选择不好哪些部分应当包含在主要产品价格内，哪些作为备选产品进行单独销售，往往会引起消费者的反感。

（三）必需附带产品的定价

必需附带产品，也称互补产品，是指有连带互补关系，必须配套使用的产品。例如，照相机与胶卷、手机与电池、录像机与录像带、计算机硬件与软件等。两种相关产品同时生产的企业，一般将主体产品价格定得较低，以吸引顾客购买，而将附带产品的价格定得较高。顾客一旦购买了主体产品以后，还须购买附带产品，企业可以通过提高附带产品的价格来弥补主体产品低价造成的损失，并获取长期的利益。

（四）副产品的定价

生产肉类、石油产品、化工产品和其他产品时，常常会有副产品。如果这些副产品没有价值，并且处理掉的成本很高，会影响主体产品的定价。使用副产品定价法，制造商需要找到这些副产品的市场，价格只要比储存和运输副产品的成本高就可以了。

阅读资料 4

好时食品公司在制造糖果的生产过程中，每年会产出 1 万多吨的可可豆壳。好时公司没有花钱把它们拉走扔掉，而是做成了每袋 28 磅的花泥，并且通过园林设计商、家居花园中心和杂货商店销售出去。好时公司声称可可花泥非常适合花园和园林，它可以防虫、肥沃土壤，而且闻起来好像巧克力。可可花泥还能为种植蘑菇提供非常棒的土壤——好时公司以 20 吨的卡车容量向蘑菇业销售这种很香的副产品。公司网站上说："好时有最甜美的花泥。"

（资料来源：《市场营销原理（第 11 版）》，菲利普·科特勒等著，
清华大学出版社，有删节）

（五）产品束定价

为了促进销售，有时企业不是只卖单一产品，而是将有连带关系的产品组成一束，一并以低价销售。必须使价格达到足够的低廉。如饭店的套餐，影剧院和体育场馆出售联票、月票，图书经销商将整套书籍销售，其价格比单独购买要低得多。采用这种策略，必须使价格优惠到有足够的吸引力，否则就不会有人乐于购买。同时，还必须防止出现引起顾客反感的硬性搭配。

三、价格调整策略

（一）折扣和折让定价

大多数企业都会调整其基本价格，以报答顾客的某些行为，例如提早付款、批量购买、淡季购买，这些价格调整称为折扣与折让。折扣和折让有许多种形式，现分述如下。

1. 现金折扣

现金折扣是指在指定的时间内购买时直接对价格的一种减让，这一折扣必须提供给所有符合这些条件的顾客。此种折扣在许多行业中已成为惯例，其目的是为了改善销售商的现金流通，降低回收欠款的成本和减少烂账。

2. 批量折扣

批量折扣是指给予大批量购货买主的价格减让。典型的例子是“购货 100 个单位以下单价是 10 元，100 个单位以上是 9 元。”这种数量折扣必须提供给所有的顾客，但是不能超过销售商大批量销售所节省的成本。这些节约款项包括降低了的销售、储存和运输费用。折扣激励顾客向某个销售商多订货，使他不再寻求其他采购货源。

3. 功能折扣

功能折扣是指如果交易渠道的成员愿意发挥某些功能，如销售、储存和记账等，生产商可向它们提供功能折扣。生产商向不同交易渠道提供的功能折扣可能有所不同，这是因为它们提供的服务项目不尽相同。但是，生产商必须在每条交易渠道内提供相同的功能折扣。

4. 季节性折扣

季节性折扣指对购买过季商品或服务的买主提供的价格减让。例如，草坪和花园设备制造商预计到春季和夏季是繁忙的销售季节，所以在秋季和冬季向零售商提供季节折扣，鼓励他们尽早订货。宾馆、汽车旅馆和航空公司会在业务淡季提供季节折扣。季节折扣使销售商全年都能保持稳定的业务量。

5. 折让

折让是从目录价格降价的另外一种形式。主要有以旧换新和促销折让两种形式。以旧换新是保证购新货时交回旧货给予降价。以旧换新折让在汽车行业最为普遍，但也适合于其他耐用商品。促销折让是指为了报答那些参加广告活动及支持销售计划的经销商，向他们提供的付款或价格减让。

（二）差别定价

差别定价策略是实际生活中应用的较典型的定价策略之一，也称为歧视性定价（Price discrimination），是对企业生产的同一种产品根据市场的不同、顾客的不同而采用不同的价格。一般来说，只要对不同类型的顾客就同一种产品采用不同的价格，或经营多种产品的企业对具有密切联系的各种产品所定的价格差别同它们的生产成本的差别不成比例时，就可以说企业采用了歧视性定价。比如工业用电和生活用电的价格不同，而每度电的生产成本是一样的。与采用统一价格相比，歧视性价格不仅更接近一个特定顾客愿意支付的最高价格（即“保留价格”），也可能服务于不能按统一价格购买的顾客，或者诱使他们消费得更多，从而能获取较大的利润。

1. *差别定价的形式*

（1）顾客差别定价：如旅游景点对于当地人和外地人差别收费。
（2）产品形式差别定价：如同种商品，对散装的和包装好的差别收费。
（3）产品部位差别定价：如对猪肉的不同部位分别给出不同的价格。
（4）销售时间差别定价：如飞机航班的时间不同，而票价也不一样。

2. *差别定价的适用条件*

（1）市场可以细分，各细分市场需求程度不同；
（2）以较低价格购买产品的顾客不可能再以高价转卖出去；
（3）竞争者没有可能在企业以较高价格销售产品的市场上以较低价格竞销；
（4）细分市场和控制市场的成本费用不得超过因实行价格歧视而得到的额外收入；
（5）价格歧视不会引起顾客反感而放弃购买；
（6）采取的价格歧视不能违法

（三）心理定价

1. *声望定价*

声望定价即针对消费者“便宜无好货、好货不便宜”的心理，将在消费者心目中享有一定声望，具有较高信誉的产品制定高价。我国的衬衫本来就比美国的好一些。在美国，美国产的衬衫卖价 35 美元，我国的衬衫定价总是比人家低一点，认为低一点好卖，结果适得其反，没人买。后来，把价格提高到高出美国产品 3～5 美元，却反而变成了畅销货。原来就是炫耀价格作用的结果。穿一件价格贵的中国衬衫显得有气派，如果穿的衬衫比别人低 5 元，说明是二流货，便会降低身价。其实，何止美国人是这样。年轻漂亮的女性，身上的衣着、首饰以及化妆品，越是名贵越能衬托出自己身份高贵。所以，在大都市里，如果有谁想通过大降价的办法，把珠宝首饰、流行时装、化妆品向女性推销，他无疑是个大笨蛋。因为这种有失身份的便宜货，对崇尚炫耀的摩登女士来说，简直是在蔑视她们。即使是一般人，也会怀疑你的便宜化妆品，可能是于皮肤有害的劣质品。因此，经营销售类似商品的生意人，不妨利用人们的这种心理价值观念，在价格上做点手脚，相信反而会抢手起来。

2. 尾数定价

据一些商业心理学家研究，标价有尾数的商品，其销售量远比标价全是整数的要多。比如，一双皮鞋标价 89.9 元，比标价 90 元销路要好。这是因为尾数价格对顾客心理产生积极作用所致。尾数价与整数价虽然是一角之差，但在消费者心里形成了一个档次差，能给消费者以货真价实的感觉，认定有尾数的价格准确合理，从而产生信任感。那么，应用尾数价格术时究竟定哪个尾数比较合适呢？国外的市场学家曾有专门研究。在美国，认为 5 元以下的商品，尾数定在“9”较为合适；5 元以上的商品，尾数定在“5”较佳。在英国，一些商品的标价往往以“99”作为尾数。在我国，一些有经验的营销人员认为，价格尾数定在“7”较易销售。尾数定价术虽已广为使用，但它的范围仅适用于一般日用品及工业品。

3. 招徕定价

这是商家拿出一种或几种顾客普遍需要的商品加以降价，有时甚至只卖进货价或超低价，借此吸引顾客在买这些商品的同时购买其他商品的一种定价策略。日本“创意药房”在将一瓶 200 元的补药以 80 元超低价出售时，每天都有大批人潮涌进店中抢购补药，按说如此下去肯定赔本，但财务账目显示出盈余逐月骤增，其原因就在于没有人来店里只买一种药。人们看到补药便宜，就会联想到“其他药也一定便宜”，促成了盲目的购买行动。北京地铁有家每日商场，每逢节假日都要举办“一元拍卖活动”，所有拍卖商品均以 1 元起价，报价每次增加 5 元，直至最后定夺。但这种由每日商场举办的拍卖活动由于基价定得过低，最后的成交价就比市场价低得多，因此会给人们产生一种“卖得越多，赔得越多”的感觉。岂不知，该商场用的是招徕定价术，它以低廉的拍卖品活跃商场气氛，增大客流量，带动了整个商场的销售额上升，这里需要说明的是，应用此术所选的降价商品，必须是顾客都需要、而且市场价为人们所熟知的才行。

（四）地区定价策略

1. FOB 原产地定价

FOB 是一个国际贸易术语，FOB 原产地定价就是顾客（双方）按照厂价购买某种产品，企业（卖方）只负责将这种产品运到产地某种运输工具（如卡车、火车、船帕、飞机等）上。交货后，从产地到目的地的一切风险和费用概由顾客承担。

2. 统一交货定价

这种形式和前者正好相反。所谓统一交货定价，就是企业对于卖给不同地区顾客的某种产品，都按照相同的厂价加相同的运费（按平均运费计算）定价。

3. 分区定价

这种形式介于前两者之间。所谓分区定价，就是企业把全国（或某些地区）分为若干价格区，对于卖给不同价格区顾客的某种产品，分别制定不同的地区价格。

4. 基点定价

基点定价即企业选定某些城市作为基点，然后按一定的厂价加从基点城市到顾客所在地的运费来定价。

5. 运费免收定价

有些企业因为急于和某些地区做生意，负担全部或部分实际运费。

四、价格的变动策略

（一）降低价格

发动降价有以下几种情况。

1. 生产能力过剩

这时企业需要扩大业务，但是增加销售力量、改进产品或者采取其他可能的措施都难以达到目的。企业会放弃“追随主导者”的定价方法，即设定与主要竞争对手相同的价格，而去采用攻击性减价的方法来提高销售量。但是，正如航空公司、建筑设备和其他行业近几年的经验教训显示，在生产能力过剩行业减价会挑起价格战，因为竞争对手都要设法保住自己的市场份额。

2. 面临激烈的价格竞争，市场份额下降

在日本产品进入美国市场时，美国一些行业，如汽车、家用电器、手表和钢铁，都把市场份额丢给了日本竞争对手，因为这些日本竞争者的产品质量更高、价格更低。美国企业采取了更有攻击性的定价行动来作为反击。例如，通用汽车公司在与日本竞争最激烈的西海岸，把它的超小型汽车价格降低 10%。

3. 控制市场通过降低成本来减价

不管企业是从低于竞争对手的成本开始，还是从夺取市场份额的希望出发，都会通过销售量的扩大进一步降低成本。博士伦采用攻击性的低成本、低价格战略，成为软性隐形眼镜竞争市场中的早期领导者。

（二）提高价格

发动提价与发动降价情况相反，许多企业近些年来不得不提高价格。它们也知道这样做会遭到客户、经销商，甚至本企业销售人员的反对。但是，成功的提价会极大地促进利润的增长。对没有弹性的产品可以实施该方法。

发动提高价格包括以下几种情况。

1. 成本膨胀

成本上升使利润减少，这使企业经常反复提价。由于预期未来将继续发生通货膨胀，所以企业提价的幅度往往高于成本的增长。

2. 需求过旺

企业在无法提供顾客所需要的全部产品时，可以提价，对顾客实行产品配额，或者双管齐下。企业可以用许多方法来提高价格，与增长的成本保持一致。

提价可以通过取消折扣和在产品线中增加高价产品来实现，这种办法十分隐蔽，几乎不露痕迹；或者可以公开涨价。在将涨价的情况传递给顾客时，企业应避免形成价格欺骗的形象。企业必须用与顾客的交流活动来支持价格上涨，告诉顾客为什么价格将会被提高。企业销售人员应该帮助顾客找到节省的办法。

只要有可能，企业应该考虑采用其他的办法来弥补增加的成本和满足增加的需要，而不用提高价格的办法。例如，可以缩小产品而不提高价格，这是糖果生产商们经常采用的办法；或者可以用较便宜的配料来替代；或者除去某些产品特色、包装或服务；或者可以"拆散"产品和服务，去除和分散本应是一部分的定价因素。例如，IBM 现在提供的电脑系统培训和咨询服务是一项单独定价的服务。

（三）购买者、竞争对手对变价的反应

1. 购买者对变价的反应

购买者对价格改动的反应不管是提价还是减价，这些行动都会影响购买者、竞争对手、销售者和供应者，同时也会引起政府的兴趣。顾客并不总是用一种直观的方法来解释价格，他们会从几个方面来看待减价。例如，如果索尼突然把录像机减去一半价格，你会怎么想？你可能会想这些录像机将被更新的型号替代，或者它们有什么缺陷因此不好卖。你可能会想索尼正在放弃录像机市场，并且很快就会撤出这个市场。你可能认为质量被降低了，或

者你会认为价格甚至会进一步降低，因此值得再观望一阵子。

同样的，通常会引起销售量下降的涨价，对购买者而言会有一些正面的意义。如果索尼将它最新的录像机涨价，你会怎么想？一方面，你可能认为该产品很“热”，除非马上去买，否则恐怕得不到。或者你会认为录像机的质量非同一般的好。另一方面，你可能认为索尼公司很贪婪，想从市场中得到一切可以得到的。

2. 竞争对手对变价的反应

价格改动的企业除了考虑购买者的反应之外，还不得不考虑到竞争对手对价格的反应。当牵涉的企业数量较少，产品是均质的，购买者对产品和销售者熟知的时候，竞争对手就最有可能做出反应。

企业怎样预计竞争对手的可能反应呢？如果企业面对的是一个大的竞争对手，并且如果该竞争对手趋向于用一种固定的方式对价格改动做出反应，那么就很容易预计竞争对手的反应了。但是，如果该竞争对手将每一次价格变动都作为是新的挑战，并根据当时的自我利益做出反应，那么企业将不得不弄清楚当时竞争对手的自我利益是什么。问题是很复杂的，因为和顾客一样，竞争对手也会从许多方面来解释某个企业的减价行为。它会认为该企业正在努力地攫取更大的市场份额，或者该企业经营状况不佳，因此正努力地促进销售量的增加；或者该企业想使整个行业降价，从而增加总需求。

当存在几个竞争对手时，企业必须预测每个竞争对手的可能反应。如果所有竞争对手的行为很相像，就可以当作一个典型的竞争对手来分析。相反，如果竞争对手的行为不相像，或许仅仅是因为规模、市场份额或策略的不同，则需要分别加以分析。但是，如果有一些竞争对手要相应地调整价格，那么就有充分理由预计其他竞争对手也会相应地调整价格。

（四）企业面临竞争者降价的对策

1. 企业可以减价，以便和竞争对手的价格相匹敌

企业可能认为市场对价格很敏感，因此在减价竞争中，如果企业不减价就会失去太多市场份额。或者企业是担心以后重新夺回丢失的市场份额太艰难。减价会减少企业的短期利润。一些企业还可能降低产品质量，减少服务和市场营销交流活动来维持原利润差，但是这最终会伤害企业的长期市场占有率。企业在减价的同时应努力维持它的质量。

2. 企业可以维持原价，但是提高顾客感知到的质量

它可以改善与顾客的交流活动，强调优于低价竞争对手的产品质量。企业会发现，维持原价和改善顾客理解的质量，比减价和低利润经营要便宜一些。

3. 企业可以改善质量和提高价格，对企业品牌进行高价格定位

较高的质量可以用来证明较高的价格，较高的价格反过来能使企业保持有较高的利润。或者企业可以维持现有产品的价格，同时引进一种价格定位较高的新品牌。

4. 企业可以设立一种低价格的“战斗品牌”

最好的做法经常是在产品线中增加较低价格的产品，或者单独创建一种较低价格的品牌。当正在丢失的细分市场对价格很敏感并且不会对较高质量的说法感兴趣时，这样做就十分必要了。

阅读资料 5

美国某生产伏特加酒的公司（A 公司 A 品牌）曾受到过另一个公司（B 公司 B 品牌）的攻击，且 B 品牌的价格比 A 品牌低 1 美元，但宣称两者具有同样的品质。为了保住市场份额，A 公司考虑了两种方法，要么将 A 品牌的定价降低 1 美元，要么保持其价格，但是增加广告和促销费用，任何一种策略都会导致更低的利润，看来 A 公司是没办法赢得这场战争了。但这时 A 公司的营销人员想到了第三种策略。他们将 A 品牌的价格升高了 1 美元！然后 A 公司推出了一种新的品牌 C 与 B 品牌竞争。并且它还推出了第三种品牌 D，价格比 B 更低。这一明智的策略将 A 品牌定位为杰出品牌，而 B 品牌就很一般了。这一策略使 A 公司的总体利润大幅度上升。具有讽刺意味的是，公司的三种品牌不论在味道上还是在生产成本上几乎完全一样。

（资料来源：《市场营销原理（第 11 版）》，菲利普 · 科特勒等著，清华大学出版社，有删节）

主要概念

成本导向定价法　需求导向定价法　竞争导向定价法

思考与练习

1. 影响定价的因素有哪些？
2. 简述四种不同的市场类型对于企业定价的影响。

3．企业的定价目标有哪些？企业在选择定价目标时应考虑哪些因素？

4．举例说明消费者心理对于产品定价的影响。

实践与技能

案例分析：怎样销售这批珠宝？

位于美国加州的一家珠宝店专门经营由印第安人手工制成的珠宝首饰。

几个月前，珠宝店进了一批由珍珠质宝石和白银制成的手镯、耳环和项链。该宝石同商店以往销售的绿松石宝石不同，它的颜色更鲜艳，价格也更低。很多消费者还不了解它。对他们来说，珍珠质宝石是一种新的品种。副经理希拉十分欣赏这些造型独特、款式新颖的珠宝，她认为这个新品种将会引起顾客的兴趣，形成购买热潮。她以合理的价格购进了这批首饰，为了让顾客感觉物超所值，她在考虑进货成本和平均利润的基础上，为这些商品确定了销售价格。

一个月过去了，商品的销售情况令人失望。希拉决定尝试运用她本人熟知的几种营销策略。比如，希拉把这些珠宝装入玻璃展示箱，摆放在店铺入口醒目的地方。但是，陈列位置的变化并没有使销售情况好转。

在一周一次的见面会上，希拉向销售人员详细介绍了这批珠宝的特性，下发了书面材料，以便他们能更详尽、更准确地将信息传递给顾客。希拉要求销售员花更多的精力来推销这个产品系列。

不幸的是，这个方法也失败了。希拉对助手说，“看来顾客是不接受珍珠质宝石。”希拉准备另外选购商品了。在去外地采购前，希拉决定减少商品库存，她向下属发出把商品半价出售的指令后就匆忙起程了。然而，降价也没有奏效。

一周后，希拉从外地回来。店主贝克尔对她说：“将那批珠宝的价格在原价基础上提高两倍再进行销售。”希拉很疑惑，“现价都卖不掉，提高两倍会卖得出去吗？”

回答下列问题：

（1）希拉对这批珠宝采取了哪些营销策略？销售失败的关键原因是什么？

（2）贝克尔为什么提高售价？

（3）结合案例，说明影响定价的主要因素、基本的定价方法及定价策略。

（资料来源：http：//hi.baidu.com/bassvip/blog/item/80755a89fa950bb40e2444e7.html，有删节）

第七章　分 销 策 略

学习目标

通过本章学习，要求学生掌握分销渠道的概念、类型，理解各类分销渠道的优缺点以及选择分销渠道时应考虑的因素，并掌握对分销渠道设计与管理的相关技巧。

案例导入

渠道为王——家电连锁业的国美时代

国美电器有限公司成立于1987年，是一家以经营各类家用电器为主的全国性家电零售连锁企业。目前，已经发展成为中国最大的家电零售连锁企业，拥有直营店130余家，10000多名员工。2003年中国连锁经营前30强中，国美电器以177.9亿元位列第三，同时位列家电连锁第一名，继续领跑中国家电零售业。

让国美能够如此迅速的发展的原因有二：外部因素和内部因素。

从外部因素来说，由于技术的进步和经济的发展，家电行业是中国市场竞争最充分、最成熟的行业。对家电生产企业而言，谁掌握着规模大、效率高、运作灵活、运营成本低的销售渠道，谁就赢得了市场，就能有效地战胜自己的竞争对手。国内家电企业市场竞争日趋激烈，要求企业不仅要有创新的产品、优惠的价格、有效的促销活动和完善的售后服务，而且必须要有强大的渠道。渠道已成为企业最重要的资源之一，渠道的创新和整合已成为历史发展的必然趋势。国美适时的出现恰恰迎合了这种趋势，抓住了这个时代特点。

从国美电器本身来说，在经营实践中，国美电器形成了独特的商品、价格、服务、环境四大核心竞争力。完善的售后服务体系、高素质的售后服务队伍和一整套完善的售后服务制度体系，提出“我们员工与众不同”的口号，提出“超越顾客期望”的思想，提供“一站式服务”，这些都是国美电器的规模化经营的基础。最重要的是，国美积极倡导的创新精神和“薄利多销、服务当先”的经营理念。在2003年年底，国美卖场的一些彩电价格降幅达到20%，最高降幅达50%，引起消费者的疯狂购买，这种价格策略，给国美带来了高额的市场增长，销售额比2002年净增70亿元。

国美之所以能够进行这种价格战，主要是有渠道优势。

首先是从进货渠道上采取直接从生产厂商供货的方式，取消了中间商、分销商这个中间环节，降低了成本也就降低了产品价格，把市场营销主动权控制在自己手中。2004年3月，国美与格力电器的斗争正源于此。其次是采用诸如大单采购、买断、包销、订制等多种适合家电经营的营销手段，也就保证了价格优势。第三是国美将降价的部分影响转嫁到生产厂商上，因为销售一定量的产品国美就可以从生产厂家获取返利，因此国美电器的销售价格有时都可以与厂家的出厂价相同甚至更低，2004年9月，上海国美将商品的挂牌价全部调整为“进货价”，即国美把从供应商处进货的价格作为挂牌价公之于众，迫使生产厂家不断的优化生产，降低成本。

在2003年，国美电器在进货渠道上就进行大胆探索，实行全面互动营销。充分整合厂家、商家、媒体、社会评测机构以及消费者等资源，发挥了巨大的市场能量。2004年，国美开始重新审视和缔造新时期厂商关系，整合营销渠道，倡导“商者无域，相融共生”的战略联盟，以发展的眼光加强联盟伙伴之间广泛持久的联系，通过资源共享、专业分工、优势互补，更好地服务于消费者，最终达到战略协同、合作制胜、共存共荣的目的。这个观点得到了众多家电制造企业的广泛认同，这似乎也标志着一个由家电零售业带领前进的中国家电业发展时代正式到来。

借助于进货渠道的整合，在汲取国际连锁超市成功经验的基础上，国美电器结合中国市场特色，确立了“建立全国零售连锁网络”的发展战略。到2004年年底，国美电器将基本完成在中国内地的一级市场的网络建设，同时扩展到较为富裕的二级市场，并致力于用2～4年的时间占有中国家电市场20%的份额。

案例分析：良好的渠道可以使企业迅速发展壮大，渠道的不断创新和整合可以使企业有足够的发展后劲和动力。国美适时的出现恰恰迎合了这种趋势，抓住了这个时代特点，并由此得到迅速发展。

第一节 分销渠道

一、分销渠道概念与类型

（一）分销渠道

1. 分销渠道

分销渠道是指某种商品和劳务从生产者向消费者转移的过程中，取得这种商品和劳务的所有权或帮助所有权转移的所有企业和个人。因此，分销渠道包括商人中间商和代理中间商，它还包括处于渠道起点和终点的生产者和最终消费者或用户。

2. 分销渠道的特点

（1）分销渠道的起点是生产者，终点是个人消费者或用户。这反映了某一特定产品价值实现的全过程所经由的通道。

（2）分销渠道是一组线路，其参与者是由商品流通过程中各种类型的组织或个人所组成。

（3）在分销渠道中，产品或服务从生产领域转移到消费者领域的前提是所有权的转移，并且所有权至少转移一次。

（4）在分销渠道中，除商品所有权转移方式外，在生产者与消费者之间还隐含其他的物质流动形式，如物流、信息流、货币流等。它们相辅相成，但在时间和空间上并非完全一致。

3. 分销渠道的作用

（1）分销渠道是企业生产经营活动得以正常进行的基础。

（2）分销渠道的选择，直接制约和影响着企业其他方面营销策略的确定。分销渠道的选择与目标市场策略、市场定位策略、产品策略、价格策略、促销策略等方面密切相关。

（3）分销渠道反馈回来的市场信息，是企业调整生产经营行为的重要依据。

4. 分销渠道的功能

（1）研究

即收集制订计划和进行交换所必需的信息。

（2）促销

即为了吸引和说服消费者购买产品和服务而进行的沟通活动。

（3）谈判

即达成有关产品的价格和其他条件的最终协议，以实现所有权的转移。

（4）接洽

寻找可能的购买者并与其进行沟通。

（5）融资

收集和分配资金，供分销渠道的不同层次工作之所需。

（6）风险承担

承担与渠道工作有关的风险。

（7）物流

从事商品实体的运输和储存。

（8）配合

即使所供应的货物符合购买者需要，包括制造、分等、包装等活动。

二、分销渠道的结构类型

分销渠道可以从不同角度划分成多种类型，了解这些类型可以使企业做出正确的渠道类型选择。

（一）按渠道的长度分

在商品流通过程中，从生产者开始商品每经过一个直接或间接地转移商品所有权的营销机构就称之为一个流通环节或一个中间层次。分销渠道的长度取决于商品在整个流通过程中经过的流通环节或中间层次的多少，经过的流通环节或中间层次越多，分销渠道就越长，反之分销渠道就比较短。由此可见，分销渠道的长度问题实际上是对商品流通过程的一种纵向性考察。

按渠道长度的不同，即按其有无中间环节和中间环节的多少，有四种基本类型（如图 7.1 所示）。

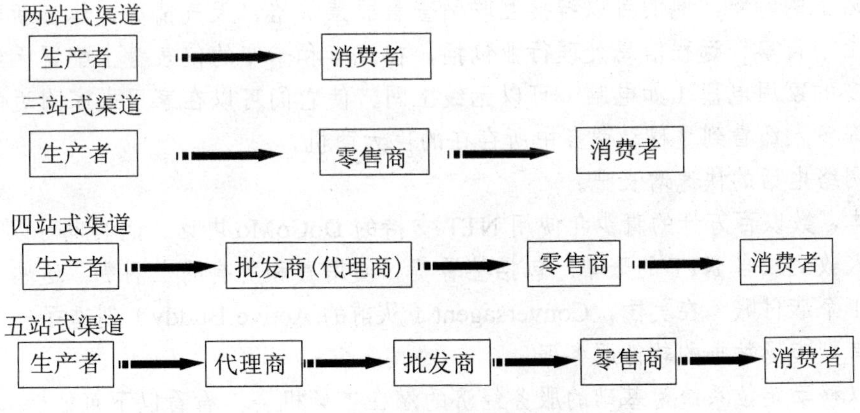

图 7.1 销售渠道类型示意图

1. 两站式渠道（直接渠道）

也叫零渠道，指产品不经任何中间环节，直接由生产者供应给消费者。

2. 三站式渠道（一层渠道）

指仅有一个中间机构的渠道。这个中间机构，在消费者市场上通常是零售商，在产业市场上通常是代理商或经纪人。采用这种分销渠道的企业通常生产耐用消费品和高级选购品。

3. 四站式渠道（二层渠道）

指包括两个中间环节的渠道。这两个环节，在消费者市场是批发商和零售商，在产业市场则可能是代理商与批发商。这种分销渠道是传统的渠道模式，尤其对于中小企业来说。

4. 五站式渠道（三层渠道）

指包含三个中间环节的渠道。除了批发商和零售商之外，中间环节应再加一个代理商或一个更大的批发商。

阅读资料

移动商务为营销带来了新机遇

顾客和商务人士不再是需要一台计算机才能收发信息。他们只需要移动电话和 PDA。当他们在路上的时候，他们可以链接互联网查看股票价格、天气情况、体育新闻、收发邮件，在网上下订单。远程信息处理行业包括，在汽车和卡车的仪表盘上配置无线上网计算机，使更多的家用电器（如电脑）可以无线上网，使它们可以在家里或家附近的任何地方被使用。许多人都看到了移动商务中所存在的巨大商机。

看看网络电话的快速增长吧。

在日本，数以百万计的青少年使用 NTT 支持的 DoCoMo 电话。他们也可以下订单。每个月这些人收到来自 NTT 的账单．包括签署费、使用费和所有的上网费。这些人能够在最近的 7～11 个店付账。在美国，Conversagent（从前的 Active Buddy）创造了一个链接即时信息使用者到市场数据的软件服务器。

对于以移动定位系统为基础的服务经济的潜在市场机会，看看以下可能：

- 通过打电话给自动售货机获得可乐。得到可乐时钱也就会从用户的银行账户里面扣除。

- 用电话来寻找附近符合顾客需求的餐馆。
- 在餐馆用餐的时候查看股票价格并下订单。
- 打电话为刚才的用餐付账，移动电话代替了信用卡。
- 回到家通过按门上的电话密码来开门。

一些人看到了移动商务的积极利益，如当地人可以打 911 紧急电话查看孩子昨晚的行踪。然而，另一些人则为隐私问题担忧。如果雇主知道了一个雇员被当地的医院诊断为艾滋病毒携带者，或者是妻子发现她的丈夫在外面泡吧，怎么办？像许多新经济一样，以移动定位系统为基础的服务经济有许多潜在的好处或弊端，这些都需要由公众来仔细研究和规范。

（资料来源：Douglass Lamont，Conquering the Wireless World：The Age Of M—Commerce（New York：Wiley，2001）；Marc Weingarten，“The Medium is the Instant Message，”Business 2．O，February 2002，PP．98-99.）

以上四种类型，也可概括为直接渠道和间接渠道两大类。

直接渠道是指生产者不经过任何中间环节，将产品直接销售给最终消费者或用户的分销渠道。

间接渠道是指生产者通过若干中间环节，包括代理商、批发商、零售商等，把产品销售给最终消费者或用户的分销渠道。

我们不能简单地说长渠道好还是短渠道好。分销渠道长度决策的关键在于，企业选择的渠道类型应具有较高的分销效率和经营效益。一般情况是，在长渠道中商品分销的职能分散在多个市场营销机构的身上，在短渠道中商品分销的职能相对集中地由少数市场营销机构来承担。例如，一家服装加工厂决定改由自己的推销机构直接向消费者出售商品，这样一来这家服装加工企业就要把原来由批发商、零售商替他承担的储存、运输、包装、拼配、资金周转、风险承担等多项职能统揽起来。因此，企业在选择分销渠道时，关键是要针对自身条件和环境要求，权衡利弊得失，选择出适合本企业和产品的渠道。

（二）传统渠道与新型渠道

产品的分销渠道，按照渠道内成员之间相互关系的状况，可以分为传统渠道和新型渠道。

1．传统渠道

传统渠道是一种分离度很高的组织网，渠道上的各个成员之间彼此独立、各自为政、各行其是，购销交易是建立在自身利益、讨价还价、相互竞争基础上的，因此联系松散、交易关系很不稳定。这样虽然保持了各企业的独立性，但由于缺乏共同目标，因而影响了局部与整体运行效率和经营效益。

2. 新型渠道

新型渠道则是一种实行专业化管理和集中计划的组织网，渠道上的各个成员之间采取了不同程度的一体化经营或联合经营的方式，从而形成了经营规模，加强了交换能力，提高了整体运行效率和经营效益，有效地增强了环境适应力和市场竞争力。

第二节　分 销 策 略

一、影响渠道选择的因素

分销渠道类型的选择，即决定渠道的长度和宽度问题，是渠道战略中的一个重要内容，对企业营销的成败关系甚大。渠道的长短宽窄是不能随心所欲的，它受多种因素的制约。影响渠道类型选择的主要因素包括以下几点。

（一）产品因素

1. 产品的自然属性。
2. 产品的技术性质和售后服务。
3. 产品的单位体积与重量。
4. 产品的单位价格的高低也影响渠道的选择。
5. 产品生命周期的不同阶段，往往采取不同的分销渠道。
6. 某些具有传统特色的产品，如各地的土特产，往往采取自产自销的方式经营。

（二）市场因素

1. 市场潜量和购买力的大小以及零售商规模的大小与渠道模式密切相关。

2. 潜在顾客的地理分布情况。如果消费者或用户相对集中，则宜采用短渠道；否则，采用长渠道。

3. 市场竞争情况也制约着企业的渠道选择。

4. 宏观经济环境的变化，对渠道模式的选择也有决定作用。

阅读资料 2

销售渠道的城乡差别

在北京见到非常可乐的机会要比见到可口可乐的机会少很多，但在幅员辽阔的西部和农村则恰恰相反。可口可乐在渠道上的优势，就是商家直接控制系统销售配送体系，但在十几里地也不见零售点的西部及农村，这就成了可口可乐的短板；而通过掌控经销商实现终端布局的大流通控制，却是非常可乐公司的长项。一贯打本土品牌的娃哈哈非常善于激励和控制经销商。尽管可口可乐也曾造势要“下乡”，但巨额的渠道成本让其放慢了步伐。因此，一城一乡，“二霸”找到了各自所长。

（三）企业自身因素

1．企业实力。
2．企业的声誉及提供服务的能力。
3．管理能力。
4．控制渠道的愿望。

（四）经济效益因素

经济效益的高低与分销渠道的长短密切相关，一般来说，缩短渠道能减少环节，加速流通，节约社会劳动，提高经济效益。

（五）中间商因素

中间商所服务的对象，地理位置，商品构成，员工素质与能力，储运条件，自身实力，管理水平和营销能力等。

（六）国家有关的政策、法律法规对渠道模式的选择也有重要影响

以上是企业在选择分销渠道模式时应考虑的几个主要因素，除此之外，还应考虑中间商的情况。

二、分销渠道的基本策略

企业分销渠道的选择，不仅要求保证产品及时到达市场，而且要求选择的分销渠道销

售效率高，销售费用少，能取得最佳的经济效益。因此，企业进行分销渠道选择前，必须综合企业的战略目标、营销组合策略以及其他分销渠道选择的因素，然后再做某些相关决策，如是否采用中间商，分销渠道的长短、宽窄，具体渠道成员等。

（一）直接销售与间接销售的选择

这个问题实际上就是可否采用中间商的决策。虽然中间商的介入对制造商以及社会带来很大好处，但没有中间商介入的销售即直接销售也具有很多的优点，如销售及时、节约费用、加强推销、提供服务、控制价格、了解市场等。然而，直接销售使产品的整个销售职能完全落在生产企业身上，完成这些职能的费用也完全由生产企业负担。事实上，生产量大、销售面广、顾客分散的产品（如啤酒、香烟等），任何企业都没有能力将产品送到每一个消费者手中，即使能送到也是不经济的，因此这些企业只能选择间接销售渠道。

从以上分析来看，直接销售与间接销售各有利弊、各有其适用条件和范围。企业在选择时，对产品、市场、企业营销能力、控制渠道的要求、财务状况等方面进行综合分析。一般情况是：大多数生产资料产品技术复杂，价格高，需要安装和经常的维修服务，用户对产品规格、配套、技术性能有严格要求，交易谈判需较长的时间；有的大宗原材料用户购买量很大，购买次数少，用户数量有限，宜采用直接销售。生活用品中一些容易变质的和时尚的产品，以及价格昂贵的高档消费品，也可采用直接销售。除此之外，大多数生活资料以及一部分应用面广、购买量小的生产资料，宜采用间接销售。在进行此类选择时，营销能力、财务、控制渠道的要求也必须考虑在内。例如，有的企业产品从产品与市场分析，应采用直接销售，然而，因为销售力量太弱，或因财务困难，也不得不选用间接销售渠道。

阅读资料 3

车美仕公司如何进行汽车销售

几年前，想买一辆旧车的人都会认为这是一件有风险的事；旧车的销售人员总是在那里喋喋不休。车美仕(CarMax)的出现改变了这个行业和这种境况。1993 年，环路城(Circuit City)公司，一个电子产品零售商，创办了车美仕公司，一个汽车超市。第一家汽车超市设立在弗吉尼亚州里士满。现在，它已在 24 个市场拥有 50 家旧车超市店。车美仕与当地的经销商共同开了 12 家新车特许经营商店。

车美仕有什么特别的地方吗？车美仕把它的汽车超市设立在市郊的靠近主要高速公路的地方，面积很大，每一个汽车超市中大约有 500 辆旧车。顾客们步入一个很吸引人的展览厅，当销售人员发现顾客在寻找某种类型的车时，他们会把顾客带到一个电脑售货亭前。利用计算机的触摸式屏幕，销售人员检索出库存中所有符合顾客标准的旧车清单。每一辆车子的彩照都可以被展示一番．同时还会为顾客展示车子的特性及其固定的售价。这家公司总共拥有15000辆汽车，覆盖了几乎所有的汽车制造厂和汽车模型。

这里不能讨价还价。由于销售人员是根据所售车子的数量而不是根据所售车子的价值来获取佣金的，所以，他们也没有动力去说服顾客购买价格更高的车子。在选购旧车时，顾客知道车美仕的技工已经进行了一次110点的检查，并且进行了必要的修理。而且，购买旧车有5天不满意退款和30天的综合担保。如果顾客想通过融资贷款来购车，车美仕的销售人员会在20分钟内安排好这件事，整个过程不超过1个小时。

车美仕公司重点补缺旧车市场。公司发现许多人愿意去买旧车以节约成本，尤其在当今汽车性能更好、使用寿命更长的情况下。其次，汽车租赁业的巨大发展也使旧车的供给增加了许多。再次．银行也越来越愿意向购买旧车的人提供低成本的融资贷款，尤其是当它们发现购买旧车的人的违约率要比购买新车的人的违约率低时。最后。经销商们反映销售旧车所赚取的净利润要高些，销售一辆旧车的利润比新车高100美元。

车美仕正在获取高的毛利：公司所售旧车的平均价格是15000美元，毛利13%；而行业平均销售旧车的价格是13650美元，毛利11%。由于毛利高，虽然新车制造厂的日子艰难，但车美仕在2003年度销售和赢利都很令人满意。

资料来源：新浪网

（二）分销渠道长度的选择

所谓分销渠道长度，是指产品从生产者到最终用户所经历的环节的多少，也就是渠道层次的多少。当企业决定采用间接分销时，应对渠道的长短做出决定。

越短的分销渠道，制造商承担的销售任务就越多，信息传递就越快，销售就越及时，就越能有效地控制渠道。越长的分销渠道，中间商就越要承担大部分销售渠道职能，信息传递就越慢，流通时间就越长，制造商对渠道的控制就越弱。制造商在决定分销渠道时，应综合分析制造商的特点、产品的特点、中间商的特点以及竞争者的特点并加以确定。

（三）分销渠道宽度的选择

分销渠道宽度的选择取决于企业的战略目标、产品特点和顾客分散程度。实际上，大多数营销渠道的每一层次，既不是最宽，也不是最窄，宽窄只是相对而言。

（1）批发层次营销渠道较窄，而零售层次营销渠道较宽，所以，营销渠道宽窄的选择大多发生在零售环节。一般而言，在消费者市场上，特殊品的营销渠道最窄，选购品的营销渠道居中，而日用品的营销渠道最宽。

（2）新产品的营销渠道较窄，成熟产品的分销渠道较宽。

（3）在组织市场上，面对中间商的营销渠道较宽，销售附属设备、消耗品、通用零配件的营销渠道较宽。

（4）专用设备通常是直销。

（5）服务业的营销渠道通常较宽，特别是向居民提供生活服务的企业。为使居民方便地获得服务，使用服务设施，学校必须建在方便学童就近上学的地点；公共汽车线路和车站须设在方便居民上下车的地点；餐饮店和银行的营业网点更要尽可能地接近居民住宅区和商业区。

分销渠道宽度的选择的类型有三种。

1. 密集型分销渠道

密集型分销也称广泛型或普通型分销，即制造商在同一渠道层次选用尽可能多的中间商经销自己的产品，使产品在目标市场有铺天盖地之势，达到使自己产品品牌充分显露、实现路人皆知和随处可买、最广泛地占领目标市场的目的。

在市场上，日用品和大部分食品，工业品中的标准化和通用化商品，需要经常补充和替换或用于维修的商品，替代性强的商品等，多采用这种分销渠道。

采用密集型分销渠道的企业必须充分预计到所面临的每个中间商可能同时经销几个广家的多种品牌的产品，使得它们不可能为每一产品的促销提供如广告宣传、人员促销等过程中需要的费用，这就要求企业在经济上向其提供一定的支持，因而导致企业的渠道费用增加。

从经济角度看，密集型分销所产生的费用较大，同时，由于中间商数目众多，企业无法控制渠道行为，这些都是采用密集型分销渠道会给企业带来的不利之处。

阅读资料 4

卡尔文·克莱恩（Calvin Klein）

2000 年 5 月，设计师卡尔文·克莱恩控告沃纳科（Warnaco）集团公司的首席执行官琳达·瓦赫娜，因为她未经许可便将卡尔文·克莱恩设计的牛仔服装低价销售给大卖场。沃纳科拥有该时装的特许生产和分销权，卡尔文·克莱恩控告其为大卖场生产劣质服装从而损害了他的形象。2001 年 1 月，这宗案件达成庭外和解，双方宣称“期盼在维护卡尔文·克莱恩产品声誉和形象的前提下拓展牛仔服装的市场”。今后，沃纳科将只限于向百货商店和专卖店销售卡尔文·克莱恩的服装。

2. 独家分销渠道

独家分销，指的是在某一层次上选用唯一的一家中间商的渠道。这是一种最为极端的常见专营型分销渠道。

由于产品本身技术性强，使用起来复杂而独特，所以需要一系列的售后服务和特殊的推销措施相配套，使企业在一个目标市场只选择一个中间商来经销或代销它的产品。采用这一渠道的生产企业必须与被选中的独家经销商签订协议，协议保证作为独家经销商，只能经销生产该企业的产品，不得同时经销其他厂家的同类产品。

生产企业必须常常在产品供应、运输和管理技术等方面给经销商以特殊的便利条件或支持。采用独家分销渠道可使企业十分容易地控制渠道行为。但由于采用这种渠道后，厂商与独家经销商之间的互相依赖性大大增强了，可能会使制造商受控于独家经销商，或由于经销商经营失误，使企业失去一条分销渠道，甚至失去一个目标市场。

3. 选择性分销渠道

选择性分销，是指在某一层级上选择少量的中间商进行商品分销的渠道，是介于密集型分销渠道与独家经销两种渠道之间的一种宽度渠道。

制造商从愿意合作的众多企业中选择一些条件好的批发商、零售企业作为自己的中间商。与密集型分销相比，这样可以集中地使用企业的资源，相对节省费用并能较好地控制渠道行为。企业可以获得比采用密集型或独家经销两种渠道更多的利益。

但是，这一渠道也不是尽善尽美的，取决于以下条件：

（1）中间商是否能提供良好的合作；

（2）愿意参与渠道协作的中间商数目的多少；

（3）制造商能为中间商提供多少市场畅销的产品，在供货方式、价格上给多大优惠，在诸如采用广告宣传等措施所需的费用上给予多大的支持等；

（4）制造商与中间商之间的联系以履行合同来维系，无论哪方的行为有损于合同的执行，必将使产品在该渠道上的流通受阻，从而使采用这一渠道的预定目标落空。

第三节 分销系统

从渠道的发展进程看，分销渠道系统可分为传统营销渠道系统、垂直营销渠道系统、水平营销渠道系统、多渠道系统。

一、传统管销渠道系统

在传统营销渠道中，许多企业的业务是在一个或多个营销渠道体系中进行的。由于它们不承认相互之间存在依赖性，因此构成系统的每个成员并不完全参与整体渠道系统。渠道成员之间一定程度上能够合作是由于它们认为能从专业化中获利，一旦这种合作关系不能达到预期的目标，它们中的任何一方都有可能终止这一关系。

从严格意义上来说，传统营销渠道不能称为系统，因为传统营销渠道由各自独立的生产者、批发商和零售商组成。每个成员都是作为一个独立的企业实体追求自己利润的最大化，即使以损害系统整体利益为代价也在所不惜。没有一个渠道成员对于其他成员拥有全部的或者足够的控制权。这种以市场竞争的盲目力量来调节商品分销途径中的矛盾，增加了分销过程的不确定性，也不利于大企业控制其产品的分销过程及强化在最终市场上的竞争。竞争的结果使新的营销渠道系统不断出现，垂直营销渠道系统随之形成并对传统营销渠道构成挑战。

二、垂直营销渠道系统

垂直营销渠道系统是由生产者、批发商和零售商根据纵向一体化原理组成的一种统一的联合体。某个渠道成员拥有其他成员的产权，或者是一种特约代营关系；或者这个渠道成员拥有相当的实力和优势地位，其他成员愿意合作并要求建立相互依赖关系，在整个系统中担当一定的角色，它们认为在垂直营销渠道中能获得最大利益。垂直营销系统可以由制造商支配，也可以由批发商或者零售商支配。支配者即是渠道领导者，其规模最大，而且承担着最大的风险，所以在渠道中具有相对较高的权力。渠道中每一位成员都要求获利，所以经常会产生矛盾，领导者的职责之一就是解决成员之间的矛盾，并保持渠道的稳定。领导者的另一项职能是计划和实施渠道变革。垂直营销系统有利于控制渠道行动，消除渠道成员为追求各自利益而造成的冲突。它们能够通过其规模、谈判实力和重复服务的减少而获得效益。

在美国消费品销售中，垂直营销系统已经成为一种占主导地位的分销形式，占全部市场的60%～70%。对于垂直营销系统，根据其成员间所有权关系及控制程度的不同，又可分为以下几种形式：公司式、管理式系统、合同式系统。

（一）公司式垂直营销系统

公司式垂直营销系统，是指一家公司拥有和统一管理若干工厂、批发机构、零售机构等，控制市场营销渠道的若干层次，甚至控制整个市场营销渠道，综合经营生产、批发、零售业务。这种渠道系统可分为两种：一种是大工业公司拥有和统一管理若干生产单位和商业机构，采取工商一体化经营方式。例如，美国胜家在美国各地设有缝纫机商店，自产自销，并经营教授缝纫等服务项目。另一种公司系统是大零售公司拥有和统一管理若干批发机构、工厂等，采取商工一体化经营方式，综合经营零售、批发、加工生产等业务。例如：以零售业著称的西尔斯公司 50%的货源来自该公司握有股权的生产企业：美国假日旅馆控制着家具制造厂、地毯厂等众多企业：中国的联华、华联超市也控制着自己名下的许多生产企业。

（二）管理式垂直营销系统

管理式垂直营销系统不是由同一个所有者属下的相关生产部门和分配部门组织形成的，而是由某一家规模大、实力强的企业出面组织的。渠道成员承认相互间存在依赖关系，并且愿意接受渠道领头人（某个特定渠道的主帅，即组织和领导渠道的公司，如通用汽车公司就是由大量供应商、经销商和辅助机构组成的渠道系统的领头人）的统一领导，以分享利润。渠道成员认为如果它们要加入这一管理型垂直营销渠道，就必须接受领导者的领导。这种依赖关系有可能持续很长一段时间。在西方国家，许多制造商即使是某些大制造商都不能建立推销其产品所需要的全部商业机构。因此，有些享有盛誉的大制造商为了实现其战略计划，往往在销售促进、库存管理、定价、商品陈列、购销业务等问题上与零售商协商一致，或予以帮助和指导，从而与零售商建立协作关系，这种营销渠道系统叫做管理系统。如柯达、吉列、宝洁等公司都能在有关商品展销、货架位置、促销活动和定价政策等方面取得其经销商的积极合作：中国的大型百货和电器商店也很难拒绝与海尔、长虹、小天鹅、小鸭等著名家电公司合作。

（三）合同式系统

合同式垂直营销系统是指分销系统中不同层次的独立制造商和经销商，为了实现其单独经营难以达到的经营效果和利润，通过签订某种协议而结成的联合体。合同式垂直营销系统近年来获得了很大的发展，在这种渠道系统中，成员之间的依赖关系是依靠合同建立的。

合同型垂直营销渠道和公司型垂直营销渠道之间的区别是：在合同型垂直营销渠道中没有任何一家公司拥有两个或两个以上的渠道环节；在很多情况下，渠道希望达到的业绩水平在合同中也做了较为明确的规定。

合同式垂直营销系统有以下三种形式。

1. 特许经营组织

特许经营是近年来零售业中发展最迅速也最成功的形式

根据特许者和被特许者的不同，又可分为三种。

（1）制造商创办的批发商特许经营系统，即制造商将特许权授予批发商，如软饮料行业的可口可乐公司，授权各地装瓶厂（批发商）购买其浓缩汁，然后由装瓶商充碳酸气，装瓶，再把它们出售给本地市场的零售商。

（2）制造商创办的零售商特许经营系统，即制造商将特许权授予零售商，如福特等汽车公司特许经销商出售它的汽车，这些经销商虽然是独立的企业，但仍须同意遵守各项销售与服务规定；又如石油公司特许成千上万的加油站挂着它的牌子，出售其品牌的汽油。

（3）服务企业创办的零售商特许经营系统，如麦当劳、汉堡王快餐公司、汽车出租业、旅馆业等大公司零售连锁系统都是采用特许经营方式。

2. 批发商组织的自愿连锁

通常由一家批发商领头与若干独立零售商签订自愿连锁合同，从而与大型连锁组织抗衡。批发商制订一个方案，根据这一方案，使独立零售商的销售活动标准化，并获得采购成本降低的好处，这样，就能使这个群体有效地和其他连锁组织竞争。这种自愿连锁和大型连锁组织不同。首先，参加联营的各个中、小零售商仍保持自己的独立性和经营特点，而连锁商店隶属于一家大零售商店集团，各个零售商店是集团公司的分店和联号。其次，自愿连锁实际上是参加联营的各个独立中、小零售商的进货在采购中心统一管理下进行，但分别销售，实行联购分销。此外，联营组织还为各个成员提供各种服务。连锁商店的总公司虽设有批发机构（中央采购处），但连锁商店本身是零售组织。

3. 零售商合作社

由一群独立的中、小零售商组成，为了和大零售商竞争而联合经营的批发机构。各个参加联营的独立中、小零售商要缴纳一定的股金，各个成员通过这种联营组织，以共同名义统一采购一部分货物（向国内外制造商采购），统一进行宣传广告活动以及共同培训职工等，有时还进行某些生产活动。利润按成员的购买量比例进行分配。非成员零售商也可以通过合作组织采购，但是不能分享利润。

第四节 渠道管理

一、分销渠道管理

分销渠道管理决策主要包括：选择和激励渠道成员、评估其绩效以及调解渠道冲突。

分销渠道不应仅仅是一个由经济利益联系起来的松散的组织。营销者应该考虑如何在渠道成员之间构造一个统一团结的整体，而不是满足于传统渠道系统。在传统渠道系统中，各种各样的渠道成员很少预期他人合作。他们彼此间只是买卖关系，只是关注和追求自身的利益，而不考虑对同一渠道中其他成员的影响，于是越区销售、窜货、自相残杀比比皆是。

新型的分销渠道管理理念是发展渠道成员之间密切合作的伙伴关系。渠道伙伴关系又称为渠道合作，是指所有的渠道成员相互配合工作，创造服务于最终消费者或用户的供应链和争取竞争优势，以实现双赢或多赢。通过合作，供应商、制造商、批发商和零售商能够加速商品流动、提高服务质量，并且降低分销渠道的总成本。

1. 选择渠道成员

渠道成员选择包括代理商、批发商和零售商。渠道管理有两种不同的视角：一是从制造商或生产商的位置沿渠道向终端看市场；二是从零售商或其他最终销售者的位置向起点看制造商或生产商。前者是划分销售渠道、选择渠道成员最常用的思路。

阅读资料 5

京瓷美达公司（Kyocera Mita Corporation）

2003 年，京瓷美达美国公司委托 J. D. 鲍尔公司（J. D. Power and Associates）调查京瓷美达公司的顾客并审视经销商是否达到国家关于销售和服务的消费者满意的标准。其认证是基于顾客满意度和官方需要的经销商所掌握的产品知识，特别是根据顾客的需求来提供合适建议的能力，以及及时的设备交付能力。这个计划中的另一部分是关于顾客需求和及时按需提供服务的能力以及清楚地解释服务要求的能力。“J. D 鲍尔公司的认证明确了整个京瓷美达公司的经销商的解决问题的能力，允许他们在不同的经销市场上使用不同的方法，并帮助他们增加客流量和提高销售额”，京瓷美达美国公司的营销副总监米歇尔 · 皮特罗迪（Michael Pietrunti）说，“这个认证确立了经销商在消费者满意方面的行业领袖地位。”

中间商的选择直接关系到市场营销的效果。企业在选择中间商时，应评估其从业年限、所经营的产品线、成长情况和经营业绩、合作态度、协作性和声誉等。应该回避缺乏良好声誉的中间商。固特异公司曾说："分销商的经验和财务能力通常可以退而求其次，但是这些分销商的信誉是绝对重要和不容商量的。"对于销售代理商，还应该评估它所经营的其他产品品种、销售人员的规模和素质。对于零售商，则应重点考察店铺的位置、面积、每平方米销售毛利、未来发展潜力，经常光顾的顾客类型。

在选择渠道成员上，要建立一套选择标准，企业可在此参考标准的基础上，制定出与公司分销目标相一致的更细致实用的标准。

（1）市场覆盖范围。中间商的经营范围和销售活动涉及的地区应与公司分销目标相一致，中间商现在的销售对象应与公司所界定的目标市场的潜在顾客相一致。

（2）产品政策。考察中间商的产品线、经销的产品组合有无竞争品牌的产品。一般应避免选用经销竞争品牌产品的代理商和批发商。

（3）地理区位优势。应选择处在理想区位即顾客流量较大的地点的零售商。应考虑批发商所处位置是否有利于产品的批量储存与运输，通常以处于交通枢纽为宜。

（4）产品知识。许多中间商被大公司选中，往往是因为他们在销售产品方面有专门的经验。选择有经验的中间商有利于很快打开销路。

（5）预期合作程度。中间商与制造商双方应很好地合作，对双方都有益处。有些中间商希望厂商参与促销，扩大市场需求，因为这样会带来高利润。

（6）财务及管理状况。中间商能否按时结算，包括在必要时预付货款，这取决于其财力的大小。整个企业销售管理是否规范、高效，关系着中间商营销的成败。

（7）促销政策和技术。采用何种方式推销商品及运用选定促销手段的能力。要考虑中间商是否愿意承担一定的促销费用，是否具备必要物质、技术基础和相应的人才。

（8）综合服务能力。有些产品需要中间商提供售后服务，有些在销售中要提供技术指导或财务支持（如赊购或分期付款），有些还需要专门的运输存储服务。

（9）中间商的信誉。目前，我国市场经济不十分健全，相关法律法规不完善，中间商的信誉显得尤为重要。这不仅直接影响回款，还关系到市场的网络支持。

在营销实践中，渠道成员的选择是双向的，即供应商要选择中间商，中间商也会选择他们愿意与之打交道的供应商。制造商吸引合格中间商的能力存在差别。大型制造商拥有著名品牌和有质量保证的产品，他们在物色中间商时相对容易。丰田公司能够毫不费力地吸引新的销售商经销凌志汽车。而对于刚创业不久的中小型企业来说就不那么容易了。要物色和吸引足够的合格中间商，他们甚至要附加上许多优惠政策。宝利来公司最初无法得到照相器材专卖店的支持，而不得不去大型百货商店销售它的一次成像照相机。

2. 激励渠道销售成员

渠道成员的激励是指厂商为使渠道成员执行销售策略而采取的策略。中间商和制造商是各自独立的经济实体，有各自地利益。他们之间是合作关系，而不是上下级命令与被命令的关系，所以中间商的管理是十分复杂的。激励过程也比一家公司内部的激励更为困难，因此，“要激励渠道成员出色地完成任务，制造商必须从了解各个中间商的不同需要和欲望做起。”对渠道成员给予支持，以满足他们的需要，帮助其解决问题。

激励中间商的方式有两类，即直接激励与间接激励。

（1）直接激励

直接激励是通过给予物质或金钱奖励，如返利政策、价格折扣、促销活动等，促使经销商做出更好的销售业绩。为了应对格兰仕掀起的新一轮微波炉降价，美的一改往常的做法，一掷千金，投资3000万元购买了奔驰、宝马、奥迪A6等83辆高级轿车做奖品，并承诺送 120 家优秀经销商出国深造。这使众多经销商十分意外。一位轿车得主说：“谁也没想到会有这份奖励，当初的合同并没有这个说法。”不用说美的的销售量还会攀升。

（2）间接激励

间接激励是指通过帮助中间商进行销售管理，从而提高销售的效果和效率。如帮助分销商做好零售终端的管理、铺货和商品陈列等，帮助管理其客户网、建立客户档案等。

上述激励措施都具有一定的短期性，从长远看制造商和中间商应该结成合作伙伴，形成风险共担、利益共享的共同体。制造商可以通过分销规划与经销商建立长期、稳定、协调的双赢关系。所谓分销计划，是指建立一个有计划的、实行专业化管理的垂直渠道系统，以便把生产者的需要与分销商的需要更为紧密地结合起来。在建立管理垂直渠道系统的过程中，制造商应在公司内部专设一个关系计划部门，负责确定经销商的需求，制订交易计划以及有关方案，帮助经销商采取最佳方式经营。该部门应与经销商合作确定交易目标、存货水平、商品陈列计划、销售人员训练要求、广告与销售促进计划等。建立管理垂直渠道系统，将大大提高分销系统的运行效率，生产者、分销者都可以从中受益。

3. 评估渠道成员的效益

厂商应定期按一定标准评估中间商的业绩，如销售定额的完成情况、平均存货水平、向顾客交货时间、对损坏和遗失商品的处理、与公司促销和培训的合作情况。如果渠道成员的绩效低于既定标准，应找出原因并考虑采取措施改善。

衡量中间商的绩效主要有以下两种办法。

（1）将中间商的销售绩效与上期比较，并以渠道全体成员的升降百分比作为评价标准。同时将每一中间商的本期销售绩效与整个群体的平均销售绩效进行比较。

（2）将中间商的绩效与该地区基于销售潜量分析而设立的销售定额相比较，然后将各个中间商按先后名次进行排列。

中间商的销售绩效低于群体平均水平或未达到既定比率的可能原因有：当地经济衰退、某些顾客不可避免的流失、主力推销员的跳槽等。因此，制造商应根据具体情况采取有针对性措施来改善。

正如引导案例中所描述的，分销渠道方案也不是一成不变的，而是需要根据竞争态势、市场需求的规模和中间商的业绩来决定是否需要进行调整。厂商在对渠道成员绩效评估的基础上，需要考虑为适应不断变化的市场环境，对分销渠道进行必要的调整。

① 增减某些渠道成员。在分销渠道管理中，最常见的就是增减某些中间商。由于某个中间商的绩效低下，可以考虑淘汰该中间商。

② 增减某些分销渠道。随着市场的需求、营销环境以及企业产品线的变化，某些分销渠道可能会失去意义，如大型百货商场目前在销售耐用家电产品方面的劣势，以及居高不下的销售费用；也可能需要增加新的销售分销渠道，如我国大型家电厂商积极选择国美、苏宁等家电专业连锁零售商。

③ 对整体分销渠道系统进行调整。对厂商而言，这是难度最大和风险最大的决策，因为这不仅涉及到分销渠道系统，还涉及到一系列营销政策的改变。如科龙在调整渠道时遭遇渠道成员的反抗，销售额受到极大影响。因此，厂商必须慎重。

阅读资料 6

航星公司（Navistar）

航星公司卡车制造商注意到，其5%的经销商每年所出售的卡车不到3辆或4辆。该公司为这些商人提供的服务所耗费的费用超过了对他们的销售所得到的利润，但是，撤销这些商人的决定会在整个渠道系统引起极大的反响。由于固定经营费用将被分摊给较少的卡车，因而使生产卡车的单位成本增加，一些雇员和设备因此而闲置，这些市场上的若干业务可能会转向竞争者，其他经销商也会因此而感到不安。所有这些因素都是企业做出决策前所必须慎重考虑的。

4. 渠道冲突与合作

在分销渠道中总会发生某些形式或某种程度的冲突。冲突可能发生在同一营销渠道不同成员之间，或者发生在不同制造商的分销渠道中间。这里主要讨论发生在同一渠道不同成员之间的渠道冲突。这种渠道冲突是指不同的成员之间因目标或利益上的争执、碰撞或利益侵犯而导致行为上的不协调的状况。

渠道冲突在分销渠道中是十分常见的现象。虽然多数冲突并不会导致诉讼，但可能会很激烈。一般来说，渠道冲突具有显著的负面影响，会影响顾客的购买、品牌形象和销售业绩，分散了厂商的注意力、精力和资源。所以，营销者应该正视渠道冲突。

从另一角度来看，发生适度的渠道冲突未必完全是一件坏事。因为如果没有冲突，渠道成员就会故步自封、不求创新。营销者必须区分渠道冲突的类型，分析导致冲突的原因，寻找解决冲突的对策。

（1）渠道冲突的类型

一般而言，分销渠道中有三种类型的渠道冲突。

① 垂直渠道冲突，是指同一分销渠道中不同层次的渠道成员之间的冲突。长虹公司和济南七家商场的冲突即属于这种类型。分销渠道中前端的成员和后端的成员的冲突是比较常见的。批发商可能会抱怨制造商留给自己的利润空间太小，而销售支持（如广告、推销等）又太少；厂商也会抱怨零售商或批发商开发市场不力，有太多的积压货品，为最终消费者提供的售后服务太差，等等。

② 横向渠道冲突，是指分销渠道中同一层次的渠道成员之间发生冲突。如同一城市有多家批发商，或同一大型批发市场中有多家批发商或零售商，他们为争夺下游客户或最终顾客而发生冲突。如国美与百货大楼、大型超市在家电产品销售中就存在潜在的冲突。百货商场会抱怨国美的家电售价太低，使得他们无法吸引顾客。

③ 多渠道冲突，是指当厂商在同一地域使用两种及以上分销渠道时发生的冲突。这种冲突主要表现为新兴渠道对传统渠道的冲击。如在一些市场上，厂商可能会越过原有的独家代理商，向大型连锁零售商直接供货，从而引发原渠道成员的强烈不满；或由于某些渠道成员不执行价格政策而擅自降价，争夺其他分销商的顾客等。

（2）渠道冲突的原因

导致渠道冲突的原因很多，因为渠道成员都是各自独立的公司或个人，有着自己的目标和利益追求，当他们的目标和利益发生矛盾时，就会导致渠道冲突。

目标和利益不一致是导致冲突的根源。当供应商希望索取高价并要求现金交易时，分销商则极力压低进价并要求赊销；制造商想要通过低价渗透市场并取得销售增长，而分销商则想通过高毛利而获取最大化的短期收益；制造商希望通过密集分销提高市场覆盖率，最大化的占有市场，而大多数零售商则希望守着一隅市场获得长期的满意利润；制造商希望中间商只经销自己品牌的产品，但中间商却追求宽深的产品组合，以此来为自己带来销售额的增长；制造商希望给最终消费者的优惠却被中间商截留；制造商希望中间商帮助做促销，而中间商则希望制造商提供更多的广告或销售促进支持；制造商和分销商都希望自己的库存少一些，而让对方多保持一些库存。

不明确的任务与权利也会导致冲突的发生。如联想公司可能会通过自己的销售队伍向大客户供货，但联想的授权经销商也努力争取大客户的购买。由于增加了新的渠道，新老渠道也会产生冲突。中间商对制造商的依附性，如汽车的独家经销商受制造商严格的产品和定价策略的影响，而缺乏活动的空间，也会导致产生冲突。

（3）渠道冲突管理

某些渠道冲突会起到一种良好的作用，它会迫使厂商不断积极地考虑如何适应变化的环境。管理冲突的目标不在于彻底杜绝冲突，而是在于更好地管理它。其主要任务是预防渠道冲突的发生和及时有效地解决现实的冲突，以提高渠道的整体运转效果。

管理冲突的方法如下。

① 设立超级目标。当企业面临对手竞争时，树立超级目标是使渠道成员团结起来的有效方法。超级目标是指渠道成员通过共同的努力，以达到单个成员所无力实现的目标，包括生存、市场份额、高品质和顾客满意。超级目标不是单个成员所能承担的，只有通过成员的协同合作才能实现。当面临外部威胁时，树立超级目标会有助于解决冲突。

② 互换人员。在垂直冲突中，交换冲突双方的人员到对方的公司去任职，如让制造商的销售主管去经销商那里工作一段时间，同时也让经销商的经理到制造商的有关部门去任职。通过换位思考，有望解决垂直冲突。

③ 参加制造商的有关会议。邀请渠道成员参加制造商的有关高层会议，促进相互间的信息交流，达到相互尊重和理解，有助于减少冲突。如奔驰公司的营销委员会有七个经销商成员，他们经常就奔驰公司新车型提出意见，并为公司的营销战略出谋划策。

④ 协商谈判。当冲突发生时，通过谈判来解决冲突是一种最常用的方法。其实，谈判是渠道成员之间讨价还价的一种有效方式。在谈判中，成员之间会放弃一些东西，从而能够有效避免冲突发生，但利用谈判或劝说的方式是否有效则要看沟通能力。

⑤ 调解。第三方调解人可以通过劝说，使争执的双方继续谈判，或考虑接受调解建议而化解冲突。有效的调解可以澄清事实，保持双方的接触，寻求达成共识的可能的基础，促使双方同意某些建议。

⑥ 退出。解决冲突最后的办法就是退出该渠道。从现有渠道中退出即意味着中断与某个或某些渠道成员的合同关系。事实上，退出是解决冲突最普遍的方法。当水平冲突或垂直冲突不可调解时，只有选择退出。

制造商管理渠道冲突的最终目标是希望渠道合作。通过渠道成员之间的合作，使得整体渠道获取的利润高于各自为政的各个渠道成员的利润。通过合作，渠道成员能够更有效地了解目标市场，为其提供服务，满足其需求。

二、渠道整合

所谓渠道整合，是指将销售过程中的任务进行分解，并分配给能以较低成本或更多销量较好完成该任务的渠道。渠道整合就是形成一个互动联盟，以优势互补、集成增效强化渠道竞争能力。通过整合的渠道模式，企业能够获得更大范围的客户，实现较高的利润率和市场覆盖率。渠道整合能通过多方协调，发挥彼此的资源优势，以实现延伸市场触角、分散市场风险、扩大优势范围的目的，达到共生共荣、协同推进、多方长远受益的效果。

1. 有利于实现渠道的整体优化

渠道整合使渠道系统各方面的要素实现综合运作，起到耦合聚变的作用，并由此产生放大各要素的功能和优势的作用。渠道整合面向全局，从系统要素、结构和环境等角度综合分析和解决问题，如惠普公司实施的“渠道升级”的“资源整合战略”，联想集团的“大联想学院”，Cisco 公司的“网络大学”等，从产品功能、技术趋势、营销技巧到服务策略，对渠道商乃至用户展开深层次的培训，特别强调以知识为核心的作用。同时还不断寻找增强渠道系统完整、动态调试及有序演化的新途径，充分发挥企业的主动性以促进渠道系统的整体优化。

2. 优势互补，形成互动联盟

通过整合，渠道成员深化从利益共同体到命运共同体的认识。渠道本身就是一个战略联盟，其中服务意识、服务内容、服务手段起着关键作用。供应商的服务从产品研发开始，通过对渠道的全面支持最终到达用户，以获得用户的认同为指向，渠道企业的服务同时面向供应商和客户，这个服务的链条使渠道联盟更加稳固。如惠普公司通过“提供解决方案”等增值服务来增强渠道的专业化和创造力。

渠道整合还通过借助与外界的联系实现多赢策略。如用友公司的“中国计算机用户协会用友分会”，通过与消费者结盟，更好地识别并满足消费者的需求。还有同生产商、供应商结盟以降低成本，减轻企业自身技术开发压力；与科研机构结盟获得人才、技术优势；与政府结盟获得人力、财力支持，加大产品的市场影响程度。

3. 有利于高效沟通，减少渠道冲突

渠道整合后企业可以充分利用学界、传媒和政府的能力，在渠道中和用户中普及、推广现代观念，营造高效沟通的机制。营销渠道是包含多重文化的系统整体，沟通会引出中西文化、地域之间、企业文化之间的交流和交锋，对不同文化进行系统整合，增进亲和度，可以使渠道文化资源成为促进渠道系统提升的动力。此外，在渠道网络日益广布、渠道沟通成本成为商家竞技焦点之一的今天，渠道内实现信息交换、知识传递数字化，实现电子商务成为当务之急。目前国内联想、方正等公司分别建立了电子商务或电子管理体系，e-Channel 逐渐形成。

有数据表明，营销渠道成本通常占一个行业商品和服务价格的15%～40%，这个数字反映了企业通过改善经营渠道提高企业竞争力和利润率的潜力。随着信息时代的来临，厂商和分销商越来越意识到渠道建设的重要性，营销渠道已成为企业间竞争的一个重要砝码，渠道整合正是这样一个市场竞争的利器。通常有以下的做法。

（1）渠道扁平化

传统的销售渠道模式通常是：厂家—总经销商—二级批发商—三级批发商—零售店—消费者。不但多层次的销售网络瓜分了渠道利润，而且经销商不规范的操作手段如竞相杀价、跨区销售等常常造成严重的渠道冲突，更重要的是经销商掌握的巨大市场资源使厂家对销售网络可控性差。在市场日益成熟、竞争日益激烈的情况下，厂家必须把更多的精力用在最终客户端，降低价格，做好服务，不允许用更多的资源支持原有的中间商，所以渠道的扁平化成为一种趋势。它的优势在于减少了瓜分利润的中间层，降低了成本，可以以低价拉动消费者。同时对消费者的需求能够迅速作出反应，调整产品策略，市场的应变能力增强，从而增强竞争力。

渠道扁平化实际上是优化供应链，减少供应链中不增值的环节，所以在实施扁平化的过程中必须因地制宜。对于厂家来说，重要的是根据不同的市场情况确定相应的产品推广策略，提升通路管理水平，发挥渠道的特点和长处。美的家电的扁平化的模式是推行“大户激励机制”，在各个区域培养少数的销售大户，缩短整个销售通路的长度，厂商之间加强联系，将管理、营销等运作渗透到经销商，并强化合作与协调，提高网络的市场应变速度。同时将经营和通路管理的重心下移，从省会、经济发达地区逐步向地市县一级推进，筛选有潜力的二级经销商加以扶植成为经销大户。海尔的模式是建设自己的分支机构，建立销售网络和渠道，发展零售商。由于各地营销中心的存在，海尔有能力严格选择零售商，并配合市场销售，举行多种宣传促销活动，为维护品牌形象和规模化发展打下了良好基础。这种模式的优点是取消了中间流通环节，降低了渠道成本，厂家真正拥有属于自己的零售网络，有利于对零售网络的控制与管理。

（2）渠道品牌化

产品、服务需要品牌，分销渠道也需要品牌，特许专卖店作为渠道品牌化的重要方式正在迅速扩张。特许专卖店可以作为一个产品的展示中心，提升品牌形象进而促进销售；也可以作为一个推广中心，使用户对产品有更多的了解。此外还可以作为培训中心，对用户进行专门讲解培训；作为销售中心让用户购买产品。特许专卖店实际上是渠道建设的品牌化、一体化和专业化。这种形式在IT企业的销售中非常多见，通过设立特许专卖店，企业可以建设统一有个性的品牌文化，实现渠道增值。例如长城电脑公司引入特许经营商业模式，对加盟方授予特许经营权，提供品牌、管理、培训等帮助以及统一的服务标准，加盟方利用长城的品牌、服务来经营，双方分享商业利益，实现共赢。这一举措拉近了与消费者的距离，提高了长城公司对市场的分析、理解和调控能力，具有很重大的意义。

（3）渠道集成

传统渠道主要包括大商场、中小商场以及专营店；新兴渠道有综合性连锁店、品牌专卖店、集团采购、网上订购等。目前传统渠道和新兴渠道之间的矛盾越来越突出，新兴渠道对传统渠道的挑战也越来越严重，形成了渠道冲突。解决办法之一是把传统渠道和新兴渠道结合起来，充分利用两者各自的优势，创造全新的经营模式。美国通用的变革值得借鉴。为了在互联网时代让消费者保持对通用品牌的认同，同时又不伤害传统的零售商的利益，20 世纪 90 年代初通用建立了一个完善的物流体系，传统厂商具有订购和送货系统上的优势，可以以最经济的方式将家电从工厂直接送到美国任何一个地方。同时他们利用零售商将家电直接送到客户手中，通过与通用存货和配售系统相连的家电超市的 POS 终端，客户可以直接从通用购买产品，并通过网络选择最方便的送货和安装时间。由于销售方式的改变，通用的网络连接了零售商和客户，减少了零售商的库存，也使客户得到了更好的服务。此外，还有的企业采用外包和联盟的形式，不一而足。

（4）渠道一体化

渠道整合中必须改变中间商的经营思路，不再以短期利益为重心，而是通过根本的体制变革，厂商之间形成战略合作的伙伴关系，追求共同成长、永续发展，强调厂商的相互融合、渗透，职能的协调。在实践中，有的厂家和经销商以一定的合约为约束，在一定的利益基础上形成合同式体系，如上面提到的长城计算机的特许经营；有的厂家依靠自己的市场声誉、产品创新能力和其他力量将销售渠道中的不同成员联合形成管理式体系，如统一的辅销所模式。厂家针对经销商的薄弱环节，在管理人员、营销、财务等方面给予人力、物力的支持，整合经销商强大的资金、丰富的行业经验、健全的物销售网络等优势，共建全新的销售经营单位；有的厂家以入股的方式来控制销售渠道，形成所有权体系。如格力首创股份销售公司模式，通过在每个省选定几家大经销商共同出资、参股组建销售公司，厂家和经销商的联系大大增强，渠道经营能力大大提高，厂商之间达到了更高层次的协调一致。

（5）决胜终端

渠道的扁平化、品牌化、集成化、一体化最终的目的都是为了接近消费者，掌握市场的变化。现在强调以终端市场建设为中心来运作市场，厂家一方面通过对代理商、经销商、零售商等各环节的服务与监控，提高产品的市场展现度，尽可能多地让消费者接触商品，另一方面在终端市场会进行各种促销活动，提高产品的出样率和销售灵活性，激发消费者的购买欲。许多企业采取了市场重心下移至地区、县级市场，设立销售中心，对经销商的政策也发生改变，从重点扶持中心市场的大客户转向扶持地县级经销商，通过提高地县级经销商的竞争力来占领更大范围的市场，如美的在占领大城市后的渠道战略就是“弱化一级（经销商）、加强二级（经销商）、决胜三级（终端商）”。在终端的建设上，力图实现最大化和最优化，激励零售商；对导购队伍进行激励和管理，加强培训；完善对终端基层管理者产品知识、导购技巧、陈列维护、沟通技巧等业务的培训；定期巡视；在二级城市设立分公司服务终端及当地市场，重视消费者的需求分析和服务。

渠道整合根本思路是实现营销组合 4P 向 4C 的转化，实现“产品转向需求”、“价格转向价值”、“渠道转向方便”、“促销转向沟通”的一系列变化，并有效地控制货物的“流向”、“流速”和“流量”。企业要在激烈的市场竞争中掌握主动，在“入世”后与国际市场营销方式接轨，营销渠道的整合将成为极为重要的制胜法宝，它将帮助企业实现成本、效率和利润水平上的综合提升，赢得竞争优势。

主要概念

分销渠道　分销渠道长度　分销渠道宽度　独家分销　选择性分销　渠道整合

思考与练习

1．分销渠道的含义及结构类型是什么？
2．影响分销渠道选择的主要因素有哪些？
3．企业如何选择中间商？
4．如何对渠道冲突进行管理？
5．企业整合渠道的方法有哪些？

实践与技能

【案例 1】

格力空调：离开国美，走自己的路

珠海格力集团公司是珠海市目前规模最大、实力最强的企业之一。集团拥有的“格力”、“罗西尼”两大品牌于 1999 年 1 月和 2004 年 2 月被认定为中国驰名商标。2003 年，格力集团共实现营业收入198.42亿元，位列中国企业500强第88名。集团下属的珠海格力电器股份有限公司是中国目前生产规模最大的空调生产基地，现有固定资产7.6亿元，拥有年产空调器250万台（套）的能力。经过多年的发展，格力空调已奠定了国内空调市场的领导者地位，格力品牌在消费者中享有较高的声誉。据国家轻工业局、央视调查中心的统计数据，从1996年起，格力空调连续数年产销量、市场占有率均居行业第一。现在，格力空调产品覆盖全国并远销世界100多个国家和地区。

多年以来，格力空调一直采取的是厂家——经销商/代理商——零售商的渠道策略，并在这种渠道模式下取得了较高的市场占有率。然而近年来，一批优秀的渠道商经过多年发展历程，已经成长为市场上的一支非常重要的力量。其中尤以北京国美、山东三联、南京苏宁为代表的大型专业家电连锁企业的表现最为抢眼。这些超级终端浮出水面，甚至公开和制造企业“叫板”。自2000年以来，这些大型专业连锁企业开始在全国各大中城市攻城掠地，在整个家电市场中的销量份额大幅度提高，其地位也直线上升。

2004年2月，成都国美为启动淡季空调市场，在相关媒体上刊发广告，把格力两款畅销空调的价格大幅度下降，零售价原为1680元的1P挂机被降为1000元，零售价原为3650元的2P柜机被降为2650元。格力认为国美电器在未经自己同意的情况下擅自降低了格力空调的价格，破坏了格力空调在市场中长期稳定、统一的价格体系，导致其他众多经销商的强烈不满，并有损于其一线品牌的良好形象，因此要求国美立即终止低价销售行为。格力在交涉未果后，决定正式停止向国美供货，并要求国美电器给个说法。“格力拒供国美”事件传出，不由让人联想起2003年7月份发生在南京家乐福的春兰空调大幅降价事件，二者如出一辙，都是商家擅自将厂家的产品进行“低价倾销”，引起厂家的抗议。

2004年3月10日，四川格力开始将产品全线撤出成都国美6大卖场。四川格力表示，这是一次全国统一行动，格力在全国有20多家销售分公司，其中有5家公司与国美有合作，产品直接在国美销售，导致这次撤柜的主要原因是与国美在2004年度的空调销售政策上未能达成共识。3月11日，国美北京总部向全国分公司下达通知，要求各门店清理格力空调库存。通知称，格力代理商模式、价格等已经不能满足国美的市场经营需求，要求国美各地分公司做好将格力空调撤场的准备。

面对国美的“封杀令”，格力的态度并没有退让。格力空调北京销售公司副总经理金杰表示：“国美不是格力的关键渠道，格力在北京有400多个专卖性质的分销点，他们才是核心。谁抛弃谁，消费者说了算。”格力空调珠海总部新闻发言人黄芳华表示，在渠道策略上，格力不会随大流。格力空调连续数年全国销量第一，渠道模式好与坏，市场是最好的检验。格力电器公司总经理董明珠接受《广州日报》记者采访时表示，格力只与国美的少数分店有合作，此事对格力空调的销售几乎没有什么影响，自己的销售方式也不会为此做出改变。对一个企业来说，对任何经销商都应该是一个态度，因此格力对不同的经销商价格都是一样的。格力在各地设立自己的销售公司主要是为了在各个区域进行市场规范管理，保持自己的品牌形象，而销售公司靠服务取得合理利润，价格一直贴近市场，格力空调去年 500 万台的销量就证明了这一点，因此格力不会改变这种销售方式。对于今后能否与国美继续合作，格力坚持厂商之间的合作必须建立在平等公正的基础上，违背这种合作原则只能一拍两散。

事实上，在国美、苏宁等全国性专业连锁企业势力逐渐强盛的今天，格力电器依然坚持以依靠自身经销网点为主要销售渠道。格力是从 2001 年下半年才开始进入国美、苏宁等大型家电卖场中的。与一些家电企业完全或很大程度地依赖家电卖场渠道不同的是，格力只是把这些卖场当作自己的普通经销网点，与其他众多经销商一视同仁，因此在对国美的供货价格上也与其他经销商一样，这是格力电器在全国的推广模式，也是保障各级经销商利益的方式。以北京地区为例，格力拥有着 1200 多家经销商。2003 年度格力在北京的总销售额为 3 亿元，而通过国美等大卖场的销售额不过 10%。由于零售业市场格局的变化，格力的确已经意识到原来单纯依靠自己的经销网络已经不适应市场的发展，因此从 2001 年开始进入大卖场，但格力以自有营销网络作为主体的战略并没有改变。而在国美方面，国美电器销售中心副总经理何阳青认为，格力目前奉行的股份制区域性销售公司的“渠道模式”在经营思路以及实际操作上与国美的渠道理念是相抵触的。国美表示，格力的营销模式是通过中间商的代理，然后国美再从中间商那里购货。这种模式中间增加了一道代理商，它必定是要增加销售成本的，因为代理商也要有它的利润。格力的这种营销模式直接导致了空调销售价格的抬高，同品质的空调，格力要比其他品牌贵 150 元左右，这与国美一直推行的厂家直接供货、薄利多销的大卖场模式相去甚远。国美与制造商一般是签订全国性的销售合同，而由于现在格力采取的是股份制区域性销售公司的经营模式，与格力合作时就不得不采取区域合作的方式，这与国美的经营模式也是不相符合的。

思考题：

1. 格力空调和国美电器之间的渠道冲突反映了新时期厂商和渠道商之间新型的博弈关系。你认为现在厂商和渠道商之间的力量对比如何？二者之间的关系应当如何处理？

2. 格力空调现在所采取的渠道策略正确吗？你认为可以从什么方面加以改进？

【案例 2】

安利在中国的渠道转型

创立于 1959 年的美国安利公司是世界知名的日用消费品生产商及销售商，业务遍及五大洲 80 多个国家和地区，以安利（Amway）为商标的产品共有 5 大系列、400 余种，全球员工超过1.2万人，营销人员超过300万人。2002年，安利在全美500家最大私营企业中排名第27位；50大家居与个人用品制造企业排名第4位；公司总资产达380亿美元；在安利45年的持续增长过程中，从未向银行贷款，保持“无借款经营”的纪录。由于安利公司的两位创始人狄维士和温安洛都是推销员出身，所以近五十年来直销一直被安利公司看做是最有效的营销方式，然而，当安利兴冲冲地将这种营销模式导入中国的时候，他们却遇到了前所未有的尴尬。

1995年，安利正式落户中国，他们在广州投资一亿美元建成了安利在海外唯一的现代化日用消费品生产基地，欲在中国掀起一场安利的直销风暴。可是很快国内形形色色打着直销旗号的传销诈骗活动搅乱了安利的市场前景。1998年4月21日，国务院《关于禁止传销经营活动的通知》出台，对传销（包括直销）活动加以全面禁止。对于安利来说，1998年无疑是它在中国的一个分水岭，随着这年4月在中国的业务被禁，安利开始在中国寻求新的生存方式。1998年6月18日颁发的《关于外商投资传销企业转变销售方式有关问题的通知》，准许部分外资传销企业转为店铺经营，并可以雇佣推销员。1998年7月经批准，安利（中国）日用品有限公司正式采用新的营销方式，由直销改为“店铺+雇佣推销员”的经营模式，自此，安利40多年来在全球80多个国家和地区均通过直销员销售产品的传统被彻底打破。转型后的安利把原来分布在全国的20多个分公司改造成为第一批店铺，以后又陆续对这些店铺进行扩充。所有产品明码标价，消费者可以直接到专卖店中自行选购，杜绝推销员自行定价带来的问题。新的经营模式给消费者带来了新的选择，同时也让安利做出了新的尝试，突破原有的直销模式，多种销售方式并举，对于融入中国国情的安利来说也是一种挑战。

“店铺+雇佣推销员”模式是安利在中国渠道转型的最主要内容。安利公司创办人之一狄维士针对这一转型直言：“这是安利41年来前所未有的革命！”总裁黄德荫将“店铺+雇佣推销员”渠道模式的优势总结为下列三个方面：（1）保证了产品质量：通过直销模式，安利的消费者基本上不会遇到假冒伪劣的产品；（2）提供了很好的销售渠道：店铺既是公司形象的代表，又为营销人员提供后勤服务，还直接面对普通消费者，消费者和政府都因为店铺的存在而更加放心；（3）这种模式可直接受益于安利（中国）积极的市场推广手法。安利公司执行副总裁Bill Payne这样总结安利的变革：“到目前为止，这种经营方式非常有效。其一，自设店铺提高了公司透明度，让消费者有一个自愿选货、进货和成为优惠顾客的机会；其二，安利目前在全国120家店铺的所有产品都明码标价，公开的价格避免了哄抬价格的可能。此外，营业代表的推销弥补了销售网点的不足，提升了服务素质，让消费者享受到更直接、更亲切的售前、售后服务。”

“店铺+雇佣推销员”的新型渠道成功地推进了安利在中国的转型进程，而与此同时，安利对员工的管理整顿也在加紧进行。从2002年1月开始，安利（中国）公司停止了新营业代表的加入，并对现有人员进行培训和全面的整顿，所有营销人员都是安利的合约雇员，这就意味着安利必须承担每一位推销员的职务行为所引起的法律责任。在对推销员的管理方面，安利进一步加大了透明度，制定了一系列精确的制度，并且十分严格地加以实施。从2002年1月至今，安利（中国）已清除了近600名身份为公务员、军人或学生等不符合从业规定的销售人员。它的推销队伍从2001年初的13万锐减至7万人。同时，安利（中国）还加强了对营销队伍的管理，通过培训和严格的奖惩制度来规范其推销员的行为。2002—2003财政年度，安利（中国）共查处各类违规行为1649起，处分营销人员2317人。

安利的渠道转型为其带来了巨大的市场收益。公司财务报告显示，在2002—2003财政年度（2002年9月至2003年8月）中，安利（中国）的销售额已超过10亿美元，在公司49亿美元的全球销售额中占据二成。2003年8月，安利公司在大中华区的销售业绩已超过美洲地区，中国成为安利全球营业额最大的市场。正如安利公司执行副总裁Bill Payne所说："我们重视中国市场，我们尊重中国国情，我们遵守中国的规则，因此我们改变自己的经营模式来适应中国，做这一切的结果是：我们赢得了中国市场。"总裁黄德荫说："经过短短9年的发展，中国已经超过拥有45年历史的美国市场，成为安利在全球的最大市场。安利（中国）的成功充分说明了规范经营的直销企业，在快速发展的中国市场上的广泛空间。"在2002年翰威特咨询公司和《亚洲华尔街日报》、《远东经济评论》联合发布的"2001年亚洲最佳雇主评选"中，安利（中国）名列榜中。在《财富》（中国版）评出的"2002年最受赞赏的50家外商投资企业"中，安利（中国）也榜上有名。根据独立市场调查公司于2004年初进行的一项调查，安利（中国）的知名度和美誉度分别达到了93%和75%。

思考题：

1. 试分析安利（中国）日用品有限公司所面对的中国市场环境的特点。安利（中国）为应对中国市场环境做出了怎样的渠道决策？

2. 安利（中国）的渠道转型是通过哪些途径实现的？取得了怎样的成效？请你分析其成功的原因。

第八章 促销策略

学习目标

通过本章学习，要求学生掌握促销的含义和促销组合的方式及策略，领会人员推销的策略、程序及技巧，掌握制订企业广告促销方案的步骤，了解营业推广的主要工具，理解公共关系的特点及构成要素。

案例导入

由于不能适应美国的废气排放标准，宝马小型汽车20世纪60年代在美国仅仅销售了7年就撤离市场了。2002年3月，宝马决定在美国重新启动一个新计划，推出现代化的迷你库珀（Mini Cooper）车型，它定位于那些打算花费2万美元以下，购买一辆够酷的、有趣的小型汽车的新潮城市消费者。宝马的销售商只用了2 000万美元在宣传上，他们决定开展一次极具特色的、不同于传统的广告宣传活动，使用一些布告板、海报、打印广告和草地宣传板，而不作电视广告。迷你库珀被放在3辆福特SUV越野车之上，在全国汽车展览会和21个主要城市周边作巡回驾驶展示。这种汽车还在一些特殊的地方做广告，如一些体育场的座椅上和《花花公子》杂志的中间插页上。那些只有文字的广告牌上写着："SUV丢人现眼了"，"巨人被打败了"和"大、中、小都来了，当然还是小的好"。许多传播可以通过一个巧妙设计的提供必要产品信息的网站进行。这次富有想象力的活动带来了2002年春天，长达6个月的等候购买迷你库珀的名单。

案例分析：促销能给企业带来巨大的回报。促销在向消费者传递企业及其产品或服务信息的同时，能使消费者对企业的产品产生兴趣，并建立起好感和信任，从而为其做出购买决策起到了关键性的作用。

第一节　促销组合

一、促销的含义与作用

（一）促销的含义

促销即促进销售，是指企业利用各种促销方式向市场传递有关产品和服务的信息，以启发、推动和创造对企业产品的需求，并引起消费者购买欲望和购买行为的综合性活动。一般具有以下特点。

1. 促销的实质是买卖双方之间的信息沟通

企业作为产品的供应者或卖方，面对广泛的消费者，需要把有关企业自身及所生产的产品、服务的信息传达给消费者，使他们充分了解企业及其产品或服务的性能、特征、价格等，借以进行判断和选择。另一方面，在促销过程中，作为买方的消费者，又把对企业及产品或服务的认识和需求反馈到卖方，促使卖方根据市场需求进行生产。可见促销的实质是卖方与买方的信息沟通，这种沟通不是单向式沟通，而是一种由卖方到买方和由买方到卖方的不断循环的双向式沟通。因此，促销也称为营销沟通。

2. 促销的目的在于促成消费者的购买行为

企业运用各种媒体，通过信息沟通，引起消费者的注意和刺激消费者的购买欲望，进而采取购买行为，实现产品或服务的销售。

3. 促销要通过一定的方式进行

促销方式主要有以下几种：人员推销、广告、销售促进、公共关系、赞助营销、售点以及网络站点促销和 E-mail 促销等。企业要让促销对象接受和理解所发出的信息，从而实现促销的目的，应针对不同促销对象和需求特点、动机，选择适合的促销方式。

（二）促销的作用

面对复杂多变的供过于求的买方市场，促销在企业的经营中显示出越来越重要的作用。

1. 传递信息

在产品进入市场之前，企业必须把有关产品的信息传递给目标市场中的消费者（用户）和中间商。对消费者或用户来说，信息的作用是引起他们的注意，进而诱导需求；对中间商来说，则是为他们采购适销对路的产品提供条件，调动其经营积极性。显然，信息的传递与沟通是销售成功的前提条件。

2. 创造需求

企业在促销活动中向消费者介绍自己的产品，不仅可以诱导需求，还可以创造需求。消费需求产生的原始动机是由人类生存和发展的需要而引发的。促销的重要作用就在于通过介绍新产品，展示符合潮流的消费模式，提供满足消费者生存和发展需要的承诺，从而唤起消费者潜在的购买欲望，创造新的消费需求。

3. 突出特点

面对市场上琳琅满目的产品，消费者往往难以准确地辨别或觉察到许多同类产品的细微差别，企业通过促销活动宣传自己产品的“与众不同”之处，使促销对象认识到本企业的产品可能给他们带来的效用和利益，从而乐于购买本企业的产品。

4. 稳定销售

一个企业的产品销售量，可能时高时低，波动很大，这将不利于稳定企业的市场地位和形象。企业通过适当的促销活动，可以及时利用反馈得到的市场信息及时做出相应的对策，树立良好的产品形象和企业形象，使更多的消费者形成对本企业产品的偏爱，达到稳定销售，巩固企业市场地位的目的。

阅读资料

波士顿交响乐团公司（Boston Symphony orchestra Inc，BSO）

随着古典音乐的观众日益缩小成一小部分年纪更大、更富有的音乐会爱好者，BSO 知道它必须修改它的广告，从而通过多种传播渠道来吸引新的观众。在 1998 年之前，BSO 很少依赖互联网。然而，通过一个详细的调查，包括面对面调查和小组座谈，BSO 发现在年老和年轻的观众之间几乎没有什么差别，所谓差别就是在媒体偏好上。年轻人喜欢互联网和电子媒体，而去音乐会的老人是书和杂志的积极读者。于是 BSO 开始发起整合营销活动，广告范围包括直邮、电子邮件、定制的在线商品信息广告和出租车顶灯广告。最终，在 2002 财政年度，BSO 从门票和其他销售中获得了 370 万美元的在线收入，而 1997 年财政年度该收入是 32 万美元。从 1997 年到 2002 年，总销售额也从 1670 万美元，提高到了 1900 万美元。

二、促销方式

（一）推式策略

推式策略是指利用推销人员与中间商促销，将产品推入渠道的策略。这一策略需利用大量的推销人员推销产品，它适用于生产者和中间商对产品前景看法一致的产品。推式策略风险小、推销周期短、资金回收快，但其前提条件是须有中间商的共识和配合（如图 8.1 所示）。

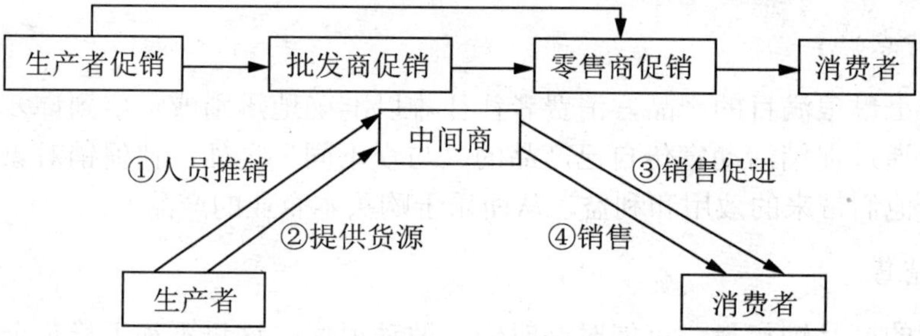

图 8.1 推式策略

推式策略常用的方式有：派出推销人员上门推销产品，提供各种售前、售中、售后服务促销等。

（二）拉式策略

拉式策略是企业针对最终消费者展开广告攻势，把产品信息介绍给目标市场的消费者，使人产生强烈的购买欲望，形成急切的市场需求，然后“拉引”中间商纷纷要求经销这种产品（如图 8.2 所示）。

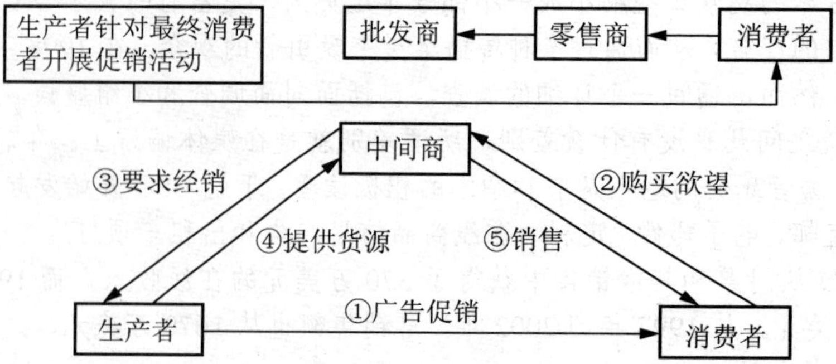

图 8.2 拉式策略

在市场营销过程中，由于中间商与生产者对某些新产品的市场前景常有不同的看法，因此，很多新产品上市时，中间商往往因过高估计市场风险而不愿经销。在这种情况下，生产者只能先向消费者直接推销，然后拉引中间商经销。

拉式策略常用的方式有：价格促销、广告、展览促销、代销、试销等。

（三）推拉结合策略

在通常情况下，企业也可以把上述两种策略配合起来运用，在向中间商进行大力促销的同时，通过广告刺激市场需求。其程序如图 8.3 所示。

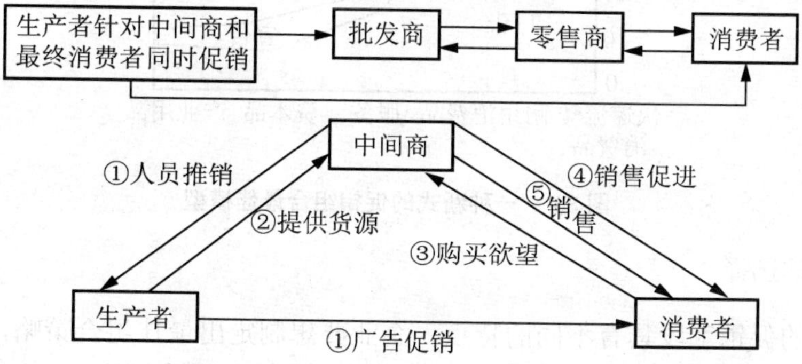

图 8.3　推拉结合策略

在“推式”促销的同时进行“拉式”促销，用双向的促销努力把商品推向市场，这比单独地利用推式策略或拉式策略更为有效。

三、促销组合的基本策略

促销策略：各种促销方式和手段在不断变化的市场环境中灵活运用和系统谋划。

促销组合：企业根据促销的需要，对广告、人员推销、销售促进等各种促销方式进行适当选择和综合编配。

企业要想收到理想的促销效果，必须根据目标市场合理安排促销组合，也就是对四种促销工具进行有机地配合、运用，以取得最好的促销效果。西方市场营销学者提出了各种促销组合模型，我们介绍一种新式的促销组合模型：阿布莱特-韦斯惠曾模型（如图 8.4 所示）。

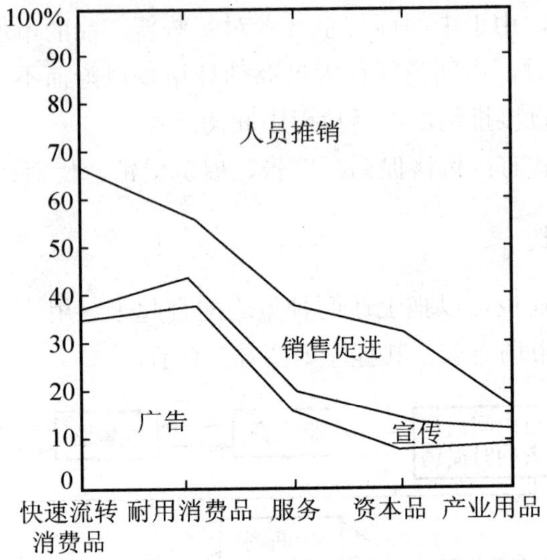

图 8.4　一种新式的促销组合最佳模型

四、促销策略的选择

由于不同的促销手段具有不同的特点，企业要想制定出最佳组合策略，就必须对促销组合进行选择。企业在选择最佳促销组合时，应考虑以下几种因素。

（一）产品类型

产品类型不同，购买差异就很大，不同类型的产品应采用相应的促销策略。一般来说，消费品主要依靠广告，然后是销售促进、人员推销和宣传；生产资料主要依靠人员推销，然后是销售促进、广告和宣传（如图 8.5 所示）。

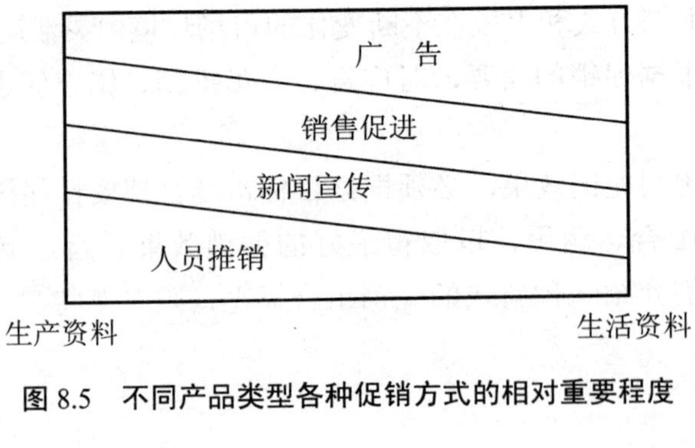

图 8.5　不同产品类型各种促销方式的相对重要程度

（二）产品生命周期

处在不同时期的产品，促销的重点目标不同，所以采用的促销方式也有所区别（如表 8-1 所示）。

表 8-1 产品生命周期与促销方式

产品生命周期	促销的主要目的	促销主要方法
导入期	使消费者认识商品，使中间商愿意经营	广告介绍，对中间商用人员推销
成长期成熟期	使消费者感兴趣，扩大市场占有率，使消费者成为“偏爱”	扩大广告宣传，搞好营业推销和广告宣传
衰退期	保持市场占有率，保持老顾客和用户推陈出新	适当的销售促进，辅之广告，减价

从表 8-1 可以看出，在导入期和成熟期，促销活动十分重要，而在衰退期则可降低促销费用支出，缩小促销规模，以保证足够的利润收入。

（三）市场状况

市场需求情况不同，企业应采取的促销组合也不同。一般来说，市场范围小，潜在顾客较少以及产品专用程度较高的市场，应以人员推销为主；而对于无差异市场，因其用户分散，范围广，则应以广告宣传为主。

第二节 人员推销

一、人员推销的特点

（一）人员推销的概念

人员推销是指企业的推销人员直接向顾客进行介绍、说服工作，使顾客了解、偏爱本企业的产品，以推销商品，促进和扩大销售，进而采取购买行为的一种促销手段。

阅读资料 2

波音公司的销售专家小组

波音公司控制着世界飞机 55%的市场份额，波音公司的销售人员会组织庞大的公司专家小组——包括销售、服务技术人员、财务分析专家、计划制订者、工程师，所有人的工作都是致力于满足顾客的需要。他们去发现航空公司是否想扩大规模，什么时候需要更换飞机，以及它们的详细财务状况。通过计算机系统试飞波音飞机和与之竞争的飞机，模拟飞行航线、机票价格和其他事项，以便证明他们的飞机是最高效的。从开始的销售展示到最后宣布成交需要两至三年时间。得到订单后，销售人员必须时刻保持与客户的联系，以便保证能及时满足客户的需要。波音公司销售人员的职责就是“收集信息，建立联系的中间渠道，从而保证一切工作顺利进行”。

（二）特点

1．亲切感强

满足顾客需要是保证销售达成的关键。因此，推销人员总愿意在许多方面为顾客提供服务，帮助他们解决问题。推销人员通过同顾客面对面交流，消除疑惑，加强沟通。同时，双方在交流过程中可能建立起信任和友谊关系，因更具人情味，所以成功率较高。

2．说服力强

推销人员通过现场示范，介绍商品功能，回答顾客问题，可以立即获知顾客的反应，并据此适时调整自己的推销策略和方法，容易使顾客信服。

3．针对性强

广告所面对的受众范围广泛，其中有相当部分根本不可能成为企业的顾客。而人员推销总是带有一定的倾向性，访问顾客，目标明确，往往可以直达顾客。因而，无效劳动较少。

4．灵活机动

直接与用户打交道，有利于了解各类顾客的欲望、需求、动机和行为，知道什么问题急于解决，什么问题需暂缓或适当回避，什么问题需解释、说服，从而有针对性地采取必要的行动，灵活解决在推销中出现的问题，并对促销方式做出必要的调整。

也就是说它是一种双向沟通的促销方式，一方面推销员向顾客介绍商品的质量、功能、用途，为其提供有关的商品信息，达到促销目的；另一方面，促销人员还必须通过与顾客交谈，了解顾客对本企业及所推销产品的态度、意见和要求，及时发现问题，通过解释解除疑虑，清除顾客的不满意感，把握其购买动机，有针对性地从某个侧面介绍商品的特点及功能，抓住有利时机促成交易。

5. 竞争性强

各个推销人员之间很容易产生竞争，在一定物质利益机制驱动下，会促使这一工作做得更好。

二、人员推销的功能

1. 寻找顾客
2. 传递信息
3. 推销产品
4. 收集信息
5. 提供服务

三、科学的人员推销决策应包括的内容

（一）明确推销人员的任务

为了有效地发挥推销人员的作用，首先应明确其任务。

1. 寻找新顾客

这一阶段，要通过各种方式寻找潜在顾客，以便为扩大市场打下基础。这一阶段的技巧，主要是表现在寻找潜在顾客的方法上。

在我国，顾客不接受推销人员到家中推销的方式，因而不仅那些企事业单位等组织市场购买的产品需到单位中推销，就是个人购买的产品，也必须到其所在单位推销，由单位统一组织订购，然后由单位再卖给个人。因此，寻觅潜在客户实际上是寻找各类单位。常用的方法有以下几种。

（1）目录寻找

从各地编印的企、事业单位名录中寻找潜在顾客。通过分析他们生产的产品，或者他们的人员组成可以发现自己的潜在顾客。

（2）连锁介绍

通过其他人员（如现有客户、潜在客户、亲朋好友等）介绍的方式增加潜在客户的数量。

（3）社团联络

通过参加各种专业性的社会团体组织，把组织成员发展成为自己的潜在客户或通过这些成员介绍他们参加的其他组织中的成员，使其成为潜在客户。

（4）展销吸引

2. 正确认识推销工作

推销工作往往被人们轻视，特别是推销员本身。从表面看推销就是带着商品找客户，并且不需要本钱，谁都会做。正因不需投资，内心自然不珍惜，由于轻视，必然忽视自己的改造与学习，以致一名本来很有前途的推销员也会陷入彷徨、自卑的境地，甚或被迫退出。

而事实上，推销是极富创造性的工作，是一门深奥的学问，它是综合运用市场学、心理学、口才学、表演学等知识的一种艺术工作。所以说，使用双手的是劳工；使用双手与头脑的是舵手；使用双手、头脑与心灵的是艺术家；只有使用双手、头脑、心灵再加上双腿的才是推销员。

（二）组建推销队伍

为完成推销任务，必须有一支过硬的推销队伍。

1. 确定推销人员的数量

确定推销人员的数量常用以下两种方法。

一是工作量法：就是根据销售工作的数量来决定销售人员的数量。

二是增量法：是随着销量的增长和销售地区的扩大而逐步增加销售人员，但销量与人员的增加不一定成正比，要按市场的具体情况而定。

2. 选择推销人员

推销人员代表企业与用户打交道，因而对其有较高的要求，对人员的选择也应以此为基础。

一个理想的销售员应该具有何种特征呢？其基本条件主要有以下几点。

（1）健康的心理

① 对现实与他人的认识趋于准确客观；

② 对事实持现实的态度；

③ 广泛而深厚的人际关系。

（2）坚强的意志

① 明确自己的责任；

② 深知工作性质；

③ 以勤为径，百折不挠。

（3）复合的个人特性

一个理想的销售员应该具有何种特性呢？有人认为销售员应该是外向的和精力充沛的，然而有许多成功的推销员却是内向的和态度温和的。其实，销售员的个人特性是由他们的责任决定的（见表 8-2）。

表 8-2 销售员的责任及个人特性

销售员的责任	有关个人特性
挖掘潜在顾客的需要	主动、机智、多谋、富有想象力、具有分析能力
宣传产品	知识丰富、热诚、富有语言天分、有个性
说服顾客	具说服力、具持久力、机智多谋
答辩	有自信心、知识丰富、机智、有远见
成交	具有持久性、有冲劲、有自信心
日常访问报告、计划和访问编排	有条不紊、诚实、留意小节
以服务建立企业信誉	友善、有礼貌、乐于助人

合格的推销人员应具备的个人特性包括以下几点。

① 对自己工作应有一个正确的认识，有正确的营销思想和道德品质。

推销是一种服务，服务就是“奉献”，通过服务给予客户一个好感，“希望自己做的事情对人有利”。一旦顾客得知推销人员的忠厚，并产生敬慕后，必然会予以报答。从服务上所获得的报酬，源于顾客最大的信赖。

② 热爱本职工作，上进心强。

热爱是最好的动力。如果推销员不积极访问客户，怎么会成功呢？

③ 优秀的推销员必须具备非常强的感觉能力与自我鞭策力。

感觉能力：有办法感觉出别人的感觉，借以将一项产品或服务推销给他。他感觉到顾客的反应，并能根据这些反应来进行调整，绝不会墨守一套预定的推销方式，当觉察出顾客的感觉后，即可改变步调，进行种种必要的、富于创造性的修正，从而达到推销的目的。

自我鞭策力：是一种征服的需要，使他想要以一种“个人的”或“自我的”方式去完成推销的目的，而非单单以赚钱为着眼点。

推销工作，往往是失败的时候多，成功的时候少。一位推销员应当把失败作为一个“契机”，当作一项“激励”，失败非但不能使之破碎，反可激励他。

推销人员的感觉能力，加上他强烈的自我鞭策力，可使他有效的命中目标，完成推销任务。

④ 较强的责任感与长远的眼光。

⑤ 归零的心态。

（三）培训推销人员

选拔仅仅考察了被选人员的生理条件和部分知识，还必须经过培训才能上岗。

1. 有关企业产品知识的培训

必须了解自己的企业，历史、现状、规模，同时还应了解竞争对手的一般情况。

了解产品，才能得到顾客的信任，包括型号、用途、规格、制造程序、使用方法、维护知识、物理、化学性能，特别是使用方面的知识是推销人员必备的。

还需了解本企业产品同竞争产品相比有何特点，以便知彼知己。

通过培训树立起对公司、商品和顾客的信心。

2. 市场知识

市场的供应量、需求量、潜在市场的情况，消费者的地区分布，购买习惯及经济状况等。

3. 推销技术知识

寻找顾客、确定访问路线，确定拜访时间的技术和语言艺术，知道怎样在融洽的气氛中谈生意。

4. 销售业务知识

开拓市场的有关理论，以及签订合同，营销结算方面的知识。

（四）销售队伍组织结构设计与推销人员分配

销售队伍组织结构设计关系到推销工作的效率和资源最佳利用问题。销售队伍组织结构可按照市场区域、产品、顾客以及这三个因素的结合进行调整和组织。

1. 按地区结构设计

这是最简单的推销人员结构（如图 8.6 所示）。这种组织结构的好处是：第一，结构清晰，便于整体部署；第二，销售人员的活动范围与责任边界明确，有利于管理与调整销售力量，能鼓励推销员努力工作；第三，有利于推销员与当地商界及其他公共部门建立良好关系；第四，相对节省往返旅途费用。

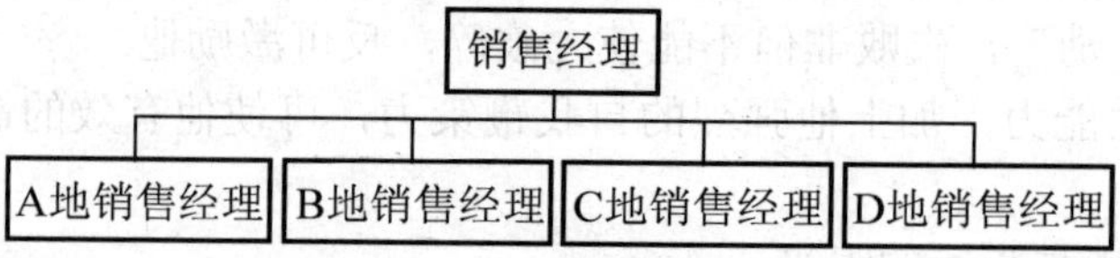

图 8.6　地区销售组织

企业在规划地理区域时，要充分考虑地理区域的某些特征：各区域是否易于管理，各区域销售潜力是否易于估计，他们用于推销的全部时间可否缩短等。

2. 按产品结构设计

这是按产品线来设计的推销结构，推销员负责一种或一类产品的推销工作（如图 8.7 所示）。

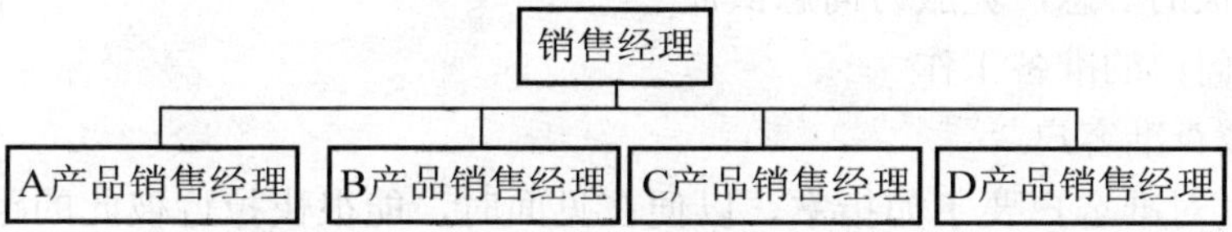

图 8.7　产品销售组织

这种设计一般适合以下情况：

（1）产品技术性强，生产工艺复杂，不同产品线的推销员应有专门知识，否则很难有效地推销；

（2）企业产品种类繁多。

这种类型的组织设计的优点主要有：第一，产品经理能够实现产品的最佳营销组合；第二，产品能较快地成长起来；第三，能够对市场出现的问题及市场状况的变化迅速作出反应。

当然，这种组织也存在一些问题：第一，缺乏整体观念。在产品型组织中，各个产品经理相互独立，他们会为保持各自产品的利益而发生摩擦；第二，部门冲突。产品经理的工作未必能获得广告、生产、财务等方面的理解和支持；第三，多头领导，由于权责划分不清楚，具体推销人员可能会得到多方面的指令。

3. 按顾客结构设计

企业也常常按顾客类别来分配推销人员。如企业对不同行业安排不同的销售队伍，一般来说，分类方法有：行业类别，用户规模，分销途径等（如图 8.8 所示）。

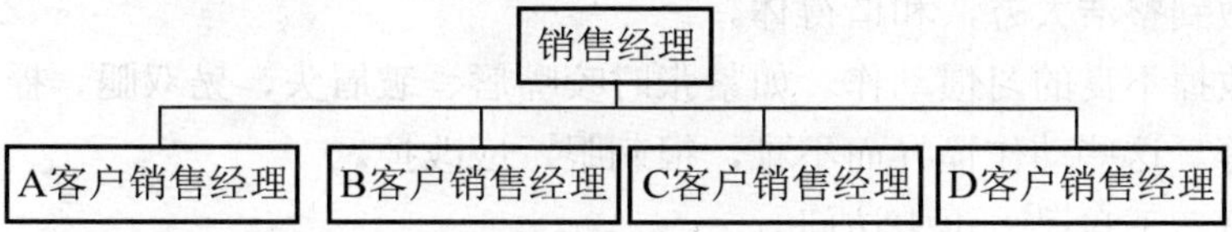

图 8.8　客户销售组织

这类设计能针对不同顾客采取不同的推销策略。但是，一个销售员可能要横跨若干省份或大区域，整个销售队伍有可能重复交叉出现在同一个地区。

（四）明确推销人员的主要推销步骤

寻觅到潜在客户以后，就要到这些客户那里拜访，对于已有的客户，也有一个拜访的问题。

1．确定潜在顾客

2．树立积极的心态，克服访问恐惧症

3．推销访问前的准备工作

（1）事前调查准客户

在见面前，对准客户要了如指掌，以便在见面时，能很快拉近彼此的距离。成功与否与事前调查工作的好坏成正比。调查不详细，往往无法全面了解对方，也就无法确定以什么姿态面对它，只能不顾对方实际而以自己一成不变的方式去应对，很难达到一见如故的感觉。

根据调查的结果，建立准客户卡，作为自己的资源档案。

（2）了解了准顾客需要什么？谁参与了购买决策，依此确定访问的目标。

（3）决定最佳的接触方式：登门、电话、出售、会面

（4）决定访问时间

（5）推销人员应构思出全面的推销策略。

4．接近顾客

（1）精心准备

细心地整理你的仪容，能给客户留下良好的第一印象，穿戴与你的职业相称的服饰，才能够给客户留下深刻的印象。

一个人无论以何种身份在社会上活动，在仪容方面都要符合起码的要求，它是一个人文明教养的直接体现，人们往往可以从衣着上推测出这个人的精神面貌。

服饰非以新、奇、贵为好，重要的是服饰要与身份，体型、年龄、气质，所处场合和时代相协调，做到整洁大方，和谐得体。

同时注意改掉不良的习惯动作。如紧张时咬嘴唇、皱眉头、晃双腿、摇肩膀、舔嘴唇、低唱、吹口哨等。这些动作怪异而不雅，很刺眼，应改掉。

（2）先捡查一下自己，再去访问

出门前，应随身携带以下物品：一手帕、二手表、三皮包（钱夹）、四打火机、五名片（或身份证）、六小梳子、七记事本、八出入许可证、九有关材料。

第一次见面的人，不知道对方人品，谈话习惯，要求是什么，最好预先打通电话沟通

一下，约好了时间、地点，再去访问。如果你忘记了携带有关的物件，有可能送给顾客一个绝好的拒绝口实。

准备好了这些之后，出门前照照镜子，然后微笑着出发。

（3）提前到达

根据顾客优先的原则，访问时间应大部分由客户决定，会面时间一经约定，最好能提前10分钟左右到达。因为顾客是以自己的手表为准，如完全准时的话，有可能引起误会。提前几分钟后就能有休息的余地，不显得仓促，夏天可以擦拭汗水，使心情恢复平静，然后游刃有余地与客户交谈；在冬季，由于户外温度低，从外面进来显得面色苍白，早几分钟到，能使脸上气色转佳。

但也不能提前太多，否则适得其反。

为了能按时赴约，最好与顾客询问最近的交通路径和交通状况，以备参考。

（4）接触

进门坐的姿势，出门举止等，在你去访问客户时，也应注意。

不管是什么形式的门，开门要开到能够容纳自己身体进入的程度即可。在进门前应敲三声，得到请进的允许后再进去，即使明知对方不在里面，最好也先轻敲一下，才步入房间。

坐椅子时不可把手置于椅把上，背部不必靠在椅背上，也不应跷起二郎腿，更不可两腿张得太开，应坐姿端正地与对方交谈，坐在顾客办公桌前的椅子时，必须小心地坐下，再开始讲话。

（5）递交名片

名片是沟通的桥梁，不可忽视，能恰到好处地使用名片，不仅显示自己有修养有礼貌，而且免使对方劳思费神地记住自己的姓名、住址、职业、号码，一举多得。

递交名片时，应记住下述规则：

要把自己的名片放在易于拿出的地方，不要将其和杂物混杂在一起，以免用时手忙脚乱，一般放于西装的左上方口袋。

出示名片时，眼光要正视对方，用双手或右手递交自己的名片，决不能把名片放置于桌上，否则顾客不易拿。并可同时说“请多关照”、“请多指教”之类的寒暄语。

递交名片时清晰地报名，递名片的同时，适当地在嘴中念出×××，请多指教。

交换名片时，自己装名片的皮夹，应采用较好的质料，因在交换名片的当儿，是在对方目光的注视下来做的，它的质料，多少能够表现你的身份。

交换名牌时，为记住对方的名字，可在谈话中随时称呼他的名字或头衔，一面看着对方的脸孔，一面喊称他的姓或职衔，除了有利于记忆深刻外，更可以令顾客觉得有一分亲切感。

（6）掌握顾客，拉开序幕

初次会面彼此不太了解，要创造一种融洽的氛围，并引起顾客的注意，让他产生兴趣，也就是有兴趣听你说话。第一句话是最具重要性的，可以有力地吸引住顾客的兴趣，也决定了顾客对推销员有没有好感。

要有好的开场白，就需培养敏锐的观察力和判断力。

（7）介绍和论证产品

介绍商品时，应注意推销产品的效用而不是推销产品本身，商品的价值并不在于商品本身，而是涉及商品的效用，这种效用和顾客为了满足愿望的强弱心理成正比。在论证产品时，应注意诉之以理，动之以情。

（8）处理异议

顾客对公司或产品有偏见时：

人往往有以偏概全的通病，一旦客户与某个推销员发生过冲突，他就会对这家厂商的推销员全部带有反感，进而厌恶这家的产品。这里业务员首先应找出其厌恶的原因，用间接的方法清除其脑海中的坏印象，解除他的误会，以便顺利进行推销。

（9）结束访问

有位哲学家说过："从一个人的脸上，可以很准确地表现出他的本性。如果这个人欺骗了我们，那不是他的过错而是我们的过错"。

当顾客随着你说话的内容，表现出各种表情的时候，随着讲话人的动作或指示，而转移其视线时，表明其在认真听，不要打断他。

当客户眼看天花板不说一句话，像若有所思时（心理在盘算），向旁边的人说："喂，你认为怎么样？"把身体靠近你时；顾客盯着说明书、样品或业务员脸时，说明其发生了购买欲的冲动，应及时引导。

注意成交信号：

① 问起使用方法和售后服务；

②"报纸上登的广告，就是这个"；

③ 问到交货情形；

④ 与其他公司的同样产品进行比较时；

⑤ 想知道一般消费者的评价时。

试探成交

确定了顾客的成交信号后，应做一下成交的试探，不必再客气，否则会改变客户的注意。

四、人员推销的策略和技巧

1．刺激——反应策略
2．启发——配方策略
3．需要——满足策略

第三节 广告策略

一、广告的概念与特征

广告在英文中是“advertising”，它源自拉丁文“advertere”，其原意是“大喊大叫”、“引起注意”。到中古英语时期开始使用“advertise”，意为“注意某件事”、“引起别人注意”、“通知别人某件事情”。到了 17 世纪，“advertise”专门用来指“刊登广告”的行为。后来，才使用动名词“advertising”指广告活动。

（一）广告的基本概念

我们知道广告是促进商品销售的信息沟通活动。下面介绍几个有代表性的定义。

广告是付费的大众传播，其最终目的是为了传递信息，改变人们对于广告商品的态度，诱发其行动而使广告主得到利益（美国广告协会）。

广告是由可识别的倡议者以公开付费的方式对产品或服务进行的任何形式的非人员的介绍（美国市场学会）。

广告是由特定的出资者，以付费的方式，通过各种传播媒体，对商品、服务和观念等所做的任何形式的非人员介绍及推广（美国市场营销协会）。

从以上的定义我们不难发现，广告必须具备五方面要素，它们合并构成广告的特征。

（二）广告的特征

1．广告必须有明确的广告主

明确广告的信息是由谁发出的，广告要为明确的广告主服务，使受众知道广告主及其产品和品牌。广告主承担由广告带来的责任和利益。一方面使消费者放心购买产品，提高企业的知名度；另一方面，如果出现欺骗性广告，有利于追究广告主的法律与道义上的责任。

2．发布者须付费

广告是一种经济活动，与一切经济活动一样，广告活动具有投入产出的特点。广告费是广告主对广告传媒商、广告代理商所提供的服务支付的报酬。由于付费传播，广告主具有选择的主动权，能够决定何时、何地在何种媒体上传播何种信息。

3. 通过何种媒体传播

广告是通过大众传播媒介传播的。所谓大众传播媒介，就是少数人向多数人进行信息传播的物质或工具。四大主流媒体（电视、报纸、杂志、广播），户外广告媒体，新兴的因特网媒体，以及其他各种可视、可听、可触的媒体都可作为广告媒体。

4. 含有信息

广告中含有告知、劝说和提示的信息，以使消费者产生购买行为。

5. 有针对的受众对象

广告的受众对象是广告主按照其所选目标市场而精心确定的，并最终通过传播媒体的覆盖来实现。所以，被确定的广告传播媒体所确定的受众对象就构成了广告的受众对象。

二、广告的功能

无论是商品广告，还是形象广告，其最终目的都是为了促销产品并获益。许多公司对广告的效用深信不疑而在广告上投入巨资，皆因广告具有以下主要功能。

1. 告知

广告能使受众知晓市场上的新品牌或新产品，告知有关新产品或新品牌的特征和利益，或产品的新用途，促使受众建立正面的、肯定性的品牌形象。

2. 劝说

劝说消费者试用所广告的产品或服务，或吸引一些新顾客购买，或说服消费者放弃原来使用的品牌转而购买本品牌。

广告是说服的艺术，本质上是一种劝诱术。广告采用各种表现形式和技巧，潜移默化地影响信息接收者，使他们在不知不觉中被说服，改变心理和购买行为。“随风潜入夜，润物细无声”是最高境界的广告劝说效果。

3. 提示

“眼不见，心不想”。营销者必须时常提醒目标顾客，否则产品就会被顾客慢慢遗忘。广告能够使品牌在消费者的记忆中历久常新，保持较高的回忆度。

4. 增值

厂商有三种增加其提供物价值的途径：创新、提高质量和改变消费者的感知。三者相互联系、相互依赖。“没有质量的创新只不过是新奇；没有质量和创新的消费者感知不过是空中楼阁而已；而创新和质量如果不能转化为消费者的感知，那就是锁在深闺人未识。”（如同在黑暗中向人暗送秋波）

营销者借助于广告能够影响消费者的感知为品牌资本增加价值。成功的广告能使品牌看起来更杰出、更有特性、更有气质，更值钱。

5. 支持公司的其他活动

广告既是营销沟通组合的重要组成部分，又能够配合营销沟通组合中的其他要素的活动。如：广告可以发布有关销售促进的活动信息，告知受众降价的信息，吸引消费者注意新产品。广告还能够为销售人员提供支援。在销售代表与潜在客户接触前，广告就提供了厂商和品牌的许多信息，起到了预先推销的作用。因而，销售人员在向潜在客户介绍产品时，可大大减少所花费的精力、时间和费用。广告还能使消费者在商店中更容易识别出产品的包装并联想到广告中的诉求。广告还可以增加降价活动的效果。一项研究发现，如果零售商在降价之前先做广告，消费者对降价的反应要比事先不做广告宣传的好得多。

三、广告的分类

1. 按广告主分类有：商业广告和非商业广告。

商业广告：用来传播有关商品或企业的信息。如产品广告、品牌广告、企业形象广告等。

非商业广告：用来传播非商业目的或不以营利为目标的信息。如公益广告、政治宣传广告、招聘、寻人、征婚等。

2. 按媒介物分类：以传播媒介为标准对广告进行分类，主要分为：报纸广告、杂志广告、电视广告、电影广告、幻灯片广告、包装广告、广播广告、海报广告、招贴广告、POP广告、交通广告、直邮广告等。随着新媒介的不断增加，依媒介划分的广告种类也会越来越多。

3. 以广告传播范围为标准，可以将广告分为国际性广告、全国性广告、地方性广告、区域性广告。

4. 按广告目标分类：告知广告、劝说广告和提示广告。

5. 从诉求特点分类：理性诉求广告和情感诉求广告。

诉求：指诉以欲望或需要，以求得受众的关注或共鸣，最终达到诱导购物动机的目的。

理性诉求广告：侧重强调消费者对产品实际的、功能性的或实用性的需求，并运用实事、证据或数据来说服消费者拥有或使用本品牌产品的利益和好处，在陈述或说服方式上保持理性和逻辑性。如：乐百氏纯净水广告强调“27 层净化”，宝洁舒肤佳香皂杀菌更有效，高露洁护牙洁齿。

感性诉求广告：通常和消费者购买产品的社会和心理利益有关，侧重采用情感诉求和受众交流，调动情感，产生好感，进而产生购买行为。

如：步步高无绳电话（小丽篇）；三精补锌口服液（用心的妈妈会用锌）；海王金尊（第二天舒服一点）等。

6．按照目的分：战略广告和战术广告。

战略广告：从公司的整体长远利益出发而发布的企业形象广告，主要为树立企业声誉。

战术广告：以销售为导向的品牌或产品广告，意在获取即期销售额或市场份额的增长。

四、广告媒体及其选择

广告媒体的作用在于把产品的信息有效地传递到目标市场。广告的效用不仅与广告信息有关，也与广告主所选用的广告媒体有关。事实上，要使人们对某项产品产生好感，这样的职责是由广告信息、广告信息的表现方式（广告作品）和适当的广告媒体共同承担的。同时，在广告宣传中，所运用的广告媒介不同，广告费用、广告设计、广告策略、广告效果等内容都是不同的。因此，在广告活动中要认真选择广告媒体。

阅读资料 2

尼尔森公司的广告研究报告

尼尔森媒体研究公司（Nielsen Media Research）成立于 1923 年，是行业标准的建立者，目前在 100 多个国家提供全方位的市场研究服务，其专业性和全球性无与伦比。尼尔森公司于 1984 年开始在中国发展业务，以下是尼尔森发布的报告：中国 2006 年广告市场总收入达到 3 866 亿元人民币，其中电视广告独领风骚，占比 81%，报纸占比 17%，杂志则占 2%。并称，相比去年的电视广告收入同比上升了 26%。排在前三位的广告投放行业依次为：药品、化妆品以及零售用品，这三者就占去半壁江山。宝洁公司（P&G）旗下的 Oil of Olay 在过去四年内一直是中国市场最大的广告投放主。我国本土品牌亦加快了投放速度。2006 年第四季度，中国移动居于投放榜的亚军，仅次于 Oil of Olay。

（一）媒体调查

媒体调查是为了掌握各个广告媒体单位的经营状况和工作效能，以便根据广告目标来选择媒体。

1. 报刊媒体调查

报刊媒体调查的内容有：

（1）发行量。报刊的发行量越大，广告的接触传播面越广，同时，广告费用也相对降低。

（2）发行区域分布。主要调查报刊发行区内各细分区域内的报刊发行比例，其目的在于了解报刊在各地区的接触传播效果。

（3）读者层构成。包括年龄、性别、职业、收入和文化程度等的不同构成情况。

（4）发行周期。发行周期指报刊发行日期的间隔期，如日报、双日报、周刊、旬刊、月刊等。

（5）信誉。主要指该报刊在当地所享有的权威性以及社会大众对其信任程度等。

2. 广播电视媒体调查

（1）传播区域。广播电视播送所达到的地区范围以及其覆盖范围。

（2）视听率。在覆盖范围内收听收视的人数或户数，一般用社会所拥有的电视机和收音机量来计算。

（3）视听者层。主要是根据人口统计情况和电视机、收音机拥有情况，计算出有关视听者层的分布和构成。

3. 其他媒介调查

其他广告媒介调查包括交通广告、路牌、霓虹灯广告等，主要通过调查交通人流量、乘客人员来计算测定，邮寄广告则通过发信名单进行抽查即可。

（二）媒体选择

企业在选择媒体时要考虑如下因素。

1. 目标顾客的媒体习惯

人们在接受信息时，一般是根据自己的需要和喜好来选择媒体。比如，教育程度高的人，接受信息的来源往往偏重于因特网和印刷媒体；老年人则有更多的闲暇时间用于看电视和听广播；在校大学生偏爱上网和听广播。分析目标顾客的媒体习惯，能够更有针对性地选择广告媒体，提高广告效果。

2. 媒体特点

不同媒体的市场覆盖面、市场反应程度、可信性等均有不同的特点，具体见表 8-3。

表 8-3 不同媒体的特点

媒体种类	覆盖面	反应程度	可信性	寿命	保存价值	信息量	制作费用	吸引力
报纸	广	好、快	好	较短	较好	大而全	较低	一般
杂志	较窄	差、慢	好	长	好	大而全	较低	好
广播	广	好、快	较好	很短	差	较小	低廉	较差
电视	广	好、快	好	很短	差	较小	很高	好
邮政	很窄	较慢	较差	较长	较好	大而全	高	一般
户外	较窄	较快	较差	较长	较好	较小	低	较好
因特网	广	较快	较好	短	差	一般	高	一般

3. 产品特性

不同产品在展示形象时对媒体有不同要求，如性能较为复杂的技术产品，需要一定的文字说明，较适合印刷媒体；服装之类产品，最好通过有色彩的媒体做广告，如电视、杂志等。

4. 媒体费用

不同媒体所需成本也是媒体选择所必须考虑的因素之一。考虑媒体费用不能仅仅分析绝对费用，如电视媒体的费用大，报纸媒体的费用低等，更要研究相对费用，即沟通对象的人数构成与费用之间的相对关系。

五、广告策略及其选择

企业做广告要正确选择广告策略。“策略”一词原出自军事用语。广告策略是广告战略的一部分，是保证实现广告目的的重要谋略思想，是广告策划者在广告实施活动中，为实现广告战略目标而采取的对策与方法手段。

广告策略包括广告目标的确定、广告媒体策划、广告创意战略、广告表现策略以及广告时间策略等。

（一）广告目标的确定

决定广告策略首先要考虑的因素是广告欲达到的目标。一般有：让消费者充分认识企业和产品；吸引顾客对产品产生重视和偏爱；增强销售等。由于广告目标的差别，可将广告分为企业广告和产品广告两种类型。

企业广告：目的在于提高企业的名望，属商誉广告，能够间接加强产品的推广。

产品广告：目的在于提供产品信息，增进产品销售。

产品广告又可分为开拓性广告和竞争性广告。前者的目的在于唤起初始需求，适用于产品初期推广阶段；后者的目的在于唤起选择性需求，适用于市场成长阶段和成熟阶段。

（二）广告媒体策划

指确定媒体的选择和组合策略。它是进行成功广告必不可少的环节，它所要解决的就是根据广告目标选择最佳的媒体与媒体组合，在最适合的时候，用尽可能少的广告费用实现广告目标。

广告媒体策略的确定应考虑以下因素：

1．产品的性质（工业品：技术强、技术复杂，专家型购买，适宜于专业杂志、说明书等；生活消费品，非专家型购买，适宜于电视广告）；

2．广告的对象（根据消费者的习惯和偏好选择媒体）；

3．媒体的特点（不同媒体的传播范围和影响力是不同的）；

4．广告费用的支出。

（三）广告创意战略

广告业在发展历程中逐渐形成了一些典型的创意广告的战略，实际上当今的广告都可以归入 7 种广告创意战略中。它能够为营销者考虑广告创意战略提供一个十分有用的框架。

1．一般性战略（Generic strategy）公司在某一产品领域占绝对优势时采用。如双汇持续宣称所提供的“冷鲜肉”是安全的、味道更好，而不需强调与竞争对手的差异，因为他们不值得一提。

2．先入为主（Preemptive）的战略。

在众多的竞争产品中，为了将自己的产品与他人区别开来，先入为主的宣传自己的特点。如农夫山泉宣称“有点甜”，把自己和娃哈哈、乐百氏瓶装水区别开来；“农夫果园，有三种水果在里面，喝前摇一摇”。

3．独特销售主张（Unique Selling Proposition，USP）战略。

产品具备一种有意义的、不寻常的、符合消费者需要的功能或利益，并可做声明时，可利用广告给消费者一个建议。

如利用科学鉴定的结果和专家的评价来表明舒肤佳的杀菌作用；盖天力“白加黑”感冒药的广告语：“白天服白片不瞌睡，晚上服黑片睡的香”。

（1）品牌形象（Brand Image，BI）战略

在产品同质化日趋严重的情况下，厂家只靠某种独特产品是很难维持其生存和发展的。在人们的心目中，树立企业的声誉和形象，显得比产品的USP更加重要。在这种情况下，广告创意从产品至上时代进入了形象至上时代。如：万宝路牛仔形象；IBM的服务等。

（2）定位（Positioning）战略

运用广告创造出产品在消费者心目中的独有位置。如宝洁公司几大洗发水品牌在消费者心目中的独特位置。

（3）回声（Resonance）战略

广告诉求的既非产品说辞，亦非品牌形象，而是企图激起受众对过去或现在的体验的回想或共鸣（也称为共鸣策略）。

如：南方黑芝麻糊的广告并不诉求产品如何美味可口、价格合适，而展示了一个成功男士对自己孩童时代熟悉场景的回忆和浮想联翩，由此来激发目标受众对怀旧情感的共鸣。

（4）情感战略

为减少理性诉求所带来的抵抗情绪，运用适当的情感诉求，激发受众的情感，吸引受众的注意，并使其感到愉悦和欣慰。

“非常可乐，中国人自己的可乐”，“中国人坐中国的红旗”一类的广告语是一种民族精神、爱国主义的激发。

（四）广告表现策略

好的创意还必须辅之以好的广告表现策略。广告表现是指广告最终与消费者见面的艺术表现形式。广告表现的失败，意味着广告活动的整体失败。

一个好的广告表现一般应具备以下特征：能立刻引起人们的注意，主旨明确、内容新颖，能较好地贯彻广告创意战略思想。

要想让广告达到引起兴趣、产生购买欲望的目的，必须强调它的表现形式，要求做到以下几点。

1．真实性与艺术性的巧妙结合

真实是广告的基础，艺术是广告的生命，广告是真实性与艺术性的统一。

广告所要传递的有关产品或服务的信息应是真实的，不能欺骗受众。但广告传递信息的形式可以采用一定的艺术表现手法。

如：松下电视的报纸广告之“戏花蝴蝶篇”与“踏花归来马蹄香” 有异曲同工之妙。有雕琢之美，而又不见人工的痕迹。

2. 以理服人，以情感人，表现形式要符合情理

心理学家一般都把人的心理功能分为理智、意志和感情三种。消费者在购买产品时除了考虑它能够带来的功能性利益外，还会受到情感性利益的影响。一般来说，理性与情感的联合诉求广告要比只包含理性诉求的广告效果好。而那种“聪明人选傻瓜”的强迫式广告，则让人反感。

比如某餐饮店的广告，“请到这里用餐吧，否则你我都要挨饿了”。通过幽默、含蓄的表达，在潜移默化中感化目标受众，达到了“润物细无声”的效果。

3. 好的广告表现应尽量做到“新、奇、味”

新：根据心理学原理，旧的东西已经产生心理疲劳，只有独到的、新颖的刺激才容易留下深刻的记忆痕迹。所以，广告的表现形式要不拘一格，不落俗套，方式方法令人耳目一新。

如香港地铁广告的“老故事，新讲解”：

话说从前有座山，山里有座庙，庙里有两个和尚，老和尚和小和尚。

是日清晨，松林有雾，钟声遥遥，只见小和尚甩开两片脚丫子，从山径上“啪哒啪哒”一路跑来。

他推开禅房的门，气喘吁吁地嚷道：“师傅，要迟到啦！”

青烟袅袅，老和尚正静坐参禅，闻听此言并无所动，只微抬眼皮扫了一下小胖子，又继续他的冥想之旅。

镜头一转，只见旌旗飘飘，煞是热闹，一老一小已经来到做法事挣银子的地界。（做法事，可是最讲究时辰的。）

小和尚很开心：“师傅，我们很准时耶！”

老和尚大袖一挥：“前路看得通，何必太匆匆？！”

跟着他说了一句实话：“搭地下铁，几时都这么准时！”

于是切入字幕：

有时有候

有如

大自然节奏

香港地铁

这是香港地铁的广告，时间是20世纪90年代中期。

新疆伊力特酒一炮走红，也得利于它源自西域豪迈、粗犷、神秘环境的创意："真正的猎人需要一支好枪，真正的猎手需要一匹好马，真正的男人需要一种豪情！伊力特曲，英雄本色"。这样的广告语带上了鲜明的人文地理色彩，自然获得空前的成功。

奇：充分利用人们的好奇心理，超越常规，激发人们的兴趣，以奇制胜。

"独辟蹊径"是艺术家的不懈追求，真正的艺术品是不重复的，正如齐白石老人所说"像我者死"。艺术家既不能踩着别人的脚印走，也不能踩着自己的脚印走。广告艺术尤其如此。广告的标题要以奇制胜，构图要敢于打破常规。美一番茄酱广告，它利用番茄酱给人带来健康与幸福这一点，在画面上打出了"如果你在阳光下呆上40天，你也会这样红彤彤，圆滚滚的！"标题。又以正圆形作为最中心的画面形象，一只胖乎乎、圆滚滚的番茄，带着墨镜，显得有几分滑稽，加上比较强烈鲜明的色彩，使画面充满了欢乐愉快的气氛。看到那红彤彤、圆滚滚的形象，人们就会联想到现实生活中的健美运动员那突兀、强健的肌肉，而理解了其寓意，再加上一语破的的标题，又有谁能按捺得住一尝为快的欲望呢？

味：广告要像一杯咖啡、一壶茶，好看，有味，并值得回忆玩味。

20世纪80年代鸿运电扇的电视广告，采用粉红色的柔和的调子，风扇、小女孩的酣睡和象征着"家庭"的小木房子，构成了广告画面的主体，追求的是"柔和"与"梦境"。画面起首是大幅标题"柔柔的风，甜甜的梦，家有鸿运乐融融。"高度概括了广告的创意，把鸿运的魅力告知消费者，挖掘消费者的潜在意识和生活需要：孩子是父母感情的结晶，他们对孩子往往倾注全部的心血和爱。小女孩酣睡的视觉效果寄托着父母的美好愿望，更象征着家庭的温馨与安宁。这种富有感情与韵味的广告诉求不仅为人所接受，并且让人陶醉。

古人一句"笙歌归院落，灯火下楼台"，并不见金满箱笏满床的字样，却说尽了富贵气象，氛围十足。通过广告，要创造一种氛围，让消费者感受产品，效果会更好。如：泸州老窖、国窖酒的电视广告：

1877年，留声机发明……你能听到的历史：124年

1839年，照相术产生……你能看到的历史：162年

1573年，泸州老窖国宝窖池开始兴建……你能品味的历史：428年

国窖·1573

深深的历史厚重感，让人回味无穷。

而那些缺乏品位的恶俗广告，令人生厌。

4. 明确诉求，减少歧义

要提高诉求信息的针对性和实效性，不打擦边球，不做无用功。《中华人民共和国广

告法》中明确指出："广告不得妨碍社会公共秩序和违背社会良好风尚。"而那些"爱我不太容易，包我需要实力"，这么暧昧的广告词以及在桑拿洗浴门口的这样的广告"满意性服务，震撼性优惠"，你会做何感想？

这种广告，不仅会让人联想到一些不良的社会现象，而且也不能向目标受众传递明确的信息，广告的作用也就无从谈起。

（五）广告时间策略

1. 广告时间策略

广告时间策略指广告推出时间相对于商品进入市场的时间而言的策略。一般有提前推出、即时推出、延时推出这三种。

（1）提前推出策略，即广告早于商品进入市场，目的在于事先制造声势，先声夺人，让消费者在商品未上市时就翘首以待，等到商品在市场出现时，即可形成旺销。

（2）即时推出的策略，即广告与商品同时推向市场。

（3）延时推出策略，指广告晚于商品进入市场。

2. 广告时限策略

广告时限策略是广告时间策略在时限上的运用，主要有集中时间策略、均衡时间策略、季节时间策略和节假日时间策略。

（1）集中时间策略：集中力量在短时间内对目标市场进行突击性的广告攻势。

（2）均衡时间策略：有计划地、反复地对目标市场进行广告宣传发布的策略。

（3）季节时间策略：适用于季节性很强的商品广告。

（4）节假日时间策略：是零售企业和服务行业经常采用的一种广告方式。

3. 广告频率策略

广告频率：是指一定广告周期内广告发布的次数。

广告可以依据需要，交替运用固定频率和变化频率。

（1）固定频率：是均衡广告时间策略常用的频率，以求有计划地、持续地取得广告效果。

（2）变化频率：广告周期内用每天广告次数不等的办法来发布广告。变化广告频率使广告声势能适应销售情况的变化。它常用于集中广告时间策略、季节与节假日广告时间策略，以便借助于广告次数的增加推动销售高潮的到来。

六、广告效果测定

1. 广告传播效果评价

衡量广告传播效果主要是利用以下指标。

（1）接收率。接收率指接收某种媒体广告信息的人数占该媒体总人数的比率。

接收率=接收广告信息的人数/接触该媒体的总人数×100%

接收率往往只是指接收信息的广度，为了全面评价广告传播效果，还应使用深度指标。

（2）认知率。认知率是指接收到广告信息的人数中，真正理解广告内容的人所占的比率，这一指标真正反映广告传播效果的深度。

认知率=理解广告内容的人数/注意到此广告的人数×100%

2. 广告促销效果评价

广告的促销效果比传播效果更难测量，因为，除了广告因素外，销售还受到许多其他因素的影响，如产品特色、价格等。这些因素越少，或者越是能被控制，广告对于销售的影响也就越容易测量。所以采用邮寄广告方式时广告销售效果最容易测量，而品牌广告或企业形象广告的销售效果最难测量。人们一般利用以下办法来衡量广告的促销效果。

（1）广告增销率。广告增销率是一定时期内广告费的增长幅度与相应时期销售额的增长幅度之比较。其公式为：

广告增销率=销售增长率/广告费增长率×100%

（2）广告费占销率。广告费占销率指一定时期内企业广告费的支出占该企业同期销售额的比例。这也是一种通过广告费和销售额的比较来反映广告促销效果的方法。

广告费占销率=广告费支出 /同期销售额×100%

以上评价方法都有一个共同的前提，即测试期内销售额的其他影响因素无明显变化，否则会影响测试的精确性。如一些常规因素影响不可避免（如销售淡季、旺季变化），可根据变化规律设置某些调整系数，当然也可以将具有周期性变化规律的时期作为一个测试期（如一年）来进行测试和比较。

3. 广告形象效果评价

广告形象效果评价是对广告所引起的企业或产品知名度和美誉度的变化情况所进行的检测和评价。广告效果并不仅仅反映在对产品销售的促进方面，因为尽管有些消费者接触了广告后并不马上会产生对产品的购买欲望，但毕竟会给他们留下一定的印象，这种印象可能导致将来产生购买欲望。

企业形象一般用知名度和美誉度两项指标来衡量，通过广告前后的对固定对象的调查，了解企业形象的变化。

阅读资料 4

在后大众市场环境下应如何吸引公众眼球

1960 年，宝洁仅仅用了 ABC、NBC 和 CBS 这三个电视网和一个 30 秒的广告，就覆盖到美国 80%的女性消费者。现在。相同的广告必须在 100 个频道上播出，才能达到这个数字。尽管如此，还有可能被消费者“快速遗忘”的危险。消费者现在还可以在诸如 TiVo 这样的个人录影机和录像机上欣赏节目。实际上，扬基（Yankee）集团的最新研究表明：“30 秒的电视广告在走向死亡”，到 2007 年，多达 55 亿美元的电视广告花费将是白白浪费的。

曾经被认为是吸引目标顾客最强有力的方法，现在却受到两种力量的挑战。一是美国受众的零散，因为数字技术、互联网以及多种媒介的来临，从 20 世纪 70 年代起，黄金时间的广告额和广告量一直在下滑。新的媒体和娱乐形式正在激增——数百个有线电视和广播电台，数千本杂志和网络杂志，无数的网站、博客、电视游戏和手机。消费者拥有的不仅是更多的选择，他们也能更明智地选择他们想要的商业信息。

第二种力量是，30 秒广告之外的部分。新的个人录像机（Personal Video Recorder，PVR）允许消费者按动快进键，以消除广告的影响。扬基集团估计到 2008 年，PVR 将在近 2 500 万个或者 20%的美国家庭中使用，它们以 65%到 70%的速度迅速增长。互联网更是一种威胁，1.5 亿个用户可以通过点击图标获得他们想要的任何东西。

通过整合营销传播，广告商也可以获得各种新的传播工具，其中很多正在使广告和娱乐之间的这条分界线变得模糊。CBS 的《生存者》（Survivor）节目中就播出过菲多利（FritO—Lay）的多立多滋（Doritos）、百事可乐的激浪和安海斯—布希（Anheuser Busch）的百威啤酒广告。公司也正在成为电视节目的独家赞助商。福克斯（FOX）的《24 小时》就有一个独家赞助商——福特 150 型卡车。不过那些广告不是穿插在电视节目中，而是以一个 3 分钟短片——风格与电视节目类似，主要围绕卡车——的形式在节目前后被播出。另外，由主要演员驾驶福特卡车。其他广告者则正在超越电视广告。在过去的三年里，耐克欧洲公司为其在线足球游戏聚集了全世界的顶级足球运动员。

第四节 营 业 推 广

营业推广是一种适宜于短期推销的促销方法，是企业为鼓励购买、销售商品和劳务而采取的除广告、公关和人员推销之外的所有企业营销活动的总称，是能够迅速刺激需求，鼓励购买的促销形式。企业营业推广的目标有三类：一是针对消费者的，如免费样品、折价赠券、交易印花、现场示范等；二是针对中间商的，如购货折扣、合作广告、推销奖金、经销竞赛等；三是针对企业推销人员的，如奖金、推销竞赛等。

营业推广是在一个较大的目标市场中，为了刺激顾客的早期需求而采取的能够迅速产生购买行为的一系列短期的销售活动。近几年来，伴随市场竞争的日益加剧，营业推广备受零售企业的普遍重视，其针对性强、刺激性大、时效性明显等特征甚至使得某些企业把它视为促销良剂。然而，必须注意到，营业推广作为一种极为活跃的促销手段，客观上也存在着费用开支大、易诱发顾客怀疑心理、贬低自身形象等不足，运用不当，很容易使销售陷入被动局面。企业在采用营业推广方式进行促销时，必须对营业推广的具体方式进行正确的选择和有效的运用，才能取得预期的效果。

一、营业推广的特性

营业推广作为一种促销方式与其他促销方式相比较具有一些较明显的特征。具体表现在如下几个方面。

1．时效性。营业推广活动的着眼点是立即引起顾客的反应，通过向促销对象提供短期的强力诱惑，导致顾客迅速采取购买行为，因此营业推广活动常有限定的时间和空间，追求在短期内使销售状况迅速改观。

2．多样性。营业推广是由刺激和强化市场需求的花样繁多的各种促销行为所组成。当今的营业推广不仅具有以往的样品派送、折扣、抽奖、现场演示、交易推广等方式，还增添了联合促销、服务促销、文化促销、满意促销等丰富多彩的促销措施。

3．刺激性。营业推广为促销对象提供一种额外的好处，并且这种好处具有很强的刺激性，足以诱使促销对象购买某一特定的商品。刺激性是营业推广活动得以成功的必要条件。

4．直接性。单纯从促进销售的角度讲，营业推广与促销组合中其他手段相比更具有直接性。公关促销在于为企业塑造良好的公众形象，为商品销售创造和谐的环境气氛；广告促销则通过一种观念的渗透提高商品的知名度、坚定顾客的购买信念。因此公共关系和广告都是间接的促销手段。而营业推广采取利益诱导的方式，刺激顾客迅速或大量购买某一特定的商品，所以营业推广在推动销售方面见效迅速且直接。

二、营业推广的对象

营业推广的对象主要有四类：消费者、中间商、制造商和推销人员。

1．对消费者的营业推广。对消费者的营业推广主要是鼓励多买，吸引新的顾客试用，争夺其他品牌的顾客等。对消费者的营业推广的主要措施有：服务促销、购货折扣、现金折扣、展销、演示促销、消费信用、有奖销售、优惠券、赠券等。

2．对中间商的营业推广。与销售直接有关的中间商主要是批发商、代理商和零售商。对中间商营业推广的目的主要是鼓励他们大量进货，增加储存，特别是季节性商品，同时争取建立固定的产销关系。措施主要有：批量折扣促销、现金折扣促销、展销、业务会议、推销奖励、互惠促销等。

3．对制造商的营业推广。制造商采购商品和劳务的最终目的是为了获取盈利，而不是为了自己消费，因此，对制造商的营业推广主要是告知他们采购本企业的产品能给他们带来的实际利益即价值增值作用。对制造商的营业推广措施主要有：服务促销、展销、业务会议、红利提成、互惠促销、折扣促销和赠品促销等。

4．对推销人员的营业推广。目的是鼓励推销人员大力推销新产品，开拓新市场、发展潜在顾客，尤其是推销过时积压产品等，对推销人员可以采用物质和精神奖励和开展竞赛等措施。

三、营业推广的方式

1．样品

是向消费者赠送样品或试用样品。这些样品可以挨户赠送，可以在商店和闹市散发，可以在其他商品中附送，也可以公开广告赠送。赠送样品是介绍一种商品最有效的方式，费用也最高，散发的样品一般都是另外制作的试用性小包装。

2．代价券

代价券是给持有人一个证明，证明他在购买某一种商品时可以免付一定金额的金钱，这是一种顾客较早采用新商品的方式。

3．廉价包装

廉价包装是在商品包装上或招贴上注明比通常包装减价若干。这种廉价包装可以是一件商品单装，也可以是几件商品扎在一起，廉价包装对于刺激短期销路非常有效，甚至比代价券还有效。

4. 奖励

可以凭奖券买一种以低价出售的商品或者凭券免费以示鼓励，或者凭券买某种商品时给买主一定优惠。奖励券可以附加在包装中，也可以把商品包装作为奖励券，还有一种办法，顾客可以凭买过这种商品的证明，如一只瓶盖，一张商标纸，向商店兑换奖励券。

5. 商店陈列和当场表演

这种办法就是在橱窗或货柜前专门布置某种商品，大量陈列或当场表演。近年来，由于零售商货物面积有限，多数不愿举办这种陈列与表演。因而厂家常设计制作许多节省占地面积的陈列方法，并与电视和印刷品结合起来使用，效果比较显著。

6. 交易推广（折扣促销）

制造商为了争取批发商和零售商的合作，想了许多交易推广的办法。例如：制造商可以规定在一定时期内购买某种商品，购货者可以享受一定购货的折扣。这种折扣，可以支付，也可以在发票金额中减除，可以用“商品折扣”，即在购货时制造商给予短期折扣，也可以由批发商代为刊登广告，制造商给予“广告折扣”，零售商为某某产品办理陈列，厂家还可以给予“陈列折扣”。

7. 业务会议和贸易展览

工业贸易协会常为其成员组织年会或其他会议，一般会同时举办贸易展览，凡向本行业出售产品的厂家受邀参加展览，并在现场操作表演。参加展出的厂家能获得多方面的好处，他们可以借此招徕新主顾，与客户保持联系，介绍新产品，并增加原有客户的生意。

8. 租赁与互惠促销

生产、经营房屋、设备、机器等商品的企业，把商品让渡给买方使用，将其价值分散收回，买方得到固定资产的支配权和使用权，组织生产经营，将提取的折旧逐渐地偿还卖方，这些方法有助于解决某些机器设备，特别是高价值的大型设备的供求矛盾。

9. 竞赛、摸奖和游戏

这些办法是让中间商或推销人员通过他们的努力有机会得到一些好处。例如现金奖励、旅游机会或者商品奖励。对于消费者可以举办猜谜比赛，也可以组织购买竞赛，优胜者得奖等。

四、选择营业推广方式应注意的问题

选择营业推广方式的总的要求是：综合考虑，以消费者、购买者的感受来取舍，而不是凭企业的好恶、习惯和费用节省为依据，在实际运用中根据市场的变动做适时的调整。具体选择时，通常需考虑以下几个问题。

1．商品的性质。不同性质的商品应选择不同的营业推广方式。对于包装性的消费品（如食品、营养保健品、日用品等）可采用加量不加价的方式吸引消费者；对于新上市的大众化消费品，当产品的差异性或特点凌驾于竞争品牌之上且值得披露时，采用免费样品效果最佳；而当一种产品已具知名度，深受消费者欢迎时，可利用优惠券鼓励目前使用者尝试该产品的新口味、新规格和新形式。

2．营业推广的目标。营业推广的目标不同，所采用的推广方式也不同。当营业推广是以刺激顾客购买欲望、促使顾客大量购买为目标时，折扣销售、有奖销售、分期付款销售、赠品销售等方式有较强的冲击力；若以在消费者心目中建立好感和信任为目标，则举办展销、咨询服务、赠品销售、发放优惠券等效果较好；若以解决销售难题（如商品积压、销售不畅等）为目标，可采用降价销售、销售竞赛等。

3．推广对象的特点。

首先，推广对象的类型不同影响着营业推广方式的选择。如欲吸引尚未使用者试用某产品，可选择优惠券、免费样品、试用、包装促销等方式；若使试用者再次购买该产品则可选择加量不加价、折扣销售、退费优待等；若使已使用者变为产品的爱好者和忠实用户，可选择加量不加价、退费优待、回邮赠送、集点销售、优惠券等。

其次，推广对象的心理特征不同也影响着营业推广方式的选择。如针对消费者的求实求利心理，可采用因量作价、赠品销售、加量不加价、优惠券、有奖销售等吸引购买；针对消费者的求知心理可采用讲座服务、咨询等引导消费需求，刺激购买；针对消费者的求安全心理可采用产品保证等解除消费者后顾之忧；针对消费者追求高品位心理采取诸如购买西服赠送领带夹的赠品销售，对消费者实施产品高级化，提高消费者的消费档次。

4．竞争动向。营业推广不少是由竞争引起的，在一个垄断的市场上几乎找不到营业推广。这就要求零售企业在选择具体的营业推广方式时要密切注意市场动向，掌握竞争者在促销手法、规模及影响等方面的有关信息，做好充分的准备。在一般情况下，零售企业可采用免费样品、优惠销售、分期付款销售、展销、产品保证、讲座服务、咨询等开展促销。而当市场竞争比较激烈，或针对竞争者的促销活动时，常采用影响力更大的赠品销售、折扣销售、有奖销售、竞赛、优惠销售、集点销售等吸引众多消费者。

5．费用预算。由于营业推广大多是以让利为代价开展活动的，费用开支较高，因此选择具体的营业推广方式还需考虑企业的费用预算，考虑费用与效果的关系。营业推广费用预算包括管理费用、销售费用（如印刷费、邮寄费等）、诱因费用（如赠品、降价费、兑奖费用等）。零售企业应在认真分析所要选择的各种推广方式的费用支出情况，计算出各自的交易成本的基础上，进行慎重的选择，做到既考虑企业的负担能力，又使营业推广活动达到理想的效果。相比而言，集点销售、付费赠送、退费优待等方式费用开支较小，可起到花小钱立大功的效用。

五、营业推广的运用

恰当地选择某种推广方式只是企业开展营业推广活动的一项工作，要使营业推广活动取得预期效果，还需进一步对该方式运用的预期效果、内容等问题作通盘考虑，才能制造出具有影响力的、有效的行动方案，以达到激励士气、促进销售的目的。

（一）营业推广的预期效果

营业推广的预期效果是企业在一定时期内预期完成的销售任务和预期取得的销售成果，即营业推广目标，它是整个营业推广活动的指南。营业推广的预期效果可以是销售额、销售量、利润额、市场占有率，也可以是知名度、信誉等。营业推广的预期效果需要经过科学认真的筹划才能确定，同时，为了确保预期效果的实现，还常把总任务分解成各阶段的具体任务以明确责任。另外，考虑到营业推广本身的不足，还需要积极预见可能出现的遗留问题，如降低品牌忠诚度、实际费用较计划费用大大超支等，采取相应的解决措施避免副作用的发生，实现预期效果，保证企业的长期利益。

（二）营业推广的内容

营业推广的内容主要涉及推广对象、推广规模、推广时间、推广途径等四个方面，它是整个推广活动的主体部分，直接影响着营业推广活动的预期效果。

1．营业推广的对象。首先，要确定参与对象的基本条件，即营业推广是针对哪些人开展的。零售企业只有事先确定好适当的参与者的基本条件，才能有选择地排除那些不可能成为商品使用者的人，做到既不盲目促销，又不出现因条件过严导致的只有部分品牌忠诚者或喜好优待的消费者才参与的局面。其次，要使参与者明确推广方式各阶段的效果，使其知道自己将得到什么，得到多少利益，目的明确，避免误解出现。再次，要做好组织内的协调组织工作。营业推广是零售企业的一项系统性的促销工作，不可能由一个人或一个部门就可以完成。因此应建立专门的机构或小组，对市场情况、竞争对手及企业自身情况等进行认真分析，使营业推广计划能够符合实际，并把企业内部的各类人员相互协调起来，以保证营业推广活动的顺利进行。

2．营业推广的规模。不论何种方式的营业推广，其目的都是鼓励顾客尽快达到最大交易量，使企业赚钱。只不过是赚钱的方式不同而已，或薄利多销、或减少商品保管费用和银行利息，或以样品代替广告等。因此，确定营业推广规模要考虑的总体策略是盈利策略，在确定优惠及让利时，必须掌握好“最利点”。具体操作时，首先应考虑奖励数额的大小。即在营业推广活动中企业给予参与者的奖励是多少。给予顾客某种程度的奖励是刺激销售的根本所在。奖励过小难以吸引顾客，奖励过大又会使企业蒙受损失，唯有适当的奖励才会收到以较小投入获得满意销售的效果。其次应考虑奖励面的大小。即营业推广的参与者享受奖励的人数是多少。一般奖励的人数多，顾客参与的积极性较高。但在奖励总额一定的前提条件下，奖励面小，受益人数虽少，但奖品丰厚，对顾客的吸引力大；反之受益的人数虽多，但奖品微薄，其吸引力也自然降低。

3．营业推广的时间。确定营业推广时间一般需考虑开展推广的时机和持续时间的长短两个因素。从推广时机上看，零售企业在选择具体的推广时机时，要根据企业在整个地区的市场营销战略，依据销售部门的要求来安排促销的时机日程，并与其他有关部门的时机相协调。一般营业推广的最佳时机是节假日及纪念日，此时消费者有较多的空暇时间，购物机会多，同时对某些商品有更多的主动关注，促销效果比较理想。从持续时间上看，尽管营业推广是零售企业的一种经常性促销活动，但就其一种具体方式而言，却常常是阶段性的，有一定的时间期限。时间过短，顾客不了解或无法在这段时间内重新购买某商品，则不能获得预期的销售效果；而时间过长，一则易使顾客造成习以为常的现象，减少或消失刺激需求的作用，甚至诱发对商品的怀疑心理，不利于正常的销售。二则也使企业的费用开支增大，影响销售效果。据美国的一些研究人员调查表明，理想的营业推广持续时间为每季度使用 3 周时间，每一次推广的最佳时间长度为消费者的平均购买周期。

4．营业推广的途径。当上述内容确定后，零售企业必然要考虑以何种媒体、途径向外扩散自己的信息，使目标顾客产生企业预期的举动。营业推广方式传递信息的途径不同、费用不同，达到的目标和效果也不相同。如采用优惠券促销时，优惠券的发放既可以放在商品包装中，也可附在广告上，还可以通过邮局寄送给消费者等。放在包装中发送费用最省，但只能起到鼓励购买者继续使用的效果；附在广告上发送虽然费用较低，但在时下广告竞争极为激烈的条件下，极易被其他内容所淹没，或者受广告媒体自身条件的影响，实际效果并不一定理想；通过邮局寄送，影响范围大，可招徕更多的潜在顾客，但费用较高。对此，零售企业应认真分析各种途径的利弊，统筹兼顾，针对目标顾客，采取既节省又高效的营业推广途径。

（三）营业推广方案的检验

营业推广一般都有较高的期望值，且影响较大，一旦失误，调整和挽救都是十分困难的。同时，零售企业新拟订的推广方案大多是在经验基础上制订的，需要通过测试来检验新选择的方式是否适当、诱因规模是否最佳、信息传递的途径是否有效、创意能否被推广对象所理解以及整个活动有无违反政策法律规定、准备是否充分等。经常运用的检验方法有两种，一种方法是通过邀请部分消费者以评价或打分的形式了解自己所需了解的问题，另一种方法是在有限的地区范围内做试用性的测试并进行前后对比分析，当检验情况良好时，即可将营业推广方案正式实施。

总之，营业推广是企业一项经常性的促销活动，企业不仅要认真选择和有效地运用每一种推广方式，同时还要对每次营业推广活动的实施情况进行跟踪反馈和效果评价，了解每次活动的效果、成功和不足，总结经验和教训，以便把下一次的营业推广活动搞得更好，使自己永远走在竞争的前列。

第三是策略筹划上的组合性。即营业推广促销手段应与广告促销、公关促销、人员促销并举，对顾客产生全方位、立体化的强烈刺激，从而收到事半功倍的效果。

第四是手段操作上的配套性。即实施营业推广促销手段必须伴随优质完善的服务项目和服务措施，因为它是一种“实惠”的短期营销行为，对刺激消费需求能够起到立竿见影的效果。然而，如果企业片面追求暂时的市场份额或销售利润率，急功近利，利用顾客冲动的消费欲望“蒙骗欺诈”，只能失信于顾客，招致消费群体的拒绝与谴责。所以销售服务的制度化、标准化是营业推广达到预期目的的重要保证。

第五是效果评定的节约性。即营业推广促销应根据需求趋势和竞争的特点，在保证社会效益的前提下力求发挥自身资源的优势，以最小的劳动耗费获取最大的经营成果。企业事先应进行筹划预算并仔细研究，确定营业推广的规模、期限，在取得预期效果的同时尽可能节省费用开支。

阅读资料 5

传闻式营销

营销者们对口碑、传闻式营销的兴趣在增长，导致产生许多新概念和想法。以下是几种观点。

雷尼 · 戴伊: 传闻的五个神秘之处

雷尼 · 戴伊（Renee Dye）是麦肯锡公司的战略专家，由他进行的一项研究显示，传闻根据一些基本原则不断演化。戴伊表示，那些试图利用传闻的公司，必须首先克服五个误区。以下是传闻的五个神秘之处:

1. 只有那些古怪的产品才有传闻价值。最不可能的产品，如处方药，可能引起最大的传闻。

2. 传闻是自然发生的。传闻是精明的营销策略的结果，公司对先驱者定额供应，播下传闻的种子，通过社会名流产生传闻，运用杠杆力量，从基础的活动上发起营销。

3. 最好的传闻的始作俑者是你最好的顾客。通常，那些反传统的举动更容易引起传闻。

4. 为了在传闻中获利，你必须首先和迅速行动。只要知道何时该进和何时不该进，即便跟进的公司也可以有收益。

5. 需要利用媒体和广告来引发传闻。如果用得太早或太滥，媒体将会抑制而不是引发传闻。

迈克尔·卡菲基：口碑传播营销的建议

营销作家迈克尔·卡菲基（Michael Cafferky）在“口碑传播营销建议网站”中提供了许多关于如何建立网络介绍资源的建议，现介绍如下五点：

1. 让你的顾客介入制作或传递你产品或服务的过程之中。

2. 征求来自顾客的证明：运用顾客反馈表。询问顾客意见——并且获得同意可以引用这些意见。

3. 对你的顾客讲述真实的故事：故事是传播名声的媒介中心。因为他们是通过感情在沟通。

4. 教育你最好的顾客：你能选出一些与你最好的顾客沟通的主题，使他们获得最新的信息，并成为可信的信息源。

5. 为你的顾客提供最快的抱怨处理：快速回应在防止负面的口头传播方面是重要的。因为关于产品或服务的负面感情可能多年都不会改变。

第五节 公共关系

公共关系和广告、营业推广的基本功能都在于传递信息，都要利用传播媒介和传播技术进行信息沟通。但是公共关系又和其他促销手段不同，它的功能也不仅仅局限于促销。一个企业要与广泛的潜在买主保持信息联系，必须对公众态度进行估量。从公众利益的角度确定本企业的政策和工作程序，并且采取一系列活动去争取公众的理解和认识。20 世纪 70 年代以来，西方许多企业日益重视和使用公共关系。作为促销的重要手段，这是营销观念在企业经营管理中的进一步发展。公共关系不一定都是潜在顾客，有的根本不可能成为本企业的潜在顾客，但是他们作为社会舆论，对于企业的潜在顾客会产生深远的影响。

阅读资料 6

花旗银行与公共关系

在公共关系的做法上，美国花旗银行可谓别具一格，值得借鉴。花旗银行主管国际事务的主任柯普乐维兹认为，花旗应该学会找到更好的赞助渠道，让顾客、政府官员和社会大众更了解花旗的企业文化。于是从 20 世纪 70 年代开始，花旗银行就长期以经费赞助纽约爱乐管弦乐团，在世界各地巡回演出。而纽约爱乐管弦乐团所到之处，不但为花旗建立广泛的亲善关系，同时也为花旗开启业务之门。

不久前，纽约爱乐管弦乐团在祖宾梅塔的率领下，到台北中正纪念堂“国家音乐厅”演出，台湾乐迷在前一晚即彻夜排队等候购票。但是，大多数的乐迷不免失望而返。因为半数以上的入场券都已经被赞助单位花旗银行订走了。花旗银行将票拿来赠送给它的客户、政府官员、民意代表和新闻界，进行了一次极为成功的公共关系活动。

花旗银行的赞助行为和公共关系手法，立刻成为媒体报道的话题，各界纷纷盛赞其热心赞助文化艺术的壮举。其企业形象不但更获肯定，同时也为其定位为“本土化银行”的营运策略及消费金融业务的发展做出了漂亮的一击。

——本案例摘自《事件行销 100》，张永诚著，广州出版社。

一、公共关系的概念及特征

公共关系，是指企业在从事市场营销活动中正确处理企业与社会公众的关系，以便树立企业的良好形象，从而促进产品销售的一种活动。公共关系的基本特征表现在以下几方面。

（一）公共关系是一定的社会组织与相关的社会公众之间的相互关系

这里包括三层含义：其一，公关活动的主体是一定的组织，如企业、机关、团体等；其二，公关活动的对象，既包括企业外部的顾客、竞争者、新闻界、金融界、政府各有关部门及其他社会公众，又包括企业内部职工、股东，这些公关对象构成了企业公关活动的客体，企业与公关对象关系的好坏直接或间接地影响企业的发展；其三，公关活动的媒介是各种信息沟通工具和大众传播渠道。作为公关主体的企业，借此与客体进行联系、沟通、交往。

（二）公共关系的目标是为企业广结良缘，在社会公众中创造良好的企业形象和社会声誉

一个企业的形象和声誉是其无形的财富。良好的形象和声誉是企业富有生命力的表现，也是公关的真正目的之所在。

（三）公共关系的活动以真诚合作、平等互利、共同发展为基本原则

公共关系以一定的利益关系为基础，这就决定了主客双方必须均有诚意，平等互利，并且要协调、兼顾企业利益和公众利益。这样，才能满足双方需求，以维护和发展良好的关系。

（四）公共关系是一种长期活动。公共关系着手于平时努力，着眼于长远打算

公共关系的效果不是急功近利的短期行为所能达到的，需要连续的、有计划的努力。企业要树立良好的社会形象和信誉，不能拘泥于一时一地的得失，而要追求长期的稳定的战略性关系。

（五）公共关系是一种信息沟通，是创造“人和”的艺术

公共关系是企业与其相关的社会公众之间的一种信息交流活动。企业从事公关活动，能沟通企业上下、内外的信息，建立相互间的理解、信任与支持，协调和改善企业的社会关系环境。

二、公共关系的基本原则

（一）公共关系与公众利益

在现实社会中，往往是“好事不出门，坏事传千里”。一个企业要把自己能够为社会提供的贡献传达给社会公众，不是件容易的事。公众往往不仅听企业的宣传，更重视企业的实际行动。如果只有宣传，没有实际行动，企业的社会观感就不会改变。

（二）公共关系与企业声誉

企业声誉是企业最重要的无形财产，公共关系的任务之一就是提高本公司的声誉，公司声誉往往又转换成产品声誉。例如，美国通用机器公司（IBM）的产业在全世界很出名，正是由于这家公司多年出色的经营和服务，已经在公众心目中形成了良好声誉。很多药品（例如同仁堂）之所以著名，正是由于生产这种药品的药厂在医生和病人中已建立起了信誉，所以企业加强公共关系必须与企业的整个销售方案密切配合。

（三）公众关系应该是积极的

企业对待公众关系除了要以实际行动支持以外，还应当持有积极主动的态度，具有预见性。企业如果在公众心目中已经形成不良印象，要再通过公众关系加以扭转就十分困难。因此企业对于可以引起公众不良印象的情况就要有预见，并要通过公众关系进行宣传解释和说明。

（四）公共关系的“公众”对象

企业进行公众关系工作，应该细心地决定自己的“公众”对象。例如，很多企业往往忽略做本企业职工的公共关系工作。实际上，公共关系包括本单位职工在内，企业要听取他们的意见，来改进工作，使职工产生在本企业工作的荣誉感。同时引导他们对社会宣传本企业的优点，形成好的舆论。日本的大企业非常重视这项工作。一般来说，企业公共关系工作的对象应该包括本企业职工、出资人、顾客、供应商、中间商、竞争者、特定公众、金融界、政府有关机构以及其他公众。

三、公共关系的主体——组织

公共关系研究的主体是社会组织，即社会组织如何沟通公众关系，如何树立良好形象的问题。

组织，是指人们有计划、有目的、有系统地建立起来的一种社会机构。在这个机构内部，有领导人、有组织目标、有一整套的工作制度，成员之间有明确的分工和各自的职责范围。

四、公共关系的客体——公众

公众，是指与特定的公共关系主体相互联系、相互影响、相互作用的个人、群体或组织的总和。

公众的一般特征：广泛性与整体性、相关性与共同性、多样性与多维性、确定性与变化性。公众的广泛性是指社会生活中的一切组织、群体和个人，只要与社会某个组织发生联系，存在利益关系，产生相互作用，就成为群体环境中的一个公众。整体性是指公众不是一个单一的群体，而是与某一组织运行有关的群体环境。相关性是指社会中群体和个人只有同某一社会组织发生联系时，才成为该组织的公众。共同性是指同类型的公众都面临共同的问题。多维性是指任何公众群体都有法人群体、任务群体、角色群体三个层次，而这三个层次的公众又是相互交叉的，由此构成一个多维公众系统。确定性是指组织所面临的公众当中，总有一部分是相对稳定的，具有确定性。

五、公共关系手段——传播

传播，指的是个人、组织、社会之间信息的传递、收受、交流、分享与双向沟通的过程。公共关系传播，是指社会组织利用各种传播媒介、有计划地与公众进行信息交流和情感沟通的活动。公共关系传播的功能是传递信息，影响和改变公众态度，引发公众行为（各传播媒介的优点如表 8-4 所示）。

表 8-4　几种传播媒介的优缺点

		优点	缺点
印刷媒介	报纸	便于选择、保存、内容深入、经济实惠	受文化水平限制、及时性不够
	杂志	专业性强、内容价值高、感染力较强	对受众文化水平要求较高、出版周期较长
	书籍	内容有深度、传播信息持久	周期太长、普及率低
电子媒介	电视	感染力强、及时性强、受众面广	内容深度不够、不便选择、不便保存
	广播	及时性机动性强、普及率高	形象性缺、不便保存
	电影	震撼力、感染力	制作成本高、复杂、周期长、不便普及
	录像		缺乏深度、受众有限

公共关系沟通，指的是社会组织与公众之间在双向或多向传播之后双方互相理解、相互影响、共同合作的互动过程。公共关系沟通的内容包括：信息、意见、情感。

阅读资料 7

士兵是最好的“广告员”

海湾战争虽已结束，但是美国商界利用海湾战争做广告，把商战推向战场的历历往事，至今还令那些死里逃生的美国兵记忆犹新。

每天清晨，士兵们都会等待地平线上扬起尘土。一列列卡车将给他们运来最需要的给养品：可口可乐和百事可乐。

卡车还没停稳，美国士兵就排起了长队。

他们在冰冻的可口可乐上看见了这样的广告：“挡不住的诱惑！”

这不是插进电视节目的一个广告，而是沙特阿拉伯沙漠中每天的现实。

可口可乐公司发言人在谈及从美国国内向沙漠无偿供应可乐的行动时说：“帮助一个出门在外的人，就获得一个终身的朋友。这毫无疑问对每个企业都有好处。”

海湾战争前，有数以千计的美国公司发现，“沙漠盾牌”行动是产品宣传的好机会。

威尔登体育用品公司向沙漠中的部队提供了100根高尔夫球杆和1000个高尔夫球。

为了不让士兵穿着没有打过油的皮鞋进行战斗，一家公司捐赠了一箱一箱的鞋油。

另外，还有公司向士兵们赠送了1万副纸牌、1000只飞碟、2万箱无酒精啤酒和10万副太阳镜。

在海湾战争那几周里，任何人在电视上出现的次数都比不上美国士兵多。

美国的电视台日夜在报道“我们在海湾的小伙”，世界各地的电视台也整天在播放海湾战争的新闻。人们看见美国士兵们拿着可乐、罐头、万宝路香烟和索尼牌小收放机。

那段时间士兵们成了世界上最好的“广告员”。

点评：出资做战争广告，已被证明对每家参与的企业都是值得的。在许多人看来是难以想象的事情，美国营销专家却认为是一次千载难逢的广告良机。

六、公共关系目的——塑造组织形象

组织形象，是指社会的总体表现与特征及它们在社会公众心目中的反映和评价。

（一）组织形象的基本指标

1．知名度。是指一个组织被公众知晓、了解的程度，社会影响的广度和深度。它是评价组织“名气”大小的尺度。

2．美誉度。是指一个组织获得公众信任、赞美及社会影响好、坏的程度，是评价组织社会影响好、坏程度的指标。

良好的组织形象应该是知名度和美誉度都很高，也就是名气要大，名声要好。

（二）组织形象的分类

1．组织的期望形象

组织期望在公众心目中所树立的社会形象是组织期望形象，它是一个社会组织的公共关系工作的内在动力和基本方向；是一个阶段的奋斗目标和另一个阶段的工作起点；是对照检查实际工作和寻找形象差距的重要依据。社会组织的期望应该建立在广泛的公关调查的基础上，量力而行、实事求是地设计出来。

2．组织实际形象

组织实际形象是组织在实施工作计划后到达的形象，它有时候和组织形象重叠，有时候又有一段差距；它有时候和公众感觉的形象相吻合，有时候又相偏离。

3. 公众感觉形象

公众感觉形象是为公众所普遍认同的形象，一般是通过形象调查所得知，只有了解了社会各类公众对自己组织的反映和评价才能有的放矢地开展形象塑造工程。

（三）组织形象的定位

一个组织在建立之前是没有形象可言的，所以工作的第一步就是给组织形象定位。现代社会是一个差异化、个性化的时代，社会组织的发展关键是对应公众和市场创建自己的特色和张扬自己的个性。组织形象定位就是社会组织在公众心目中确定自身形象的特定位置。通俗地说，就是某个组织及其产品在同行、同类中以什么特色闻名。

组织的定位应该是相对稳定的，但是，随着时空条件变化，组织形象的策划和定位也应具有应变性，以适应新形势、新环境下的组织的生存和发展。

（四）组织形象塑造的模式

1. 宣传型公关模式

宣传型公关模式是利用各种传播媒介将组织的有关信息迅速传播给内外公众，以形成有利的社会舆论，树立良好的组织的公关活动模式。

宣传型公关模式的主要手段是利用各种传播媒介和交流方式。主要特点是：主导性强、时效性强、传播面广、推广组织形象效果快。应坚持双向沟通原则，注意收集信息反馈，沟通内外观众；应坚持真实性原则，决不能出现浮夸不实之词。

2. 交际型公关模式

交际型公关模式是以人际交往的方式，通过人和人的直接接触，为组织广结良缘，建立广泛的社会关系网络，其方式包括社团交际和个人交际。社团交际包括各式各样的招待会、座谈会等；个人交际有交谈拜访、电话沟通等。其特点是形式灵活、沟通直接、亲切自然、富有人情味。

3. 公益型公关模式

公益型公关模式是组织通过举办各种社会性、文化性、赞助性活动来塑造组织形象的模式。

其活动方式主要有三种：一是以资助社会文化事业为中心开展的公共关系活动，如文化节等；二是以资助社会福利、教育事业为中心开展的公共关系活动，如资助公共服务设施的建设等；三是资助大众媒介举办各种活动，提高组织的知名度，如冠以组织或产品名称的“××杯”比赛等。

公益型公共关系往往不会带给组织直接的经济利益，但它可为组织树立良好的形象，使公众对组织产生好感，为组织创造优化的生存发展环境。

4. 服务型公关模式

服务型公共关系是一种以提供优质服务为主要手段的公共关系活动模式。其活动形式有很多，如指导顾客消费、提供便民措施、完善售后服务等。

5. 征询型公关模式

征询型公关模式是以采集社会信息为主的公共关系模式。其活动形式主要有：开展社会咨询、民意测验、询问重要公众、建立信访制度、设立监督电话、处理举报和投诉、分析新闻舆论、举办信息交流会等。征询型公关模式的特点是：长期性、复杂性、艰巨性。

七、公关专题活动

1．庆典活动：开业庆典、周年纪念庆典、剪彩仪式。

2．记者招待会。又叫新闻发布会，是政府、企业、社会团体等把各新闻机构的记者召集在一起，宣布某一有关消息并让记者就此问题进行提问，然后又召集记者回答的一种特殊会议。

3．展览会，通过实物、文字、图表来展览成果、风貌、特征的宣传形式。

4．社会赞助活动。

5．开放参观。提供组织与公众直接沟通的机会，提高组织的透明度，消除公众对组织的误解或疑虑。

主要概念

促销　推式策略　拉式策略　人员推销　营业推广　公共关系

思考与练习

1．人员推销决策包括哪些内容？

2．一名合格的推销人员应具备哪些条件？

3．如何接近顾客？

4．广告的特征、功能及分类有哪些？

5．企业在选择媒体时应该考虑哪些因素？

6．简述“推式策略”与“拉式策略”的特点及适应的情况。

7．企业公共关系有哪些作用？

8．人员推销与非人员推销相比，其优点表现在哪些方面？

9．简述营业推广的类型及每类的具体形式。

实践与技能

【案例分析】

金六福：中国人的福酒

五粮液集团有限公司的前身是宜宾五粮液酒厂，1998 年经过公司制改造成为集团有限公司。它是以五粮液系列酒生产为主业，涵盖塑胶加工、模具制造、印务、药业、果酒、电子器材、运输、外贸等多元化经营的特大型企业集团。集团公司占地 7 平方公里，现有职工 2.3 万人。2003 年实现销售收入 121.04 亿元。1999 年，五粮液集团和湖南新华联集团强强联合，推出了国内著名白酒品牌——金六福。该品牌的主打产品为金六福系列和福星系列。几年来，金六福酒以整合营销传播为理念，在竞争激烈的白酒业界创造了优秀的销售业绩。

一、金六福的品牌命名

从品牌名称可以看出，金六福的品牌核心价值围绕着我国传统的民族特色——“福”。金六福三字中，“金”代表富贵和地位；“六”为六六大顺；“福”为福气多多。金六福酒质的香、醇、浓、甜、绵、净与人们向往的六福——寿、富、康、德、和、孝有机地融合在一起。这一命名既突现出品牌的“福文化”，又与中国人追求吉祥富贵的心理紧密地联系起来。尤其是在喜欢讨个“口彩”的中国人心里，金六福成为喜庆时刻的首选品牌之一。

二、金六福的产品策略

金六福在我国首创了白酒产品星级分级方式，明确了产品档次的区分标准。这是在白酒产品分级方式上的创举，并很快为市场上的其他白酒品牌所仿效。

2002 年下半年，金六福“为城市干杯”系列产品推出市场。在金六福酒的根据地湖南，一种被称为“为湖南干杯”的金六福酒在市面上出现。金六福“为湖南干杯”系列产品一改白酒大品牌、大包装的传统做法，旗下六个产品品种分别体现张家界、爱晚亭、南岳、岳阳楼、岳麓书院等文化主题，采取了有针对性的不同的包装设计；并利用文字和图案对上述代表湖南地方文化特征的要素进行了描述和表现。金六福“为湖南干杯”系列酒是根据当地口感酿制，在包装上又体现了目标消费者所熟悉的风土人物历史，具有很强的亲和力和文化底蕴，所以上市以后，很快获得了消费者的认同。随后不久，金六福“为湖北干杯”、“为河南干杯”、“特供江苏”、“为山东干杯”等产品也相继上市。

三、金六福的宣传策略

“好日子离不开它，金六福酒”，提起金六福，恐怕很多人首先联想起的就是这个脆亮的童音广告口号。依靠“开门见福”的概念符号和具有冲击力的广告口号，金六福的名声迅速红遍大江南北。

以“中国人的福酒”为定位的金六福酒一直希望寻找到一个合适的宣传主题，最终它选择以“体育营销”为主打策略。金六福的对外宣传与一系列的体育事件联系在一起：2001—2004 年中国奥委会合作伙伴、第 28 届奥运会中国代表团唯一庆功白酒、第 21 届世界大学生运动会中国代表团唯一庆功白酒、第 14 届亚运会中国代表团唯一庆功白酒、第 19 届冬季奥运会中国代表团唯一庆功白酒、中国足球队进入 2002 年世界杯出线惟一庆功酒、世界杯出线珍藏酒及 19 届冬奥会珍藏酒等。申奥成功，国足出线，进入新世纪的中国好运连连，相应的金六福的宣传策略也出台了。2001 年 7 月 13 日，北京申奥成功。金六福作为“中国奥运惟一庆功酒”这一赞助的价值顿时放大。在庆祝申奥成功的广告片中，金六福采用了时钟这个表现时间最直接的元素，各种各样的时钟不停运动，最后都定格在 7 月 13 日这一天。创意非常地单纯和直接，表现了“永远铭记这一天”的祝贺含义。在庆祝国足世界杯出线的广告片中，金六福采用象征手法，表现了从 1957 年到 2001 年国足 44 年的努力。

金六福的副品牌叫“福星”，福星酒以“喝福星酒，运气就是这么好！”为宣传主题，与主品牌金六福“中国人的福酒”这一概念可谓一脉相承。福星的广告《井盖篇》将“运气就是这么好”的创意发挥得淋漓尽致。广告以下列几个画面展开：都市中高楼林立的街道；由里向外的主观镜头：井盖被推开；俯视：井盖空着，就像一个黑黑的陷阱；一个西服翩翩的男性白领边打手机，边从一座五星级的宾馆里走出来；画外音：OK！（脚步声）；画面：男子一边走一边继续打手机；画外音：OK！（脚步声）；画面：前面就是没有井盖的下水口了，男子仍打着手机；画外音：OK！（脚步声）；画面：对即将到来的危险一无所知，就在男子的一只脚踏向空洞洞的井口时，突然一个带着头盔的脑袋冒了上来，正好顶住了男子踏空的一只脚；画外音：OK！（脚步声）；画面：男子安然无恙地继续前行；男子和二三好友一起品尝福星酒；画外音：喝福星酒，运气就是这么好！品牌标版：金六福，中国人的福酒。

当中国足球队在 2001 年冲击世界杯的十强赛中胜利出线，主教练米卢一时间成了拯救中国足球的英雄，更有很多人将米卢誉为“中国足球的大福星”，米卢的人物形象和福星品牌“运气就是这么好”的定位不谋而合。终于，金六福费尽心思请来米卢拍摄他在中国的第一个广告。

广告中米卢说：“喝福星酒，运气就是这么好！”这个广告的效果可想而知。

从2004年6月开始，消费者发现，金六福在中央电视台以及黄金地段的户外广告已经换上了新装：“奥运福 · 金六福”。伴随着雅典奥运火炬来到北京，金六福借奥运东风推出了新一轮整合营销传播。金六福通过大量的电视、路牌广告，围绕金六福一贯的“福文化”理念，使“奥运福 · 金六福”这一口号深入人心；同时，销售队伍的战术推广也以“奥运福 · 金六福”为核心，将“福文化”的理念以具体的促销手段、公关活动和消费者形成互动。

思考题：

1. 金六福采取了哪些举措，从哪些方面体现“中国人的福酒”这一形象定位？
2. 请你以“奥运福 · 金六福”为主题，为金六福酒设计一个广告构思，并阐述为什么提出这样的构思。

【技能题】

如果你是一家大型知名服饰企业的促销主管，针对不同消费者群体的服装，如童装、青少年装、女装（成人）、男装（成人）、休闲装、运动装将选择何种促销方式，根据何在，是否有其他成功的实例？

第九章　营销模式创新

学习目标

营销模式创新其实质是现代市场营销思想的发展、延伸。通过本章学习，要求学生熟悉直复营销、网络营销、关系营销、概念营销、事件营销的概念、特征。掌握网络营销、关系营销的营销策略；了解概念营销的传播过程，事件营销的优势及运用事件营销应注意的问题。

案例导入

美国加利福尼亚阿尔托地区的 UNB&T 银行信托公司始建于 1980 年，10 年后，它的储蓄存款已达 2 亿美元，它的年盈利增长连年大大超过同类银行。是什么使这个银行信托公司独树一帜，在众多的同行中取得如此巨大成功？它的成功，得益于公司与顾客间的关系。公司成立之初，他们就注重寻找关系顾客而不是普通顾客，坚持建立所有关系客户的清单作为发展关系的基础，并把这些关系建立在公司多种承诺的基础之上。

在该公司，个人化的服务是主要的。在公司的每间办公室，都有贷款职员和存款的职员分管商业客户和信托客户。顾客所能接触到的员工，包括出纳员，在提供服务的时候，都要能叫出顾客的名字，参观银行时，关系顾客能得到免费皮鞋增亮剂，可用成本价购买邮票，并能使用附加的设备和钢笔。每年六月，银行为它的关系顾客订购甜洋葱。1989 年，银行向它的关系顾客分发了 1,7400 磅洋葱。另外，每一年，关系客户都会收到一本漂亮的画册，用以表示银行对老主顾的感激之情。画册中有这样的字样:

“周年快乐！”

我们非常感谢您过去一年的合作，我们的目标是提供一种与众不同的银行服务，我们希望已经为您做到了这一点，我们非常高兴这几年来能与您合作。

最诚挚的祝福!

总裁　　　卡尔·施密特

总经理部　赫尔特·弗斯特

（资料来源：李海洋等编著《服务营销》）

案例分析：

显而易见，它不是一般意义的市场营销，而是买卖双方之间创造更亲密工作关系与相互依赖关系的艺术。它是关系营销，是近几年来为解决市场营销实践活动中出现的新情况、新问题而产生的新的营销模式，是对旧的市场营销模式的发展与创新。目前，影响较大的创新的营销模式包括直复营销、关系营销、概念营销、事件营销。

第一节　直复营销

直复营销是 20 世纪 80 年代以来一个引人注目的概念，直复市场营销几乎适合于所有企业，适合于所有产品和服务，并且投资少、见效快、效果佳，企业既可以把直复市场营销作为主要业务，也可将之作为辅助手段，使企业营销锦上添花。

一、直复营销概述

（一）直复营销的定义

直复营销源于英文词汇 direct marketing，即"直接回应的营销"。直复营销是以赢利为目的，通过个性化的沟通媒介或沟通方式向目标市场成员发布产品信息，以寻求对方直接回应（问讯或订购）的社会管理过程。

要准确了解直复营销，必须了解直复营销以下七个方面的基本含义。

1. 直复营销是一个销售系统

这个销售系统是一个相互联系、相互影响、相互作用的体系，其目的是成功地将产品及其所有权由生产者转移到消费者手中，成为实际消费的对象。

2. 直复营销既是一种信息营销，又是一个互动的体系

直复营销者与目标顾客之间是以"双向交流"的方式传递信息，而不是单向传播。营销者通过某个（或几个）特定的媒介（电视、广播、电话、因特网、目录、印刷媒介等）向目标顾客或准顾客传递产品或服务信息，顾客通过邮件、电话、在线等方式对企业的发盘进行回应，订购企业发盘中提供的产品或服务，或者要求提供进一步的信息。

3. 直复营销使得直复营销人员有可能获得顾客的回应

顾客可以通过如电话、电子网络、邮件等多种方式将自己的反映回复给直复营销人员，直复营销人员据此提供产品或服务，总结营销中成功的经验和失败的教训，提高营销水平和成效。

4. 直复营销的双向交流不受时空限制

只要有一种能有效联系直复营销人员和顾客的方式，那么，无论双方在空间上相距多远，无论购买活动在时间上发生与否，双向的信息交流都能顺利进行。

5. 直复营销的一切活动效果都是可以测定的

在直复营销活动中，某一媒体使顾客产生的直接反应是很容易确定的，即能确切地知道产生回复的顾客的比率，知道回复的内容是什么，可以分多少种类，并可以对回复的信息进行分析、分类和储存。正因为如此，直复营销能带来营销工作的高效率。

6. 直复营销强调与顾客建立长远关系

直复营销强调营销人员与顾客的关系并不因一次交易的终止而终止，而是要继续延续下去。直复营销人员将通过目标顾客的反应得到的信息，与这个目标顾客原来的一些相关信息一起存入数据库，作为直复营销人员下次活动的依据。直复营销人员分析目标顾客的有关数据，根据这些数据为下次直复营销活动制定计划和营销策略，并且与每位顾客联系之后还要重新修订这个顾客的有关数据。因此，可以说直复营销是着眼于长远而非眼前的目标。

7. 直复营销不等同于直接销售

有的学者把直复营销称为直接销售，其实他们之间是不能等同的。直接销售也称面对面的销售，是指销售方派出许多销售代表，直接和顾客达成交易的方式。其采用的主要方法是挨户访问销售和家庭销售会。当然，有相当一部分学者倾向于把直接营销与直复营销一同归属于无店铺销售，也有学者认为如果稍稍放宽时空上的要求，并从信息传播者的角度来定义销售代表的话，直接销售应列为直复营销的一种。但无论如何，将直复营销与直接销售画上等号是错误的。

（二）直复营销的特征

直复营销的特征主要包括以下几点。

1. 直复营销的指导思想是一种新型的市场营销观念

直复营销的指导思想是坚持以消费者需要为导向，强调以比竞争者更有效的方式传递目标市场所期待的产品与服务，以满足消费者的各种需要。

2. 直复营销的个性化

直复营销活动具有很强的目标指向性，即针对顾客个人的需要提出特殊的产品营销方案，再加上电脑技术的应用，可以在广告信函的信息中发表具有个性化的信息，以“投其所好”。顾客的回应也是个性化的，以一对一为基础互动，使企业能够针对不同顾客个性的差异，采取不同的策略，以此来增强营销活动的人情味，建立起彼此间的良好关系。

3. 营销对象是明确的

直复营销的对象就是具体的个人、家庭或企业，因此可以衡量，可以掌握，可以预测其规模和可能获得的利润。利用仔细挑选出来的顾客名单以及数据库中的一些信息，直复营销人员就能将其中有可能成为自己顾客的人作为目标顾客，然后与单个目标顾客或特定商业用户进行直接的信息交流。这种做法可以大大减少传统营销由于目标顾客不精确而造成的浪费。

4. 没有中间环节

由于直复营销是一种顾客与企业互动式营销方式，目标顾客对企业发盘的回应是直接的，其订购产品一般也是通过直接渠道传递的。所以，直复营销没有中间环节，即直复营销企业与最终顾客之间的分销渠道层级为零。对于有些直复营销者，出于效率或资源限制等方面因素的考虑，可能会将直复营销活动中的某些商业功能外部化。例如，商品配送通过专门的配送公司进行，或者与其他直复营销公司间建立联合制的配送体制，这时出现了有限的中间环节，但是，其特征和功能都与传统的分销渠道有所不同。

5. 营销效果是具体可测的

直复营销要求对企业发盘做出立即的回应，企业根据回应信息进行营销，因此，可以对营销成本、收入、利润进行比较精确的衡量。

阅读资料

直复营销起源于美国。据统计，1990 年，大约有 9860 万美国人有过家中购物行为：直复营销的销售额 1989 年为 2000 亿美元。

直复营销各种形式的发展不太平衡。其中，直接邮购业务发展最快，是最主要的形式。1990 年美国直接邮购的广告费用已达 230 亿美元，约占当时广告费用的 18%。直复营销的其他形式也显示了很好的发展势头。近年来，美国直复营销人员每年要发行大约 10000 种商品目录，140 亿张目录卡，美国人均年收到目录卡（册）50 多个。大约每年有近 1 亿美国人用目录购货方式购买商品一次以上。另外，1990 年，直复营销通过杂志做广告的费用也达到 5.3 亿美元。通过报纸做广告的费用也达到 3690 万美元。同样，电视营销、电话营销也都获得了引人注目的发展。

直复营销不仅在美国发展得很快，而且在其他发达国家，如西欧，日本等国也获得了迅猛的发展。直复营销成为 90 年代全球化市场营销的新趋势。

6. 媒体选择具有弹性

直复营销在媒体选择上，特别是对直接邮件的广告设计是非常具有弹性的，不管是广告的大小、颜色、格式，还是邮寄时间都可以根据直复营销人员的需要加以弹性处理。

7. 付费媒体是促销信息的传递手段，但媒体选择更具针对性

直复营销是通过付费媒体传递商品或劳务信息，但媒体选择是针对该媒体受众的特点，所选择的媒体往往是具有某个特定共同特征的高度细分的市场，甚至直接根据目标顾客的特性，比如姓名、地址、电话号码、电子邮件密码等，采取相宜的媒体进行有针对性的信息传递。

8. 广泛的适用性

直复营销对于各种规模的企业都适用。对于实力雄厚的大企业，直复营销是其增加竞争优势的利器；对于资源有限的小企业，则是其到达目标市场，实现销售的良好渠道。

9. 信息收集、促销与销售合二为一

直复营销不管采取何种促销工具，这些工具都是有针对性地传递服务信息、具有促进销售及实现销售的功能，并且通过信息反馈而掌握大量的市场营销资料。这里，市场调查与广告、销售促进、人员销售三大促销工具紧密地结合起来，使得虽然相关但却是相互分离的功能，在直复营销上得到了完全的统一，形成真正意义上的整体营销。

10. 营销手段的隐秘性

直复营销以“一对一”为基础，通过互联网、直邮、电话、目录等手段，在竞争对手不知晓的情况下进行，具有一定的隐蔽性。当竞争对手可能获知本企业直复营销战略时，本企业可能已经占领了市场，获得了销售。正是这种隐秘性，对于实现某种新的营销策略十分有效，免得营销策略在实验阶段就被对手察觉，引来对手的攻击。

当然，直复营销还有其他特征，如强调和顾客建立长期的合作关系、营销对象的明确性、可信度等问题，但主要特征不外乎以上十个方面。

通过对直复营销以上特征的分析，可以看出直复营销与传统市场营销的区别（如表 9-1 所示）。

表 9-1　直复营销与传统市场营销的区别

	直复营销	传统市场营销
目标时常	以单个顾客为单位进行推销、细分顾客的基础是顾客的名字、 住址及购买习惯	以目标顾客群为单位进行推销细分目标顾客群的基础是人口因素、心理因素等
决策信息	决策所需的资料不全	决策所需要的资料很全面
产品与生产	向每一位特定顾客提供“特殊”产品，实行定制化生产	向顾客提供标准化产品，实行大规模、标准化生产
媒体选择	主要利用针对性很强的媒体	利用大众媒体
广告	广告的目的是让消费者立即订货或查询	广告目的在于树立企业形象、引起顾客兴趣、使顾客建立对品牌的忠诚等，顾客接受广告和采取购买行为之间有一段时间间隔
促销	促销手段具有隐蔽性	促销手段比较公开
交流方式	双向信息交流，建立起个别的、长远的客户关系	单向信息传播建立一种普遍的客户关系
分销	通过媒体直接销售，产品具有送货上门服务带来的附加价值	通过流通渠道进行大规模分销，不具有送货上门的优点
竞争实质	分享顾客，以留住顾客为竞争重心	分享市场，以吸引顾客为竞争重心
营销控制	在产品被送到消费者手中的整个过程中，营销人员都能对产品实施很好的控制	产品一旦进入分销渠道，营销人员就无法对其控制
信任度	顾客感到受骗的可能性大，因产品无法看见	顾客感到受骗的可能性很小，因与产品的联系很直接

（三）直复营销的主要方式

1. 网络营销

网络营销是以电脑为载体，以互联网为媒体，向用户介绍上网商品并达到其销售目的的一种新型现代化的营销方式，它是直复营销中电子购物的一种典型形式。

2. 数据库营销

数据库营销是一种交互式“营销方式”，它运用个性化营销媒体和渠道（如邮件、电话、销售队伍），建立个体顾客订购和询问方面的记录和数据库，来分析产品或服务，以更有效地满足顾客需要。

3. 直邮营销

直邮营销是直接邮件营销的简称，包括直接邮购和目录营销。营销者用邮寄的方式，直接向消费者投寄直接邮件广告和（或）产品目录，以此宣传产品和企业，并达到刺激消费者立即用信笺、电话或传真方式订购产品或劳务，或立即向直邮公司咨询的目的。

4. 电话营销

电话营销是指直复营销人员用电话直接向消费者销售产品的营销形式。

5. 电视营销

电视营销是指直复营销人员利用电视这一媒体直接向顾客销售其产品或服务的营销形式。在直复营销中，电视正在成为一个日益重要的媒体。电视营销是通过直接回应广告或通过设置专门的家庭购物频道，来推销产品及服务。

6. 其他媒体营销

近年来，直复营销不仅规模在迅速扩大，而且手段和媒体也呈多样化的发展趋势，如电子购物、电话亭购物、上门直销、门到门直销。

阅读资料 2

中国直复市场营销前景看好

中国自 20 世纪 80 年代初就开始出现邮购、目录购货、电话营销和电视商场等直复营销形式，但发展速度不快。近年来，电话营销和电视商场有了一定的发展。那么，直复营销在中国是否有一个较好的发展前景呢？回答是肯定的。

第一，流通费用加大迫使生产商采取直复营销方式。

社会化的流通取代了简单直销形式应当说是一个历史的进步，它使大规模生产有了可能。但现代社会似乎又走向了另一个极端，那就是流通环节的费用日益加大，有些商品流通费用超过了零售价的 50%，由此产生了许多抱怨，消费者抱怨价格太高，难以承担；生产商抱怨让利太多、难以为继。为了解决这一矛盾，生产商开始尝试采取直复营销形式，随着现代科技的发展，直复营销形式既可以实现大规模销售，又可以保证在价格上让生产商和消费者都能接受。

第二，消费者生活节奏加快且日益重视休闲。

我国消费者的就业比重较高，随着市场经济的深入发展，人们的生活节奏越来越快，无暇去商场购物，希望能实现在家中购物，另外，随着生活质量的提高，消费者更加重视休闲，也不愿意花费更多时间在购物上。而直复市场营销恰恰就是能节省消费者购物时间的服务。

第三，产品品牌的差异性与同质性趋强。

随着市场竞争的日益激烈，产品品牌影响向两个方向变化。一种是产品品牌知名度越来越大，成为畅销商品或名牌商品。这些商品凭着高品质和厂家良好的信誉在消费者心中产生了广泛的影响，消费者愿意通过邮购或电话营销的形式购买。还有一些产品虽然不是名牌产品，但是新产品，且功能独特，消费者也愿意采取直复营销形式购买。另一种趋势是产品同质性增强。一些产品特别是家庭日用品随着竞争的加剧，日益伦为平价商品，越便宜卖得越好，品牌也变得不太重要了，消费者购买该商品当然希望越便宜越好，完全可以通过直复营销形式购买。

第四，媒体的现代化。

电视在我国消费者家庭中已得到广泛普及，电话也逐步进入我国的城乡家庭中，我国的邮电、交通事业近年来也有了较大的发展。媒体的现代化为直复营销在我国的快速发展提供了前提与可能。

创造条件　促进发展

直复市场营销在中国的发展尚有一定障碍，只有解决这些问题，才能保证其顺利发展。

第一，加快直复营销立法，保护消费者权益。

不可否认，在直复营销发展初期，一些不法之徒，利用该方式进行买空卖空，或出售一些看不到实物的商品及劳务，使得消费者蒙受不同程度的损失。这也是消费者不愿以直复营销形式购物的一个重要原因。世界上许多国家都制定了专门的《直销法》，主要内容是规范直复营销公司和直复营销人员的行为，并保护消费者权益。我国虽有《消费者权益保护法》，但还不够，因为直复营销行为具有一定隐蔽性，出了问题也不易查找，制定一个专门法规势在必行。

第二，加强电脑的普及与运用。

电脑的普及与运用直接影响到直复营销发展。在直复营销过程中，围绕顾客要建一个大的数据库，这个数据库的储存与统计要靠计算机来完成。另外，计算机普及后，在计算机网络上还可实现商品销售。

第三，信用卡与签账卡系统广泛运用。

直复营销的发展要以消费者和直复营销人员都能便捷、安全地付款和收款为前提。信用卡与签账卡系统能使“先享受、后付款”的消费方式更加普及，也会使消费者有更安全、更可靠的感受。

二、网络营销

在世界经济多极化、区域化、一体化和国际贸易自由化的今天，任何公司想在激烈竞争的市场中形成并保持其竞争优势，都不得不加入Internet。而随着网络技术和电子商务的发展，其对传统的企业的组织形式、管理模式、经营方式和营销观念等都提出了有力的挑战。虽然在网络中有许多不确定的因素，但是企业界与学界都承认网络营销将会是未来网络经济中最具潜力、更有广泛适用性的发展方向。

（一）网络营销有关概念

1. 网络营销概念

市场营销作为一门学科，于20世纪初诞生于美国，它经历了以生产为导向的营销观念、以产品为导向的营销观念、推销观念、以市场为导向的营销观念以及社会营销观念等五个阶段。近年来，营销理论又有了较大的发展，这主要表现在随着互联网的普及，使得市场营销环境有了根本性的改变，从而对市场营销策略和理念产生了巨大的冲击。作为一种全新的信息沟通与产品销售渠道，互联网改变了企业所面对的用户和消费者、虚拟市场的空间以及竞争对手，企业将在一个全新的营销环境下生存。菲利普·科特勒将营销定义为“个人和集体通过创造、提供并同他人交换产品价值，以获得其所需所欲物的一种社会和管理过程”。也就是说，营销是以满足人类各种需要和欲望为目的，通过市场变潜在交换为现实交换的活动总称。而网络营销（Cybermarketing）是指借助于互联网络、电脑通信技术和数字交互式媒体来实现营销目标的一种营销方式。从这两个定义来看，网络营销与传统的市场营销并没有根本的区别，它们都要实现其营销的目标，即将潜在的交换转化为现实的交换。

2. 网络市场调研

市场调研是指以科学的方法，系统地、有目的地收集、整理、分析和研究所有与市场有关的信息，特别是有关消费者的需求、购买动机和购买行为等方面的市场信息，从而提出解决问题的建议，以此作为营销决策的基础。传统的市场调研一方面要投入大量的人力物力，如果调研面较小，则不足以全面掌握市场信息，而调研面较大，则时间周期长，调研费用大；另一方面，在传统的市场调研中，被调查者始终处于被动地位，企业不可能针对不同的消费者提供不同的调查问卷，而针对企业的调查，消费者一般也不予以反应和回复。

与传统的市场调研相比，网络市场调研虽然也存在这样那样的问题，但其优势也是非常突出的，主要表现在以下几个方面：一是它的互动性，这种互动不仅表现在消费者对现有产品的发表意见和建议，更表现在消费者对尚处于概念阶段产品的参与，这种参与将能够使企业更好地了解市场的需求，而且可以洞察市场的潜在需求；二是网络调研的及时性，网络的传输速度快，一方面调研的信息传递到用户的速度加快，另一方面用户向调研者的信息传递速度也加快了，这就保证了市场调研的及时性；三是网络调研的便捷性和经济性，无论是对调查者还是被调查者，网络调查其便捷性都是非常明显的。调研者只要在其站点上发布调查问卷，而且在整个调查过程中，调研者还可以对问卷进行及时修改和补充，而被调查者只要有一台计算机、一个 MODEM、一部电话就可以快速方便地反馈其意见。同时，对于反馈的数据，调查者也可以快速便捷地进行整理和分析，因为反馈的数据可以直接形成数据库。这种方便性和快捷性大大地降低了市场调研的人力和物力耗费。

3. 4C 与网络整合营销

传统的市场营销策略是由迈卡锡教授提出的 4P 组合，即产品（Product）、价格（Price）、渠道（Place）和促进（Promotion）。这种理论的出发点是企业的利润，而没有将顾客的需求放到与企业的利润同等重要的地位上来。而网络的互动性使得顾客能够真正参与整个营销过程，而且其参与的主动性和选择的主动性都得到加强。这就决定了网络营销首先要把顾客整合到整个营销过程中来，从他们的需求出发开始整个营销过程。据此，以舒尔兹教授为首的一批营销学者提出了 4C 的市场营销理论，即消费者的需求和欲望（Consumer's wants and needs）、成本（Cost）、便利（Convenience）和沟通（Communication）。因此网络营销的模式是从消费者的需求出发，营销决策（4P）是在满足 4C 的要求的前提下的企业利润最大化，最终实现的是消费者需求的满足和企业利润最大化。在这种新营销模式之下，企业和客户之间的关系变得非常紧密，甚至牢不可破，这就形成了“一对一”的营销关系（One-to-one-Marketing），这种营销框架称为网络整合营销，它始终体现了以客户为出发点及企业和客户不断交互的特点。

4. 网络直复营销

仅从销售的角度来看，网络营销是一种直复营销。直复营销的“直”来自英文的“Direct”，即直接的缩写，是指不通过中间分销渠道而直接通过媒体连接企业和消费者，网上销售产品时顾客可通过网络直接向企业下订单付款；直复营销中的“复”来自英文中的“Response”，即“回复”的缩写，是指企业与顾客之间的交互，顾客对这种营销努力有一个明确的回复，企业可以统计到这种明确回复的数据，由此可对以往的营销效果做出评价。

5. MIS

市场营销的 MIS（Management Information System）是企业或组织整体 MIS 的一部分。MIS 是一个信息系统，它通过程式化的程序从各种相关的资源（包括公司外部和内部）收集相应的信息，为经理们提供各层次的功能，以使得他们能够对自己所应该负责的各种计划、监测和控制活动等做出及时、有效的决策。这表明 MIS 的本质是一个关于内部和外部信息的数据库，这个数据库可以帮助经理们做分析、决策、计划和设定控制目标。因此重点是如何使用这些信息，而不是如何形成这些信息。

最有效的 MIS 能够反应随着时间的推移和内部程序的改变，外部的变量如何改变，也就是说，时间和内部变量是否会对外部的变量产生影响。这就建立了一个强大而且有效的知识库，它可以帮助进行预测。虽然建立和维护 MIS 是非常耗时和昂贵的，但是与其带来的潜在利益和对决策准确性的提高相比，对一个组织来说这还是值得的。Internet 为建立和维护 MIS 提供了一个理想的工具，而 MIS 也是网络营销中的一个重要的内容。

6. 网上服务工具（FAQ）

FAQ（Frequently Asked Questions）是网上顾客服务的重要内容之一，它为顾客提供有关公司产品与服务等方面的信息。面对众多公司能够提供的信息以及顾客可能需要的信息，最好的办法就是在网站上建立顾客常见问题解答（FAQ）。FAQ 主要是提供有关产品、公司的情况，它既能够引发那些随意浏览者的兴趣，也能帮助有目的的顾客迅速找到他们所需要的信息，获得常见问题的现成答案。

（二）网络营销优势

网络营销作为一种全新的营销方式，与传统营销方式相比具有明显的优势。

1．网络媒介具有传播范围广、速度快、无时间地域限制、无时间版面约束、内容详尽、多媒体传送、形象生动、双向交流、反馈迅速等特点，有利于提高企业营销信息传播的效率，增强企业营销信息传播的效果，降低企业营销信息传播的成本。

2．网络营销无店面租金成本，且又能实现产品直销，能帮助企业减轻库存压力，降低经营成本。

3．国际互联网覆盖全球市场，通过它，企业可方便快捷地进入任何一国市场。尤其是世贸组织第二次部长会议决定在下次部长会议之前，不对网络贸易征收关税，网络营销更为企业架起了一座通向国际市场的绿色通道。

4．在网上，任何企业都不受自身规模的绝对限制，都能平等地获取世界各地的信息及平等地展示。

（三）网络营销策略

1. 网络营销导向的企业网站的建设和维护

企业网站建设与网络营销方法和效果有直接关系，没有专业化的企业网站作为基础，网络营销的方法和效果将受到很大限制，因此网络营销策略的基本手段之一，就是建立一个网络营销导向的企业网站。也就是以网络营销策略为导向，从网站总体规划、内容、服务和功能设计等方面为有效开展网络营销提供支持。

2. 网站推广策略

网站推广的基本目的就是为了让更多的用户了解企业网站，并通过访问企业网站内容、使用网站的服务来达到提高网站访问量、提升品牌形象、促进销售、增进顾客关系、降低顾客服务成本等目的。常用的方法包括搜索引擎营销、网络广告、资源合作、信息发布等。

3. 网络品牌策略

与网络品牌建设相关的内容包括专业性的企业网站、域名、搜索引擎排名、网络广告、电子邮件、会员社区等。

4. 信息发布策略

信息发布需要一定的信息渠道资源，这些资源可分为内部资源和外部资源，内部资源包括企业网站、注册用户电子邮箱等，外部资源则包括搜索引擎、供求信息发布平台、网络广告服务资源、合作伙伴的网络营销资源等。掌握尽可能多的网络营销资源，并充分了解各种网络营销资源的特点，向潜在用户传递尽可能多的有价值的信息，是网络营销取得良好效果的基础。

5. 网上促销策略

在以网上销售为标志的电子商务还没有普及之前，网上促销，即对整体销售提供支持是网络营销的主要作用之一。网上促销效果是各种网络营销活动综合作用的效果，包括网站推广、信息发布、网站内部广告、邮件列表、大型网站和专业网站的网络广告、E-mail营销、搜索引擎营销等。

6. 网上销售策略

网上销售的实现包括建设完整在线销售管理系统的企业网站，以及通过专业电子商务平台开展在线销售等方式。

7. 顾客服务策略

在线服务的主要手段包括 FAQ、电子邮件、在线表单、即时信息、论坛等；其中既有事先整理出供用户自行浏览的信息，也有用户提出的问题征求企业解答。

8. 顾客关系策略

顾客关系是与顾客服务相伴而产生的一种结果，良好的顾客服务才能带来稳固的顾客关系，因此顾客服务策略和顾客关系策略是一致的。

9. 网上市场调研策略

主要的实现方式包括通过企业网站设立的在线调查问卷、通过电子邮件发送的调查问卷，以及与大型网站或专业市场研究机构合作开展专项调查等。

10. 网站流量统计分析

对企业网站流量的跟踪分析不仅有助于了解和评价网络营销效果，同时也为发现其中所存在的问题提供了依据，网站流量统计既可以通过网站本身安装统计软件来实现，也可以委托第三方专业流量统计机构来完成。

网络营销的基本职能是通过各种网络营销方法来实现的，同一个职能可能需要多种网络营销方法的共同作用，而同一种网络营销方法也可能适用于多个网络营销职能，因此完全将网络营销职能与方法之间建立一一对应的关系是不合适的。对于某项具体的网络营销策略，往往也需要多种网络营销方法共同实现，当我们从网络营销策略需要的层面来看待网络营销方法时，就更容易了解网络营销方法所带来的整体效果，因而也使得网络营销方法更为有效。

阅读资料 3

网络营销作为一种有效的直复营销策略，源于网络营销的可测试性、可度量性、可评价性和可控制性。因此，利用网络营销这一特性，可以大大改进营销决策的效率和营销执行的效用，麦考林国际邮购有限公司就是一例。

麦考林国际邮购有限公司成立于 1996 年 1 月 8 日，是中国第一家获得政府批准的从事邮购业务的三资企业，提供女装、男装、童装、首饰、化妆品、保健品、日常用品、家用电器等多种产品的邮购业务。该公司主要通过专门的产品目录、杂志广告、因特网等媒体向顾客介绍产品。在中国内地，麦考林国际邮购有限公司每年发放“欧梦达邮购目录”和“欧风世家邮购目录”多达百万余册，至今已服务了超过 250 万的国内顾客。2000 年 3 月

15 日公司推出它的电子商务网站“麦网”（http: //www.m18.com），为全中国消费者提供全面的因特网电子商务服务，在线销售商品多达 5 万种，并提供全国快递送货服务和多种便捷的网上直接支付方式。因特网使一家传统的直复营销公司的业务延伸到了线上百货商店，成为一个网络直复营销公司。如图 9.1 所示。

图 9.1　“麦网主页”

因特网也直接催生了一些网络直复营销商，如美国的 MyPoints 早已成为美国网上消费者最喜欢的直复营销网站之一，如图 9.2 所示。

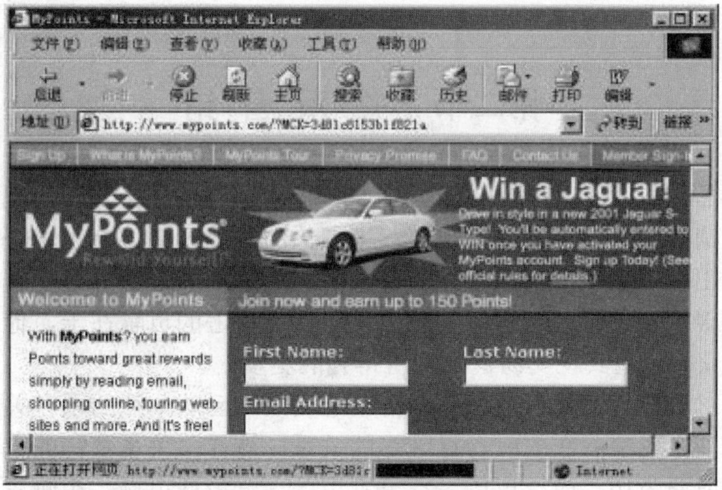

图 9.2　Mypoints 网站主页

中文利网（http: //www.chinabonus.com）则是中国的因特网直接催生的网络直复营销商，如图 9.3 所示。

在中文利网中，希望顾客加入成为中文利网的会员，中文利网会对其获准的会员发送顾客感兴趣的商业信息，对信息进行反馈的会员将获得积分奖励。在基于会员购买商品的积点活动中，顾客花费越多，则积分也越多，会员所积累的点数可以通过兑换系统兑换为实物或现金。先进的网络直复营销技术不但能够向用户汇报顾客的整体分布情况，更能对某一次具体的网上广告活动给出详细的报告。

图 9.3 中文利网

第二节　关 系 营 销

巴巴拉·本德·杰克逊为美国著名学者，营销学专家。1985 年，巴巴拉·本德·杰克逊提出了关系营销的概念，使人们对市场营销理论的研究，又迈上了一个新的台阶。关系营销理论一经提出，迅速风靡全球，杰克逊也因此成了美国营销界备受瞩目的人物。他对经济和文化都有很深入的研究。科特勒评价说，“杰克逊的贡献在于，他使我们了解到关系营销将使公司获得较之其在交易营销中所得到的更多。”

今天，人们对关系营销的讨论和关系营销的实践，已从单纯的顾客关系扩展到了企业与供应商、中间商、竞争者、政府、社区等的关系。这样，关系营销的市场范围就从顾客市场扩展到了供应商市场、内部市场、竞争者市场、分销商市场、影响者市场、招聘市场等，从而大大地拓展了传统市场营销的含义和范围。

一、关系营销概述

（一）关系营销定义

所谓关系营销，是把营销活动看成是一个企业与消费者、供应商、分销商、竞争者、政府机构及其他公众发生互动作用的过程，其核心是建立和发展与这些公众的良好关系。

（二）关系营销与传统的交易营销区别

它们在对待顾客上的不同之处主要在于：

1．交易营销关注的是一次性交易，关系营销关注的是如何保持顾客；

2．交易营销较少强调顾客服务，而关系营销则高度重视顾客服务，并藉顾客服务提高顾客满意度，培育顾客忠诚度；

3．交易营销往往只有少量的承诺，关系营销则有充分的顾客承诺；

4．交易营销认为产品质量应是生产部门所关心的，关系营销则认为所有部门都应关心质量问题；

5．交易营销不注重与顾客的长期联系，关系营销的核心就在于发展与顾客的长期、稳定关系。关系营销不仅将注意力集中于发展和维持与顾客的关系，而且扩大了营销的视野，它涉及的关系包含了企业与其所有利益相关者间所发生的所有关系。

（三）关系营销的本质特征

1．双向沟通

在关系营销中，沟通应该是双向而非单向的。只有广泛的信息交流和信息共享，才可能使企业赢得各个利益相关者的支持与合作。

2．合作

一般而言，关系有两种基本状态，即对立和合作。只有通过合作才能实现协同，因此合作是“双赢”的基础。

3．双赢

关系营销旨在通过合作增加关系各方的利益，而不是通过损害其中一方或多方的利益来增加其他各方的利益。

4．亲密

关系能否得到稳定和发展，情感因素也起着重要作用。因此关系营销不只是要实现物质利益的互惠，还必须让参与各方能从关系中获得情感的需求满足。

5. 控制

关系营销要求建立专门的部门，用以跟踪顾客、分销商、供应商及营销系统中其他参与者的态度，由此了解关系的动态变化，及时采取措施消除关系中的不稳定因素和不利于关系各方利益共同增长的因素。

此外，通过有效的信息反馈，也有利于企业及时改进产品和服务，更好地满足市场的需求。

二、关系营销中的关键过程

（一）关系营销中的交互过程

成功的营销需要为顾客或用户提供足够好的答案。在消费品交易营销中，这个答案是实体产品。在关系营销中，这个答案包括关系本身及其运作的方式和顾客需求满足的过程。关系包括实体产品或服务产出的交换或转移，同时也包括一系列的服务要素，没有这些服务，实体产品服务产出可能只有有限的价值或对顾客根本没有价值。关系一旦建立便会在交互过程中延续。供应商或服务企业与顾客间发生不同类型的接触，这些接触可能是不同的，主要取决于具体的营销情形。有些接触是人与人之间的，有些是顾客与机器或系统之间的。在这种情况下，交互过程中接触的性质取决于研究的具体对象。

（二）关系营销中的对话过程

关系营销中营销沟通的特点是试图创造双向的有时甚至是多维的沟通过程。并非所有的活动都直接是双向沟通的，但是所有的沟通努力都应该导致某种形式的能够维护和促进关系的反应，即对话过程。对话式沟通过程必须支持这种价值的创造和转移。这个过程包括一系列的因素，如销售活动、大众沟通活动、直接沟通和公共关系。大众沟通包括传统的广告、宣传手册、销售信件等不寻求直接回应的活动，直接沟通包括确认已经发生交互的个人化信件等，要求顾客的具体信息。

（三）关系营销中的价值过程

关系营销比交易营销要付出更多的努力。因此，关系营销应该为顾客和其他各方创造比在单个情节中发生的单纯的交易更大的价值。顾客必须感知和欣赏持续关系中创造的价值。由于关系是一个长期的过程，因此顾客价值在一个较长的时间内出现，我们将之称为价值过程。关系营销要成功和被顾客视为是有意义的，就必须存在一个与对话和交互过程并行的顾客欣赏的价值过程。

考察顾客价值的方法是区分提供物的核心价值与关系中额外要素的附加价值。因此，关系范畴中的顾客感知价值可以表述为下面两个公式：

顾客感知价值（CPV）＝（核心产品＋附加服务）/（价格＋关系成本） （1）

顾客感知价值（CPV）＝核心价值±附加价值 （2）

在关系中，顾客感知价值是随时间发展和感知的。在公式（1）中，价格是个短期概念，原则上在核心产品送货时交付。然而，关系成本是随着关系的发展发生的，核心产品和附加服务的效用是在一系列的动作、情节和片断上经历的。在公式（2）中，也包括了一个长期概念。附加价值也是随着关系的发展而经历的。通常，附加价值被看成是附加在核心价值上的某种东西。在交互过程中核心价值不应该被恶劣和不及时的服务产生的负的附加价值所抵消。

总之，成功的关系营销战略要求在关系营销计划过程中同时考虑我们分析的三个过程。交互过程是关系营销的核心，对话过程是关系营销的沟通侧面，价值过程则是关系营销的结果。如果顾客价值过程没有得到仔细分析，在交互过程中就很容易出现错误和不当的行动。如果对话过程与交互过程冲突，价值过程很容易产生消极的结果，因为顾客可能得到冲突的信号和不能兑现的承诺。交互、对话和价值构成关系营销的三极，关系营销的实施效果取决于以上三种过程的有机融合。

三、关系营销的市场模型

关系营销的市场模型概括了关系营销的市场活动范围。在“关系营销”概念里，一个企业必须处理好与下面六个子市场的关系：顾客市场、供应商市场、内部市场、竞争者市场、分销商市场、相关利益者市场。

（一）顾客市场

顾客是企业存在和发展的基础，市场竞争的实质是对顾客的争夺。最新的研究表明，企业在争取新顾客的同时，还必须重视留住顾客，培育和发展顾客忠诚。通常争取一位新顾客所需花的费用往往是留住一位老顾客所花费用的 6 倍。企业可以通过数据库营销、发展会员关系等多种形式，更好地满足顾客需求，增加顾客信任，密切双方关系。

（二）供应商市场

任何一个企业都不可能独自解决自己生产所需的所有资源。在现实的资源交换过程中资源的构成是多方面的，至少包含了人、财、物、技术、信息等方面。与供应商的关系决定了企业所能获得的资源数量、质量及获得的速度。企业与供应商必须结成紧密的合作网络，进行必要的资源交换。另外，公司在市场上的声誉也是部分地来自与供应商所形成的关系。

（三）内部市场

内部营销起源于这样一个观念，即把员工看做是企业的内部市场。任何一家企业，要想让外部顾客满意，它首先得让内部员工满意。只有工作满意的员工，才可能以更高的效率和效益为外部顾客提供更加优质的服务，并最终让外部顾客感到满意。内部市场不只是企业营销部门的营销人员和直接为外部顾客提供服务的其他服务人员，它包括所有的企业员工。在为顾客创造价值的生产过程中，任何一个环节的低效率或低质量都会影响最终的顾客价值。

（四）竞争者市场

在竞争者市场上，企业营销活动的主要目的是争取与那些拥有与自己具有互补性资源竞争者的协作，实现知识的转移、资源的共享和更有效的利用。企业与竞争者结成各种形式的战略联盟，通过与竞争者进行研发、原料采购、生产、销售渠道等方面的合作，可以相互分担、降低费用和风险，增强经营能力。种种迹象表明，现代竞争已发展为“协作竞争”，在竞争中实现“双赢”的结果才是最理想的战略选择。

（五）分销商市场

在分销商市场上，零售商和批发商的支持对于产品的成功至关重要。销售渠道对现代企业来说无异于生命线，随着营销竞争的加剧，掌握了销售的通路就等于占领了市场。优秀的分销商是企业竞争优势的重要组成部分。通过与分销商的合作，利用他们的人力、物力、财力，企业可以用最小的成本实现市场的获取，完成产品的流通，并抑制竞争者产品的进入。

（六）相关利益者市场

金融机构、新闻媒体、政府、社区，以及诸如消费者权益保护组织、环保组织等各种各样的社会压力团体，它们与企业都存在千丝万缕的联系，对于企业的生存和发展都会产生重要的影响。因此，企业有必要把它们作为一个市场来对待，并制定以公共关系为主要手段的营销策略。

四、关系营销的中心——顾客忠诚

顾客忠诚之所以受到企业高度重视，是因为忠诚的顾客会重复购买。有关顾客忠诚的理论最早可以追溯到1947年由美国学者塞利弗和肯切尔在研究社会判断理论时提出的“涉入理论”。该理论后来在营销学中被应用于研究消费者行为，其主要贡献是区分了品牌忠诚和品牌惰性：在低涉入情况下重复购买同一品牌的现象被称为品牌惰性；高涉入情况下的重复购买被称为品牌忠诚。品牌惰性不能称为品牌忠诚是因为，低涉入顾客只是出于方便省事而进行习惯性购买，而不象品牌忠诚那样对其认同的品牌具有强烈的偏好。

顾客忠诚的前提是顾客满意，而顾客满意的关键条件是顾客需求的满足。早期的顾客满意理论建立的“期望未确认模型”主要集中于期望对顾客满意的影响，而忽略了对满意的基本决定因素——满意的研究。对顾客满意研究的最新进展是斯普林格、麦肯齐和奥尔沙夫斯基通过实验和数理分析，重新检验了形成顾客满意的决定因素之后所建立的顾客满意理论模型。这一模型认为，当顾客把他们对产品或服务绩效的感知与欲望和期望相比较时，就能决定欲望是否会产生。三位营销学者提出并讨论了导致顾客全面满意的七个因素相互间的联系。新模型确认了期望、欲望与感知绩效的差异程度是产生满意感的来源，期望一致和欲望一致程度越高，属性满意和信息满意的程度也越高，以致最终达到对产品和服务的全面满意。这一模型的主要贡献在于，一方面导入了欲望因素，分析顾客需要的层次和水平对顾客满意度的影响；另一方面，信息满意因素的提出是对满意理论的重要补充，要求企业与公众进行信息沟通时精确地传递信息，否则也会影响顾客满意的形成。新的顾客满意模型的建立，为企业制定更加有效的“顾客满意战略”提供了必要的理论基础和依据。

五、关系营销梯度推进的三个层次

贝瑞和帕拉苏拉曼归纳了三种创造顾客价值的关系营销层次，即一级关系营销、二级关系营销和三级关系营销。

（一）一级关系营销

一级关系营销在顾客市场中经常被称作频繁市场营销或频率市场营销。这是最低层次的关系营销，它维持顾客关系的主要手段是利用价格刺激增加目标市场顾客的财务利益。随着企业营销观念从交易导向转变为以发展顾客关系为中心，一些促使顾客重复购买并保持顾客忠诚的战略计划应运而生，频繁市场营销计划即是其中的一例。所谓频繁市场营销计划，是指对那些频繁购买以及按稳定数量进行购买的顾客给予财务奖励的营销计划。一级关系营销的另一种常用形式是对不满意的顾客承诺给予合理的财务补偿。例如，新加坡奥迪公司承诺如果顾客购买汽车一年后不满意，可以按原价退款。

（二）二级关系营销

关系营销的第二种方法是增加目标顾客的财务利益，同时也增加他们的社会利益。在这种情况下，营销在建立关系方面优于价格刺激，公司人员可以通过了解单个顾客的需要和愿望，并使服务个性化和人格化，来增加公司与顾客的社会联系。因而，二级关系营销把人与人之间的营销和企业与人之间的营销结合起来。二级关系营销的主要表现形式是建立顾客组织。以某种方式将顾客纳入到企业的特定组织中，使企业与顾客保持更为紧密的联系，实现对顾客的有效控制。

（三）三级关系营销

第三种方法是增加结构纽带，与此同时附加财务利益和社会利益。结构性联系要求提供这样的服务：它对关系客户有价值，但不能通过其他来源得到。这些服务通常以技术为基础，并被设计成一个传送系统，而不是仅仅依靠个人建立关系的行为，从而为客户提高效率和产出。良好的结构性关系将提高客户转向竞争者的机会成本，同时也将增加客户脱离竞争者而转向本企业的利益。特别是当面临激烈的价格竞争时，结构性联系能为扩大现在的社会联系提供一个非价格动力，因为无论是财务性联系还是社会性联系都只能支撑价格变动的小额涨幅。当面对较大的价格差别时，交易双方难以维持低层次的销售关系，只有通过提供买方需要的技术服务和援助等深层次联系才能吸引客户。特别是在产业市场上，由于产业服务通常是技术性组合，成本高、困难大，很难由顾客自己解决，这些特点有利于建立关系双方的结构性合作。

六、关系营销的价值测定

关系营销为顾客创造和传递的价值一般用“让渡价值”来衡量。所谓让渡价值，就是顾客总价值与顾客总成本之差。其中，顾客总价值包括顾客在购买和消费过程中所得到的全部利益，这些利益可能来自产品价值、服务价值、人员价值或形象价值。对顾客总价值的分析是顾客理论研究的重点。顾客总成本包括顾客为购买某一产品或服务所支付的货币成本，以及购买者预期的时间、体力和精神成本。

企业自身从关系营销中得到的利益，可以结合顾客盈利能力、顾客保留成本、顾客流失成本等指标来进行衡量。

（一）顾客盈利能力

关系营销涉及吸引、发展并保持同顾客的关系，其中核心原则是创造真正的顾客。所谓“真正的顾客”是这样的顾客：一方面他们认为自己得到了有价值的服务，愿意与企业建立和保持长期、稳定的关系；另一方面，他们是最有利可图的顾客，除了愿意为企业提供的便利支付高价外，还将该企业介绍给他人，义务宣传其产品和服务。企业常常发现20%～40%的顾客也许是无盈利的，因此有必要对企业的顾客进行分析：对许多企业来说，最大的客户一般要求周到细致的服务和最大程度的折扣，这往往降低了公司的利润水平；中等规模的客户接受良好的服务，并且几乎能按全价付款，在大多数情况下是最具盈利能力的；最小的客户也能按全价付款，并且只接纳最低程度的服务，但是与最小客户的交易费用降低了公司的利润率。因此，大部分可盈利客户并不是企业的最大客户或最小客户，而是一些中等规模的客户。这里盈利能力的概念强调了顾客的终身价值，而不是指一次特定交易的利润。影响顾客盈利能力的因素有很多，包括需求性质和大小、顾客的讨价还价能力、顾客的价格敏感度、顾客的地理位置和集中度等。

（二）顾客保留成本和顾客流失成本

1．顾客盈利能力。关系营销涉及吸引、发展并保持同顾客的关系，其中心原则是创造“真正的顾客”。这些顾客不但自己愿意与企业建立持续、长期的关系，而且对企业进行义务宣传。企业的顾客群体可能在产品的使用方式、购买数量、作用重要性等方面有很大不同，所以我们需要对以下几个方面的顾客素质进行分析：相对于公司能力的购买需求，顾客的增长潜力，顾客固有侃价实力，顾客的价格敏感性等。只要有可能挑选，公司就应向最可能盈利的顾客推销产品。

2．顾客维系成本。科特勒对维系顾客成本进行研究，提出下面四个步骤来测定：测定顾客的维系率即发生重复购买的顾客比率；识别各种造成顾客损失的原因，计算流失顾客的比率；估算由于不必要的顾客流失，企业将损失的利润；企业维系顾客的成本只要小于损失的利润，企业就应当支付降低顾客损失率的费用。

3．丹尼尔·查密考尔这样分析“漏桶”原理：在环境宽松时，企业不注意维系顾客，使得顾客就像漏桶里的水一样流走，这样，当买方市场形成时，企业就会受到惩罚。进攻性营销的成本大于防守营销成本，因此，最成功的公司应修补桶上的洞，以减少顾客流失。

七、关系营销的具体策略

关系营销是与关键顾客建立长期的令人满意的业务关系的活动，应用关系营销最重要的是掌握与顾客建立长期良好业务关系的种种策略。

（一）设立顾客关系管理机构

建立专门从事顾客关系管理的机构，选派业务能力强的人任该部门总经理，下设若干关系经理。总经理负责确定关系经理的职责、工作内容、行为规范和评价标准，考核工作绩效。关系经理负责一个或若干个主要客户，是客户所有信息的集中点，是协调公司各部门做好顾客服务的沟通者。关系经理要经过专业训练，具有专业水准，对客户负责，其职责是制订长期和年度的客户关系营销计划，制定沟通策略，定期提交报告，落实公司向客户提供的各项利益，处理可能发生的问题，维持同客户的良好业务关系。建立高效的管理机构是关系营销取得成效的组织保证。

阅读资料 4

联想建立健全的服务网络，提供优质的服务。联想把帮助顾客使用好购买的电脑看做是自己神圣的职责，在“龙腾计划”中提出了全面服务的策略：一切为了用户，为了用户的一切，为了一切的用户。联想在全国 104 家城市设有 140 多家联想电脑服务站，保证遍布全国的联想电脑用户都能接受到完善、周到、快捷的服务。为提高服务人员的服务质量，联想制定了持证上岗制度，公司的维修人员上岗都必须经过考试，拿到上岗证方可上岗，这对提高维修水平起到了很好的保障作用。

（二）个人联系

个人联系即通过营销人员与顾客的密切交流增进友情，强化关系。如经常邀请客户的主管经理参加各种娱乐活动，使双方关系逐步密切；记住主要顾客及其夫人、孩子的生日，并在生日当天赠送鲜花或礼品以示祝贺；设法为爱养花的顾客弄来优良花种和花肥；利用自己的社会关系帮助顾客解决孩子入托、升学、就业等问题。通过个人联系开展关系营销的缺陷是：易于造成企业过分依赖长期接触顾客的营销人员，增加管理的难度。因此该策略运用是应注意适时地将企业联系建立在个人联系之上，通过长期的个人联系达到企业亲密度的增强，最终建立企业间的战略伙伴关系。

（三）频繁营销规划

频繁营销规划也称为老主顾营销规划，指设计规划向经常购买或大量购买的顾客提供奖励。奖励的形式有折扣、赠送商品、奖品等。通过长期的、相互影响的、增加价值的关系，确定、保持和增加来自最佳顾客的产出。如航空公司、酒店和信用卡公司经常采用的累积消费奖励。频繁营销规划的缺陷是：第一，竞争者容易模仿。频繁营销规划只具有先动优势，尤其是竞争者反应迟钝时，如果多数竞争者加以仿效，就会成为所有实施者的负担。第二，顾客容易转移。由于只是单纯价格折扣的吸引，顾客易于受到竞争者类似促销方式的影响而转移购买。第三，可能降低服务水平。单纯价格竞争容易忽视顾客的其他需求。

（四）俱乐部营销规划

俱乐部营销规划指建立顾客俱乐部，吸收购买一定数量产品或支付会费的顾客成为会员。在我国由于顾客俱乐部形式较为少见，受到邀请的顾客往往感到声誉、地位上的满足，因此很有吸引力。企业不但可以借此赢得市场占有率和顾客忠诚度，还可提高企业的美誉度。如海尔俱乐部为会员提供各种亲情化、个性化服务，广受欢迎，2000 年底已达 7 万名会员和 800 万准会员，为企业建立了庞大的顾客网。

（五）顾客化营销

顾客化营销也称为定制营销，是根据每个顾客的不同需求制造产品并开展相应的营销活动。其优越性是通过提供特色产品、优异质量和超值服务满足顾客需求，提高顾客忠诚度。依托现代最新科学技术建立的柔性生产系统，可以大规模高效率地生产非标准化或非完全标准化的顾客化产品，成本增加不多，使得企业能够同时接受大批顾客的不同订单，并分别提供不同的产品和服务，在更高的层次上实现“产销见面”和“以销定产”。实行顾客化营销的企业要高度重视科学研究、技术发展、设备更新和产品开发；要建立完整的顾客购物档案，加强与顾客的联系，合理设置售后服务网点，提高服务质量。

阅读资料 5

为了提高顾客的满意度，联想推行五心服务的承诺：“买得放心，用得开心，咨询后舒心，服务到家省心，联想与用户心连心”，大大拉近了顾客与公司的关系。

满足营销顾客在各个阶段的需求。不少企业对关系营销缺乏重视，只重视顾客购买前和购买阶段的营销工作，却忽视了售后阶段的营销工作。他们不断地花大量的人力、物力和财力去吸引新顾客，却不想方设法去提高服务质量，满足顾客的需要。导致老顾客不断跳槽，因为竞争对手能提供更优质的服务。企业里出现了严重的恶性循环：不断吸引新顾客，不断失去老顾客。尽管企业花费了大量的销售费用，但效果甚微。而联想却非常注意在各个环节都与顾客保持联系，最大限度地满足顾客的需要。在购前阶段，联想不仅采取广告、营业推广和公关等传统的营销手段，而且通过新产品发布会、展示会、巡展等形式来介绍公司的产品，提供咨询服务。

在顾客购买阶段，联想不仅提供各种优质售中服务（接受订单、确认订单、处理凭证、提供信息、安排送货、组装配件等），而且帮助零售商店营业人员掌握必要的产品知识，使他们能更好地为顾客提供售中服务。另外还推出家用电脑送货上门服务，帮助用户安装、调试、培训等。在售后阶段，联想设立投诉信箱，认真处理消费者的投诉，虚心征求消费者的意见，并采取一系列补救性措施，努力消除消费者的不满情绪。

另外联想还加强咨询、培训、用户协会及“1+1”俱乐部刊物等工作，经常举办各种活动，如“电脑乐园”、“温馨周末”等，向消费者传授计算机知识、提供信息、解答疑问。这样，联想创造和保持了一批忠诚的顾客。此外，忠诚的顾客的口头宣传可起到很好的蚁群效应，增强企业的广告影响，也大大减低了企业的广告费用。

（六）数据库营销

顾客数据库指与顾客有关的各种数据资料。数据库营销指建立、维持和使用顾客数据库以进行交流和交易的过程。数据库营销具有极强的针对性，是一种借助先进技术实现的“一对一”营销，可看作顾客化营销的特殊形式。数据库中的数据包括以下几个方面：现实顾客和潜在顾客的一般信息，如姓名、地址、电话、传真、电子邮件、个性特点和一般行为方式；交易信息，如订单、退货、投诉、服务咨询等；促销信息，即企业开展了哪些活动，做了哪些事，回答了哪些问题，最终效果如何等；产品信息，顾客购买何种产品、购买频率和购买量等。数据库维护是数据库营销的关键要素，企业必须经常检查数据的有效性并及时更新。企业一方面要设计获取这些信息的有效方式，另一方面还必须了解这些信息的价值，以及处理加工这些信息的方法。

（七）退出管理

“退出”指顾客不再购买企业的产品或服务，终止与企业的业务关系。退出管理指分析顾客退出原因，相应改进产品和服务以减少顾客退出。退出管理可按照以下步骤进行。

1. 测定顾客流失率

2. 找出顾客流失的原因

按照退出的原因可将退出者分为以下几类：价格退出者，指顾客为了较低价格而转移购买；产品退出者，指顾客找到了更好的产品而转移购买；服务退出者，指顾客因不满意企业的服务而转移购买；市场退出者，指顾客因离开该地区而退出购买；技术退出者，指顾客转向购买技术更先进的替代产品；政治退出者，指顾客因不满意企业的社会行为或认为企业未承担社会责任而退出购买，如抵制不关心公益事业的企业，抵制污染环境的企业等。企业可绘制顾客流失率分布图，显示不同原因的退出比例。

3. 测算流失顾客造成的公司利润损失

流失单个顾客造成的公司利润损失等于该顾客的终身价值，即终身持续购买为公司带来的利润。流失一群顾客造成的公司利润损失更应仔细计算。

4. 确定降低流失率所需的费用

如果这笔费用低于所损失的利润，就值得支出。

制定留住顾客的措施。造成顾客退出的某些原因可能与公司无关，如顾客离开该地区等，但由于公司或竞争者的原因而造成的顾客退出，则应引起警惕，采取相应的措施扭转局面。

企业应经常性地测试各种关系营销策略的效果、营销规划的长处与缺陷、执行过程中的成绩与问题等，持续不断地改进规划，在高度竞争的市场中建立和加强顾客忠诚。

实施关系营销是一项系统工程，必须全面、正确理解关系营销所包含的内容，要实现企业与顾客建立长期稳固关系的最终目标，离不开建立与关联企业及员工良好关系的支持。企业与顾客的关系是关系营销中的核心，建立这种关系的基础是满足顾客的真正需要，实现顾客满意，离开了这一点，关系营销就成了无源之水，无本之木。要与关联企业建立长期合作关系，必须从互惠互利出发，并与关联企业在所追求的目标认识上取得一致。高福利并不一定能实现企业与员工的良好关系，真心关怀每个员工才能有效激发他们的工作热情和责任心，从而为实现企业的外部目标提供保证。

第三节 概 念 营 销

一、概念营销概述

（一）概念营销

所谓概念营销，指企业将市场需求趋势转化为产品项目开发的同时，利用说服与促销，提供近期的消费走向及其相应的产品信息，引起消费者关注与认同，并唤起消费者对新产品期待的一种营销观念或策略。概念营销着眼于消费者的理性认知与积极情感的结合，通过导入消费新观念来进行产品促销。目的是使消费者形成新产品及企业的深刻印象，建立起鲜明的功用概念、特色概念、品牌概念、形象概念、服务概念等，以增强企业的竞争性实力。广州宝洁公司于 1997 年 9 月 20 日在北京发布新一代海飞丝产品即将上市信息的同时，相应在国家级报纸上介绍头皮屑的来历和海飞丝的新功效，这就是概念营销的策略运用。

目前，市场上的多数消费者还缺乏明确的消费观念，基本上处于产品概念不稳定的磨合期。如一些消费者认为依靠化妆品就可以达到美容养颜和最佳包装的目的，因而不惜代价购买昂贵的化妆品。消费误区正是美容观念模糊的结果，当然也就很难对产品形成正确和稳定的概念。认识上的局限性导致消费倾向与产品开发之间的冲突有继续增大的趋势，导致买卖之间的分歧并存显现与隐蔽的格局。因此企业要适应消费者需求，并创造新的需求，顺势推出自己的产品，必须在开发产品的同时，加强与消费者观念上的沟通，理顺或改变消费者观念认知，强化消费者尝试性欲望，通过概念营销营造出一种买卖者互利需求的氛围，从而谋求“卖方市场”最有利的销售条件。

企业根据产品价格、功能等方面特征提出的产品概念一般是属性的概括；根据社会潮流、时尚观念所创造的概念一般为观念的概括。

作为一种创新的营销方式，概念营销是 USP 广告法则的巧妙运用，即用有特色的产品与服务赢得市场。然而，概念并不能凭空捏造，通常概念在尚未提出之前，人们便有了相关的潜在或显在需求。从本质上说，概念营销是一种整合营销策略，它是在对市场需求进行科学预测的基础上，通过为产品注入一个轴心概念，在顾客心目中树立起本产品区别于同类产品的突出利益点，促使顾客接纳此概念，进而产生购买。

（二）概念营销的社会背景和理论基础

概念营销的兴起，有深刻的社会背景和理论基础。

1. 产品高度同质化

在产品差异性日益缩小的高度同质化的今天，消费者很难对产品有清晰了解并做出合理选择。美国著名教授舒尔茨指出，在同质化的市场中，唯有传播能创造出差异化的品牌竞争优势。而有效的传播必须要有一个以消费者欲求为出发点的“轴心”概念。

2. 不完全的信息博弈论

在专业不断深化的情况下，人们对非专业知识的最新进展很难深入了解，在不完全信息的博弈中必须进行信息披露，抓住产品或行业发展的线索，提出一个既反映商品特性又琅琅上口的概念，先吸引注意力再解释，就成为一条有效的途径。

3. 消费心理的可影响性

概念营销对消费的作用就是以此为出发点的，企业可利用它来引导消费观念进而创造需求。

二、概念的创造

（一）分析市场环境和产品特点

概念的创造是在一个动态的市场环境中进行的，环境的变化要求企业能够不断地改变营销策略以适应市场发展。概念的创造要以将来的市场环境的发展趋势为着眼点，以产品为基础。一般来说，概念包括科技概念、特色概念、新闻概念三类。科技概念是指以一定的科技发明或创新为基础，针对某一突出的特点结合消费者的需求而提出的概念，如“变频空调”。一般消费者很难对这种概念有细致而深入的了解，但却有一个总的印象：这种产品比同类产品更先进。值得注意的是，尽管科技概念在刚开始对消费者有很大的吸引力，但厂家在吸引了消费者之后，要进行信息披露，让消费者全面了解此种产品并认识到概念并非文字游戏，而是一种新的消费价值。特色概念是强调产品区别于同类产品的突出之处，迎合消费者的一种特别期待。如果要赋予用途相同的产品一种概念，必须以一定的改进为基础，企业可以利用此种产品的独特概念，取得成功。“白加黑”在营销界产生的强烈冲击就是一个绝妙的例子。很简单，它只是把感冒药分成白片和黑片，把感冒药中的镇静剂“扑尔敏”放在黑片中，在外观上形成区别，仅此就满足了消费者对生活形态的真正需求。

阅读资料 6

1995 年，“白加黑”上市仅 180 天销售额就突破 1.6 亿元，在拥挤的感冒药市场上分割了 15%的份额，登上了行业第二品牌的地位，在中国内地营销传播史上，堪称奇迹，该现象被称为“白加黑”震撼，它对营销界产生了强烈的冲击。

一般而言，在同质化市场中，很难发掘出“独特的销售主张”（USP）。感冒药市场同类药品甚多，层出不穷，市场已呈高度同质化状态，而且无论中、西成药，都难以做出实质性的突破。康泰克、丽珠、三九等“大腕”凭借着强大的广告攻势，才各自占领一块地盘，而盖天力这家实力并不十分雄厚的药厂，竟在短短半年里就后来居上，关键在于其崭新的产品概念。

“白加黑”是个了不起的创意。它看似简单，只是把感冒药分成白片和黑片，并把感冒药中的镇静剂“扑尔敏”放在黑片中，其他什么也没做；实则不简单，它不仅在品牌的外观上与竞争品牌形成很大的差别，更重要的是它与消费者的生活形态相符合，达到了引发联想的强烈传播效果。

在广告公司的协助下，“白加黑”确定了干脆简练的广告口号：“治疗感冒，黑白分明”，所有的广告传播的核心信息是“白天服白片，不瞌睡；晚上服黑片，睡得香。”产品名称和广告信息都在清晰地传达产品概念。

这种概念并不需要太大的技术支持，但由于满足了消费者的期待，效果很好。新闻概念主要是借媒体对热点事件新闻、新奇概念的炒作来吸引大量的注意力，从而造成商机。不同行业、不同生命周期、不同产品特性可采用不同种类的概念创造来赢得目标顾客。

（二）分析消费者心理和目标顾客的需求特性

消费者心理需求及其观念的变化直接影响消费行为。洞察消费者的需求变化，捕捉消费者的消费心态才能从中寻找到顺应消费趋势与消费能力的促销新概念。如随着科技知识的普及，消费者生态环境意识的加强，绿色消费渐成时尚，因此，绿色概念成为许多产品市场营销的亮点。同时，脱离了消费者需求的概念是毫无意义的，概念的创造必须以消费者的需求为前提。由于企业产品的定位通常都是针对某一阶层的人，他们的偏好、知识层次、对产品的要求方面必然有共性。因此，我们只有以消费需求为导向来进行概念设计，才能取得实效。在三株携“调理肠胃”、红桃 K 携“补血”概念创造中国保健品市场顶峰之后，脑白金的成功关键在于找到了“送礼”的轴心概念，极大地创造并满足了消费者的需求，在保健品市场上一骑绝尘。

所以，企业在设计概念之前，必须考虑消费者的价值判断体系，针对不同的消费者提出不同的概念。

（三）适时地提出

1. 当一种产品进入一个新的目标市场时，企业可以用概念营销来打开市场。

阅读资料 7

1992 年 3 月，“舒肤佳”进入中国，而早在 1986 年就进入中国市场的“力士”已牢牢站稳香皂市场。舒肤佳的成功关键一点就是它找到了一个新颖而准确的“除菌”概念，从而打开了中国市场。

2. 当一种产品面临竞争者的挑战时，企业可以用新概念营销来巩固并开辟市场。

阅读资料 8

当其它空调品牌还在价格战中搏击时，海尔就是通过“氧吧空调”这个产品（概念）的差异化设计，实现了又一次超越，通过一个简单而伟大的创意独享高利润。

3．当新产品进入市场时，企业可以用概念营销来推进。

阅读资料 9

在国内去屑洗发水市场已相当成熟，似乎无缝可钻时，西安杨森的“采乐”去屑特效药却通过成功的产品创意和别出心裁的营销渠道“各大药店有售”，挖掘出一个新卖点，找到了一个极好的市场空白地带。这就使得“采乐”从产品创意到营销创意都近乎达到了完美。

（四）创造一定要体现“轴心”

创意必须具备三个特征：一是概念必须包含特定的商品利益，能够促进销售，没有商品利益的创意是无效的，创意再好，如果不能给企业带来销售利益，也是徒劳；二是创造的概念必须独特，如果创意是别人可以轻而易举模仿的或者是别人以前用过的类似版本，则不可真正称之为创意；三是创造的概念必须单纯准确，让人一眼看明白很重要，否则你将失去机会，因为没有人会象审视艺术品一样审视你的概念。“概念”的得出应具备某种客观合理性。基于产品本身的特性赋予其新概念等于赋予了产品新的生命，也赋予了消费者一个热爱你产品的新理由。

三、概念营销的传播

（一）广告传达概念

媒体广告是概念营销有效传播的基本渠道。它可以在满足消费者的视觉流程和阅读心理的基础上去制造视觉中心，让概念更具震撼力。跨国公司进入中国市场的策略有一点十分相似，都普遍采用“概念先行”的营销策略，在各种媒体上大力宣传。在推出一种新产品之前，跨国公司往往会先提出一种消费理念、一种价值观。

阅读资料10

当年，洋牌子牙膏在中国还没上市前，“含氟、含钙、坚固保护”的概念就早已通过媒体渗透到消费者内心。一些洋牙膏就靠这种人们看重的科学概念打入我国市场。其实，国产的“留兰香”、“美加净”牙膏同样也含氟或含钙，但在此之前却从未想过率先将“坚固保护”的概念广而告之。

因此，使用媒体宣传的方式传播概念并尽快轰出大市场，是概念营销的成功之路之一。广告创意 USP 理论指出每一则广告必须存在一个独特而鲜明的销售语辞，概念营销广告中的 USP 便是企业创造的有别于其他企业的“轴心概念”。在媒体广告的宣传设计、目标确定、信息决策及媒介选择的过程中，必须把握以下几点。

1. 宣传以概念为中心，广告要突出轴心概念

有效的传播是以消费者欲求为出发点而产生的轴心概念为基础的。

2. 传达的内容要系统化，围绕轴心概念而展开

系统且重点突出的广告会让消费者觉得你的产品很地道。

3. 把握概念与消费心理需求的贴近程度

这种贴近程度决定广告的目标是告知性、说服性或提示性的。若概念尚不为大众所接受，则广告宣传应以告知性、说服性为主；若概念已为多数人所接受，则宜采用提示性为主的广告。

（二）销售促进提升概念

从受众的接受程度来看，广告宣传的最高境界是口碑广告。采用销售促进，借消费者之口进行传播，更能增加产品的可信度和美誉度。通过各种销售促进方式，企业能以强烈的刺激首先争取到一部分消费者的试用，良好的品质、诱人的概念会使试用者首先打破原有的品牌或产品习惯，并由口碑宣传迅速打开产品的销路。

阅读资料11

在中国市场，产品试用做得很多的是宝洁公司，其海飞丝、潘婷等几代产品均是在广告概念的轰炸后又进行大面积的产品派送试用。由于其产品品质优良，因而消费者在试用

后大多会接受其产品和概念。企业组织销售促进时，一定要与媒体广告配合进行以保证宣传的规模效应和宣传力度。而对新技术产品的概念推广最具说服力的是请专家进行现场指导，借专业来说服消费者。

（三）公共关系服务概念

公关是传达企业经营观念、实现与公众沟通、树立与美化企业形象的主要途径，企业所宣传的概念特别是形象概念、符号概念往往最能通过企业与相关公众的接触让大众予以接受。开展公共关系，企业应重点做好内部公众、新闻媒介公众、科研机构公众、政府公众等方面的工作，一种新的概念只有在内部公众、新闻媒介公众接受之后才会被更加广泛、健康、迅速地传播，同时，也只有在政府公众、科研机构公众接受之后才会更具说服力。

在使用各种方式进行概念传播时，概念传播的强度与企业概念传播的成功与否、产品销售情况及企业利润的好坏息息相关。概念传播过强对企业是一种资源浪费，传播过弱则可能无法达到预期的目标。传播强弱的时机控制对这些指标也有很大影响。概念导入的前期，广告、销售促进及公关等方式要有相当的强度并形成多渠道、多层面、全方位的立体宣传攻势。待消费者对本企业产品的使用由被动试用逐渐转为自觉的品牌习惯时，企业应放弱在销售促进和广告宣传上的投入，适当调整公关的手段和内容。当企业产品逐渐形成该概念支持下竞争产品中的优势产品时，企业应积极利用传媒给其跟随者制造进入壁垒。这时的宣传也应由强概念、次产品、弱品牌逐渐向强品牌、次概念、弱产品转变，使企业品牌成为轴心概念的最大受益者，增强对品牌无形资产的沉淀，以求当这一产品概念被淘汰后，企业仍能借这段时间的宣传投入形成较高的社会知名度。

概念营销是市场经济发展的必然结果，然而它并不是万能的。概念营销是一把双刃剑，企业必须正确运用才能使其在产品销售中发挥积极作用。在反省“泡沫概念”和“盲目品质”的基础上，企业必将迎来基于品质创新的新概念时代。

第四节　事 件 营 销

事件营销是近年来国内外十分流行的一种公关传播与市场推广手段，集新闻效应、广告效应、公共关系、形象传播、客户关系于一体，并为新产品推介、品牌展示创造机会、建立品牌识别和品牌定位，形成一种快速提升品牌知名度与美誉度的营销手段。其在公关和营销实践中塑造了许多成功案例，事件营销已成为营销传播过程中的一把利器。

与广告和其他传播活动相比，事件营销能够以最快的速度、在最短的时间内创造强大的影响力。所以被世界上许多知名企业所推崇，作为品牌推广传播的先锋手段，近几年更是愈演愈热，成为一种相当流行的营销手段。

一、事件营销的概念

事件营销是企业通过策划、组织和利用具有名人效应、新闻价值以及社会影响的人物或事件，吸引媒体、社会团体和消费者的兴趣与关注，以求提高企业或产品的知名度、美誉度，树立良好品牌形象，并最终促成产品或服务销售的手段和方式。

事件营销能为企业节约大量的宣传成本。国内媒体近年来收费居高不下，地方卫视媒体的收费也随之“水涨船高”，许多企业尤其是新兴的中小企业，有好的产品和巨大的发展潜力，却无法支付庞大的宣传费用，正所谓“不打广告死路一条，打广告死得更快”。而事件营销却可以将企业的信息在短时间内达到最大最优传播效果，甚至能让企业或产品一夜成名，为企业节约大量的宣传成本。

事件营销能避开由于媒体多元化而形成的信息干扰，提升企业品牌的注目率。信息传播过剩和媒体多元化造成的信息干扰，也令很多的传播大打折扣，而事件营销却能迅速抓住公众的“眼球”，提供信息传播的有效性。

事实证明，好的事件营销无论是在投入还是在知名度的提升方面，回报率都超过其他广告形式。

将事件营销用于实践并获得成功的企业案例数不胜数，象北京富亚涂料原本寂寂无名，在其老总当着众媒体“无奈”之下一喝成名；张瑞敏“砸机”事件砸出海尔品牌的质量形象；农夫山泉引发天然水与纯净水在媒体上的“口水战”，从而拉开了与竞争对手在品牌上的距离等。奥克斯几年来频频利用新闻事件提高品牌知名度，扩大市场，跃居行业三甲的案例更是成功运用事件营销的典范。

二、事件营销的优势

（一）成本较低

比起长期的广告投入，事件营销所具有的一大优势就是经济实惠、节约成本。尽管华为在长达一年的诉讼中代价不菲，但比起在媒体直接投放广告却还算是物有所值，因为事件本身更能吸引行业乃至公众的关注。

（二）具有短期效应

一方面，成功的事件营销能够迅速、显著提升企业知名度；另一方面，一着不慎就会满盘皆输。因此，企业在切入事件时必须慎重树立自身形象，对于重大的事件更须与咨询公司、公关公司配合操作，例如，华为在被思科起诉之后所做的第一个决定就是更换国际知名的公关公司来协助处理诉讼。

（三）容易引导用户消费理念

现代商战竞争激烈，企业要跃居为市场领袖难度很大，但事件营销所具有的轰动效应则赋予了企业很好的契机，企业可以趁机提出新的消费理念来引导用户、引领市场。如奥克斯的“手机当白菜卖”就是一个例子。

三、成功运用事件营销应注意的问题

在事件营销的具体操作上，应该注意以下几个要点：第一个要点是结合企业自身特点和事件的核心选取恰当的切入角度，控制媒体和舆论的导向；第二是把握事件的关键人物和关键环节，积极引导整个事件的走向；第三是进行后续操作，设法将短期效应切实转化为企业的知名度和美誉度；第四是以实现市场效益为最终目的，形象宣传与产品促销并重。

（一）定位

事件营销的第一步是定位，是摸清大众的心理倾向。

2003 年美伊战争期间，统一润滑油在美伊战争报道的节目中打出了“多一点润滑，少一点摩擦”的话语，没有多余的解说和图景，和节目的氛围浑然一体。同时和中央电视台反战宣传的语调保持了高度的一致。统一润滑油不仅进入了大众的大脑，还狠狠地在他们的脑子里面为自己定了位：致力于为减少摩擦而努力！统一润滑油由于抓住了普通大众希望和平，反对战争的心理。其企业形象迅速深入人心。

现在的中国市场竞争越发激烈，广告轰炸已经司空见惯，于是很多人想到用事件来进行营销以期收到奇效，不过现在利用事件来进行炒作的也数不胜数了。现在要是哪个地方发生了重大的自然灾害，某某企业为灾区人民捐款上千万这样的事件又有几个人去留意？因为每年发生这样那样的灾害，捐钱捐物的企业太多了。

事件营销如果不研究到底有哪些大众会关注你即将要用来炒作的事件，这些大众对这个事件的心理倾向性是怎么样的，就不可能取得预期的效果。

阅读资料 12

“蒙牛”在“神州五号”飞天的事件中，除了大肆宣扬蒙牛是“中国航天员的专用牛奶”外，就是到处发布“举起你的手，为中国航天喝彩！”的广告。这句话把中国人的民族自豪感叫了出来，是中国人民在“神五事件”中的心声。“蒙牛”真正成功的地方不是什么“专用牛奶”而是后一句“喝彩”。要知道现在的专用牛奶、专用饮用水、专用葡萄酒之类的词都用烂了，都是“专用”就等于什么都不是。农夫山泉的成功之处在于设计出“买一瓶矿泉水就等于捐献一分钱来支持北京申奥”的口号，它抓住了大众希望为中国能成功举办一次奥运会尽一份绵薄之力的心理。

（二）创意

创意就是与众不同，凸显专属本企业的特色，先入为主的进入目标受众的视线。

阅读资料 13

四川全兴酒厂借发现“水井坊遗址”被国家文物局授予“1999 年全国十大考古发现”的事件，运作了事件营销。全兴公司就是紧紧抓住了公众的关注点，借势造势并延势，综合运用了整合营销传播的优势。先后运作了：将四川全兴足球队以“水井坊”冠名、在广州花园酒店召开“水井坊考古发现暨水井坊酒展示会”、2003 年美伊战争期间呼吁“保护文明，让文明永续”、“SARS”期间举办“让北京快乐起来”等大型公益性活动。此举既提高了“水井坊”品牌的知名度，又扩大了品牌的美誉度，更对品牌价值的传播提供了真实、确切的佐证；公关、权利、权威、终端促销等营销传播策略的整合运用，使得“水井坊”品牌资产价值得到了极大提升。

（三）参与度

创意会让大众眼睛一亮，让他们对某一事件投入更多的关注，打开贴近受众的第一道门，但这离顾客的忠诚度的建立还有很大距离。事件营销如已经达到了让受众倍加关注的程度也可以说成功了一半，不过想要达到对产品和服务的销售拉动这一层面还需要提高大众的参与度。

阅读资料 14

2005 年成功赞助“超级女声”的蒙牛就借此活动带动了全国人民的广泛参与。期间，标有“超级女声”的蒙牛酸酸乳深入到全国 400 多个城市，同时，蒙牛也在这 400 多个城市展开宣传活动，进行了 200 多场迷你路演，为超级女声赛事造势。回报也十分惊人，央视索福瑞的调查表明，当年 5 月，蒙牛酸酸乳的品牌第一提及率跃升为 18.3%，超过竞争对手伊利优酸乳 3.8 个百分点，蒙牛的销售额也从 7 亿元猛增至 25 亿元。

主要概念

直复营销　网络营销　关系营销　概念营销　事件营销

思考与练习

1. 直复营销与传统市场营销有何不同？
2. 网络营销的操作步骤和方法怎样？
3. 成功运用事件营销应注意的问题？
4. 事件营销的优势？

实践与技能

1. 调查一个企业，请为企业产品设计广告（突出概念）。
2. 案例分析

沃尔·玛网络营销

沃尔·玛（Wall-Mart）是近 20 年来美国发展最快的零售商。20 世纪 70 年代公司年销售额只有 4000 万美元。1995 年沃尔·玛年销售额已达 936 亿美元，列美国最大企业排名第四位。至今，公司已拥有 2133 家沃尔·玛商店、469 家山姆会员商店和 248 家购物广场，遍布美国、墨西哥、加拿大、巴西、阿根廷、南非、印尼、中国等地。沃尔·玛从小小的零售商店迅速成长为大型零售集团，其成功之道在于理念和手段。所谓理念是指该公司创始人沃尔顿先生倡导的尽量降低经营成本，实行低价销售。沃尔·玛提出“帮顾客节省每一分钱”的宗旨和“天天平价，始终如一”的口号。1984 年以来，沃尔·玛的经营成本已从占销售额的 19.1%减少到 1995 年 11 月前的 15.8%，而美国其他较大零售商的经营成本(同期)，凯·马特是 20%，西尔斯是 30%，世界上大多数零售商的经营成本则在 40%以上。沃尔·玛之所以能维持这一较低的经营成本，得之于其拥有先进的技术手段，那就是电脑联机销售网络。沃尔·玛拥有世界上最大的私有卫星系统，并利用这个系统与 3800 家供货商实现计算机联网。总部的电脑与 16 个发货中心及 1000 多家商店连接，做到即时销售，大大压缩产品的时间成本，减少存货风险，加速资金周转。

问题：1. 沃尔·玛营销成功之道在于什么？

2. 沃尔·玛是怎样开展网络营销的？

第十章 营销管理

学习目标

通过本章学习，要求学生掌握市场营销计划的制订与实施，了解营销组织的结构演变和组织形式，掌握市场营销执行过程及市场营销控制的程序和方法等。本章内容学完后，能针对某一企业的具体情况，制订市场营销计划、模拟营销执行过程，并能进行市场营销控制和分析。

案例导入

M 糖果公司是一家中型企业，近两年的销售额和利润额仅够维持生存。总经理认为问题出在销售部门不努力工作，或“不够机灵”，为此准备采取增加报酬，雇用新人及采用现代技术、设备训练推销人员的措施。不过，在采取行动之前，他们决定先请专家做一次全面的营销审计，以判断问题到底出在哪里。

审计人员通过对管理人员、顾客、推销员和经销商的大量调查，及查阅各种资料，发现以下情况。

1. 公司的产品线包括 18 种主要产品，其中占领先地位的两种牌子处于生命周期的成熟阶段。公司开始注意正在急剧扩大的巧克力点心糖果市场，但还未采取任何行动。

2. 该公司产品特别受低收入阶层和老年人的欢迎，消费者评价它的产品与竞争对手的相比“质量中等，有点老式”。

3. 公司主要通过糖果批发商和大型连锁店出售产品，它特别重视小零售商的市场渗透能力。因此，它的推销人员经常访问各种小零售商。而它的竞争对手主要依靠大众传播媒介做广告，在百货公司、大型连锁店方面取得更大的成功。

4. 该公司的市场营销费用占总销售额的15%，而竞争对手的同类费用多为20%。该公司的营销预算大多给了推销部门，余下的用于广告，其他促销方式所得极有限。广告预算又主要用在了两项领先产品上，新产品得不到经常的宣传，只能靠推销员向零售商介绍。

5. 市场营销工作受市场营销副总经理领导，但他的精力主要用在了推销部门，很少注意其他营销职能。

审查的结论是：该公司的问题不能仅靠改进其推销人员的工作来解决，推销人员的问题只是企业更深层次问题的反映。为此，审计人员准备了一篇报告，提交最高主管。

资料来源：纪宝成主编 《市场营销教程》 有删节

案例分析：显而易见，公司产品组合不平衡，两种领先产品占了总销售额的 76%，但没有发展潜力，缺少开发新产品计划。公司经营目标、营销目标不明确，也不现实。公司没有市场营销组织，只有推销组织，缺少市场营销活动的计划与控制。

第一节 营销计划

营销管理是为了实现企业经营目标，创造、建立和保持与目标市场之间的互利交换关系，而对设计方案进行的分析、计划、执行和控制。市场营销管理的本质是需求管理。

一、市场营销计划概述

市场营销计划是关于一项业务、产品或品牌在营销方面的具体安排和规划。其内容主要涉及两个基本问题：一是企业的营销目标是什么；二是如何实现营销目标。也就是说，在企业的营销活动开始以前，首先要明确营销活动的目的和手段，而这正是营销计划所要解决的问题。没有营销计划，营销管理就是一种盲目活动，就会导致营销活动的混乱和效率低下。正是市场营销计划的特殊地位，决定了它在营销管理中的特殊作用。首先，营销计划使企业内部各部门、各层次、各方面之间保持协调一致，使众人的努力形成一种合力，从而促使营销目标的实现；其次，营销计划使企业在利用机会的同时，最大限度地减少风险；再次，营销计划使营销活动变得经济合理；最后，营销计划有利于企业实现对营销活动的有效控制。

阅读资料

可口可乐公司向外界展示新的营销计划

可口可乐公司在一次演示会上，通过非同寻常的方式向外界展示了其最新营销计划：公司将以消费者为重，在继续重视其旗舰产品可口可乐品牌业务的同时，在零售、包装、许可、娱乐、服装和自动售货等领域进行探索。而一家公司向人们展示其经营理念很不同寻常。

此演示会后的第三天，可口可乐公司（Coca-Cola Co.）又举办了一次由公司以外的部分人士参加的演示会，该公司通过一群演员的表演、演唱、舞蹈和交互讨论等方式向包括约50名华尔街分析师和记者展示了他们的最新营销理念：是顾客和他们的生活经历决定饮料的买与卖，而不是公司及其经理人员决定这一切。

该公司首席营销长Steve Jones说，要创建21世纪的强大品牌，就必须改变思考方式。经营者必须以消费者为重，要理解他们的思维方法和不同的生活方式。

可口可乐公司必须每年增加15亿标准箱饮料的销售才能达到2010年之前350亿标准箱的销售目标。1999年，该公司饮料的销售量为160亿标准箱。可口可乐认为业绩增长的最佳机会在健康、健身以及提神饮料领域，即茶、水、咖啡、橙汁和能量补充饮料等。

可口可乐公司高层管理人士强调，公司的旗舰产品可口可乐品牌占其业务的60%，它们如同公司的生命和血液一样重要，公司对此将继续予以重视，但公司还将努力创新，因为公司认为饮料行业最大的增长领域在碳酸软饮料以外的方面。

可口可乐还将在零售、包装、许可、娱乐、服装和自动售货等领域进行探索。

资料来源：新浪首页　财经纵横　道琼斯

二、市场营销计划的要素

市场营销计划的要素亦即市场营销计划的基本内容。一个完整的市场营销计划，应包括以下要素。

1. 内容提要

市场营销计划首先要有一个内容提要，即对主要营销目标和措施的简要概括和说明，目的是使管理部门迅速了解该计划的主要内容，抓住计划的要点。

2. 市场营销目标

市场营销目标是市场营销计划最基本的要素。市场营销目标是企业营销活动所要达到的最终结果，包括销售量、销售额、市场占有率、市场增长率、销售利润等指标。

确定目标时应注意以下几个问题：

第一，定量化，即尽可能用具体数据定量地表述计划期内务必实现的目标，且要有时间上的规定；

第二，协调性，即各个目标之间要协调一致，不能相互矛盾；

第三，层次性，即不同的目标应有轻重缓急之分；长期目标应转化为中期、短期和近期目标；上级目标能层层分解而转化为下级目标，直至落实到班组和人头；

第四，激励与可行性，即目标必须能激励员工的斗志和工作热情；同时，经过员工努力目标又可以实现而不是高不可攀。

3. 市场营销策略

市场营销策略是为了实现市场营销目标而采取的总体行动方案、工作的部署重点和资源的分配方案。它为企业的营销工作提供总体行动的框架，而不是确切说明企业如何去实现其市场营销目标。

4. 市场营销政策

市场营销政策是表现在市场营销计划中的文字说明或协调一致的意见，它是营销决策的指南，其作用是将所要拟订的营销决策限制在一定的范围内，以便使营销决策有助于营销目标的实现。同时，营销政策有助于把有些问题事先确定下来，避免每次重复分析相同情况，从而使得营销管理人员可以在下放权力的同时，不失去对下级工作人员的控制。

5. 市场营销程序

市场营销程序是对营销活动中某项工作的先后顺序和应遵循的具体步骤的规定。营销程序的一些条款性的具体的规定，即指导人们如何行动，又确保企业的各项营销工作有条不紊地进行。

6. 市场营销规则

市场营销规则是对营销工作中某些较为具体的事项所做的规定，是企业营销人员和营销工作的行为准则。

7. 市场营销预算

市场营销预算基本上是一个关于预算盈利或亏损的报告，是计划期内企业营销活动预期成果的数字表现，包括销售收入预算、销售费用预算、利润预算等内容。

市场营销预算通常采取报表的形式，它概括地勾画出企业在计划期内总收入和总支出的内容和数量，表明企业的营销活动在经济上的可行性，同时也为营销管理人员控制各项营销活动提供了标准。即开列一张实质性的预计损益表，在收益的一方面要说明预计的销售量和平均实现价格，在支出的一方说明生产成本、实体分销成本和营销费用。收入和支出的差额即是预计利润。企业的各业务单位编制出营销预算后送上层管理者审批，经批准后，该预算就是材料采购、生产调度、劳动人事以及各项营销活动的依据。

8. 市场营销控制

市场营销控制是市场营销计划的最后一部分，是对计划执行过程的控制。其典型做法是将计划规定的目标和预算按月分解，以便于企业高层管理者进行有效的监督、检查和调整、督促未完成计划的部门改进工作，确保市场营销计划的完成。上一级的管理者每期都要审查企业各部门的业务实绩，找出达到或未达到预期目标的部门，凡未完成计划的部门，其主管人员必须说明原因，并提出改进措施，以争取实现预期的目标，从而使组成整个营销计划的各个部门的工作得到有效的控制，保证整个计划能井然有序卓有成效地付诸实施。

三、市场营销计划的类型

市场营销计划可按不同的标准进行分类。

（一）按计划时期长短，可将市场营销计划分为长期计划、中期计划和短期计划三大类

长期计划是确定未来发展方向和奋斗目标的归纳性计划，其作用是使营销管理人员有一个长远的目标和打算。长期谋划的期限常为 5 年以上，有的长达 20 年甚至更长时期。短期计划的期限通常为 1 年，其主要内容是分析当前的营销形势、威胁和机会、年度的营销目标、营销策略、行动方案和预算。中期计划介于长期计划和短期计划之间，期限通常为 1 年以上 5 年以下，在长期计划和短期计划二者之间起承上启下的作用。

（二）按计划的程度，可将市场营销计划分为战略计划、策略计划和作业计划

战略计划是有关企业市场营销活动全局和长远的谋划，其期限一般较长，影响较广，是企业其他各种营销计划的总纲。策略计划是就企业营销活动某一方面所做的谋划，带有局部和战术的性质。作业计划是企业各项营销活动的执行性计划，其特点是非常细致和具体，如某一次具体的促销活动计划，对活动的内容、时间、地点、活动方式、参加人员等均有详尽的规定和说明。

（三）按计划涉及的范围，可将市场营销计划分为总体营销计划和专项营销计划

总体营销计划是企业营销活动的全面、综合性计划，它反映企业的总体营销目标，以及实现总体目标所必须采取的策略和主要行动方案，是判定各种专项的依据。专项营销计划是为解决某一特殊问题或销售某一产品而制订的计划。专项计划通常比较单一，涉及面较窄，较容易判定，但在制订这些计划时，要特别注意与总体营销计划相衔接。否则，就会出现在各单项计划彼此之间发生冲撞并与总体计划相抵触的现象。

四、市场营销计划的制订与实施

（一）制订市场营销计划的原则

1. *系统性原则*

企业是一个由营销、生产、财务、人事等众多子系统构成的大系统。这些子系统相互

联系、相互影响，对营销目标的实现起着促进和制约作用。在制订市场营销计划时，不能孤立考虑问题，必须使营销计划与其他部门的计划协调一致。此外，企业作为一个系统，还具有开放性的特点，它与外部环境有着密切的联系，环境的变化会直接或间接地影响到企业的营销活动。因此，在制订营销计划时，应充分考虑环境对企业营销活动的影响和制约作用，在环境许可的范围内，最大限度地发挥自身的主观能动性。

2. 灵活性原则

市场营销计划是关于未来营销活动的行动方案，而未来充满着事先难以预料的不确定因素。因此，在编制营销计划时，一定要留有一定的余地，保持一定的灵活性。在营销计划执行过程中，更应适应环境的变化和不确定因素的出现，对原订计划加以修订调整。要尽量制订几套计划方案做好多手准备，做到有备无患，以应付意外事件的发生。

3. 连续性原则

所谓连续性，是指市场营销计划要前后衔接、成龙配套。为了保持计划的连续性，中期计划的制订必须以长期计划为指导，与长期计划相衔接；短期计划的制订必须以中、长期计划为指导，与中、长期计划相衔接。现在一些企业常用滚动计划法来解决短期计划、中期计划和长期计划彼此之间互相衔接的问题。

其具体做法是：第一，按照近细远粗、远近结合的原则，制订一个五年计划，其中，第一年的计划要具体，第二、三年的计划要比较细，第四、五年的计划比较粗；第二，每年根据变化了的情况对上一个五年计划进行一次检查、分析、修改或调整，采取连续滚动的方法，编制新的五年计划。

（二）制订市场营销计划的程序

企业制订市场营销计划，一般按以下程序进行。

1. 进行市场营销状况分析

营销状况分析主要包括市场状况、产品状况、分销渠道状况、宏观环境状况分析等。对市场营销状况进行分析与研究，是制订市场营销计划的逻辑起点。对这些情况不了解，制订营销计划就无从谈起。

2. 进行机会与问题分析

在营销现状分析的基础上，营销管理人员应进一步提出主要的机会与威胁、优势与劣势以及计划期内本企业营销遇到的一些主要问题。

优势是企业成功利用机会和对付威胁所具备的内在因素；劣势是企业内部比较薄弱、

需要加以提高的因素。一个企业的优势与劣势，都是与竞争对手相比较而言。分析优势与劣势的目的，就是为了做到知己知彼，扬长避短，它是正确制订企业市场营销计划的关键环节。

对优势和劣势，可以从顾客比较关注的一些属性来加以分析。顾客在购买产品时，通常比较关注技术、成本、质量和服务等属性。企业可在市场调查的基础上，将顾客对本企业和竞争者在上述几个方面的评价和排名列成表格，通过比较分析，即可反映出本企业的相对优势和劣势，并就可能采取的行动提出建议。

3. 市场预测

为了确定企业的营销目标，在对市场机会与问题分析的基础上，还必须运用科学的方法对市场的规模和发展前景、供求变化规律和发展趋势进行预测。市场预测的内容包括市场需求预测、企业需求预测、商品饱和点预测、竞争形势预测。市场预测是制定企业营销目标和计划的前提和依据。只有对市场需求状况和发展前景有了正确的认识，才能对各种市场机会做出合理的选择。

4. 确定营销目标

营销目标是营销计划的核心部分，在营销现状分析、机会与问题分析以及市场预测的基础上，企业按照可行性、定量化、一致性、激励性、灵活性的原则，依据自身的条件和实力制定出切合实际、富有挑战性的营销目标。营销目标分为财务目标和市场目标两大类。财务目标包括利润额、投资收益率、销售利润率等，市场目标包括销售额、市场占有率、消费者知晓度、分销覆盖面、广告覆盖率等，各类目标之间互相支持，彼此保持协调一致。

5. 制定营销策略

营销策略是实现营销目标的途径或手段。营销策略包括目标市场策略、公关策略、促销策略、研究与开发策略等。俗话说：条条大路通罗马。面对可以实现某种营销目标的众多策略选择，营销管理人员应权衡利弊，反复比较分析，做出合理、明智的决定。同时，还应注意多种营销策略的协调配合，使其朝同一方向发生作用，产生一种协同效应。为了使营销策略得到顺利贯彻，在制定营销策略时还应注意吸收有关人员参加，以便得到他们的理解和支持。

6. 制定营销政策和程序

企业为实现营销目标，还必须根据营销策略的要求，制定具体的营销政策和营销活动程序，确保企业的每一项营销活动都与既定的营销目标和策略相适应。营销政策是营销策略的细化，应根据前面制定的营销策略制定具体的营销政策，如价格政策、广告政策、促销政策、新产品开发政策、营销人员奖励政策等。这些政策为日常的营销决策提供了准则，为各级营销人员提供了思考问题的框架，但并没有告诉人们具体怎样做。因此，还必须根据营销策略和政策，制定营销活动的程序，对每一种营销活动的各个步骤，各步骤之间的关系和顺序等问题做出明确的规定，并制定一些必要的规则。

7. 制订行动方案

营销行动方案详细、具体、明确地规定了为实现营销目标，企业应做些什么、如何做、何时做、何时完成等内容，根据营销行动方案，即可编制各部门的计划，如采购计划、生产计划、人员招聘及培训计划、销售计划、广告计划、公关计划、资金筹措计划等。

8. 编制营销预算

营销预算表明营销计划在经济上是否可行，是对企业营销工作的一项硬约束。

（三）市场营销计划的实施

市场营销计划的实施是指企业为实现其战略目标而致力于将营销战略和计划变为具体营销方案的过程。市场营销计划的实施包括以下五项内容。

1. 制订行动方案

为了有效地实施营销计划，必须制订详细的行动方案。此方案应该明确营销战略、计划实施的关键性决策和任务，并将执行这些决策和任务的责任落实到个人或小组。

2. 建立组织结构

企业的正式组织在营销战略计划的实施过程中有决定性的作用，它将战略计划实施的任务分配给具体部门和人员，规定明确的职权界限和信息沟通渠道，协调企业内部的各项决策和行动。

3. 制定相应的政策和报酬制度

这些政策和制度直接关系到计划实施的成败，以企业对管理人员工作的评估和报酬制度为例，如果它们是以短期的经营利润为标准的，其行为必定趋于短期化，从而不会有为实现长期战略目标而努力的积极性。

4. 开发人力资源

营销战略计划最终要由企业内部的工作人员来实施，所以人力资源的开发是非常重要的。这涉及到人员的考核、选拔、安置、培训和激励等问题。

5. 建设企业文化和创造管理风格

企业文化是指一个企业内部全体人员共同拥有和遵循的价值标准、基本信念和行为准则。企业文化对企业经营思想和领导风格、对职工的工作态度和作风均起着决定性的作用。这些基本信念和价值标准是在一定的环境中逐渐形成的，是通过模范人物塑造和体现的，通过正式和非正式组织加以树立、深化和传播。

阅读资料 2

某公司年度营销计划

一、计划概要

1. 年度销售目标 600 万元；2. 经销商网点 50 个；3. 公司在自控产品市场有一定知名度

二、营销状况

空调自控产品属于中央空调等行业配套产品，受上游产品消费市场牵制，但需求的总量还是比较可观。随着城市建设和人民生活水平的不断提高以及产品更新换代时期的到来带动了市场的持续增长幅度，从而带动了整体市场容量的扩张。湖南地处中国的中部，空调自控产品需求量比较大：1. 夏秋炎热，春冬寒冷；2. 近两年湖南房地产业发展迅速，特别是中高档商居楼、别墅群的兴建；3. 湖南纳入西部开发，将增加各种基础工程的建设；4. 长株潭的融城；5. 郴州、岳阳、常德等城市大量兴建工业园和开发区；6. 人们对自身生活要求的提高。综上所述，空调自控产品特别是高档空调自控产品在湖南的发展潜力很大。

从总体来说，空调自控产品销售的方式不外三种：工程招标、房产团购和私人项目。工程招标渠道占据的份额很大，但是房产团购和私人项目两种渠道发展迅速，已经呈现出多元化的发展局面。

从各企业的销售渠道来看，大部分公司采用办事处加经销商的模式，国内空调自控产品企业 2007 年都加大力度进行全国营销网络的部署和传统渠道的巩固，加强与设计院以及管理部门的公关合作。对于进入时间相对较晚的空调自控产品企业来说，由于市场积累时间相对较短，而又急于快速打开市场，因此基本上都采用了办事处加经销制的渠道模式。为了快速对市场进行反应，凡进入湖南市场的自控产品在湖南都有库存。湖南空调自控产品市场容量比较大而且还有很大的潜力，发展趋势普遍看好，因此对还未进入湖南市场的品牌存在很大的市场机会，只要采用比较得当的市场策略，就可以挤进湖南市场。目前我们在湖南空调自控产品市场上基础比较薄弱，团队还比较年轻，品牌影响力还需要巩固与拓展。在销售过程中必须要非常清楚自己公司的优势，并加以发挥使之达到极致；要找出己方公司的弱项并及时提出，加以克服，实现最大的价值；提高服务水平和质量，将服务意识渗透到与客户交流的每个环节中，注重售前、售中、售后回访等各项服务。

三、营销目标

1. 空调自控产品应以长远发展为目的，力求扎根湖南。2008 年以建立完善的销售网络和样板工程为主，销售目标为 600 万元；

2. 跻身于一流的空调自控产品供应商；成为快速成长的成功品牌；

3. 以空调自控产品带动整个空调产品的销售和发展；

4. 市场销售近期目标：在很短的时间内使营销业绩快速成长，到年底使自身产品成为行业内知名品牌，取代省内同水平产品的一部分市场；

5. 致力于发展分销市场，到 2008 年底发展到 50 家分销业务合作伙伴；

6. 所有人员都应全身心投入工作，使工作朝高效率、高收益、高薪资的方向发展。

四、营销策略

如果空调自控产品要快速增长，且还要取得竞争优势，最佳的选择必然是“目标集中”的总体竞争战略。随着湖南经济的不断快速发展、城市化规模的不断扩大，空调自控产品市场的消费潜力很大，目标集中战略对我们来说是明智的竞争策略选择。围绕“目标集中”总体竞争战略我们可以采取的具体战术策略包括：市场集中策略、产品带集中策略、经销商集中策略以及其他配套的策略。为此，我们需要将湖南市场划分为以下四种类型：

战略核心型市场——长沙，株洲，湘潭，岳阳

重点发展型市场——郴州，常德，张家界，怀化

培育型市场——娄底，衡阳，邵阳

等待开发型市场——吉首，永州，益阳

总的营销策略：全员营销与采用直销和渠道营销相结合的营销策略

1. 目标市场

遍地开花，中心城市和中小城市同时突破，重点发展行业样板工程，大力发展重点区域和重点代理商，迅速促进产品的销量及销售额的提高。

2. 产品策略

用整体的解决方案带动整体的销售：要求我们的产品能形成完整的解决方案并有成功的案例，由此带动全线产品的销售。大小互动：以空调自控产品的销售带动阀门及其他产品的销售，以阀门及其他产品的项目促进空调自控产品的销售。

3. 价格策略

高品质，高价格，高利润空间为原则；制定较现实的价格表：价格表分为两层，媒体公开报价，市场销售的最低价。制订较高的月返点和季返点政策，以控制营销体系。严格控制价格体系，确保一级分销商、二级分销商、项目工程商、最终用户之间的价格距离。为了适应市场，价格政策又要有一定的灵活性。

4. 渠道策略

（1）分销合作伙伴分为两类：一是分销客户，是我们的重点合作伙伴；二是工程商客户，是我们的基础客户。

（2）渠道的建立模式： A.采取逐步深入的方式，先草签协议，再做销售预测表，然后正式签订协议，订购第一批货，如不进货则不能签订代理协议；B.采取寻找重要客户的办法，通过谈判将货压到分销商手中，然后我们的销售和市场支持跟上；C.在代理之间挑起竞争心态，在谈判中因有当地的一个潜在客户而使我们掌握主动和高姿态，不能以低姿态进入市场；D.草签协议后，在我们的广告中就可以出现草签代理商的名字，挑起了分销商和原厂商的矛盾，我们乘机进入市场；E.在当地的区域市场上，随时保证在当地有可以成为一级代理的二级代理，以对一级代理构成威胁和起到促进作用。

（3）市场上有推、拉的力量。要快速的增长，就要采用推动力量。拉需要长时间的培养。为此，我们将主要精力放在开拓渠道分销上。另外，负责大客户的人员和工程商的人员主攻行业市场和工程市场，力争在三个月内完成4～5项样板工程，给内部人员和分销商树立信心。到年底为止，完成自己的营销定额。

5. 人员策略

营销团队的基本理念： A.开放心胸； B. 战胜自我； C.专业精神；

（1）业务团队的垂直联系，保持高效沟通，才能做出快速反应。

（2）内部人员的报告制度和销售奖励制度。

（3）以专业的精神来销售产品。价值=价格+技术支持+服务+品牌。实际销售的是一个解决方案。

（4）编制销售手册，其中包括代理的游戏规则，技术支持，市场部的工作范围和职能，所能解决的问题和提供的支持等说明。

五、营销方案

1. 公司应好好利用上海品牌，走品牌发展战略；

2. 整合湖南本地各种资源，建立完善的销售网络；

3. 培养一批好客户，建立良好的社会关系网；

4. 建设一支好的营销团队；

5. 选择一套适合公司的市场运作模式；

6. 抓住公司产品的特点，寻找公司的卖点；

7. 公司在湖南宜采用直销和经销相结合的市场运作模式；

8. 直销采用人员推广与部分媒体宣传相结合的方式拓展市场，针对空调自控产品，我们可以采用小区推广法和重点工程机项目样板工程说服法；

9. 为了尽快进入市场和有利于公司的长期发展，应以长沙为中心，向省内各大城市进军，其中以长沙为核心，以地市为利润增长点；

10. 湖南的渠道宜采用扁平化模式并做好渠道建设和管理，在渠道建设方面可以不设省级总经销商，而是以地市为基本单位划分，每个地级市设两个一级经销商，并把营销触角一直延伸到具有市场价值的县级市场，改变目前湖南其他空调自控产品品牌在地级市场长期以来的游击战方式，采用阵地战，建立与经销商有长期利益关系的品牌化运作模式，对每个地区市场都精耕细作，稳扎稳打；

11. 为了确保上述战术的实现，特别是为了加强渠道建设和管理，必须组建一支能征善战的营销队伍：确保营销队伍的相对稳定性和合理流动性，全年合格的营销人员不少于3人；务必做好招聘、培训工作；将试用表现良好的营销员分派到各区担任地区主管；

12. 加强销售队伍的管理：实行三A管理制度；采用竞争和激励因子；定期召开销售会议；树立长期发展思想，使用和培养相结合；

13. 销售业绩：公司下达的年销售任务，要根据市场具体情况进行分解，主要手段是：提高团队素质，加强团队管理，开展各种促销活动，制定奖罚制度及激励方案；

14. 工程商、代理商管理及关系维护：针对现有的工程商、代理商客户或将拓展的工程商及代理商进行有效管理及关系维护，对各个工程商及代理商客户建立客户档案，了解前期销售情况及实力情况，进行公司的企业文化传播和公司2008年度的新产品传播，此项工作在6月末完成；在旺季结束后和旺季来临前不定时的进行传播，了解各工程商及代理商负责人的基本情况进行定期拜访，进行有效沟通；

15. 品牌及产品推广：在2008年，执行公司的定期品牌宣传及产品推广活动，并策划一些投入成本较低的公共关系宣传活动，提升品牌形象；有可能的情况下，与各个工程商及代理商联合进行推广，不但可以扩大影响力，还可以建立起良好的关系；产品推广主要进行一些“路演”或户外静态展示；

16. 终端布置，渠道拓展：根据公司的2008年度的销售目标，渠道网点会大量的增加，根据此种情况随时、随地积极配合业务部门的工作，积极进行经销商的形象建设；

17. 促销活动的策划与执行：根据市场及竞争对手的情况，根据公司的产品优势及资源优势，灵活策划一些销售促进活动；

18. 团队建设、团队管理、团队培训。

六、配备和预算

1. 营销队伍：全年合格的营销人员不少于3人；

2. 所有工作重心都向提高销售倾斜，要建立长期用人制度，并确保营销人员的各项后勤工作按时按量到位；

3. 为适应市场，公司在湖南必须有一定量的库存，保证货源充足及时，比例协调，达到库存最优化，尽量避免断货或缺货现象；

4. 时时进行市场调研、市场动态分析及信息反馈，做好企业与市场的传递员，全力打造一个快速反应的机制；

5. 协调好代理商及经销商等各环节的关系，根据技术与人员支持，全力以赴完成终端任务；

6. 拓宽公司产品带，增加利润点；

7. 必须确立营业预算与经费预算，经费预算的有关决定通常随营业实绩做上下调节；

8. 为提高工作效率，本公司将授予相关人员大幅度的权限，使之能够果断迅速作出决策，但不得对任何外来人员泄露公司价格等机密，在与客户交流中，如遇价格难以定夺，须请示公司领导；

9. 为达到责任目的及确定责任体制，公司可以贯彻重奖重罚政策。

（资料来源：互联网）

第二节 营销组织

强调营销实施在木质上意味着关注组织结构，组织结构又决定了营销计划的设计和实施是否有效益，为了提供优异的顾客价值，战略和组织能力与运营的结合至关重要。企业必须实行市场导向，改变原来的组织使命、组织结构和组织活动。

一、公司营销部门的组织结构演变

创建实用和高效的营销组织的核心问题涉及在营销活动（包括战略制定和实施）的集中化还是分散之间寻求一种协调与平衡。各类公司部门组织形式的演变展示了这一历程。

（一）小型公司设置相对简单的销售部门

在小型公司中，由于人员很少，一般设置一名销售经理负责市场开发管理队伍，而总经理本人也或多或少从事某些销售活动，尤其是对于公司的大客户。公司其他的营销职能如市场调研或广告通常采取外购方式获得。

（二）兼有某些营销职能的销售部门

当公司的市场销售规模扩大时，原有的组织形式不再适应现有情况而需要增加某些职能，如花城公司增加广告管理职能，设置一名营销经理来负责广告媒体发布，而专业化程度高的广告创意和设计还多采用外购方式获得。有的公司相应地需要设置一名销售副经理来负责销售队伍的管理工作。

（三）发展成独立的营销部门

随着公司业务的不断发展，必须增加更多的职能部门，如营销调研、广告、公共关系、顾客服务等，同时要设置相应的部门经理，如销售经理、广告经理、市场经理等。如果这些部门缺乏协调或有明显冲突时，有必要设置一个市场营销副经理职位，负责公司总体的营销工作。营销副经理一方面会协调管理各职能部门的工作，另一方面也会在公司高层为市场营销部门争取更多的资源，如增加销售人员，提高推销员的报酬，参与新产品开发，争取更多的广告费等。

（四）营销公司

如果公司的业务发展迅速，市场覆盖面急速扩展，或公司战略发生很大变化，公司会考虑将市场营销职能从其他的产品事业部里全部集中起来，成立独立的市场营销公司，负责公司全部产品线的销售工作。TCL 公司最初就设立了独立于公司其他事业部的销售公司，全面负责 TCL 公司的市场营销工作。双汇公司在实行纵向一体化战略进入商业连锁零售业务时，也调整了营销组织结构，单独设立了双汇商业公司，负责全部产品线的销售工作和双汇连锁店业务的发展。

二、营销组织的形式

组织的变革是为了配合战略的调整，而战略的变化是为了保持组织与环境的适应。许多公司重新调整其营销部门的组织形式，为的是保持与顾客更紧密的接触，以改善顾客服务。比如，减少不必要的管理层次，提高组织的效率和反应速度。营销部门的组织形式有职能型、地区型、产品型、顾客型和矩阵型。在营销组织设计时，公司必须考虑到其与战略配合的问题，以及对组织的效率和反应速度的要求。

（一）职能型组织

大多数的营销组织在一定程度上都要求实行专业化的设置，即某些人只完成范围狭窄的工作。这种设计方式主要是根据营销的特定活动如广告、销售促进、定价、销售、营销调研、营销计划、客户服务等来安排职能部门。各种营销职能如广告、调研、销售、营销策划等方面的专业人员分别从事相应的工作，由营销副总经理协调他们的活动和相互之间的关系。

这种按照职能设置营销机构通常适合于向一个目标市场销售单一的产品线或与之密切相关的产品。随着公司产品线的增多和市场覆盖面的扩大，这种组织形式会暴露出效率太低而协调的难度又太大的弱点。因为，各职能部门都力求使自己部门获得更多的预算和得到更多的重视，营销副总经理不得不花费许多精力去做平衡与协调工作。

（二）区域型组织

公司营销组织最常见的是按地区来设计其构成，按区域设置的销售组织和按职能设置的部门一起配合工作。全国营销经理依次到地区营销经理，其所管辖的人员数目逐级增加；地区经理权力相对集中，决策速度快；区域经理在所管理的区域内工作效率高、反应速度快，便于灵活处理突发事件。

区域型营销组织能够满足地理区域内顾客的独特需求，并适应竞争形势而采取有效的地区性营销战略，从而增加了营销管理决策和实践的分散化和针对性。

阅读资料 3

可口可乐的浓缩物配方和广告主题在世界范围内是标准化的，但人造甜味剂、包装、销售和分销渠道等因国家而异。这种组织形式既可以通过产品开发和制造的规模经济来实现效率，又可以通过在不同国家对广告、促销、定价和分销的定制来实现效率。营销战略的制定和实施对于定制化和标准化的不同侧重最终会体现在组织结构中。这种组织可以在追求市场机会和营销计划实施方面保持集中的方向，同时又能提高对当地情况的适应性。

（三）按产品或品牌设计的营销组织形式

当公司有多种产品或多个品牌时，往往会考虑按产品或品牌来设计营销组织。保洁公司所采取的就是典型的品牌营销组织。这种组织形式通常会按产品线或品牌来设置产品或品牌经理，产品或品牌经理，有时有一个或几个辅助人员，负责计划和协调专业化的营销活动。当公司的产品线之间的相关性较低，如对于春兰公司的空调机、摩托车、汽车等产品线，职能型营销组织无法有效管理时，采用产品或品牌型营销组织是适宜的。

产品或品牌经理的主要职能包括：开发产品的长期战略和竞争战略；编制年度营销计划和进行销售预测；与广告代理一起讨论广告策划、促销方案和宣传活动；管理销售人员和分销商；收集有关产品、顾客、竞争对手的情报；改进产品；调整产品或品牌的营销计划等。

产品或品牌型营销组织的优点是：产品经理能够为产品制定有效的营销组合，很好地协调相关的营销职能，及时处理该产品在市场上反映出的问题。其突出的缺陷在于：当公司有多条相关性较高的产品线或品牌时其管理成本十分昂贵，因为各条产品线或品牌均有各自的营销人员；虽然在同一产品线或品牌组织内部不会争夺营销费用，但各种争夺会发生在不同的产品或品牌之间；由于产品线或品牌经理任期通常都很短，频繁地换人会导致营销计划或品牌战略的短期取向，这势必会影响长期优势的建立；产品或品牌型组织容易滑向产品导向，过度关注市场份额，与其他产品或品牌经理较量销售业绩，从而偏离顾客导向，忽视顾客满意度和顾客忠诚度。

（四）市场或客户型组织

市场导向或顾客导向的公司可以采用市场或客户型组织设计。由市场或客户经理负责某一类客户的营销管理。市场或客户经理为所负责的市场或客户制订长期和年度的营销计划，并负责实施。这种设计原则适用于有多个目标的市场，以及顾客是影响组织绩效的重要因素的情况，其最突出的优点在于：它以顾客或市场为中心，而非以公司或产品为中心。这种组织形式能够更好地为顾客提供服务并适应顾客的变化，因此，许多公司实行了组织变革，从产品或职能式的组织转变为市场或行业顾客式的营销组织。

（五）矩阵式营销组织

矩阵式营销组织通常要考虑两个关键变量如产量和区域变量，来设计营销组织的结构。销售管理按照区域来划分和管理，同时还按照产品线或产品事业部来划分并管理产品。当然，还可以考虑其他的关键变量来设计矩阵式组织形式，如广告、品牌等。

矩阵式组织能够对影响组织营销的不同因素做出及时和有效的反应，而且比其他传统形式有更大的灵活性。其主要问题是需要建立清晰的权力链条和责任链条。因为，对于执行层的每个人员来说，他们必须要同时服从两个上司的指令，这是不符合基本管理原则的。如果权与责不是足够明确，基层人员可能会获取南辕北辙的不同指令，从而导致内部的管理冲突。

案例1

从康益公司吵架看营销组织的重要性

2002年10月25日，康益公司营销会议现场：

“各位同仁，尽管你们现在可能没有拿到具体的统计数据，但我相信不用我说大家都知道，这一段时间我们的销量非常不理想，今天我想大家一起来分析一下原因，找到原因我们再来想对策。”康益公司常务副总经理兼营销经理贾笛说完后扫视了一下众人，发现大家都低着头，于是继续说道：“大家踊跃一点……那这样吧，一个个片区来讲，张经理你先来谈一下。”

主管象山、宁海、奉化的区域经理张云说道：“从统计数据来看，我们区域的销量与去年同期相比下降了31%，可是其中的一类终端——两个三江超市连锁店的销量下降了60%，两个联华超市下降了40%；医药渠道与去年持平，其他的副食渠道销量上升了5%，在同等的市场状况下为什么会有这么大的差距呢？主要的原因就是我公司负责与三江超市、与联华沟通的人没有将工作做好，致使在销售最好的10月黄金周，我公司主力产品断货，导致我们的销量大幅下降。”

听到这，主管市老三区（海曙区、江东区、江北区）的区域经理何露怒气冲冲说：“三江超市你们门店的内场导购员没有批出来，这不能怪我的，我都将名单和要求上报了，三江总部不批我也没办法；可是联华的问题，你这么说就不对了，我在节日前就通知你们要你们多备货，说过节期间由于我们的经销商放假可能送货不象平时那么及时，你为什么不听？其他的区域为什么都没有出现这种情况？自己没本事，不要怨别人！”

张云听到这涨红了脸，“噌”的跳了起来说道；“你说谁没本事，就是因为你的工作没做好影响了我们，你还这么嚣张。”

“怎么了，你以为站起来你就了不起了！你以为你的其他副食品渠道的销量是真上涨了，还不是将货窜到我这边来了，我专门让人去统计了一下，从你那边经销商窜到我这边终端的货物占到你整个区域销售量的10%，你以为我不知道呀！”何露也站了起来说道。……

贾笛看到这看不下去了，“都坐下，你们这是怎么了？我们今天是来讨论问题的，不是让你们来吵架的！”两人都坐下了，贾笛看看气氛有些缓和，继续说道；“我们继续开会！”

可是没有多久，又吵了起来，无非就是你说我的不是，我说全是你的错。很快一个下午就过去了，贾笛看看今天不可能得到有用的结果，于是叹了口气无可奈何的宣布“散会”。

“伍先生，你帮我分析一下，为什么会出现这种情况呢？各个区域为什么会相互窜货？区域经理们为什么会相互指责和推诿责任？明明是一个团队，可是他们为什么不相互支持工作呢？难道是他们的素质太差了？可是在公司的发展中，他们也确实都立下了汗马功劳呀，况且公司现在规模并不大，而且在本区域内我们的业务近三年并没有扩大，按道理说对人才的要求还没有达到从量变到质量的临界点呀？这些矛盾两年前甚至是一年前都没有现在这么尖锐，可问题到底出在哪呢？”贾笛一脸困惑的向伍成全——“一个有着多年咨询工作经验并且对企业管理有着深入研究的人”求救。

“也有人曾经对我说，主要是我们的工作流程不清楚，当时我听了觉得非常有道理，后来我就专门和我的团队一起就相互之间如何协调工作制定了详细的工作流程，可执行后的结果依然是现在这个样子，我真的不明白，这是为什么？”贾笛苦笑着继续说道，“不怕您笑话，我也曾尝试着去引进一些新的人才，给企业补充一点新鲜的血液，最后发现没有什么合用的人才真正的留了下来，一部分是能力不行的；一部分我觉得能力强的、比较看好的，可没有多久就都离去了，我真的有些黔驴技穷了。”

“我需要先对贵公司内部情况和外部环境进行调研，才能解答您的问题。”伍成全应声回答道。

经过艰苦的访谈、仔细的调研与反复的论证，伍齐全终于找到了原因，于是召开这次分析报告会。

伍成全打开了笔记本，并说道：“在贵公司的营销组织结构中，将宁波地区分为了以下四个区域……。”

一年后，在康益公司的年度庆功会上，贾笛特意邀请了伍成全出席。在觥筹交错间，贾笛谈笑风生。“伍先生，非常感谢您为我公司做的工作！按照您的建议，一年前我果断的推进了组织变革，现在我们公司员工之间的矛盾基本消失了，对市场的反应更加敏捷了，公司也在统一指挥下变得更加高效了。”

企业的任何行为都必须依靠人来完成，一个组织如果没有恰当的人员来胜任组织中的岗位，那么哪怕是一个从理论上看起来完美无缺的组织构架也不能在企业中发挥出良好的作用。

（资料来源：《销售与市场》，2005 年第 4 期，有删减）

第三节 执行与控制

一、营销执行

营销执行或实施是指将营销计划转化为任务行动的过程，并保证任务的完成，以实现营销计划所确定的目标。但是，设计再精巧或再有创意的营销计划，如果得不到有效的实施，那也是无济于事。换句话说，计划实施的有效性决定着营销计划的效果。

分析市场营销环境、制定市场营销战略和市场营销计划是解决企业市场营销活动应该“做什么”和“为什么要这样做”的问题；而市场营销执行则是要解决“由谁去做”、“在什么时候做”和“怎样做”的问题。

市场营销执行是一个艰巨而复杂的过程。美国的一项研究表明，90%被调查的计划人员认为，他们制定的战略和战术之所以没有成功，是因为没有得到有效的执行。管理人员常常难以诊断市场营销工作执行中的问题，市场营销失败的原因可能是由于战略战术本身有问题，也可能是由于正确战术没有得到有效的执行。

（一）市场营销执行中的问题与原因

1. 计划脱离实际

企业的市场营销战略和市场营销计划通常是由上层的专业计划人员制定的，而执行则要依靠市场营销管理人员，由于这两类人员之间往往缺少必要的沟通和协调，导致下列问题的出现。

（1）企业的专业计划人员只考虑总体战略而忽视执行中的细节，结果使计划因过于笼统而流于形式。

（2）专业计划人员往往不了解计划执行过程中的具体问题，所定计划脱离实际。

（3）专业计划人员和市场营销管理人员之间没有充分的交流与沟通，致使市场营销管理人员在执行过程中经常遇到困难，因为他们并不完全理解需要他们去执行的战略。

（4）脱离实际的战略导致计划人员和市场营销管理人员相互对立和不信任。现在，许多西方企业已经认识到，不能光靠专业计划人员为市场营销人员制订计划。因为市场营销人员比计划人员更了解实际，让他们参与企业的计划管理过程，会更有利于市场营销策略的执行。因此，许多西方企业削减了庞大的集中计划部门的人员。

2. 长期目标和短期目标相矛盾

市场营销战略通常着眼于企业的长期目标，它涉及到今后三至五年的经营活动。但具体执行这些战略的市场营销人员通常是根据他们的短期工作绩效，如销售量、市场占有率或利润率等指标来进行评估和奖励工作的。因此，市场营销人员常选择短期行为。对美国大公司的一项调查表明，这种情况非常普遍。

3. 因循守旧的惰性

企业当前的经营活动往往是为了实现既定的战略目标，新的战略如果不符合企业的传统和习惯就会遭到抵制。新旧战略的差异越大，执行新战略可能遇到的阻力也就越大。要想执行与旧战略截然不同的新战略，常常需要打碎企业传统的组织机构和供销关系。

4. 缺乏具体明确的执行方案

有些战略计划之所以失败，是因为计划人员没有制订明确而具体的执行方案。实践证明，许多企业面临困境，就是因为缺乏一个能够使企业内部各有关部门协调一致作战的具体实施方案。

（二）市场营销执行过程

市场营销执行过程包括如下主要步骤。

1. 制订行动方案

为了有效地实施市场营销战略，必须制订详细的行动方案。这个方案应该明确市场营销战略实施的关键性决策和任务，并将执行这些决策和任务的责任落实到个人或小组。另外，还应包含具体的时间表，定出行动的确切时间。

2. 建立组织结构

企业的正式组织在市场营销执行过程中起决定性的作用，组织将战略实施的任务分配给具体的部门和人员，规定明确的职权界限和信息沟通渠道，协调企业内部的各项决策和行动。具有不同战略的企业，需要建立不同的组织结构。也就是说，结构必须同企业战略相一致，必须同企业本身的特点和环境相适应。组织结构具有两大职能：首先是提供明确的分工，将全部工作分解成管理的几个部分，再将它们分配给各有关部门和人员；其次是发挥协调作用，通过正式的组织联系沟通网络，协调各部门和人员的行动。

3. 设计决策和报酬制度

为实施市场营销战略，还必须设计相应的决策和报酬制度，这些制度直接关系到战略实施的成败。就企业对管理人员工作的评估和报酬制度而言，如果以短期的经营利润为标准，则管理人员的行为必定趋于短期化，他们就不会有为实现长期战备目标而努力的积极性。

4. 开发人力资源

市场营销战备最终是由企业内部的工作人员来执行的，所以人力资源的开发至关重要，这涉及到人员的考核、选拔、安置、培训和激励等问题。在考核选拔管理人员时，要注意将适当的工作分配给适当的人，做到人尽其才；为了激励员工的积极性，必须建立完善的工资、福利和奖惩制度。此外，企业还必须决定行政管理人员、业务管理人员和一线工人之间的比例。许多美国企业已经削减了公司一级的行政管理人员，目的是减少管理费用和提高工作效率。

应当指出的是，不同的战略要求具有不同性格和能力的管理者。“拓展型”战略要求具有创业和冒险精神的、有魄力的人员去完成：“维持型”战略要求管理人员具备组织和管理方面的才能；而“紧缩型”战略则需要寻找精打细算的管理者来执行。

5. 建设企业文化

企业文化是指一个企业内部全体人员共同持有和遵循的价值标准、基本信念和行为准则。企业文化对企业经营思想和领导风格，对职工的工作态度和作风，均起着决定性的作用。企业文化包括企业环境、价值观念、模范人物、仪式、文化网五个要素。企业环境是形成企业文化的外界条件，它包括一个国家、民族的传统文化，也包括政府的经济政策以及资源、运输、竞争等环境因素。价值观念是指企业职工共同的行为准则和基本信念，是企业文化的核心和灵魂。仪式是指为树立和强化共同价值观，有计划进行的各种例行活动，如各种纪念、庆祝活动等。文化网则是传播共同价值观和宣传介绍模范人物形象的各种非正式的渠道。

总之，企业文化主要是指企业在其所处的一定环境中，逐渐形成的共同价值标准和基本信念。这些标准和信念是通过模范人物塑造和体现，通过正式和非正式组织加以树立、强化和传播的。由于企业文化体现了集体责任感和集体荣誉感，它甚至关系到职工人生观和他们所追求的最高目标，它能够起到把全体员工团结在一起的“粘合剂”作用。因此，塑造和强化企业文化是执行企业战略的不容忽视的一环。

与企业文化相关联的是企业的管理风格。有些管理者的管理风格属于“专权型”，他们发号施令，独揽大权，严格控制，坚持采用正式的信息沟通，不容忍非正式的组织和活动。另一种管理风格称为“参与型”，他们主张授权下属，协调各部门的工作，鼓励下属的主动精神和非正式的交流与沟通。这两种对立的管理风格各有利弊。不同的战备要求不同的管理风格，具体需要什么样的管理风格取决于企业的战备任务、组织结构、人员和环境。

企业文化和管理风格一旦形成，就具有相对的稳定性和连续性，不易改变。因此，企业战略通常是适应企业文化和管理风格的要求来制定的，企业原有的文化和风格不宜轻易改变。

阅读资料 4

海尔文化的核心是创新。它是在海尔二十年发展历程中产生和逐渐形成的特色文化体系。海尔文化以观念创新为先导、以战略创新为方向、以组织创新为保障、以技术创新为手段、以市场创新为目标，伴随着海尔从无到有、从小到大、从大到强、从中国走向世界，海尔文化本身也在不断创新、发展。员工的普遍认同、主动参与是海尔文化的最大特色。当前，海尔的目标是创中国的世界名牌，为民族争光。这个目标把海尔的发展与海尔员工个人的价值追求完美地结合在一起，每一位海尔员工将在实现海尔世界名牌大目标的过程中，充分实现个人的价值与追求。

案 例 2

“有生于无”与“以柔克刚”

有一次，张瑞敏首席执行官出访日本一家大公司。该公司董事长一向热衷中国至理名言。在这位董事长介绍该公司经营宗旨和企业文化时，阐述了“真善美”，并引述老子思想，张瑞敏也发表了自己看法：《道德经》中有一句话与“真善美”语义一致，这就是“天下万物生于有，有生于无”。

张瑞敏以这句话诠释了海尔文化之重要性。他说，企业管理有两点始终是我铭记在心的：第一点是无形的东西往往比有形的东西更重要。当领导的到下面看重的有形东西太多，无形东西太少。一般总是问产量多少、利润多少，没有看到文化观念、氛围更重要。一个企业没有文化，就是没有灵魂。第二点是老子主张的为人做事要“以柔克刚”。张瑞敏说：“在过去人们把此话看成是消极的，实际上它主张的弱转强、小转大是个过程。要认识到：作为企业家，你永远是弱势；如果你真能认识到自己是弱势，你就会朝目标执着前进，也就会成功。”

6. 市场营销战略实施系统各要素间的关系

为了有效地实施市场营销战略，企业的方案、组织结构、决策和报酬制度、人力资源、企业文化和管理风格这五大要素必须协调一致，相互配合。

（三）市场营销执行技能

市场营销执行问题常常出现于企业的三个层次：（1）市场营销职能，即基本的市场营销职能能否顺利实施，如企业怎样才能从某广告公司处获得更有创意的广告；（2）市场营销方案，即把所有的市场营销职能协调地组合在一起，构成整体行动，这一层次出现的问题常常发生在一项新产品引入另一个新市场时；（3）市场营销政策，例如，企业需要所有雇员对待所有的顾客都用最好的态度和最好的服务。为了有效地执行市场营销方案，企业的每个层次（即职能、方案、政策等）都必须善于运用 4 种技能：

1. 配置技能

配置技能是指市场营销经理在职能、政策和方案 3 个层次上配置时间、资金和人员的能力。

2. 调控技能

调控技能包括建立和管理一个对市场营销活动效果进行追踪的控制系统，控制有 4 种类型：年度计划控制、利润控制、效率控制和战略控制。

3. 组织技能

正式和非正式的市场营销组织对于开展有效的市场营销执行活动都是非常重要的。

4. 互动技能

互动技能指影响他人把事情办好的能力。市场营销人员不仅必须有能力推动本企业的人员有效地执行理想的战略，还必须推动企业外的人或企业（如市场调查公司、广告公司、经销商、批发商、代理商等）来实施理想的战略，即使他们的目标与本企业的目标有所不同。

二、营销控制

（一）市场营销控制的程序

市场营销控制是企业市场营销管理过程的重要组成部分，通过对市场营销计划执行情况的监督和检查，发现和提出计划实施过程中的缺点和错误，提出纠正和防止重犯错误的对策建议，以保证营销战略目标的实现。

1. 确定应评价的市场营销业务范围

一般来说，企业通常要评价市场营销业务的各个方面，包括人员、计划、职能、策略等。也有的企业需要评价市场营销全部业务的工作效果。当然，在所界定的这一范围内，评价不应是泛泛的，而应根据需要各有侧重。

2. 建立衡量标准

评价工作要有一个总的尺度，借以衡量营销目标和计划的完成情况。企业在制定目标和计划时，就要考虑如何衡量完成工作的各项指标，如利润、销售量（销售额）、市场占有率、顾客满意程度等。需要注意的是：不同企业有不同的评价标准。此外，评价标准也不是固定的，同一企业不同时期的评价标准可能不一样。总之，评价标准应根据企业的具体需要而设立。

3. 确定控制检查的方法

评价绩效需要建立检查方法。最基本的方法是企业建立并积累营销活动及与此相关的原始资料，如营销信息系统中所储存的信息，包括各种资料报告、报表、原始账单等。它们能准确、及时、全面、系统地记载并反映企业营销的绩效。还有一种重要的检查方法，即直接观察法。企业采用哪种检查方法，应根据实际情况而定。适当的检查方法对正确结果的获得是至关重要的，对下一步控制也起着十分重要的作用。

4. 依照标准检查实施工作绩效

这一步需要防止虚报绩效。对完成得好的要予以总结，在以后实践中推广；对完成得较差的要在下一步解决。

5. 提出分析和改进的对策建议

对工作绩效进行差异分析、对比分析，编写分析报告，提出改进方案。

企业在履行市场营销控制职能时必须注意：第一，控制必须与企业的组织系统相协调；第二，控制必须符合经济原则；第三，控制必须客观；第四，控制必须着眼于未来；第五，控制的指标有可比性；第六，控制必须迅速报告差异；第七，控制必须表明是否贯彻到行动上并使偏差得到纠正。

（二）营销控制方法

营销控制方法包括年度计划控制、利润控制、市场营销审计。

1. 年度计划控制

年度计划控制是由企业高层管理者和管理者负责控制的，其目的是确保年度计划所确定的销售、利润和其他目标的实现。年度计划的中心是目标管理，控制过程分为四个步骤：第一步，管理者必须把年度计划分解为每个月、每个季度的具体目标；第二步，随时掌握营销计划的实施情况；第三步，及时发现实际工作与计划目标的差距，并找出产生差距的原因；第四步，采取必要的补救或调整措施，以缩小实际与计划之间的差距。

年度计划控制的重要内容是对营销额、市场占有率、费用率等进行控制。

（1）销售分析

销售分析就是衡量并评估实际销售额与计划销售额之间的差距。具体有以下两种方法。

销售差距分析。这种方法主要用来衡量造成销售差距的不同因素的影响程度。例如，某企业年度计划中规定，某产品第一季度销售 4000 件，每件 20 元，即销售额 80000 元。在该季度结束时，只销售了 3000 件，每件 16 元，即实际销售额 48000 元。比计划销售额少 40%，差距为 32000 元。显然，既有售价下降方面的原因，也有销量减少的因素。但是，两者各自对总销售额的影响程度又是多少呢？计算如下：

售价下降的差距=（20−16）*3000=12000（元）

售价下降的影响=12000/32000=37.5%

销量减少的差距=(4000−13000)*20=20000(元)

销量减少的影响=20000/32000=62.5%

由此可见，没有完成计划销售量是造成差距的主要原因。因此，需要进一步深入分析销售量减少的原因。

地区销量分析。这种方法用来衡量导致销售差距的具体产品和地区。例如，某企业在甲、乙、丙三个地区的计划销售量，分别为 1500 件、500 件和 2000 件，共 4000 件。但是，各地实际完成的销售量分别为 1400 件、525 件和 1075 件，与计划的差距为-6.67%、+5%和-46.25%。显然，引起差距的主要原因在于，丙地区销售量大幅度减少。因此，有必要进一步查明原因，加强该地区的市场营销管理。

（2）市场占有率分析

销售分析能说明企业本身的销售业绩，但不能反映企业在市场上的竞争地位，只有市场占有率分析，才能显示出企业竞争地位的变化。一般来说，一个公司的市场占有率上升，表示该公司营销绩效提高，市场地位提高，在市场竞争中处于优势；反之，则表示该公司在竞争中失利。市场营销管理者应分析全部市场占有率、相对市场占有率，特别要着重分析导致市场占有率上升（或下降）的原因，以便采取相应的对策。

（3）市场营销费用率分析

年度计划控制要确保企业在达到销售计划指标时，必须检查与销售有关的市场营销费用，以确定企业在达到销售目标时的费用支出。因此，需要对各项费用率加以分析，并控制在一定限度。如果费用变化不大，在安全范围内，可以不采取任何措施；如果变化幅度过大，上升速度过快，接近或超出上限，就必须采取有效措施。

通过上述分析，发现市场营销实绩与年度计划措施差距太大，就要采取相应措施，或是调整市场营销计划指标，使之更切合实际，或是调整市场营销战略、策略和战术，以利于计划指标的实现。如果指标和战略、策略、战术都没有问题，就要在计划的实施过程中查找原因。

2. 除了年度计划控制外，企业还要进行利润控制

利润控制包括营销成本分析（如直接推销费用、推广费用、仓储费用、运输费用等）、盈利能力分析（销售利润率、资产收益率、净资产收益率、资产周转率、存货周转率等），特别从产品、地区、顾客群、分销渠道和订单规模等方面，分别衡量它们中每一项的获利能力。获利能力的大小，对企业进行市场营销组合决策具有重要的和直接的影响。因此，企业要按期进行营销成本和利润的分析评估，衡量获利能力，并确定最佳的改正措施。

3. 市场营销审计

所谓市场营销审计，是对企业的营销环境、目标、战略、组织、方法、程序和业务做出综合的、系统的、独立的和定期性的检查，以便确定困难所在，发现机会，并提出行动计划和建议，以提高企业的营销业绩。任何企业必须经常对其整体营销效益做出缜密的回顾评价，以保证它与外部的环境协调发展。因为，在营销这个领域里，各种目标、战略和计划不适合市场情况是常有的事，因此，企业必须定期对整个营销活动进行审计。营销审计是营销控制的主要工具，是实现营销目标的重要手段。

市场营销审计主要由6个方面内容组成。

（1）营销环境审计。主要是对经济、技术、政治、社会文化等宏观环境以及直接影响企业营销的因素的审查。

营销环境审计并不简简单单等同于营销环境分析。因为营销环境审计除主要反映这是一个什么样的市场外，还有重要的一点，那就是企业自己现在处在环境中的什么位置。

同时，营销环境审计还应该包含动态营销环境审计的内容。通过行业生命周期以及行业集中度等几种分析工具使营销总监能拨开迷雾，看清自己所处的行业环境，而不是简单地看到宏观的人口、经济、技术、文化、生态、政策及法律因素等；同时它也不是对纯粹的微观环境的盲目洞察，仅停留在容量、市场覆盖率、市场份额等基本概念上。应用多种维度进行环境审计，能使营销人员对竞争环境有深刻的认知。

（2）营销战略审计。主要考察企业营销目标、战略与当前及预期营销环境适应的程度。

企业发展的战略思想是什么，战略目标是什么？现有条件与战略目标相匹配吗？企业应该发展还是收缩，如果收缩，又会遇到什么壁垒？营销审计的内容应该能使营销决策人员清晰地认识到企业的战略目标才是企业员工共同奋斗的最重要目标。

很多企业在做决策时，多应用 SWOT 分析法，而营销战略如此之重要，应该去告诉企业营销战略决策者一些新的工具，必须让营销战略审计者了解与清楚，战略目标的确定原来并不是那么扑朔迷离，让人摸不着头脑。

如果通过精彩的营销战略审计后，还能让企业营销管理人员通过该审计，找到一条适合企业的营销战略，那岂不是更好？这样，营销审计的现实意义就大大加强了。

（3）营销组织审计。审查营销组织在预期环境中实施组织战略的能力。

（4）营销系统审计。包括对企业营销信息系统、计划系统、控制系统及新产品开发系统的审查。

（5）营销效率审计。检查各营销单位的获利能力和各项营销活动的成本效益。

（6）营销职能审计。对营销组织的每个因素如产品、定价、渠道和促销策略的检查评价。

在市场营销活动中，市场营销审计的执行过程与企业其他审计是相同的，只是由于环境的迅速变化，市场营销审计更加经常化，它可以由企业内部人员来做，也可以聘请外部专家进行，聘请外部专家审计更能减少本身的偏见，正视企业的现实，同时专家们的专业知识和经验能够给企业提供帮助。

案例3

啤酒企业终端实战

在我们服务过的客户中，J 啤酒集团是 H 省啤酒行业的龙头企业，在 H 省市场的产品覆盖率达到了 100%，市场份额占有率达到 40%以上。为了进一步巩固在 H 省的市场影响力 J 啤酒集团提出了进一步加大终端市场的开发力度，提高产品市场占有率的战略决策。其中加强产品的宣传与终端促销，进一步提高消费者对 J 啤酒的品牌忠诚度成为实施这一战略决策的重要内容。在诸多宣传与促销的方案中，路演这种与消费者保持零距离的接触方式具有较强的互动性，能够吸引更多的消费者积极参与进来，充分调动起消费者的激情，促进与消费者的沟通与交流，提高消费者对品牌的认可度和忠诚度，同时通过路演还能进行现场的品尝和销售，因此路演方式是非常有效的一种既能宣传又可促销的方式。J 啤酒集团将加强路演活动的展开作为品牌宣传和产品促销的重点，积极开展策划筹备工作，使其迅速在H省各市场全面展开。

一、路演活动的思路和原则

J啤酒集团路演活动的整体思路是：针对目标消费群的爱好开展内容丰富、特色显明的路演活动，调动消费者的积极参与热情，增进消费者与J品牌的情感交流和共鸣，最终提高消费者对J品牌的忠诚度，实现持久的消费行为，促进H市场的巩固和拓展。

根据整体思路，我们制定了路演活动的原则：针对性原则，活动要吸引目标消费者；连续性原则，各区域市场不间断地展开路演活动；效益性原则，严格控制活动成本，充分保证路演活动的效果。

二、路演活动的内容定位与形式

有了明确的思路和原则，我们对目标市场进行了充分的调查和研究，较为准确地把握了消费者的爱好和习惯，并据此对活动的内容进行了准确的定位，根据不同的目标市场确定了不同的路演内容形式。

1. 农村、城镇市场路演活动的内容定位与形式：H省拥有一亿多人口，又是农业大省，农村、城镇的啤酒消费市场非常广阔，也是J啤酒集团的主要市场，但H省区域内的中小型啤酒企业很多，他们的主导市场在农村、城镇，极大地威胁了J啤酒集团在农村、城镇的市场基础，要通过路演活动提高消费者对J产品、品牌与其他产品、品牌的差异性认识，进而提高消费者对J品牌的忠诚程度。农村、城镇市场的消费者主要是中青年农民，他们绝大多数对H省的地方戏曲非常热爱，各地乡镇、县城经常规律性地举办各种集市交易和庙会活动，使分散性较强的农村、城镇的消费者很容易集聚起来，利用这一时间举行路演活动效果最好。H省各县几乎都有自己的地方戏剧团，且经济效益都不太好，与地方戏剧团合作一方面可利用其在当地的影响力，另一方面合作成本又非常的低。所以，J啤酒的农村、城镇市场路演活动采取了以地方戏为主要内容，与地方剧团进行深度合作，利用集市和庙会的时间开展。

2. 城市市场路演活动的定位与形式：随着国内经济的不断发展，城市居民的消费水平日渐提高，啤酒市场尤其是中高档市场发展迅速，成为J集团目前最重要和最具潜力的市场。城市啤酒消费者主要是年龄在18至45岁之间的中青年消费者，他们更热衷于现代的流行文化，尤其是普遍爱好流行音乐；城市消费者大多数有固定的职业和工作时间，只有在周末和节假日才得以休闲；J啤酒集团聘请某著名歌手作为形象代言人，该歌手在城市消费者中拥有大量的歌迷；城市高校较多，大多数高校都有学生自发组织的乐队和演出团体，他们有一定的专业水准，又非常乐意与企业合作，通过勤工俭学赚取一些生活费用。据此，J

集团决定城市路演活动以流行音乐为主要内容，与高校学生合作，利用周末或节假日在市中心繁华地带开展。

三、路演活动的实施过程与控制

路演活动的内容与形式确定后，我们与J集团各销售分公司密切配合，对各区域市场的路演活动制订了详细的计划和实施方案，并在短时期内完成各项筹备工作，各区域市场的路演活动随之相继全面展开。

1. 时间选择：农村、城镇路演为集市和庙会期间的每天上午9时至12时；城市路演为周末或节假日的上午9时至12时。

2. 地点选择：当地的繁华地区广场（提前与有关部门打招呼，以得到支持，尽量争取到免费使用场地），搭建中小型简易舞台（城市小型演出则无需舞台）。

3. 演出内容：××策划、销售分公司和演出团体共同制定演出节目单，农村、城镇路演主要以名家名段的地方戏为主，中间穿插歌曲、小品等节目，由当地演出团体负责落实，并不断创新节目，达到节目场场不重样，场场有新意；城市路演分两种，一种是大型演出（J集团独家冠名的省电视台名牌戏曲栏目到各地市的慰问演出，请其形象代言人某著名歌星到省会举办的歌友会等），由演出公司、电视台组织策划节目内容，××策划和销售分公司进行审订；另一种是小型演出（最主要的方式），由××策划、销售分公司和高校演出团体共同制定演出内容，主要以流行音乐、游戏、小品为主，在城市中进行流动演出。

4. 演出宣传：提前在演出地张贴海报、散发传单或悬挂条幅“广而告之”，让群众知道J集团为回报消费者，开展送文化活动，写清时间、地点和节目内容，并突出免费观看，而且可现场进行品尝和参加抽奖，以此吸引广大的消费者，城市大型演出可提前在当地电视媒体上打广告。

5. 现场宣传与促销：在现场悬挂“J集团向××乡亲父老问好”等宣传条幅，散发有“J啤酒”字样的小气球、开瓶器、遮阳帽等；在演出前由节目主持人代表J集团致辞，对广大消费者的长久支持表示感谢，并简要对J集团和产品进行介绍，演出中间安排现场品尝和饮酒大赛，对获奖者奖励数量不等的J啤酒或广告伞、小家电等；鼓励观众上台即兴演唱地方戏或形象代言人的歌曲，参与者均赠送J啤酒，由当地的总经销商提供产品，现场进行优惠促销活动。

6. 其他事项：各区域市场的路演活动要提前报计划至J集团，经销售公司总经理批准后方可执行；请当地公安部门或聘请保安人员维持现场秩序，防止出现安全事故；当地经销商要在场地选择、舞台搭建、宣传促销等方面进行积极配合，并利用社会关系协调好有关政府部门，确保演出的顺利进行；邀请当地有关新闻媒体到现场进行采访报道，扩大路演活动的宣传范围和效果。

四、路演活动绩效考核与评估

我们制定了路演活动的绩效考核标准，主要内容包括：观众人数、演出次数、费用、宣传、促销、组织等方面，各项10分为满分，管理中心对路演活动进行全程跟踪，按照标准进行监督和考核。各分公司活动结束后要写出书面总结，分析活动的成功与不足，并提出相应的改进措施。J啤酒集团总公司对此次路演活动进行了全面的评估，并按百分制打分，对低于60分以下的费用由销售分公司承担。通过考核和评估对路演活动进行动态的管理，能够及时发现问题，并采取有效的改进措施，使路演活动开展得红红火火，有声有色，极大地调动了消费者的消费情绪，有力地进行了J啤酒终端市场的消费拉动，为J啤酒集团进一步巩固和提高在H省的市场占有率作出了突出的贡献。

主要概念

营销计划　营销组织　营销执行　营销控制　营销审计

思考与练习

1．市场营销计划包括哪些要素？如何制订市场营销计划？
2．年度市场营销计划中存在的常见问题？
3．市场营销组织是怎样演变的？现代市场营销组织有哪些类型？
4．市场营销控制有哪些方法？企业应如何加强营销控制？
5．市场营销审计的主要内容？
6．什么是年度计划控制？包括哪些具体内容？
7．在执行市场营销计划的过程中经常遇到的问题有哪些？

实践与技能

1. 调查一个企业，为企业制订营销计划。
2. 案例分析

蓝天集团的市场营销组织结构

背景材料：

蓝天乳品集团是我国著名的乳品生产企业，销量和利润连续 5 年位居同行业前三名。但是，随着企业和行业的发展，蓝天集团也出现了许多亟待解决的问题。首先，我国已经加入 WTO，乳品市场已经能够向国外开发，国外大型乳品集团正在纷纷抢滩中国市场，其质量稳定，品牌影响力很大，顾客忠诚度很高，价格也正在向国内企业靠近。总之，国内企业原先具备的价格等优势已经不复存在。其次，国内同行业的竞争日益激烈，不仅出现了几家大型乳品集团，而且全国各地都有自己实力强大的地方品牌。最后，蓝天集团内部矛盾重重。第一，蓝天集团销售部在全国各地每个省份都设立了一个区域经理，每个区域独立运作；第二，招聘的这 35 个区域经理水平参差不齐，缺乏统一的培训和指导；第三，区域经理们纷纷抱怨公司的考核机制不合格，干多干少一个样，无法调动他们的工作积极性。

根据这些内部和外部问题，请指出蓝天集团现有营销组织的不足并重新设计蓝天集团市场营销组织结构。

参 考 文 献

[1] 菲利普·科特勒等．《市场营销原理》（亚洲版）．北京：机械工业出版社，2006.

[2] 晁钢令．《市场营销学》．第二版．上海：上海财经大学出版社，2003.

[3] 方光罗．《市场营销学》．第二版．大连：东北财经大学出版社，2004.

[4] 郭国庆．《市场营销学通论》．第三版．北京：中国人民大学出版社，2007.

[5] 金永生．《市场营销学通论》．北京：北京工业大学出版社，2000.

[6] 吴勇，邵国良．《市场营销》．北京：高等教育出版社，2005.

[7] 崔译文，谢声．《现代市场营销与实训教程》．广州：暨南大学出版社，2008.

[8] 陈信康．《市场营销学案例集》．上海：上海财经大学出版社，2003.

[9] 吴勇，车慈慧．《市场营销》．北京：高等教育出版社，2001.

[10] 万晓，王耀球．《市场营销学》．北京：中国铁道出版社，2000.

[11] 菲利普·科特勒．《营销管理》（第二版）．宋学宝译．北京：清华大学出版社，2003.

[12] 小威廉·D·佩罗特．《基础营销学》（学生版）．梅清豪、周安柱译．上海：上海人民出版社，2001.

[13]《北京商报》．北京：2007.

[14] 赫连志巍，张姗姗．《经济导刊》2008 第 4 期

[15] 温韬，王红英．《财经界》2005 年第 6 期

[16] 彭星闾，万后芬．《市场营销学》．北京：中国财政经济出版社，2002.

[17] 李海洋．《服务营销》．广州：暨南大学出版社，2008.

[18] 纪宝成．《市场营销学教程》．北京：中国人民大学出版社，1989.

[19] 郑州大学远程教育 http://www.whaty.com/.

[20] 中国珍珠网 http://www.chinapearls.cn.

[21] http://hi.baidu.com/bassvip/blog/item.

[22] 公文易文秘资源网 http://www.govyi.com/.

[23] http://www.11zhuce.com/seo/1003.html.

[24] 易迈管理学习网 http://www.mba163.com/.

[25] 中国食品产业网 http://www.foodqs.com/.

[26] 博锐管理在线 http://www.boraid.com/.

[27] 中华硕博网 http:// www.china-b.c0m.

[28] 新浪网 http://finance.sina.com.cn.

[29] 网易网 http://wangkunwawa.blog.163.com/.